그림으로 쉽게 배우는 장영일 포인트 레슨 ❷
싱글로 가는 골프 교실

그림으로 쉽게 배우는 장영일 포인트 레슨 ❷

싱글로 가는 골프 교실

장영일 지음 | 이용훈 그림

아카데미북

■ 지은이의 말

골프란 어떤 스포츠인가

여러분은 지금도 슬라이스나 훅 때문에 고생하고 계십니까?

오랫동안 골프를 해 오면서도 지금까지 알지 못하던 부분 및 의문점을 누군가가 나타나서 골프의 알파와 오메가를 속 시원하게 알려 주었으면 하는 바람은 초보자나 프로나 마찬가지일 것입니다. 영국에서 골프가 발생한 지 500여 년이 흐르는 동안 교습서나 레슨서 말고도, 역사·평론·해석·코스 설계·클럽 구조 등에 관해서 동서의 명인과 평론가 및 사가들이 쓴 책은 매우 많아서 도서관 하나쯤은 능히 채우리라 봅니다.

알면 알수록 항상 부족함을 느끼는 것이 골프인 것 같습니다. 골프에는 굶주림만 있지 결코 포만감은 없다는 생리 탓이겠지요.

저는 진실로 프로 골퍼를 신이 내리신 직업이라는 소명감 속에 골프를 신앙처럼 여기고 살아가고 있습니다.

제 스승은 일제 치하 때 일본 골프장에 징발되어 골프를 운명처럼 만난 분입니다. 저는 그분의 문하생으로서 전수받고, 선수 생활을 경험했고 지금은 지도자로서 학문을 탐구하는 중입니다.

그동안 제가 피나는 노력으로 습득한, 서로가 부인할 수 없는 물리적이고 과학적인 이론에 맞추어 골프를 사랑하시는 여러분과 공감대를 형성할 수 있는 모던 골프로 안내해 드리겠습니다.

골프가 주는 교훈은, 첫째 자기 스스로를 지배할 수 있는 자제력을 기르는 것이며, 둘째 어떤 불운도 감수하는 미덕을 갖는 것입니다. 바로 그러한 점에 맞추어 기량과 교양적인 측면에서 말씀드립니다.

18홀에서 100을 치는 골퍼는 '골프를 소홀히 하는 비순수파' 라고 하며, 90을 치는 사람은 '가정을 소홀히 하는 사람', 그리고 70을 치는 사람은 '가정과 사회와 사업과 만사를 소홀히 하는 사람' 이라는 속언이 있습니다.

과연 그럴까요.

골프를 잘하려면 시간과 정력과 돈, 3요소가 필요하다는 속언 역시 그럴 듯합니다. 하지만 분명한 것은, 3요소를 마구 쏟는다고 해도 누구나 정상의 실력과 뛰어난 품성을 골고루 갖춘 골퍼가 되지는 않지요.

골프는 18세기 중엽 스코틀랜드 지방의 양 치는 목동들의 놀이에서 발상해서 오늘날의 귀족적인 스포츠로 발달하였습니다.

우리나라에서는 1897년 원산에서 세관 관리로 고용된 영국인들이 세관 구내에 6홀을 만들어 경기한 것이 처음입니다. 그리고 오늘날에는 국내 유수의 골프장에서 세계적인 선수권 대회를 개최하기에 이르렀습니다.

하늘에서 골프장 코스를 내려다보면 18명의 여인의 몸매를 표본으로 설계했다는 말이 맞는 것 같습니다. 이처럼 골프는 정복의 스포츠입니다.

골프의 심리적인 특성은, 첫째 구타·파괴 본능 충족, 둘째 자아 실현(성취 쾌감), 셋째 사회성 실현(성취 쾌감), 넷째 정교성(가장 넓은 공간에 가장 적은 홀), 다섯째 성적 매력(퍼팅)을 지닌 스포츠라고 할 수 있습니다.

이 책에서는, 문화·인체 공학·음식 등의 여러 면에서 우리와 매우 다른 서양인들의 여가 선용 스포츠를, 동양인 특히 우리 한국인의 체형에 맞추어 과학적이고 체계적인 농축된 엑기스 레슨으로 정립, 현대적인 감각에 맞추어 고감도 고품격의 지상 레슨을 실시하려고 합니다. 기초반에서 고급반(싱글로 가는 길)에 이르기까지 총 3권으로 묶어 효율적인 레슨을 기고해 올리겠습니다.

2005년 봄

차례

가정과 직장 세상만사 포기해야 싱글된다? 15
남의 시선 즐길 줄 알아야 골프 실력이 는다 16
장고가 악수를 부른다 17

그립

그립은 골프의 기본 18
그립을 정기적으로 점검하라 20
그립·자세·방향을 점검하라 22
목적에 따라 그립도 다르다 24
코킹, 일찍 시작하되 더도 덜도 안 된다 26
빠른 코킹의 오버 스윙 교정 28
손목의 코킹 30
평행과 직각은 불변의 골프 철칙 ... 32
양팔의 힘을 조절하라 34

오른쪽 팔꿈치와 파워의 연관성 ... 36
왼손목 뒤집히면 미스 샷 주요인 ... 38
보디 턴 스윙과 그립 40
슬라이스가 심한 사람은 훅 그립을 .. 42

체형별 스윙 전략과 공략법

몸이 마른 골퍼의 스윙 전략 44
뚱뚱한 골퍼의 스윙 포인트 46
키가 큰 골퍼의 스윙 포인트 48
키가 작은 골퍼의 스윙 포인트 50
여성 골퍼의 스윙 익히기 52

백 스윙·어드레스

골프는 축 운동 54
스윙의 메커니즘을 이해하자 56
어깨 회전은 수평도 수직도 아니다 .. 58

차례

이상적인 체중 배분 · · · · · · · · · 60
일정한 셋업 순서 · · · · · · · · · · 62
올바른 몸과 팔의 동작 · · · · · · · 64
토핑을 바로잡는 무릎 동작 · · · · 66
왼쪽 어깨가 쏠리는 것은 체중 이동의 실패
· 68
오른쪽 축을 의식해 백 스윙한다 · · 70
올바른 체중 이동의 메커니즘 · · · · 72
허리의 수평 회전이 힘을 증대시킨다 · 74
파워 샷을 위한 어깨 턴 연습법 · · · 76
헤드 스피드를 오른팔로 가속시킨다 · 78
스윙 아크와 보디 턴의 착각 · · · · 80
두 가지 오버 스윙 · · · · · · · · · · 82
오른쪽 허리의 움직임 · · · · · · · · 84
헤드가 출렁이는 백 스윙은 안 된다 · 86
스윙의 축이 아닌 중심점을 고정하라 · 88

스윙의 템포 · · · · · · · · · · · · · 90
'몸의 방향' 이 나이스 샷을 만든다 · 92
시선의 중요성 · · · · · · · · · · · · 94
몸을 굽히는 정도 · · · · · · · · · · 96
스윙은 악수처럼 단순하게 · · · · · 98
견실한 스윙 플레인이 굿 샷을 만든다 100
견실한 스윙 궤도의 중요성 · · · · 102
오른손을 위로 하는 스윙의 중요성 · 104
스윙의 주체는 팔이다 · · · · · · · 106
파워는 안에서 밖으로 · · · · · · · 108
티 업도 요령이 필요 · · · · · · · · 110
볼을 놓는 위치 · · · · · · · · · · · 112
티 높이에 따라 구질이 바뀐다 · · 114
볼 방향 점검에 중점 · · · · · · · · 116
연습 스윙 후 실제까지의 간격 · · 118
드라이버 샷 셋업의 중요성 · · · · 120

차례

드라이버 샷이 뒤땅을 칠 때 ······ 122
그립의 위치는 항상 왼쪽 허벅지 안쪽 124
딱딱한 왼팔이 백 스윙 방해 ····· 126
가슴으로 볼을 겨냥한다 ······ 128
세 번의 수평 ············ 130
심신의 긴장을 풀고 목표에 집중 ··· 132
인터벌이 길면 미스 샷이 난다 ···· 134
긴장을 풀고 때릴 땐 무아지경으로 ·· 136
임팩트의 이미지 트레이닝 ······ 138
임팩트의 원리를 이해하자 ······ 140
골프는 리듬이다 ··········· 142
몸과 클럽과의 일정한 간격 ····· 144
클럽을 거꾸로 쥐고 스윙 감각을 익힌다 ·
············ 146
백 스윙의 허용 범위 ········ 148
어깨 회전으로 백 스윙을 시작한다 ·· 150

백 스윙의 시작은 클럽 헤드부터 ··· 152
부드러운 백 스윙을 시작하는 방법 ·· 154
스윙 축을 안정시키는 심플한 백 스윙 156
백 스윙의 키 포인트 ········ 158
목적이 분명하면 순서도 올바르다 ·· 160
올바른 톱 스윙이란 ········ 162
물음표 모양으로 엄지와 검지를 컨다 164
부드러운 스윙을 위한 어드레스 ···· 166
정확한 어드레스 ·········· 168
어드레스에서의 리듬 ········ 170
눈을 가리고 볼을 쳐 본다 ······ 172
어드레스가 스윙의 80%를 결정한다 · 174
골프는 인내의 운동 ········ 176
연습장 매트 사용법 ········ 178
연습장에서 하는 토핑·더핑 교정 ·· 180
2층 타석에서 9번 아이언으로 시작 · 182

차례

중요한 샤프트의 위치 · · · · · · · · 184
자신에게 맞는 티 업의 높이를 찾는다 · 186
셋업에서 '릴랙스한 상태'의 의미 · · 188
골프에서 왕따가 되는 경우 · · · · · 190
트러블 샷의 기본 · · · · · · · · · · 192

어프로치 샷 · 숏 게임

어프로치의 기본 포인트 · · · · · · · 194
어프로치의 거리감 · · · · · · · · · 196
어프로치는 빈 스윙이 중요하다 · · · · 198
그린 주변에서의 전략 이미지 · · · · · 200
어프로치 토핑 미스를 교정한다 · · · · 202
피칭 샷의 토핑 방지법 · · · · · · · · 204
숏 아이언은 정확도가 생명 · · · · · · 206
그린 앞의 장애물 · · · · · · · · · · 208
그린 주변에서의 피치 샷 · · · · · · · 210

핀이 가까울 때의 어프로치 · · · · · 212
웨지의 앞날로 치는 어프로치 · · · · 214
70~80야드 어프로치 공략법 · · · · 216
러프에서 라이에 따른 공략법 · · · · 218
러프에서의 어프로치 · · · · · · · · 220
볼을 억지로 띄우려 하지 말라 · · · · 222
올려 치는 그린에서 핀이 앞에 있을 때 224
그린이 내려다보이는 경사에서의 어프로
치 · · · · · · · · · · · · · · · · · 226
효과적인 칩 샷 · · · · · · · · · · · 228
런의 양을 결정하는 코킹 · · · · · · · 230

코스 공략법

파3홀 티 샷에서 발생하는 생크 · · · 232
워터 해저드가 있는 파3홀 공략법 · · 234
파3홀 공략법 · · · · · · · · · · · · 236

차례

숏 아이언은 볼을 파내듯 · · · · · · · 238
숏 아이언이 실패하는 이유 · · · · · 240
숏 아이언 샷이 슬라이스가 나는 경우 242
아이언의 뒤땅이 고쳐지지 않을 때 · 244
아이언 샷의 진짜 임팩트 · · · · · · · 246
미들 아이언 정복 · · · · · · · · · · · 248
미들 아이언의 타법 · · · · · · · · · · 250
롱 아이언의 요령 · · · · · · · · · · · 252
롱 아이언 샷의 정복 · · · · · · · · · 254
롱 아이언을 제대로 치려면 · · · · · 256
우드와 아이언 타법의 차이 · · · · · 258
라이가 나쁠 때는 예각으로 내리친다 260
페어웨이 우드 활용법 · · · · · · · · 262
페어웨이 우드 타법의 이미지 · · · · 264
페어웨이 우드를 잘 치려면 · · · · · 266
맞바람을 이기는 샷 · · · · · · · · · 268

맞바람이 불 때는 낮은 탄도로 공략 ·270
바람을 친구처럼 생각하자 · · · · · · 272
생크 바로 극복하기 · · · · · · · · · 274
머리를 많이 남기면 슬라이스가 된다 276
슬라이스를 고치자 · · · · · · · · · · 278
타점이 일정하지 않을 때 · · · · · · · 280
볼이 뜨지 않을 때 · · · · · · · · · · 282
백 스핀은 마술이 아니다 · · · · · · · 284
드라이버와 아이언은 타법이 다르다 ·286
더프 샷 방지 · · · · · · · · · · · · · 288
치기 쉬운 클럽 · 어려운 클럽 · · · · 290
드로와 훅 공략법 · · · · · · · · · · 292
훅 교정법 · · · · · · · · · · · · · · · 294
페이드와 슬라이스 공략법 · · · · · · 296
페이드 볼을 구사하는 타법 · · · · · 298
언덕배기 라이에서의 공략법 · · · · 300

차례

높은 볼과 낮은 볼을 구사하는 법 · · · 302
스윙을 바꾸면 안정되게 칠 수 없다 · 304
비 오는 날의 준비 · · · · · · · · · · 306
비 오는 날의 티 샷 · · · · · · · · · 308
자신의 구질을 고려한 공략 · · · · · 310
상황을 잘 살펴 목표를 세운다 · · · · 312
OB 지역에서의 대응 방법 · · · · · · 314
왼발 내리막의 어드레스 · · · · · · · 316
왼발 내리막의 타법 · · · · · · · · · 318
오르막 홀의 티 샷 · · · · · · · · · 320
왼발 오르막, 볼은 오른쪽, 한 클럽 길게 ·
· · · · · · · · · · · · · · · · · · 322
발끝 내리막의 어드레스 · · · · · · · 324
발끝 오르막의 어드레스 · · · · · · · 326
발끝 오르막, 두 발 붙이고 스윙 · · · 328
낮은 볼을 구사하기 위한 타법 · · · · 330

높은 볼을 구사하는 타법 · · · · · · 332
러프에서 볼을 띄우는 방법 · · · · · 334
맨땅에 있는 볼을 칠 때 · · · · · · · 336
샤프트가 길고 헤드가 큰 클럽 사용법 338
비거리를 내고 싶을 때 드로 타법 · · · 340
에그 프라이 벙커 샷 · · · · · · · · 342
빈대떡 떠내듯 치는 벙커 샷 · · · · · 344
난이도가 높은 벙커 탈출법 · · · · · 346
벙커 트러블 탈출법 · · · · · · · · · 348
발자국이 있는 벙커에서의 탈출 · · · 350
효과적인 벙커 샷 연습법 · · · · · · 352

그린에서의 공략법

퍼팅의 기본 · · · · · · · · · · · · 354
감각을 개발해야 퍼팅의 명수가 된다 356
자신에게 맞는 퍼팅 자세란 · · · · · 358

차례

퍼터를 결정했다면 평생 애인처럼 ·· 360
잔디가 없는 곳에서 ·········· 362
그린의 기울기를 읽는 요령 ····· 364
그린에서부터 거꾸로 읽는 코스 공략 ·· 366
퍼팅 그립 '크로스 핸드' 혁명 ···· 368
스트로크식과 탭식 퍼팅 ······· 370
빛과 그림자가 판단을 방해한다 ··· 372
퍼터를 90° 돌려 치는 경우 ····· 374
잔디의 순결과 역결을 구분하는 법 ·· 376
반대결의 러프에서 ·········· 378
포대 그린 공략법 ··········· 380

겨울철 코스 공략

겨울 골프, 3온 작전으로 ······· 382
겨울 골프, 이렇게 극복한다 ····· 384

볼에 따라 거리가 달라진다 ····· 386
겨울철 잔디 상태가 나쁠 때 ···· 388
바람이 불어도 스윙은 변함없다 ·· 390
바람을 극복하는 타법 ········ 392
바람을 이용한다 ············ 394
겨울철의 어프로치 ·········· 396
겨울철 페어웨이 우드 공략법 ··· 398
겨울철 페어웨이 벙커 공략법 ··· 400
겨울철 맞바람이 불 때의 공략법 ·· 402
미스 샷 교정은 겨울이 기회 ···· 404
겨울철 연습법 ············· 406
단타를 극복하는 연습법 ······· 408

부록

골프용어 ················ 410

가정과 직장, 세상만사 포기해야 싱글된다?

남의 시선을 즐길 줄 알아야 골프 실력이 는다

혼자서 씨름하듯 매일 연습 볼만 치면 재미 없는 건 당연!

긴장도 안 되고 집중도 안 되네!

필드에서 동반자와 우열을 다투면 긴장감과 집중력이 배가된다.

골프는 상대의 시선에 익숙해져야 즐길 수 있다.

● ○ 그립 ○ ●

그립은 골프의 기본

골퍼와 클럽의 유일한 접점은 그립이다. 그런데도 그립을 우스꽝스럽게 잡고 골프가 어렵다고 말하는 사람이 종종 있다. 그립을 제대로 잡음으로써 잘못된 스윙을 방지할 수 있다. 올바른 그립을 익히는 것은 골프의 기본 가운데 기본이다.

사람마다 손의 크기나 모양, 잡는 힘이 다르다. 그렇기 때문에 자신에게 적합한 그립을 선택한다는 것은 생각만큼 쉬운 일이 아니다. 중요한 것은 모양이 아니라 어떻게 기능을 수행하느냐 하는 것이다. 제대로 스윙할 수 있는 최선의 그립을 발견해야 한다. 어떻게 잡아야 좋은 스윙이 되는지를 잡아 보면서 체크해야 하는 것이다.

첫 번째 체크 포인트는 톱 스윙이다. 그중에서도 왼손의 그립이 중요하다. 즉 실제로 볼을 치듯이 톱 스윙까지 올린 다음 멈춘다. 이때 왼손 엄지손가락 바로 위에 샤프트가 단단히 얹어져 있어야 한다. 옆으로 어긋나 있으면 오버 스윙이 되고, 또 올바른 스윙 궤도를 그리지 못한다. 어드레스 때는 엄지를 샤프트 위에 두되 손가락 안쪽과 클럽의 그립 부분이 접히는 형태여야 한다. 이것이 확실하면 왼손의 방향도 올바르게 된다. 톱 스윙에서의 샤프트 상태는 수평이 되어야 한다. 그것보다 낮아지면 다운 스윙 때 클럽 헤드가 멀리 돌게 된다. 왼손이 느슨하지 않은지를 체크하는 것도 중요하다. 오른손으로 돌려 올리는 감각이 너무 강해도 왼손이 느슨해지는 원인이 되므로 점검한다.

그립은 골프의 기본

골퍼와 클럽의 유일한 접점은 그립이다.

백 스윙 톱에서 왼손 엄지손가락 위로 샤프트가 단단히 얹어져 있어야 한다.

● ○ 그립 ○ ●

그립을 정기적으로 점검하라

골프를 하다 보면 아무리 연습을 해도 실력이 늘지 않는 시기가 오게 마련이다. 볼을 포착하는 실력은 일정한 궤도에 올랐는데, 오히려 예전보다 더 맞지 않는다. 이럴 때는 다운 스윙에서 말하는 이른바 클럽이 눕는 현상이 자주 일어나곤 하는데, 아무리 해도 그 원인을 발견할 수가 없다.

그러나 곰곰이 생각해 보면 그 원인이 단지 그립 때문이었음을 알 수 있다. 이전보다도 왼손이 덮여져 있다는 것이다. 미묘한 차이기는 하나 예전에는 왼손의 마디가 하나밖에 보이지 않는 스퀘어 그립이었는데, 어느 사이엔가 두세 개가 보일 정도로 왼손이 덮여져 버린 경우가 가장 일반적이다. 이로 인해 미스 샷이 유발되고, 아무리 연습해도 실력이 늘지 않는 것이다.

그립이 변하면 백 스윙과 팔로 스루의 포지션이 변한다. 즉 볼에 사이드 스핀이 걸리기 쉬운 타법이 되어 휘어짐의 원인이 되는 것이다. 왼손을 덮어 씌운 만큼 헤드를 아래서부터 위로 사용하는 타법이 되어 클럽이 눕게 된다.

왼손의 그립을 원래대로 되돌려 놓아야만 타구가 똑바로 날아간다. 이렇게 하다 보면 지금까지 그만큼 손과 팔에만 의지해 쳤고, 몸의 회전이 부족했다는 것을 통감할 수 있을 것이다. 그립 한 가지로도 스윙은 변한다. 그리고 그 원인에 신경 쓰지 않으면 다른 곳까지 무너지기 시작한다. 그립과 스탠스는 정기적으로 점검해 두어야 한다.

그립의 정기 점검

어? 볼이 정확히 맞질 않네!

클럽이 눕기 때문이죠!

골프를 치다 보면 어느 순간 실력이 늘지 않는 시기가 있습니다.

그럴 때는 다운 스윙 시 클럽이 눕는 현상이 나타납니다.

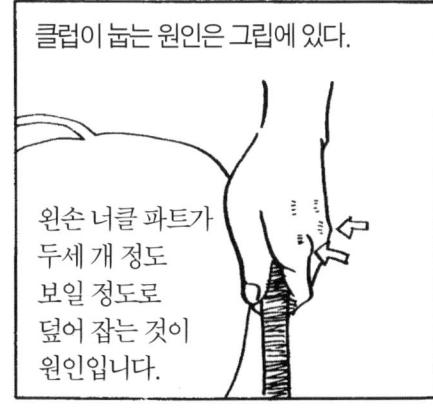

클럽이 눕는 원인은 그립에 있다.

왼손 너클 파트가 두세 개 정도 보일 정도로 덮어 잡는 것이 원인입니다.

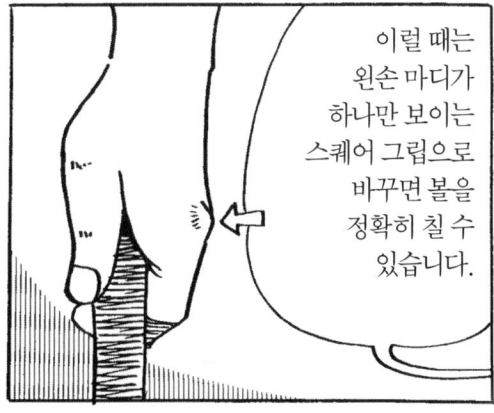

이럴 때는 왼손 마디가 하나만 보이는 스퀘어 그립으로 바꾸면 볼을 정확히 칠 수 있습니다.

● ○ 그립 ○ ●

그립 · 자세 · 방향을 점검하라

투어 프로의 스윙을 일반 아마추어 골퍼가 따라하는 것은 근력이나 체력 등의 조건이 다르기 때문에 불가능하다고 한다. 확실히 일류로 불리는 플레이어는 그만큼 선천적인 소질을 가지고 있고, 매일 강훈련을 거듭하고 있다. 그러나 세 가지 기본, 즉 그립, 자세, 얼라인먼트(방향 잡기)는 근력이나 체력에 상관없이 누구라도 따라할 수 있다. 이 어드레스의 세 가지 기본을 무시한 채로 스타트한다면 스윙 어딘가에 수정을 가하지 않는 한 베스트 샷은 이루어지지 않는다.

그러나 비기너들 대부분은 이 세 가지 기본을 그다지 중요하게 생각하지 않고 볼을 강하게 때리는 것에만 신경을 쓰는 경향이 있다. 확실히 볼을 세게 때리는 것은 즐겁다. 그러나 톱 프로가 될수록 정지 상태에서의 세 가지 기본을 늘 잊지 않고 세밀히 점검한다.

우선 그립은 클럽과 몸이 유일하게 접촉하는 부분이다. 이 접점의 정확도에 따라 스윙, 방향성, 비거리, 볼의 고저 등이 결정된다고 해도 과언이 아니다. 그립이 잘못되면 자세가 변하고 볼의 위치도 바뀐다.

좋은 그립이 좋은 스윙을 낳고, 그립과 자세, 얼라인먼트의 3대 기본을 제대로 지키는 사람만이 실력이 향상되고 능숙한 기량을 완성할 수 있다.

그립·자세·방향을 점검하라

그립, 자세, 방향 잡기는 골프의 세 가지 기본입니다.

이 세 가지 기본이 틀어지면 베스트 샷 자체가 불가능합니다.

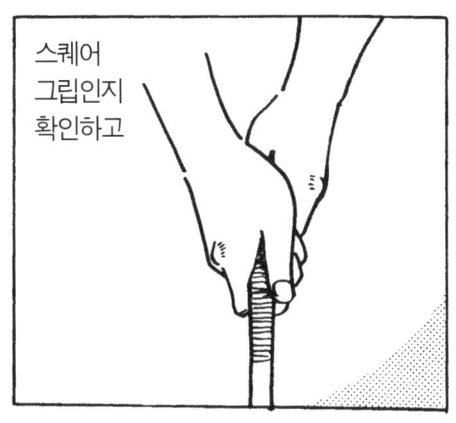

스퀘어 그립인지 확인하고

무릎과 허리의 굽힘이 제대로 됐는지

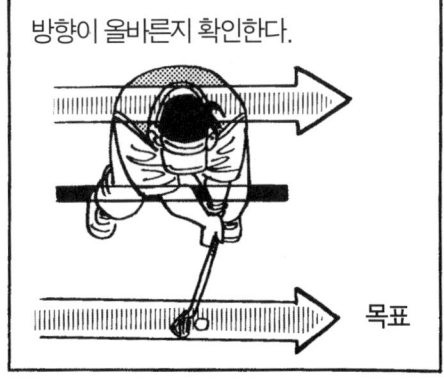

방향이 올바른지 확인한다.

목표

● ○ 그립 ○ ●

목적에 따라 그립도 다르다

손의 크기는 사람마다 다르다. 손가락 길이도 마찬가지다. 그럼에도 불구하고 너클이 몇 개 보여야 하고, V자는 어디를 향해야 한다면서 개인 차를 무시한 채 피상적인 이론을 강요하는 것은 바람직하지 않다. 물론 누구에게나 적용되는 공통적인 이론은 있고, 여기에 따르면 좋긴 하다.

그립은 손바닥 안의 어디로 쥐느냐가 중요하다. 멀리 날려 보내는 것이 목적인지, 아니면 핀에 붙이기 위한 그립인지에 따라 그 방법이 달라지기 때문이다. 손의 크기가 다른 두 사람이 같은 목적으로 같은 크기의 그립을 취했다 하더라도 그 형태는 각기 달라질 것이다.

멀리 날려 보내기 위해서는 볼을 빠르게 타격해야 한다. 따라서 손을 부드럽고 탄력 있게 쓸 수 있는 그립이 필요하고, 특히 오른손 검지를 충분히 살릴 수 있도록 클럽을 쥐어야 한다. 또 가능하면 손가락 끝 쪽으로 쥐는 것이 좋다. 이것이 손목을 부드럽게 쓸 수 있고, 샤프트의 휘어짐도 살릴 수 있는 그립이기 때문이다.

핀에 붙이는 그립은 손과 클럽 헤드를 같은 속도로 스윙할 수 있고 손목이 각도를 만들지 않도록 해야 한다. 손가락보다는 손바닥 안에서 쥠으로써 팔과 클럽이 하나가 되어 하나의 막대기처럼 사용할 수 있게 된다.

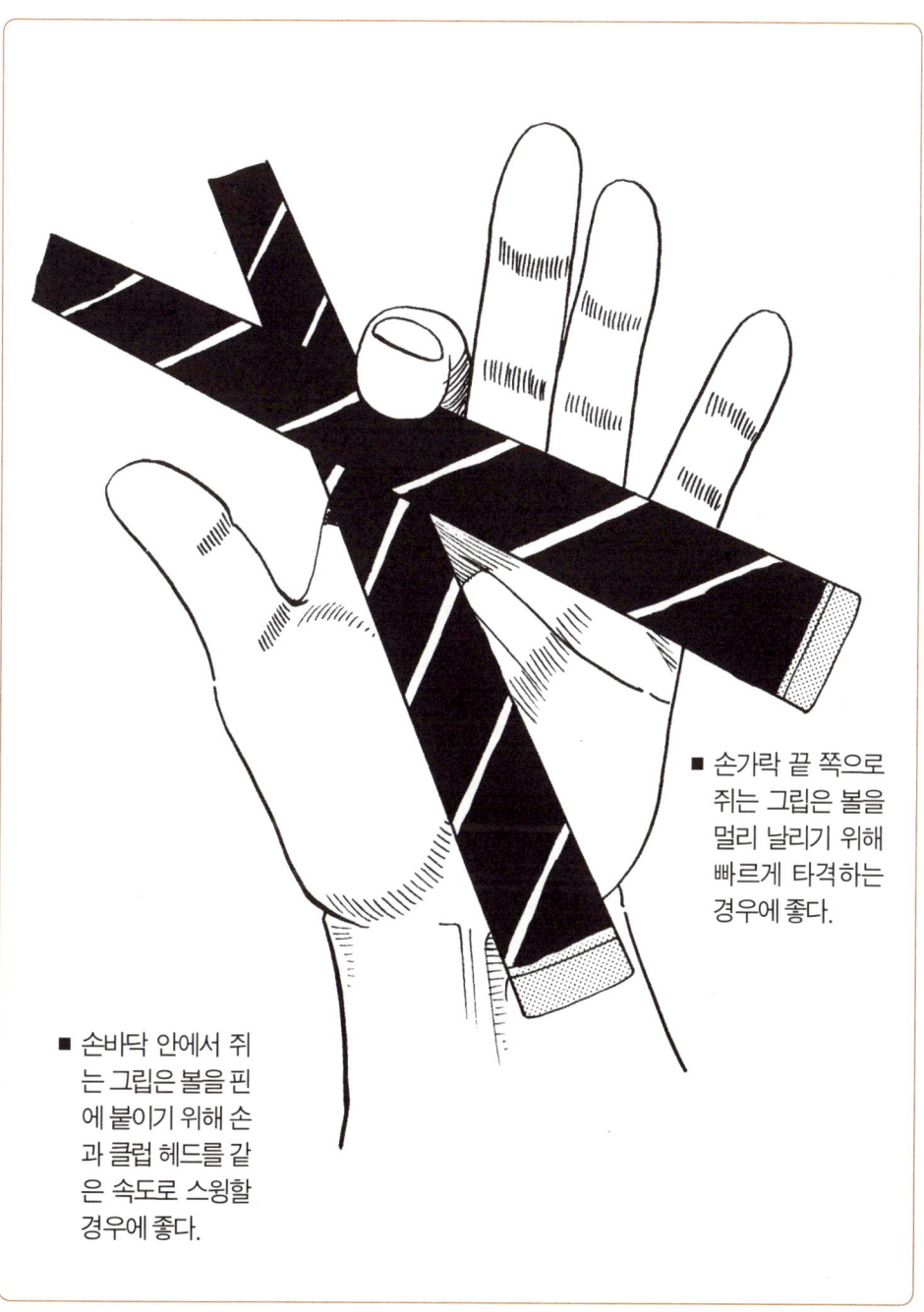

- 손가락 끝 쪽으로 쥐는 그립은 볼을 멀리 날리기 위해 빠르게 타격하는 경우에 좋다.

- 손바닥 안에서 쥐는 그립은 볼을 핀에 붙이기 위해 손과 클럽 헤드를 같은 속도로 스윙할 경우에 좋다.

○ ○ 그립 ○ ○

코킹, 일찍 시작하되 더도 덜도 안 된다

스윙에 대한 정확한 이해가 부족한 골퍼나 운동 신경이 떨어지는 아마추어들이 톱에서 갖는 가장 큰 문제점은 바로 코킹이다. 즉 코킹이 지나치게 많이 되어 버리거나 반대로 지나치게 안 되는 것이다. 이런 문제는 허리 회전이 안 되는 상태에서 손(팔)만으로 스윙이 이루어질 때 발생한다.

코킹은 백 스윙의 초기 단계에서 시작해 완전히 하도록 노력해야 한다. 코킹이 잘되고 있는지 안 되고 있는지의 여부는 백 스윙을 시작해서 클럽이 오른쪽 허리 높이까지 왔을 때 샤프트가 지면에 평행하고, 클럽 헤드의 토우는 하늘 방향을 가리키고 있는가 하는 것으로 짐작할 수 있다. 샤프트는 평행, 토우는 하늘 방향이면 코킹이 바르게 된 것이다. 그 상태에서 바로 클럽을 위로 들어 톱의 모양을 만들면 된다. 이때 체중 이동이 적절히 되고, 오른쪽 다리의 벽이 확고하면 톱이 완벽해진다.

샤프트가 지면과 평행하고, 토우는 하늘 방향을 가리키도록 하기 위해서는 테이크 백을 30~40cm 정도 낮고 일정하게 끌어 주는(클럽 먼저, 그 다음 팔이 갈 때까지) 것이 중요하다. 그 다음 백 스윙을 완성해 톱을 만드는 과정은 어깨와 엉덩이를 틀어 주는 기분으로 클럽을 치켜드는 것이다.

코킹이 제대로 되면 톱의 모양이 보기 좋을 뿐만 아니라 임팩트에서 스냅으로 볼을 다룰 수 있게 되어 파워가 붙는다.

코킹, 일찍 시작하되 더도 덜도 안 된다

허리 회전 없이 팔만으로 스윙하면 코킹이 지나쳐서 오버 스윙이 된다.

백 스윙 시 클럽이 오른쪽 허리 높이에 왔을 때 샤프트는 지면과 평행이 되어야 한다.

그 상황에서 바로 클럽을 위로 들어서 톱을 만들면 올바로 된 코킹이다.

코킹이 제대로 된 톱이 되면 샤프트와 지면이 평행이 된다.

코킹을 엄지 방향으로 해야 한다.

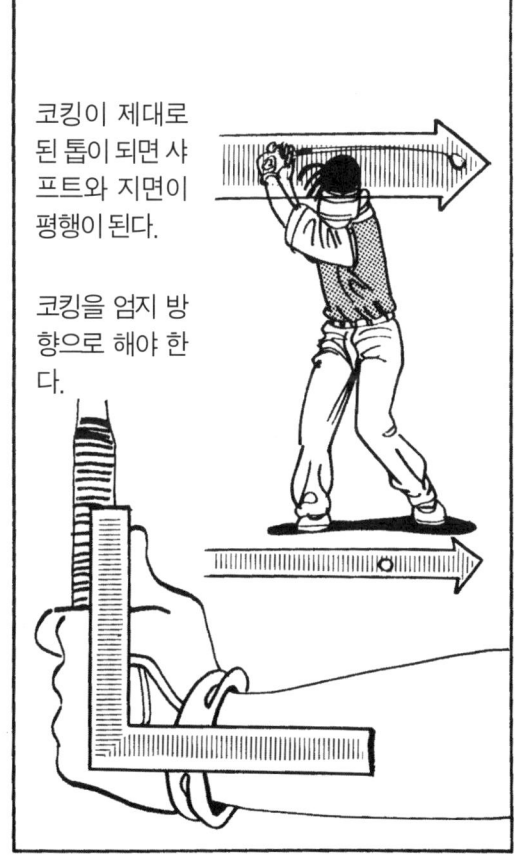

● ○ 그립 ○ ●

빠른 코킹의 오버 스윙 교정

비거리의 증대는 골퍼들의 최대 관심사 가운데 하나다. 자신은 최고의 샷을 했다고 생각했는데, 동반자보다 5m, 10m 뒤지면 꽤 속이 상할 것이다. 비거리를 늘리려다 오버 스윙을 해 버리는 골퍼들의 심정을 이해할 만도 하다. 그러나 비거리를 늘린다는 것은 임팩트에서 팔로 스루와 피니시에 걸쳐 클럽을 어떻게 하면 빠르게 휘둘러 빼느냐에 달려 있지 결코 오버 스윙으로 가능한 일이 아니다.

오버 스윙을 교정할 수 있는 효과적인 방법은 바로 빠른 코킹이다. 어드레스에서 백 스윙으로 들어갈 때 바로 코킹을 해 버리는 것이다. 이렇게 하면 클럽은 정확하게 톱의 위치에서 멈춘다.

오버 스윙하는 버릇이 붙으면 톱의 위치에서 의식적으로 클럽을 멈추기가 어려워진다. 백 스윙을 시작할 때부터 이미 하나의 흐름이 시작되기 때문이다. 이런 상황에서 멈추려고 하면 스윙 전체에 브레이크가 걸리게 된다. 흐름을 타기 시작하는 시점부터 오버 스윙이 되지 않도록 하는 것이 현명한 방법이다. 빠른 코킹으로 오버 스윙을 고쳤다면 이번에는 서서히 코킹을 하지 않고도 그 스윙이 가능하도록 노력해 본다.

또다른 경우 신체의 굴절 각도가 펴져 발생하는 오버 스윙이 있다. 즉 오른쪽 허리와 오른쪽 무릎의 각이 변해도 오버 스윙이 된다. 신체의 굴절 각도를 피니시까지 유지해야 파워가 증대된다.

● ○ 그립 ○ ●

손목의 코킹

톱 스윙에서 샤프트의 방향은 구질과 관련이 있다. 톱 스윙을 위에서 봤을 경우 샤프트는 비구선과 평행한 것이 옳고, 스퀘어 그립으로 쥐고 있을 경우 왼손등은 바깥 팔과 수평이 되어 클럽 페이스는 45도 정도 각도로 지면을 가리킬 것이다.

손목은 자유자재로 움직이는 관절로, 일상생활에서는 매우 편리하지만 스윙을 하는 데 있어서는 때로 미스의 원인이 되기도 한다. 그렇기 때문에 어디서 코킹을 할 것인가를 잘 알아야 한다.

세로 동작이란 어드레스한 상태에서 엄지손가락 가장 밑 부분으로 구부리는 것을 말한다. 어드레스를 취하고 오른손 가운뎃손가락과 넷째 손가락 첫째 마디 부분에 클럽을 받쳐 들고 위로 올리면 왼손 엄지손가락 아래 방향 즉, 세로 동작이 된다. 이를 가로 동작과 착각하면 안 된다.

오른손등 쪽으로 구부리는 것을 코킹이라고 생각하면 매우 복잡해진다. 백 스윙이 인사이드로 빠지는 것은 손목을 옆으로 구부리기 때문이 아니라 몸통을 회전하기 때문이다. '비틀어 올린다'는 말은 몸통을 비틀어 올리는 것이지 손을 올리는 것을 의미하지 않는다.

왼손 엄지 방향으로 오른쪽 허리 높이에서 방향을 바꾸어 곧추 세우는 것이 코킹이다. 그러나 코킹은 의식적인 것이 아니라 스윙 템포에 맞춰서 클럽 헤드 무게에 의해 자연스럽게 이루어져야 한다.

손목의 코킹

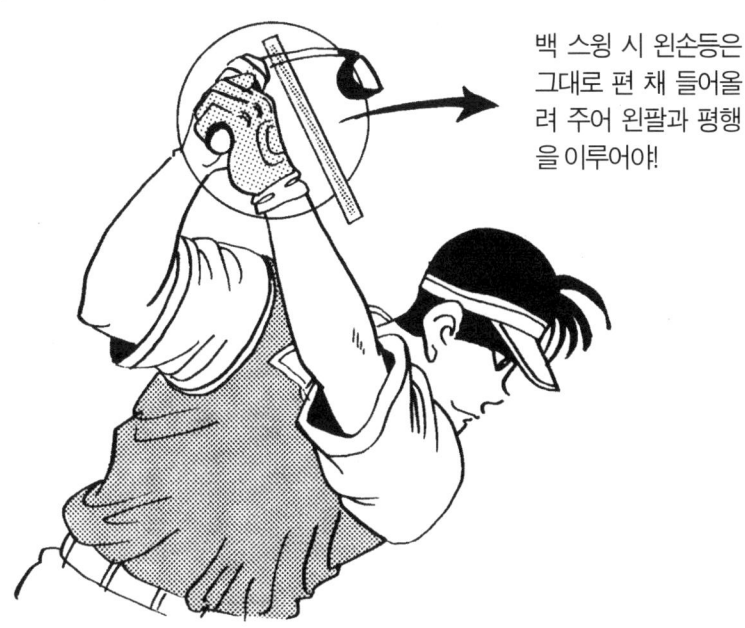

백 스윙 시 왼손등은 그대로 편 채 들어올려 주어 왼팔과 평행을 이루어야!

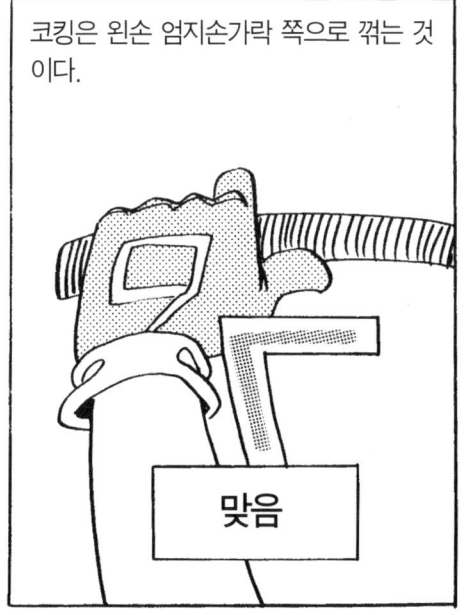

코킹은 왼손 엄지손가락 쪽으로 꺾는 것이다.

맞음

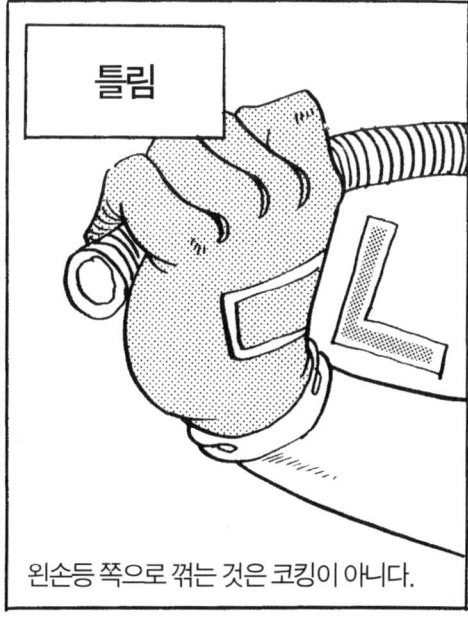

틀림

왼손등 쪽으로 꺾는 것은 코킹이 아니다.

● ○ 그립 ○ ●

평행과 직각은 불변의 골프 철칙

모든 골퍼에게 완벽하게 어필할 수 있는 스윙 이론은 없다. 미스 샷은 스윙 자체에 문제가 있다기보다는 몸의 자세, 즉 얼라인먼트에 문제가 있어 나타나는 경우가 많다. 연습장에서는 잘 치다가도 필드에만 나가면 미스 샷이 나오는 이유도 바로 얼라인먼트에 문제가 있기 때문이다.

많은 아마 골퍼들이 타깃 라인의 오른쪽을 향해 서는 것을 볼 수 있다. 이것은 어깨 라인을 타깃에 맞추려 하기 때문에 일어나는 오류다. 또 테이크 백에서 지나치게 인사이드로 끌어가서 발생하기도 한다. 이렇게 하면 클럽은 아웃사이드로 내려오므로 볼은 왼쪽으로 날아간다. 그러다 보니 어드레스에서 타깃 라인보다 더 오른쪽에 서는 악순환이 이어진다.

이런 오류를 고치기 위해서는 볼과 목표를 연결한 타깃 라인과 어깨, 허리, 무릎, 발 라인이 어디까지나 평행이 된다는 이미지를 확실하게 가져야 한다. 절대 교차할 수 없는 전차의 레일을 상상하면 이해하기 쉬울 것이다.

연습장에서부터 타깃 라인과 스탠스 라인에 샤프트를 평행하게 놓고 올바른 얼라인먼트를 하는 습관을 기르자. '평행과 직각'은 평생을 따라다니는 골프의 철칙이다.

평행과 직각은 불변의 골프 철칙

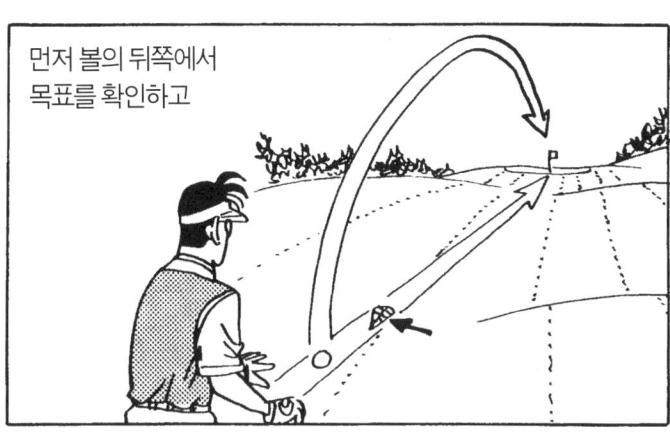

먼저 볼의 뒤쪽에서 목표를 확인하고

목표선에 평행이 되도록 서서 페이스와 목표가 직각이 되도록 한다.

그 상태에서 왼발의 위치를 정한 뒤

목표선과 평행이 되는 지점에 오른발을 놓는다.

● ○ 그립 ○ ●

양팔의 힘을 조절하라

골프 스윙을 할 때는 등 근육과 대퇴부 근육으로 컨트롤해야 한다고 강조된다. 그렇다고 해서 양팔과 양손은 아무것도 하는 일이 없다는 것을 의미하는 것은 아니다. 클럽 헤드에 맞춰 몸의 회전 동작을 조화롭게 하려면 적절한 양팔 스윙이 매우 중요하다. 클럽과 직접적 연결 고리인 양손은 반드시 일체감 있게 움직여야 한다.

그러나 사실 두 손은 서로 다른, 때로는 정반대의 역할을 수행한다. 오른손을 조금 더 많이 사용한다는 생각으로 타격하는데, 이렇게 하면 오른손 타격이 이루어질 때 동시에 왼손은 그만큼의 저항력을 제공하게 된다. 이렇게 하는 이유는 오른손으로 강하게 때리지 않으면 샷의 파워가 부족해지기 때문이다. 또 왼손과 왼쪽 손목이 타격 순간 단단히 고정되어 저항력을 제공하지 않으면 샷의 방향 감각을 잃어버리게 된다. 강력한 샷은 몸의 왼쪽을 단단히 고정시키고, 이를 향해 밀어붙이듯 타격해야 가능하다.

머리는 타격 순간 여전히 볼 뒤쪽으로 낮게 위치해 마치 버티면서 뒤쪽에 물러서 있는 듯해야 한다. 또 왼발과 다리는 이러한 타격 동작을 안정적으로 받쳐 줌으로써 샷이 너무 일찍 풀려 나가는 것을 막아 준다.

타격 순간의 자세를 강력하게 유지하려면 왼쪽 엉덩이와 무릎 앞에 벽이 가로막혀 있다고 상상하면 된다. 몸의 왼쪽 사이드를 단단하게 유지하면 볼을 클럽 페이스에 정확히 맞힐 수 있다.

양팔의 힘을 조절하라

타격 순간 오른손을 약간 더 많이 사용한다는 생각으로 타격해야 왼손에 저항력이 생긴다.

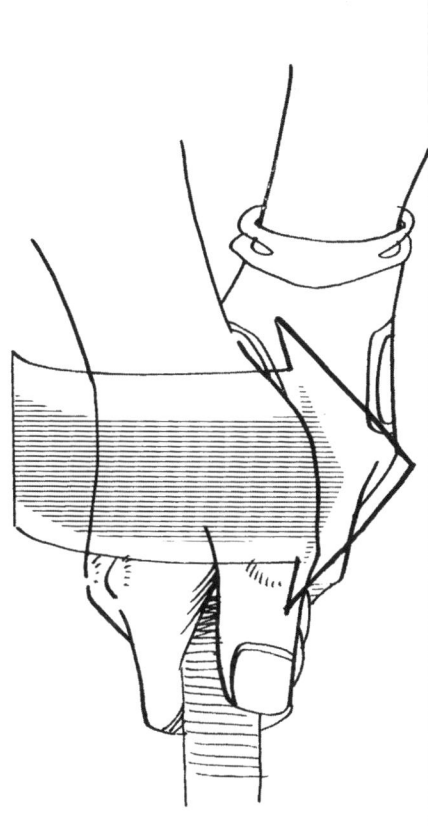

오른손으로 강하게 쳐야 파워가 생겨 강한 임팩트가 되고

이때 왼손이 단단히 고정되어야 저항력이 생겨 샷의 방향 감각이 살아난다.

●○ 그립 ○●

오른쪽 팔꿈치와 파워의 연관성

평소 파워라면 자신이 있는데도 왠지 거리가 나지 않는다고 갸우뚱거리는 골퍼들이 많다. 이유는 간단하다. 파워를 스윙에 활용하지 못하고 손만으로 치는 타법을 하고 있기 때문이다.

몸을 충분히 사용해 스윙하는가, 손만으로 치는가 하는 것은 톱에서 오른쪽 팔꿈치를 보면 알 수 있다. 톱에서 오른쪽 팔꿈치가 어디를 가리키고 있는가를 점검해 보자. 오른쪽 팔꿈치가 허리를 가리키고 있다면 그 골퍼는 이미 손만으로 치는 타법의 전문가임에 틀림없다. 톱에서 오른쪽 팔꿈치는 반드시 지면을 가리켜야 한다.

톱에서 오른쪽 팔꿈치가 일찍 허리를 가리키면 다운 스윙부터 임팩트에서 클럽이 아웃-인으로 들어와 전형적인 손만의 타법이 되는 것이다. 이렇게 되면 펀치도 나오지 않고, 아무리 파워가 세도 비거리가 나지 않는다.

오른쪽 팔꿈치가 지면을 가리킨 상태에서 다운 스윙에 걸쳐 아래 방향으로 들어오는 스윙을 마스터해 보자. 그러면 오른쪽 팔꿈치의 이러한 움직임으로 시작해 몸의 회전을 이용한 스윙으로 이어진다.

흔히들 톱의 상태를 '출발 직전의 모습'이라고 부르는데, 이는 매우 적절한 표현이다. 톱 스윙의 정점은 바로 있는 것 같으면서도 없는 것이다.

중요한 것은 '골프는 등 뒤로 하는 게임'이라는 것이다. 클럽을 등 뒤로 감아 올린 톱 윙의 정점에서 오른쪽 팔꿈치가 지면을 향하면 이상적이다.

오른쪽 팔꿈치가 지면을 향하도록

톱 상태에서 오른쪽 팔꿈치가 어디를 가리키는지 점검해 보자.

지면을 향한다면 보디 턴을 이용한 파워 있는 스윙이 된다.

그러나 허리를 향한다면 아웃 → 인의 스윙이 되어 손만으로 하는 타법이 된다.

○● 그립 ○●

왼손목 뒤집히면 미스 샷 주요인

톱에서 왼손목이 뒤집혀져 있는 플레이어가 있다. 이런 자세는 미스 샷을 유발하는 결정적 원인이 된다. 손목이 뒤집혀져 있으면 임팩트 순간에 클럽 헤드의 방향이 일정하지 않아지기 때문이다. 몸의 비틀림을 이용해 다운 스윙부터 임팩트를 향해 클럽을 되돌리는 타이밍이 그만큼 변해 버려 볼이 어디로 날아갈지 알 수 없게 되어 버리는 것이다.

어드레스에서 비구선을 향해 있는 왼손목을 자연스러운 상태에서 톱까지 가져간다. 플레이어 개개인의 폼에 따라 차이는 있으나 손목은 톱에서 약간 비스듬한 왼쪽(유연하지 못한 사람의 경우) 또는 정면(몸의 회전이 큰 플레이어의 경우)을 향하고 있는 것이 올바르다.

그래도 자꾸만 손목이 뒤집힌다면 장갑을 낀 왼손등 사이에 성냥개비를 끼워 넣고 백 스윙을 해 본다. 손등 쪽으로 클럽이 얹혀도 성냥개비는 부러지고, 손바닥 쪽으로 얹혀 있어도 역시 부러진다. 이 두 가지 상황은 슬라이스와 훅으로 연결되는 미스 샷의 원인이 된다.

골프는 근육 기억법으로 익히는 운동이다. 성냥개비가 부러지지 않는 상태의 톱 스윙을 여러 번 반복하는 가운데 손목의 정확한 상태를 기억하도록 하자.

손목을 비트는 버릇이 있는 플레이어는 볼의 방향이 정해져 있지 않아 발전을 기대하기 어렵다. 나쁜 버릇은 가능하면 빨리 고치는 것이 좋다.

왼손목이 뒤집히면 미스 샷이 난다

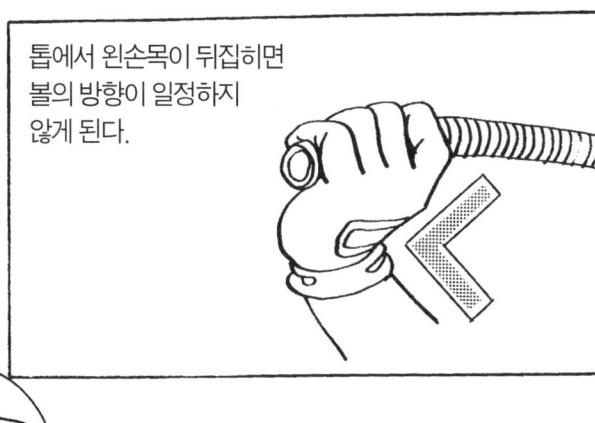

톱에서 왼손목이 뒤집히면 볼의 방향이 일정하지 않게 된다.

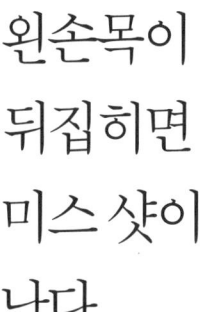

톱에서 왼손목이 곧게 펴져 있어야 볼의 방향이 일정해진다.

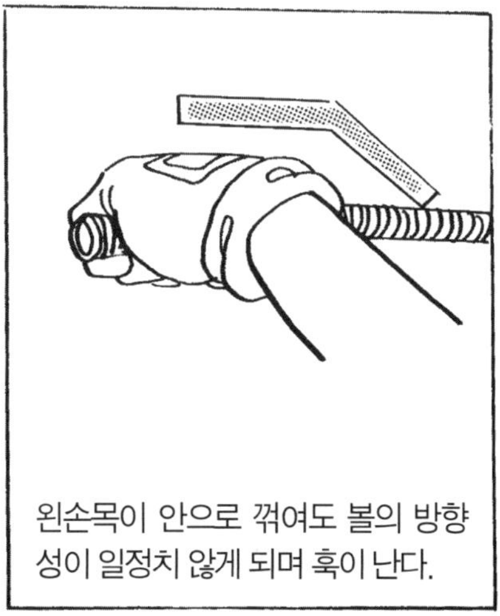

왼손목이 안으로 꺾여도 볼의 방향성이 일정치 않게 되며 훅이 난다.

● ○ 그립 ○ ●

보디 턴 스윙과 그립

보디 턴만 잘 습득하면 골프 기술이 금방 향상될 것이라 믿고 연습하는 골퍼들이 매우 많다. 그러나 보디 턴을 연습하면서 오히려 슬라이스가 심해졌다는 경우도 있다. 이 경우에는 우선 스윙보다 그립을 먼저 체크해 보아야 한다.

먼저 왼손 그립을 보기 바란다. 만약 왼손을 쥔 주먹 뼈(너클) 하나가 보일 정도의 그립, 즉 스퀘어 또는 위크 그립으로 되어 있다면 스윙이 나쁘기 때문에 슬라이스가 나는 것이 아니라 그립에 원인이 있다. 그 이유는 다음과 같다.

다운 스윙 이후 몸을 회전시켜 스윙하는 보디 턴 스윙을 하면 팔이 조금 늦게 휘둘러진 상태에서 임팩트를 맞게 된다. 그렇게 되면 왼팔의 롤링이 억제된다. 따라서 이때 그립이 스퀘어 그립이라면 왼손등은 위를 향한다. 즉 스퀘어 그립으로 보디 턴을 할 경우 의식적으로 왼팔을 롤링시키지 않는 한 임팩트 시 페이스가 열려 슬라이스가 나오게 된다.

해답은 간단하다. 만약 스퀘어 그립으로 클럽을 잡고 있다면 지금 바로 훅 그립으로 바꾸기 바란다. 왼손을 덮는 정도에는 개인차가 있지만 어드레스한 뒤 왼손을 내려다봤을 때 적어도 주먹 뼈가 2개 이상(투 너클) 보이도록 클럽을 잡아야 한다. 물론 왼손을 덮은 만큼 오른손은 약간 열어 쥔다. 양손바닥이 서로 마주보도록 그립하면 된다. 보디 턴 스윙의 경우는 무조건 훅 그립이 기본이다.

보디 턴 스윙은 훅 그립이 기본

보디 턴 스윙을 했는데도 슬라이스 나거든요.

그럴 때는 그립을 점검해야 합니다.

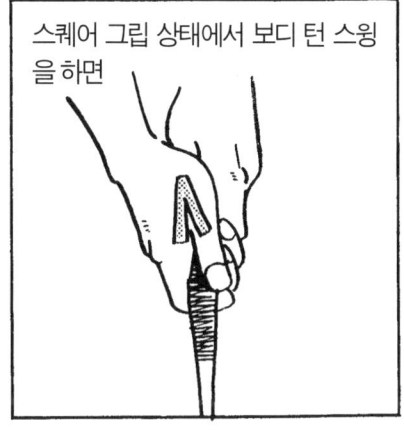

스퀘어 그립 상태에서 보디 턴 스윙을 하면

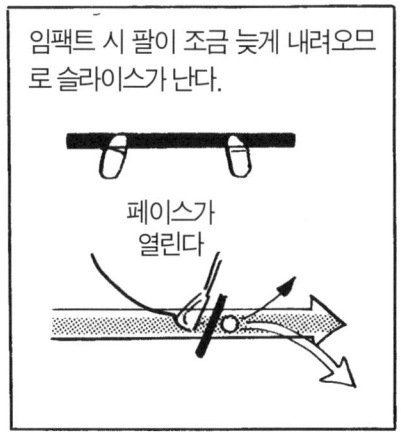

임팩트 시 팔이 조금 늦게 내려오므로 슬라이스가 난다.

페이스가 열린다

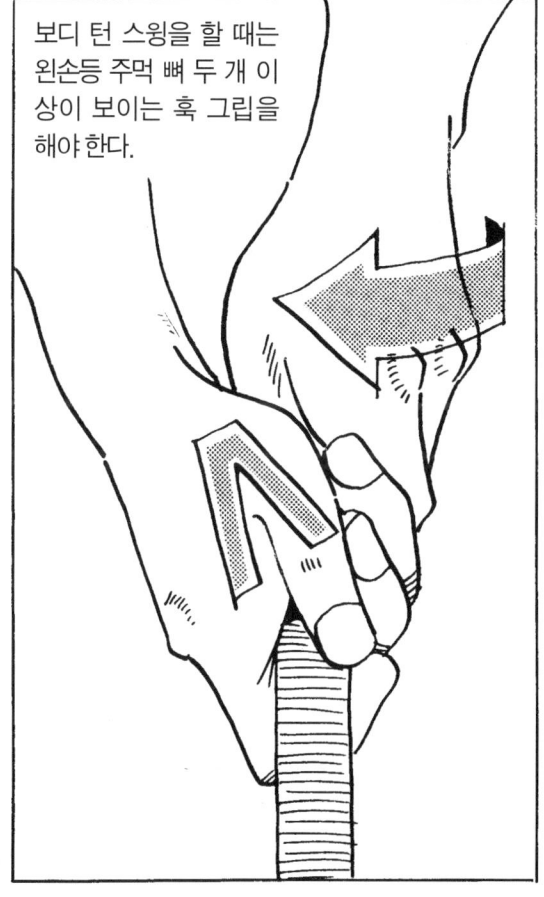

보디 턴 스윙을 할 때는 왼손등 주먹 뼈 두 개 이상이 보이는 훅 그립을 해야 한다.

● ○ 그립 ○ ●

슬라이스가 심한 사람은 훅 그립을

슬라이스를 방지하기 위해서는 그립에서 어드레스, 그리고 스윙 중 몸의 움직임 등을 잘 점검해야 한다. 단지 하나만을 바로잡아서는 슬라이스가 방지되지 않으며, 일시적으로 고쳐졌다 해도 오래 지속되지 않는다. 슬라이스가 되기 쉬운 그립 모양을 살펴보자.

우선 그립은 클럽 페이스의 방향을 결정하는 중요한 원인으로, 그립을 어떻게 쥐느냐에 따라 클럽 페이스가 열리거나 닫힌다. 물론 처음부터 오픈 페이스가 되어 버리는 그립을 취하고 있으면 아무리 올바른 스윙을 한다 해도 슬라이스는 방지되지 않는다. 이 경우에는 우선 스퀘어 그립으로 바꿔 잡도록 해야 한다. 슬라이스가 심한 사람이라면 약간 훅 그립처럼 왼손 그립을 깊게, 오른손 그립을 얇게 쥘 것을 권해 본다. 올바른 그립이란 그립을 쥐고 바로 위에서 내려 보았을 때 왼손 주먹의 뼈 관절이 2개 반 가량 보이도록 죄어 넣는 것이다. 그리고 오른손은 볼을 뒤에서 두들겨 쳐내는 느낌으로 그립의 오른쪽 바로 옆에서 대듯이 쥔다. 아무튼 클럽을 확실히 후려쳐 낼 수 있는 그립이 기본이 되는 것이다. 좋은 그립이 좋은 스윙을 낳는다.

슬라이스가 발생하는 그립

올바른 그립이란 그립을 쥐고 바로 위에서 내려보았을 때 왼손 주먹의 너클 부분이 2개 반 정도 보이도록 죄어 넣는 것이다.

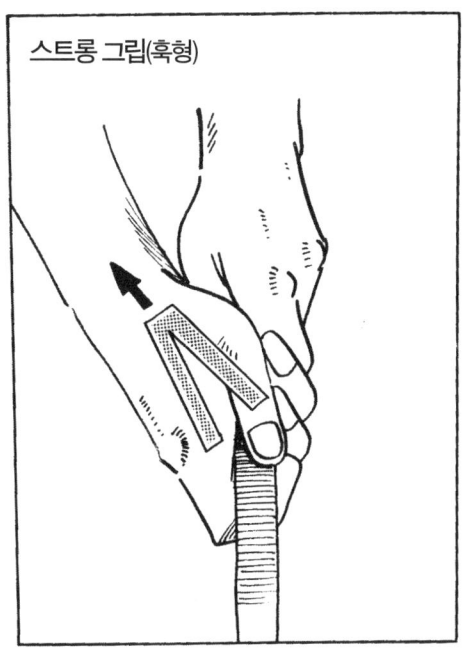

스트롱 그립(훅형)

스퀘어 그립

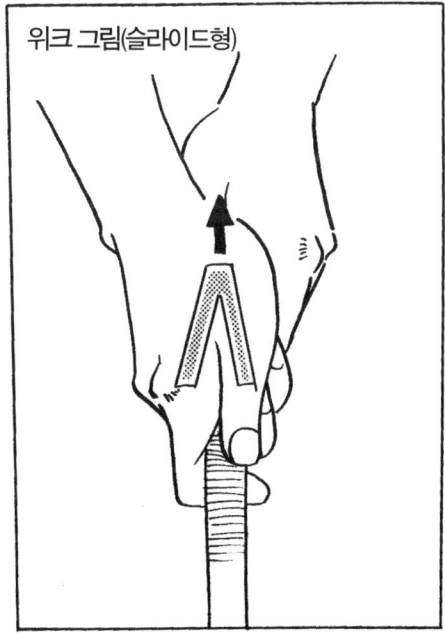

위크 그립(슬라이드형)

슬라이스가 심한 경우에는 훅 그립(스트롱 그립)으로 잡아 보는 것도 도움이 됩니다.

● ○ 체형별 스윙 전략과 공략법 ○ ●

몸이 마른 골퍼의 스윙 전략

마른 체형의 사람은 일반적으로 스웨이가 발생하기 쉬우며, 허리가 안정되지 않는다. 게다가 비교적 자유롭게 자신의 몸을 움직일 수 있기 때문에 무의식중에 손만으로 스윙을 컨트롤하려는 경향도 있다. 따라서 뒤땅이나 토핑이 많이 발생하고, 가끔 좋은 샷을 했다 싶어도 크게 슬라이스가 나고 만다. 이것은 몸이 흔들리는 데서 오는 현상이다.

그러므로 스윙을 함에 있어서는 몸의 축이 무엇보다 중요하다는 사실을 인식해야 한다. 살찐 사람이 허리를 30도 가량 비트는 데는 상당한 고통이 따르지만 마른 사람은 큰 힘을 들이지 않고도 45도 가까이까지 몸을 회전시킬 수 있다. 그렇기 때문에 스윙 방법에 있어서도 분명히 다를 수밖에 없다.

특히 마른 사람은 몸을 쉽게 뒤틀 수 있어 스윙 아크를 크게 할 수 있다는 장점이 있는 반면 몸이 흔들리기 쉽고 하반신이 불안정하다는 단점이 있다. 따라서 몸이 마른 골퍼는 몸의 움직임이 자유롭다는 점을 충분히 살려 스윙하면 된다. 테이크 백을 할 때는 오른쪽 무릎의 방향과 오른쪽 허벅지의 형태를 바꾸지 말고 시멘트로 고정해 놓은 것과 같은 기분으로 몸이 움직이는 것을 억제해야 한다. 살찐 사람이 이렇게 하면 몸이 전혀 움직이지 않으나 마른 사람이 하기엔 쉽지 않은 동작이다. 이렇게 스웨이가 없는 백 스윙을 익힘으로써 임팩트를 확실하게 할 수 있다.

몸이 마른 골퍼의 스윙 전략

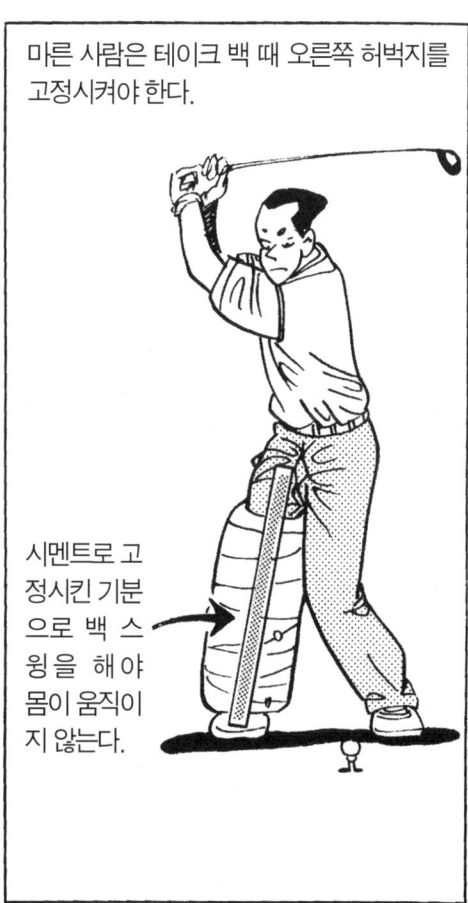

○ ● 체형별 스윙 전략과 공략법 ○ ●

뚱뚱한 골퍼의 스윙 포인트

백 스윙에서는 몸을 오른쪽으로 돌리고, 다운 스윙에서는 왼쪽으로 되돌리는 회전 운동을 필요로 하는 골프에서 뚱뚱한 사람은 그만큼 불리하다. 뚱뚱한 사람은 마른 사람처럼 몸을 충분히 비튼 스윙을 목표로 하기보다는 자신의 체형에 맞는 스윙을 찾는 것이 좋다. 자신에게 맞는 스윙만 찾으면 체중이 실린 파워 샷이 가능해 오히려 강점으로 작용할 수 있다. 불리한 점은 보충하고 유리한 것은 살리는 일이 무엇보다 중요하다. 나이가 들면서 어쩔 수 없이 불어난 체중. 이를 충분히 활용하는 스윙을 목표로 하자. 우선 가능하면 깊은 백 스윙을 할 수 있는 어드레스를 만들어야 한다. 그러기 위해서는 첫째, 스탠스를 좁게 선다. 드라이버에서는 어깨 폭 정도가 기준이지만 뚱뚱한 사람은 이보다 자세를 좁게 취해야 한다. 이것만으로도 몸을 훨씬 많이 돌릴 수 있다. 오른발끝을 약간 열어도 좋다. 이렇게 하면 오른쪽으로 쉽게 회전되며, 백 스윙에서 불편을 덜어 준다. 그러나 백 스윙이 편하게 된다고 오른발을 지나치게 열면 다운 스윙에서 왼쪽으로 몸을 돌리기가 어려워진다. 오른발을 약간 뒤로 당겨 크로스 스탠스를 취하는 것도 한 방법이다. 이때 스탠스는 크로스로 하더라도 어깨 라인은 비구선에 대해 평행을 유지해야 한다는 점을 잊지 말자.

백 스윙 때 얼굴을 오른쪽으로 회전시키는 것도 몸이 회전되기 쉽게 해 준다. 이렇게 하면 스웨이되지 않으면서도 깊숙한 백 스윙이 가능해진다.

뚱뚱한 골퍼의 스윙 포인트

비만인 경우에는 보통 사람보다 스탠스를 좁게 취한다.

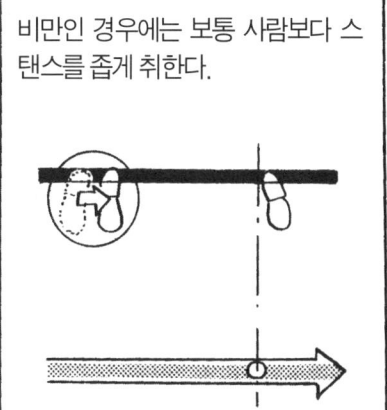

그래도 회전이 부족한 경우에는 왼발(타깃 방향 쪽 발) 끝을 약간 열어 준다.

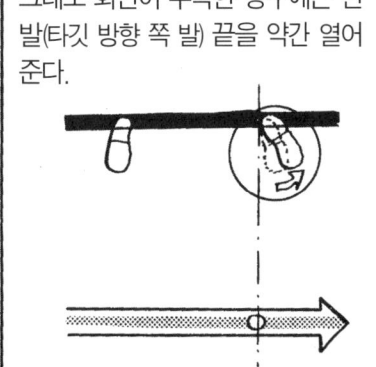

스탠스를 좁게 취하고 오른발 끝을 열었는데도 스윙이 제대로 되지 않는 경우에는 오른발을 약간 뒤로 빼서 클로즈 스탠스를 취합니다.

단, 어깨선은 목표선과 평행!

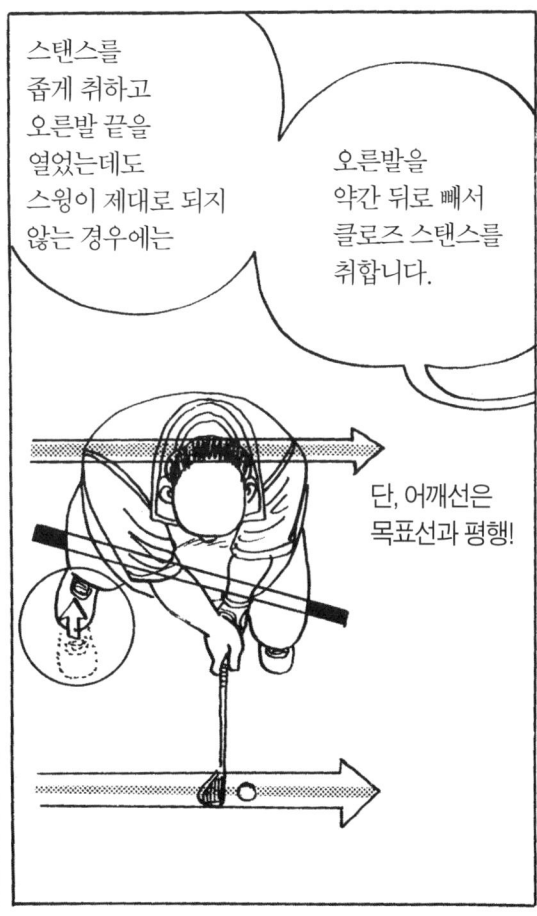

○ ○ 체형별 스윙 전략과 공략법 ○ ○

키가 큰 골퍼의 스윙 포인트

키가 180cm 정도로, 큰 축에 속하는 사람은 드라이버를 수직으로 몸 옆에 세우면 그립 끝이 허리 높이에 온다. 그러면 손을 자연스럽게 내린 상태에 가까운 위치에서 그립이 가능해진다.

어드레스에서 손의 위치가 허리 높이 정도가 되는 것을 생각하면 짧은 클럽을 잡았을 때는 앞으로 상당히 숙이게 된다. 공을 정확히 맞히겠다는 의식이 강한 사람은 더욱 자세를 숙이기 쉽다.

키가 큰 사람은 그만큼 팔도 길기 때문에 스윙 아크가 크다. 좋은 스윙을 몸에 익히고 있으면 장타를 칠 가능성이 높다. 또한 키가 큰 사람은 비거리를 낼 수 있는 강점과 함께 불안정해지기 쉬운 약점을 동시에 가지고 있다. 다리가 긴 만큼 키가 작은 사람에 비해 중심이 높고, 스윙의 토대가 되는 하반신이 흔들리기 쉽기 때문이다.

키가 크고, 비거리는 나오지만 안정되지 못한 사람은 우선 축이 큰 폭으로 흔들리고 있는지를 점검해야 한다. 유리한 체형적 조건을 살리기 위해서는 무릎을 가볍게 구부리고 엉덩이를 내밀어 중심을 낮게 한다는 느낌을 갖는 것이 중요하다. 무거운 짐을 들어올릴 때처럼 지면에 확실한 발판을 만들어야 한다. 우선 고양이 등처럼 구부러진 것을 곧게 편다. 구부린 자세로는 팔만으로 치는 스윙이 되기 때문이다. 가슴을 편 어드레스를 하면 겨드랑이를 조이는 느낌을 갖기 쉽고, 팔과 몸이 하나된 스윙을 할 수 있다.

키가 큰 골퍼의 스윙 포인트

무릎을 살짝 구부리고 엉덩이를 내밀어 중심을 낮춰야 하체가 안정된다.

고양이 등처럼 구부린 것을 곧게 편다.

가슴을 편 어드레스를 하면 겨드랑이를 조이는 느낌을 갖기 쉽다.

●○ 체형별 스윙 전략과 공략법 ○●

키가 작은 골퍼의 스윙 포인트

키가 작은 사람은 키가 큰 사람에 비해 볼에서 멀리 떨어지게 되며, 클럽을 플랫하게 움직일 수밖에 없다. 키가 작은 사람은 결국 자신에게 맞는 나름의 스윙을 몸에 익혀야만 한다.

키가 작은 사람은 비거리에 있어서도 체형적으로 불리하다. 스윙 아크가 작아지기 때문이다. 하반신을 단단히 유지하지 못하면 클럽의 길이를 이겨내지 못하게 되는 경우도 있다. 불리한 점을 극복하여 큰 체형의 사람에게 대항할 수 있는 스윙을 몸에 익혀야 하는 것이다.

키가 작은 사람도 체형적으로 불리하다고 하여 비거리를 쉽게 포기하지는 않을 것이다. 비거리를 늘리기 위해서는 스윙 아크를 최대한 크게 만드는 것이 중요하다. 이것은 심플한 스윙을 만드는 데도 도움이 된다. 우선 어드레스 때 앞으로 숙이는 것을 자제하고 가슴을 편다. '크게' 자세를 잡는 것으로 스윙 플레인이 지나치게 플랫해지는 것을 막고, 큰 스윙의 이미지를 그리기가 쉽다. 몸의 회전이 동반된 백 스윙이 가능해지면, 다음은 볼과 어깨를 연결한 연장선상에 클럽 헤드를 들어올리면 된다. 이곳이 공에서 헤드를 가장 멀리 들어올릴 수 있는 위치이며, 스윙 아크도 최대한 크게 만들 수 있다. 항상 이곳으로 클럽을 들어올릴 수 있게 되면 불필요한 움직임이 없는 스윙이 가능해지며, 타구에도 안정감이 생긴다.

키 작은 골퍼가 비거리를 늘리기 위해서는 스윙 아크를 최대한 크게 만들어야 한다.

그러기 위해서는 어드레스 때 앞으로 숙이는 것을 자제하고 가슴을 편다.

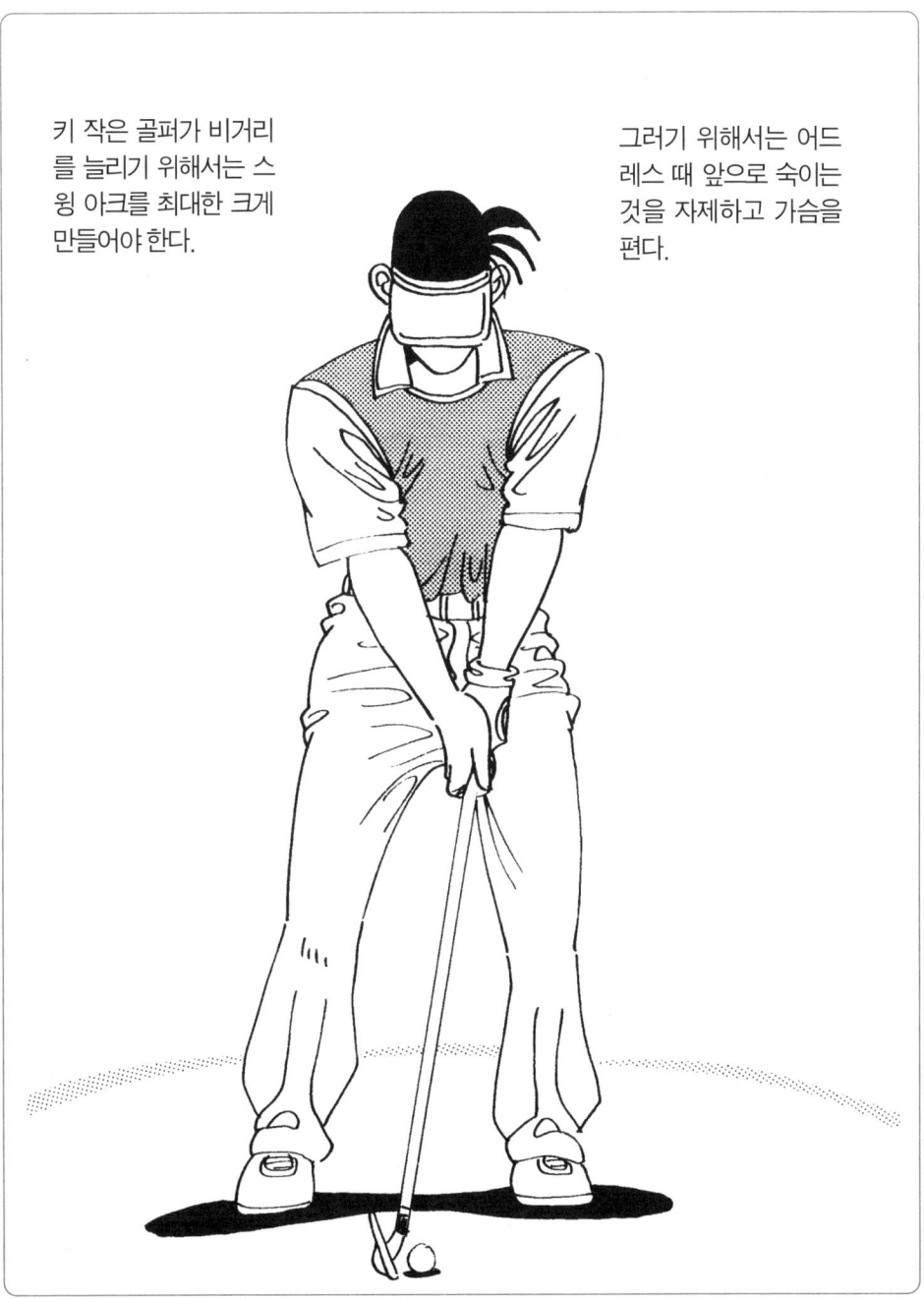

여성 골퍼의 스윙 익히기

비기너가 스윙을 처음 익히면서 드라이버부터 시작하는 경우가 있다. 드라이버는 정확하게만 맞힌다면 어떤 클럽보다도 잘 날릴 수 있는 클럽이다. 골프의 묘미는 뭐니뭐니해도 멀리 날리는 데 있고, 또 여성 골퍼라도 드라이버로 멀리 날리고 싶은 마음이 있는 것은 당연하다.

그러나 드라이버는 생각만큼 쉬운 클럽이 아니다. 남성 골퍼조차도 처음부터 완벽한 드라이버 샷을 구사하는 사람은 흔치 않다. 남성들에게도 힘에 무리가 따르는 드라이버를 여성이 처음부터 잘 쳐내기는 정말로 힘들다. 따라서 여성 비기너들은 5번 아이언부터 연습하는 것이 좋다.

5번 아이언은 샤프트의 길이나 로프트 각도가 모든 클럽의 중간이어서 초보자에게 가장 알맞다. 처음부터 드라이버와 같은 긴 클럽으로 연습하면 짧은 아이언에 저항을 느낀다. 반대로 9번 아이언 같은 짧은 클럽부터 시작하면 긴 클럽에 저항을 느끼게 된다. 5번 아이언은 클럽 가운데 중간 길이로서 그립과 어드레스, 스윙의 기본을 익히는 데 매우 적절하다. 다만 5번 아이언에 익숙해지면 바로 드라이버 연습을 시작해서 큰 스윙 감각을 익혀야 한다.

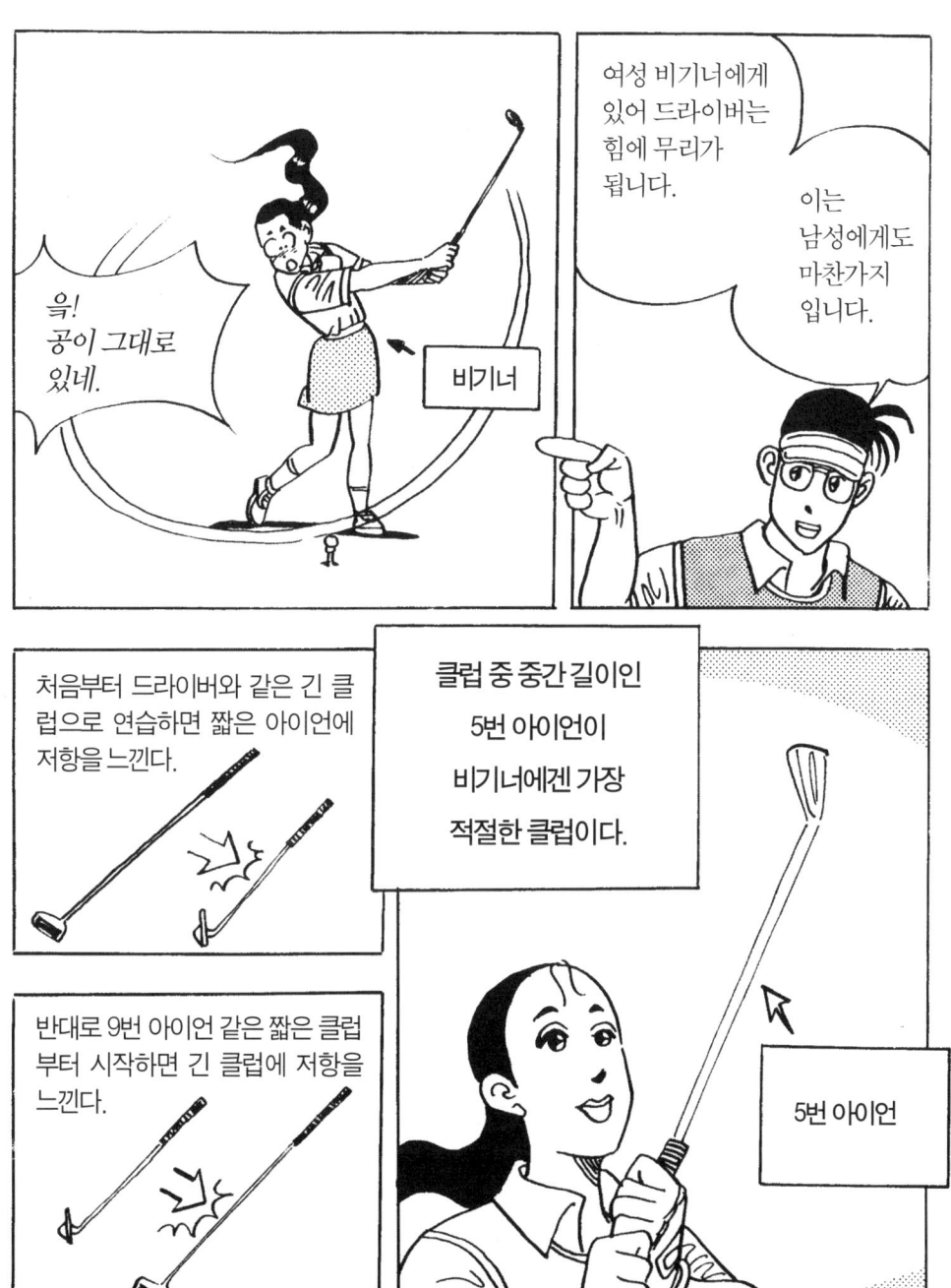

● ○ 백 스윙 · 어드레스 ○ ●

> # 골프는 축 운동

우리 몸에는 구부러지는 관절과 펴지는 분절이 있기 때문에 회전 운동을 할 수 있다. 골프가 어려운 것은 축이 한 군데가 아닌 세 군데에 있기 때문이다. 이것을 기준으로 3삼각 유지 타법에 관해 알아보자.

첫째, 머리 뒤통수에서 양발 뒤꿈치를 선으로 그으면 머리를 꼭지점으로 한 삼각형이 형성된다. 스윙 시 머리가 좌우로 움직이면 볼을 맞힐 수는 있으나 방향성이 나빠진다. 또한 상하로 움직일 경우 볼의 높낮이가 달라진다.

둘째, 척추 끝의 미추를 꼭지점으로 하여 양발 뒤꿈치를 선으로 연결하면 작은 삼각형이 만들어진다. 이때 미추는 맷돌에서 아랫돌 가운데에 있는 못과 같다. 물론 머리도 움직이면 안 되지만 허리의 움직임은 절대 좌우로 스웨이되서는 안 되며, 수평 회전으로 움직여야 한다. 허리의 움직임을 최소화하고 어깨의 회전을 극대화했을 때 더 정확하면서도 더 멀리 날릴 수 있다.

셋째, 양쪽 어깨에서 양팔을 통해 양손에 이르는 삼각형이 있다. 구체적으로 표현하면 양팔꿈치에서 양손까지의 삼각형이다.

어드레스 때 양팔꿈치의 간격이 전체 스윙 동작 중 무너지면 스윙 평면이 불규칙 회전으로 연결된다.

이상과 같이 세 군데의 축을 일컬어 3삼각이라 한다. 클럽을 잡으면 생각할 부분이 많은데, 꼭 기억해야 할 것은 바로 축 운동이라는 사실이다.

골프는 축 운동

골프가 어려운 이유 가운데 하나는 축이 세 군데나 있기 때문이죠.

스윙 중 세 가지 축이 잘 유지되어야 좋은 스윙이 가능합니다.

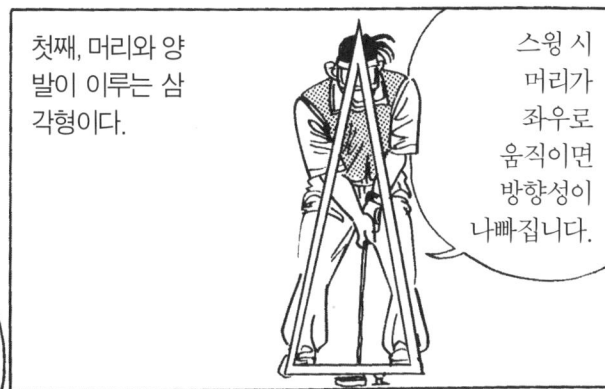

첫째, 머리와 양 발이 이루는 삼각형이다.

스윙 시 머리가 좌우로 움직이면 방향성이 나빠집니다.

둘째, 미추와 양 발이 이루는 삼각형이다.

허리의 움직임을 최소화하고 어깨 회전을 극대화해야!

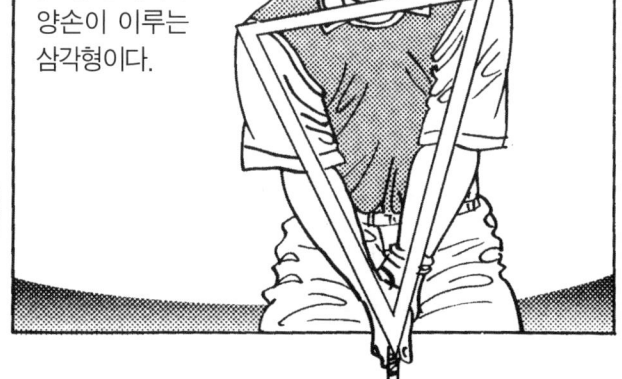

셋째, 양어깨와 양손이 이루는 삼각형이다.

● ○ 백 스윙 · 어드레스 ○ ●

스윙의 메커니즘을 이해하자

연습장에서 보면 부분의 아마 골퍼들은 그저 막연히 볼을 쳐 대기만 한다. 그러나 이렇게 해서는 아무리 쳐도 실력이 향상되지 않는다. 골프 스윙의 메커니즘을 이해하고, 합리적이면서도 효과적인 연습을 하는 것이 중요하다. 스윙을 하는 동안 몸의 축이 일정하다면 클럽 헤드의 궤도는 자신의 몸을 중심으로 한 원이 된다. 반지름은 클럽의 길이가 될 것이다.

우선 이 반원의 형태를 머릿속에 그려 본다. 볼을 이 원둘레 상에 놓았을 때 클럽 헤드는 이 원둘레 위를 움직이므로 볼은 그 볼 위치와 원의 접선 방향으로 날아간다. 볼에 스핀이 걸린다 하더라도 임팩트 직후에는 그 영향을 무시해도 되며, 특히 볼이 날아갈 방향은 이 원의 접선 방향이라는 것을 이해해야 한다. 따라서 목표 방향으로 볼을 날리고 싶다면 몸의 정면, 즉 몸의 방향이 목표선과 직각이 되는 위치에 볼을 두면 되는 것이다. 오른쪽으로 볼이 나가는 골퍼는 볼을 오른쪽에 두고 있는 것이고, 반대로 왼쪽으로 날아가면 볼을 왼쪽에 두고 있다는 것이다.

다음으로 중요한 것이 임팩트 시 클럽 페이스의 방향이다. 페이스가 운동 방향에 대해 직각이면 볼에 사이드 스핀이 걸리지 않는다. 페이스가 열려 있으면 슬라이스 회전, 반대로 닫힌 상태로 맞으면 훅 회전이 걸린다.

그밖의 다른 미스 샷도 이 두 가지 요소로 설명할 수 있다. 이 두 가지로 진단해 보면 볼이 왜 구부러지는지를 이해할 수 있다.

스윙의 메커니즘

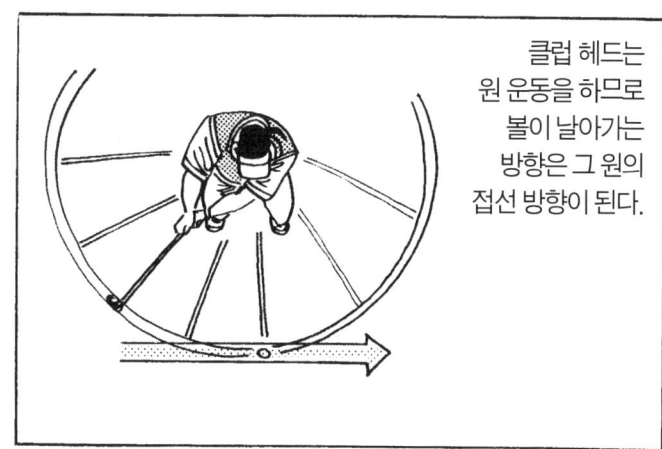

클럽 헤드는 원 운동을 하므로 볼이 날아가는 방향은 그 원의 접선 방향이 된다.

클럽 페이스의 상태에 따라 스핀이 걸린다.

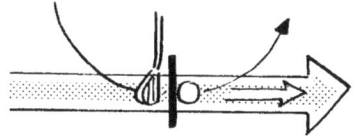

페이스가 목표선과 직각이면 스핀이 걸리지 않는다.

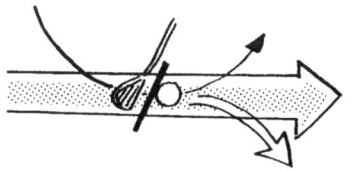

페이스가 열려 있으면 슬라이스 회전이 된다.

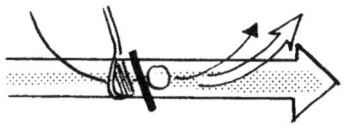

페이스가 닫혀 있으면 훅 회전이 걸린다.

○ ● ○ 백 스윙 · 어드레스 ○ ● ○

어깨 회전은 수평도 수직도 아니다

골프에서 어깨의 회전 방향과 움직이는 방법은 스윙 플레인을 결정하는 중요한 포인트다. 어깨의 회전 방향이 잘못되면 자연스러운 테이크 백도, 스윙 플레인에 태우는 다운 스윙도 불가능하다.

어깨는 척추를 축으로 회전하지만 수평으로 회전하는 것은 아니다. 그렇다고 물레방아처럼 세로로 회전하는 것도 아니다. 척추에 대해 직각으로 회전하는 것이 이상적인 움직임이다. 똑바로 서서 스윙하면 어깨는 거의 수평으로 돌고, 만약 상체를 90°로 기울이면 어깨는 수직으로 회전하지만 이 두 가지는 골프 스윙에서 존재하지 않는다. 즉 어깨의 바른 회전 방법은 어드레스에서 앞으로 기운 각도에 따라 변하는 것이다.

앞으로 낮게 기울이면 어깨는 수평에 가깝게 회전하고, 깊게 기울이면 세로에 가깝게 된다. 그러나 앞으로 기우는 정도는 프로라 해도 각자 개인차가 있다. 대다수 아마 골퍼들의 문제점은 어깨를 수평으로 회전한다는 것이다. 이렇게 하면 클럽 헤드가 테이크 백에서 인사이드로 지나치게 들어가 톱에서 8자를 그리며 아웃사이드 인이 되어 슬라이스나 생크의 원인이 된다. 반대로 어깨를 지나치게 세로로 회전하면 톱에서 왼쪽에 체중이 남아 뒤죽박죽 스윙이 되어 버린다. 어깨에 샤프트를 걸치고 척추에 대해 직각으로 어깨를 회전하면서 어떤 움직임이 되는지를 점검해 보자. 복잡한 움직임 같지만 실제로는 간단하게 느낄 수 있을 것이다.

어깨는 척추를 중심으로 회전한다.

어드레스에서 앞으로 기운 각도에 따라 회전하는 각이 변한다.

이상적인 체중 배분

몸 하나에 다리가 둘일 때 체중 배분은 좌우 반반이 가장 자연스럽다. 체중은 좌우 균등하게, 그 체중은 발바닥의 오목한 부분으로 느끼는 것이 가장 좋다. 물론 경사지 같은 특수 상황에서는 예외다.

좌우가 균등하게, 발바닥의 오목한 부분으로 느끼는 체중 배분은 드라이버로 칠 때나 숏 아이언으로 칠 때나 가장 균형 있게 스윙할 수 있고, 몸 어느 부분에도 부담을 주지 않는다. 드라이버 샷은 오른쪽에 6, 왼쪽에 4의 비중을 두고, 숏 아이언으로 칠 때는 오른쪽에 4, 왼쪽에 6으로 체중을 두라는 조언도 있어 혼란스러울 수 있으나 평지에서의 체중 배분은 좌우가 똑같은 것이 판단하기도 쉽고, 또 가장 좋다. 허리의 벨트 부분을 위로 젖힘으로써 반반의 배분을 잘 알 수 있다.

허리를 구부리면 좌우 균등의 감을 분간하기가 어렵다. 또 허리를 구부리면 체중이 발끝에 쏠리기 쉽다. 손을 앞으로 내밀어서 어드레스하면 좌우 균등, 발바닥 오목한 곳이라는 개념과는 동떨어진 체중 배분이 되고 만다.

티잉 그라운드의 상태가 나쁘면 이상적인 체중 배분이 되기 어렵다. 이때는 최대한의 스윙으로 치지 말고 80%의 힘으로 치는 것이 안전하다. 그래야 나쁜 스탠스의 영향을 덜 받게 된다.

이상적인 체중 배분

좌우 균등하게 체중을 배분하고, 발바닥의 오목한 부분으로 체중을 느끼는 것이 기본입니다.

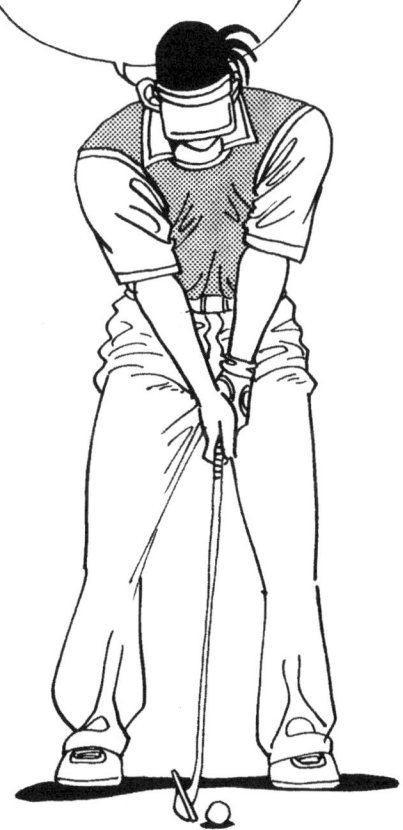

좀 실력이 늘면, 드라이버는 오른쪽에 6, 왼쪽에 4의 비율로 서고

숏 아이언은 오른쪽에 4, 왼쪽에 6의 비율로 선다.

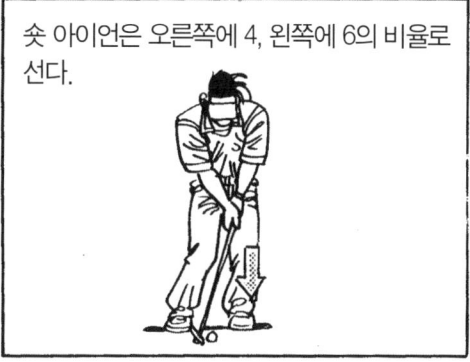

단, 티잉 그라운드의 상태가 나쁠 때는 80%로 스윙하는 것이 안전하다.

○ ● ○ 백 스윙 · 어드레스 ○ ● ○

일정한 셋업 순서

어드레스에 들어갔을 때는 나름대로 순서를 정해 그것을 지킬 필요가 있다.

우선 볼 후방에 서서 타깃 라인을 정하고, 그 선상에서 볼 전방 30cm쯤 되는 곳에 표식을 하나 봐 둔다. 그 다음 어드레스를 취할 자리에 서서 오른손으로 클럽을 들고 오른발을 디디면서 클럽의 리딩 에지를 타깃 라인에 직각이 되게 놓는다. 그런 다음 왼발을 내딛고 양손으로 그립한 뒤 오른발을 넓혀서 스탠스를 정한다.

오른손 하나로 클럽을 들고 오른발을 내디디면서 어드레스에 들어가는 이유는 그렇게 해야만 몸의 라인과 타깃 라인을 평행하게 맞추기 쉽기 때문이다. 양손이나 왼손으로 클럽을 들고 어드레스에 들어가면 어깨 라인이 타깃보다 오른쪽을 향하기 쉽다. 오른쪽으로 서는 경향이 있는 사람은 특히 이 방법을 명심하자.

또 하나의 방법은 앞의 첫 번째 동작을 한 다음 양발을 정렬하고 볼 앞에 서는 것이다. 역시 오른손으로 클럽을 들고 리딩 에지를 목표 방향과 직각으로 맞춘 다음 양손으로 그립한 뒤 오른발은 작게, 왼발은 크게 벌려 스탠스를 취한다. 이러한 '루틴'은 단순히 어드레스에 들어가기까지의 올바른 움직임이나 셋업을 제대로 하는 순서 이상의 의미가 있다. 늘 일정하게 볼 앞에 섬으로써 일관된 샷을 가능케 하는 정신적인 면도 있다.

일정한 셋업 순서

우선 볼 후방에 서서 목표선을 정한 뒤 전방 30cm 되는 곳의 표식을 봐 둔다.

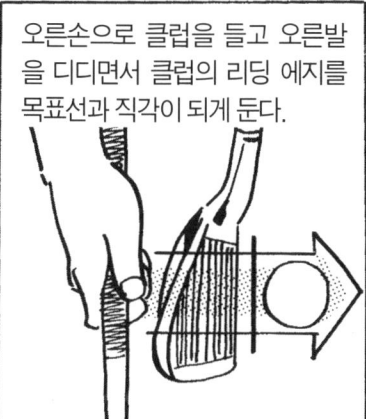
오른손으로 클럽을 들고 오른발을 디디면서 클럽의 리딩 에지를 목표선과 직각이 되게 둔다.

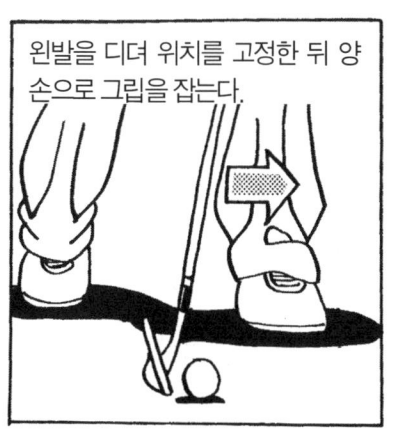
왼발을 디뎌 위치를 고정한 뒤 양손으로 그립을 잡는다.

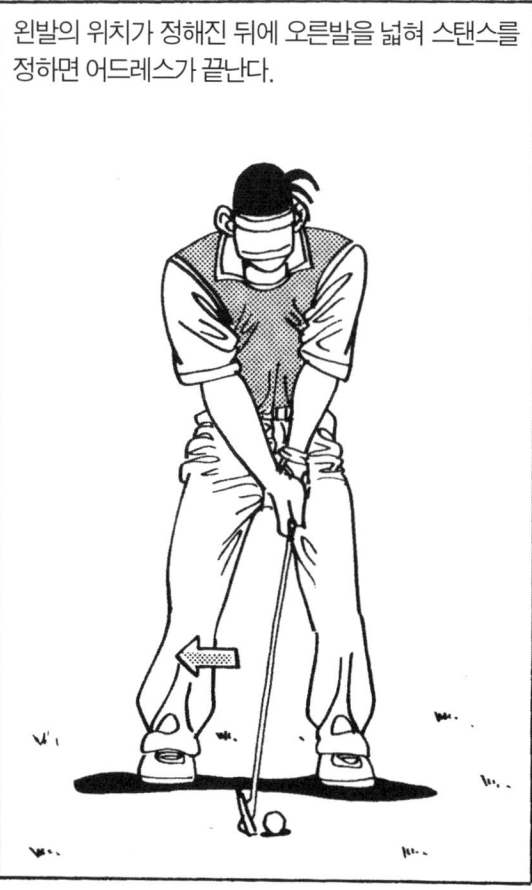
왼발의 위치가 정해진 뒤에 오른발을 넓혀 스탠스를 정하면 어드레스가 끝난다.

● ○ 백 스윙 · 어드레스 ○ ●

올바른 몸과 팔의 동작

초보자에게서 많이 볼 수 있는 잘못 가운데 하나가 바로 팔 동작과 몸 동작이 각각 따로 논다는 것이다.

이를테면 몸은 돌아가는데 양손은 볼이 나가는 선 뒤쪽으로 너무 똑바로 당긴다거나, 몸 동작은 이루어지지 않고 손만으로 덜렁 클럽을 돌려 버리는 것이 그것이다. 이처럼 몸과 팔이 따로 놀면 몸의 힘을 클럽에 제대로 전달하지 못하게 되고, 클럽 헤드를 스윙 궤도에 태우는 것이 불가능해진다. 그렇게 되면 당연히 볼은 똑바로 멀리 날아가지 않는다.

팔과 몸이 하나로 어우러져 작동하지 못하는 골퍼는 나무 줄기와 나뭇가지의 관계를 그려 보는 것이 좋다. 가느다란 나무 줄기를 강한 힘으로 뒤틀었다고 가정하자. 그러면 당연히 줄기에 붙어 있는 나뭇가지도 틀어진다. 그것이 바로 백 스윙 시 몸 회전과 팔 동작의 이미지다.

줄기는 몸통, 나뭇가지는 팔로 보면 되는데, 줄기(몸통)를 틀어 돌리면 그와 함께 나뭇가지(팔)도 따라서 돌아가는 것이다. 이렇게 이해하면 팔(손)과 몸이 각각 따로 노는 것을 막을 수 있다. 연습장에서 꼭 연습해 보자.

골프 스윙의 기본 중에서도 가장 핵심이 되는 것은 어드레스─테이크 백─백 스윙─스윙 톱─다운 스윙─임팩트─팔로 스루─피니시에 이르는 모든 동작이 한 묶음(one piece)을 이루어야 한다는 것이다. 이 스윙의 기본과 느낌은 드라이버에서 퍼터에 이르기까지 동일하다.

올바른 몸·팔 동작

백 스윙 시 몸이 돌아가는데 팔은 여전히 볼 뒤쪽으로 나가거나

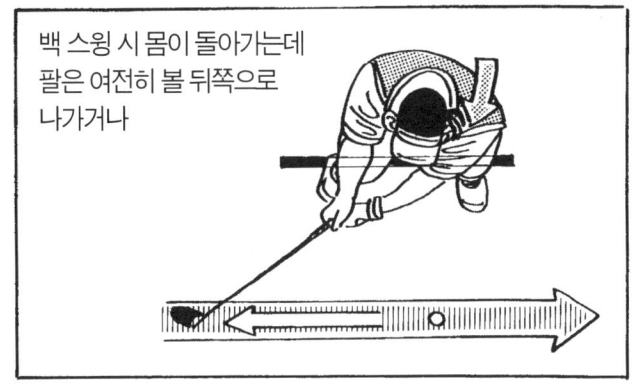

몸은 회전하지 않고 팔만으로 백 스윙하는 것은 잘못된 동작이다.

스윙은 '어드레스 → 테이크 백 → 백 스윙 → 스윙 톱 → 다운 스윙 → 임팩트 → 팔로 스루 → 피니시'에 이르는 모든 동작이 한 묶음을 이루어야 한다.

오른쪽 어깨가 돌아가면서 팔도 따라 백 스윙해야 올바른 동작이 된다.

○ ● ○ 백 스윙 · 어드레스 ○ ● ○

토핑을 바로잡는 무릎 동작

토핑이 났을 때 우선 점검해야 할 것은 어드레스에서의 하반신 자세다. 토핑을 자주 내는 사람은 대부분 하반신을 많이 낮춘 자세를 취하고 있다. 양쪽 무릎을 깊이 꺾고, 허리도 낮추어 어드레스를 하고 있는 것이다. 이런 자세에서는 다운 스윙에서 반동이 나타나 결국은 '뻗어 올림'이 뒤따르게 되고, 토핑이 나기 쉽다.

토핑의 주된 원인은 결국 퍼올려 치기다. 따라서 토핑을 방지하기 위해서는 무엇보다 하반신을 너무 낮추지 말아야 한다. 양쪽 무릎을 너무 굽히지 말고 오히려 서 있는 듯한 느낌으로 하반신의 자세를 취하면 스윙에서도 뻗어 올라가는 일이 없어 올바른 임팩트를 만들 수 있다.

다음은 턱이 올라가거나 헤드 업이 되는 따위의 머리 위치다. 이것은 스윙의 축이 되는 머리를 움직이지 않도록 노력하는 수밖에 없다. 타격이 끝날 때까지는 확실히 그 볼의 위치에 신경을 집중하여 눈여겨보는 것이 결정적 포인트다. 클럽 헤드가 볼을 잡는 순간을 확인할 때까지는 머리를 움직이지 않는다는 마음으로 스윙하면 이런 종류의 잘못에 의한 토핑은 방지할 수 있다.

특히 숏 어프로치에서 생기는 토핑을 방지하기 위해서는 머리를 움직이지 않는다는 기본을 명심해야 한다.

토핑을 바로잡는 무릎 동작

양무릎과 허리를 낮춘 채 스윙하면 다운 스윙 시 반동이 일어나 다리와 허리가 펴진다.

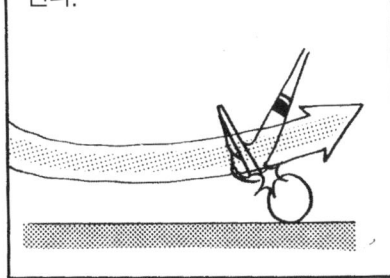

그 결과 클럽 헤드도 높아져 토핑이 난다.

토핑 방지를 위해서는 무릎을 지나치게 굽히지 말고 오히려 서 있는 듯한 느낌으로 어드레스를 한다.

● ○ 백 스윙 · 어드레스 ○ ●

왼쪽 어깨가 쏠리는 것은 체중 이동의 실패

일반 아마 골퍼들 가운데는 백 스윙에서 체중 이동을 잘못해 톱 스윙의 모양이 오히려 거꾸로 되는 경우가 있다. 톱에서 왼쪽 어깨가 볼 (지면) 쪽으로 쏠리는 것이 바로 그것이다. 이렇게 되면 다운 스윙을 거쳐 팔로 스루에 이르기까지 체중 이동도 반대로 될 수밖에 없다. 그러면 슬라이스 등의 미스가 날 확률이 매우 높아진다.

톱 스윙에서 왼쪽 어깨가 볼 쪽으로 기울어지는 것은 백 스윙을 할 때 체중이 오른발 쪽으로 옮겨져야 함에도 불구하고 왼쪽으로 옮겨지고 있기 때문이다. 그 결과 임팩트에서는 상체를 펴서 맞히려 할 수밖에 없고, 그로 인해 팔로 스루에서는 왼쪽으로 옮겨져야 할 체중이 오른발 쪽으로 옮겨져 미스 샷을 내고 만다.

그러나 이것을 고칠 수 있는 간단한 연습법이 있다. 클럽을 왼손만으로 잡은 채 눈은 세팅된 볼을 주시하면서 오른손을 돌려 오른쪽 상단의 물건을 잡는 것과 같은 동작을 여러 번 자연스럽게 반복하면 된다. 그러면 체중 이동에 대한 이론의 면밀한 분석 없이도 정확한 톱 스윙을 만들 수 있다.

왼쪽 어깨가 턱밑을 지나서 오른발 무릎 선까지 회전을 하는데 허리의 굴절 각도를 유지하면서 오른쪽 상단의 정점에 클럽을 올려놓은 자세, 이것이 바로 올바른 체중 이동이다. 이때 왼발 뒤축은 무의식중에 2~3cm 정도 가볍게 들린다. 이것이 힐 업 동작이다.

체중 이동에 실패하면 왼쪽 어깨가 쏠린다

톱에서 왼쪽 어깨가 볼 쪽으로 쏠리면 체중 이동이 반대로 되어 슬라이스가 된다.

이를 고치기 위해서는 왼손으로만 클럽을 잡고, 오른손을 돌려 오른쪽 상단의 물건을 잡는 듯한 동작을 반복한다.

시선은 볼을 향해야 함!

톱에서 왼쪽 어깨가 비틀린 상태를 그대로 유지하면서 오른쪽 다리로 체중 이동이 되어야 올바른 다운 스윙이 가능하다.

○○ 백 스윙·어드레스 ○○

오른쪽 축을 의식해 백 스윙한다

골프 스윙은 왼축이 중요하다고 하는데, 백 스윙에서는 오른쪽이 더 중요하다. 특히 공을 멀리 보내기 위해서는 오른쪽 축이야말로 빼놓을 수 없는 요소다.

오른축이란 두말할 것도 없이 백 스윙할 때 몸통의 오른쪽이 흔들리지 않도록 하는 것이다. 톱 스윙이 이루어지려는 순간 오른쪽 무릎이나 오른쪽 허리가 휘청거리면 클럽 헤드도 따라 출렁이게 되고, 그렇게 되면 몸통의 비틀림은 약해진다. 이럴 경우 볼을 정확하게 때릴 수 없을 뿐만 아니라 임팩트 지역에서 스피드도 낼 수 없다.

오른쪽 축을 유지하는 요령은 오른 무릎을 안쪽으로 오므리는 것인데, 그 밖에도 오른쪽 허리가 움직이거나 휘청거리지 않도록 주의하는 것도 필요하다. 공을 멀리 보내기 위해서는 상체를 비틀어야 한다는 것은 변하지 않는 이치다. 아무리 팔이나 상체의 힘이 좋아도 몸을 비틀어 치지 않으면 체력이 약한 사람보다도 거리가 나지 않는다. 오른쪽 무릎을 안쪽으로 오므리는 축이 필요한 이유다. 반대로 말하면 체력이나 근육의 힘이 다소 약한 사람이라도 백 스윙에서 상체를 효율적으로 비틀 수 있다면 상당한 거리를 낼 수 있다는 뜻이다. 여기서 말하는 비틀림이란 짧은 범위에서 비트는 것을 뜻한다. 10cm 길이의 고무줄과 5cm의 고무줄을 같은 시간, 같은 횟수로 꼬았다가 풀 경우 그 풀리는 속도와 힘은 다르다.

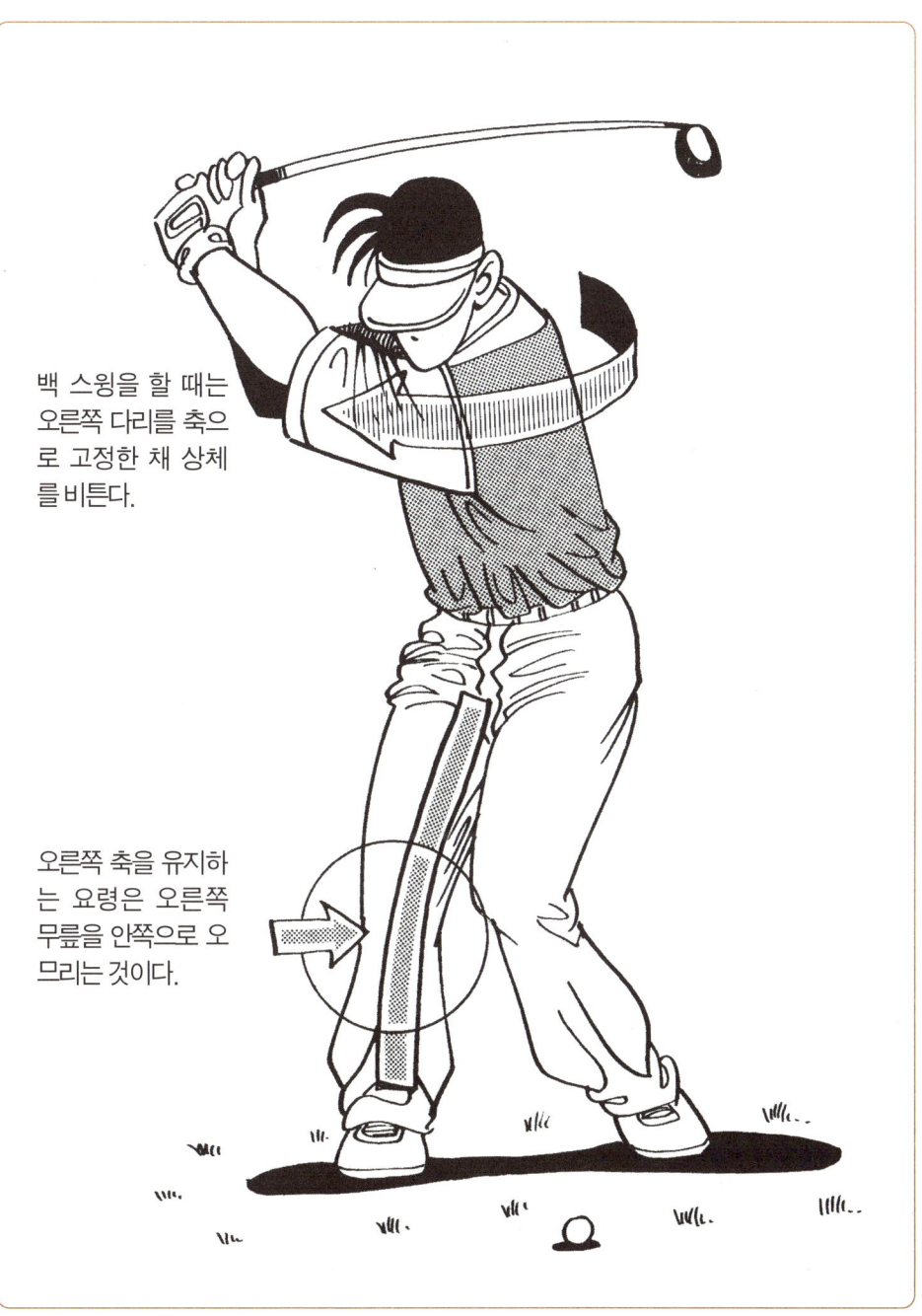

백 스윙을 할 때는 오른쪽 다리를 축으로 고정한 채 상체를 비튼다.

오른쪽 축을 유지하는 요령은 오른쪽 무릎을 안쪽으로 오므리는 것이다.

백 스윙 · 어드레스

올바른 체중 이동의 메커니즘

다운 스윙은 백 스윙과 완전히 반대 순서로 행해져야 한다. 백 스윙에서는 클럽 헤드, 손, 어깨, 허리의 순서로 꼬여 가서 마지막에 왼발 뒤꿈치가 올라간다. 그래서 다운 스윙은 이 왼발의 힐 다운에서부터 출발하게 된다. 그리고 이 힐 다운이 올바른 체중 이동을 가능하게 해 준다.

팔로 스루에서 오른발에 체중이 남아 있는 골퍼가 많은데, 팔로 스루에서는 체중이 반드시 왼발로 이동해 있어야 한다. 백 스윙에서 왼발 뒤꿈치가 올라갔던 것처럼 피니시에서 오른발 뒤꿈치가 올라갈 정도로 체중을 이동시킨다. 그러기 위해서는 몸의 왼쪽 사이드로, 즉 오른쪽에서 왼쪽으로 옆 걸음을 걷는 요령으로 체중 이동을 몸에 익히면 좋다.

왼발 뒤꿈치의 힐 다운에 이어 허리가 회전한다. 체중 이동에 맞추어 허리를 목표 방향으로 돌리는데, 이때 가장 중요한 것은 왼팔과 클럽의 각도를 톱 스윙 상태 그대로, 즉 90°로 유지한 채 백 스윙의 중간점까지 내려가는 것이다.

백 스윙은 클럽 헤드가 최초에 시동하지만 다운 스윙에서는 클럽 헤드가 마지막까지 움직이지 않는다. 그리고 클럽 헤드의 스피드를 늘리기 위해서는 왼발로 체중이 옮겨간 뒤 왼쪽 무릎을 펴면서 백 스윙에서 쌓아 두었던 파워를 폭발시켜야 한다. 골프 실력을 향상시키려면 스윙에 대한 이해가 무엇보다 우선이다.

올바른 체중 이동의 메커니즘

백 스윙은 클럽 헤드, 손, 어깨, 허리, 왼발 뒤꿈치순으로 올라간다.

다운 스윙은 백 스윙을 그대로 거꾸로 돌면 된다. 왼발 뒤꿈치, 허리, 어깨, 손, 클럽 헤드의 순으로 내려온다.

○ ● 백 스윙 · 어드레스 ● ○

허리의 수평 회전이 힘을 증대시킨다

골퍼라면 누구나 바라는 이상은 '보다 멀리, 보다 정확하게'이다. 그런데 여성은 힘이 약하기 때문에 비거리가 많이 나지 않는다. 그렇다고 해서 체념은 성급한 결론이다. 허리의 수평 회전만으로도 여성 골퍼들의 파워를 늘릴 수 있기 때문이다.

여성 프로들의 임팩트를 보면 왼팔이 쭉 펴져 있는 것을 알 수 있다. 그런데 초보자의 경우는 대개 왼팔을 굽히고 왼팔꿈치를 뒤로 올린 상태에서 임팩트를 하고 있다. 이 차이는 바로 허리의 회전이다. 프로는 허리를 이용해 임팩트를 시도하지만 초보자는 그 회전을 이용하지 못한다. 왼쪽 허리를 그저 비구선 방향으로 밀어내고 있을 뿐 회전시키지는 못하고 있다. 왼쪽 허리를 비구선 방향으로 밀어냈을 때 왼쪽 팔꿈치가 뒤로 물러나는 것은 밀어낸 왼쪽 허리가 왼팔의 부드러운 스윙을 방해하기 때문이다. 허리는 수평으로 회전한다는 의식을 가져야 한다.

다운 스윙에서는 체중 이동을 확실히 하기 위해서 왼쪽 허리가 비구선 방향으로 밀려 나가는 모양이 된다. 그러나 일단 밀어낸 뒤에는 회전시켜 줄 필요가 있다. 왼쪽으로 밀어낸 상태 그대로 두면 몸의 왼쪽이 일어나게 되므로 그것을 피하기 위해 수평 회전 의식이 필요한 것이다.

오른쪽 허리와 왼쪽 허리의 높이를 바꾸지 않을 생각으로 돌려 본다. 이것은 어깨의 회전과 마찬가지다. 이 동작은 파워를 증대시켜 준다.

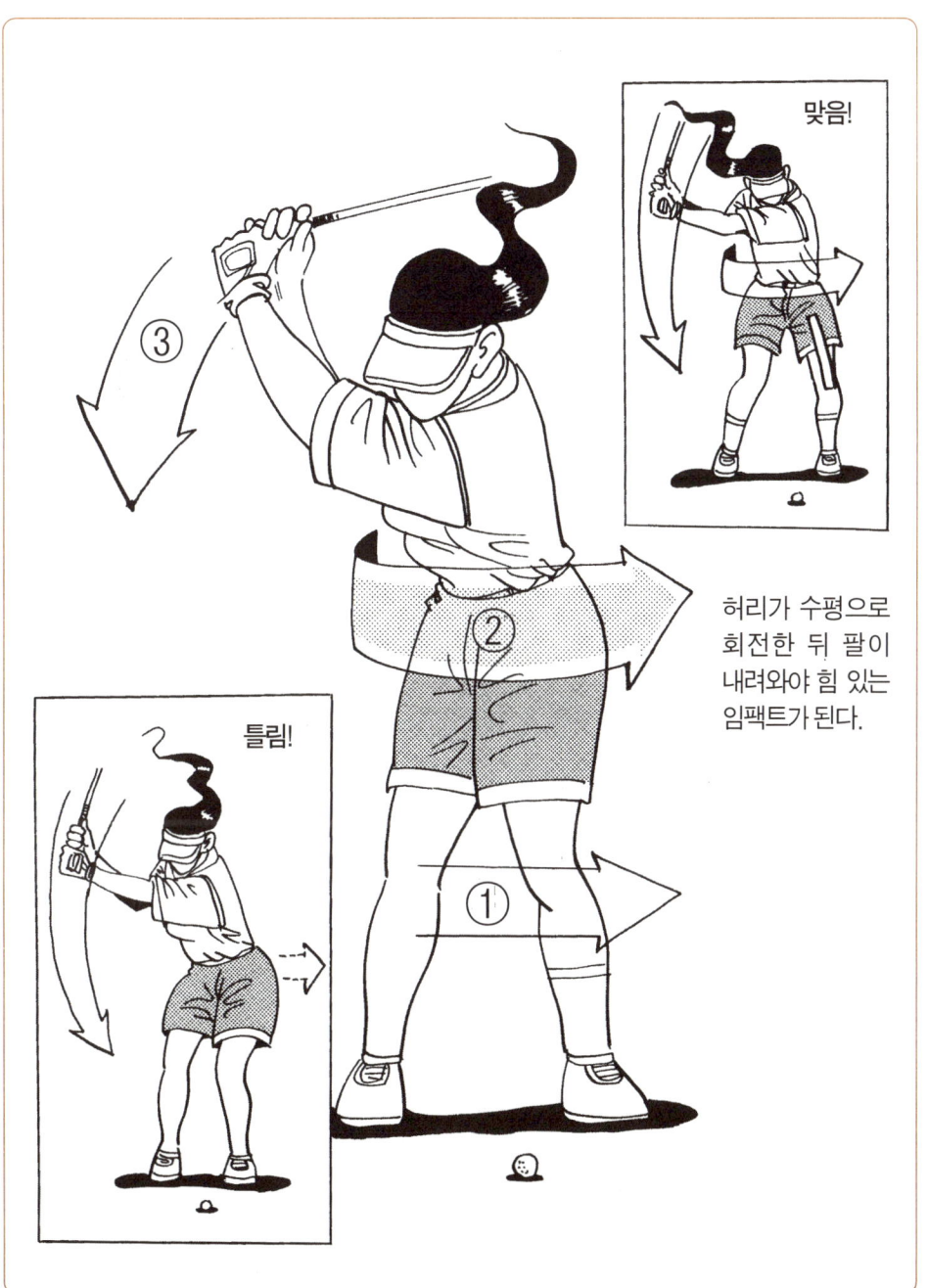

허리가 수평으로 회전한 뒤 팔이 내려와야 힘 있는 임팩트가 된다.

● ○ 백 스윙 · 어드레스 ○ ●

파워 샷을 위한 어깨 턴 연습법

아마 골퍼들은 볼을 끝까지 주시하느라 어깨를 90°까지 충분히 돌리지 못하는 경향이 있다. 그러나 어깨를 충분히 돌리지 않으면 볼을 쳐도 멀리 날아가지 않는다. 초보자들이 흔히 범하는 실수가 바로 어깨를 수평으로 회전시키려고 한다는 점이다. 골프에서 수평이나 수직 회전이라는 것은 있을 수 없다.

백 스윙에서 어깨를 수평으로 회전시키면 클럽 헤드가 지나치게 안쪽으로 들어와 다운 스윙이 시작되었을 때 그 반동으로 헤드가 바깥으로 떨어져 슬라이스나 토핑의 원인이 된다. 반대로 지나치게 수직으로 회전하면 톱 스윙에서 왼쪽 발에 체중이 남게 되므로 오버 스윙이 된다. 그 원인은 어깨 회전이 충분하지 못하기 때문이다. 젊은 사람들도 어깨를 90도 회전시키기는 어렵다. 이는 특히 나이가 많아질수록 더욱 어려워진다. 따라서 근육을 당기고 이완시키는 운동을 꾸준히 하는 것이 매우 중요하다.

어깨를 충분히 돌릴 수 있는 좋은 훈련 방법을 하나 소개한다.

먼저 무거운 쇠파이프를 어깨에 걸쳐 메고 어드레스 자세를 취한다. 그런 다음 쇠파이프와 척추가 직각을 유지하게 하면서 클럽을 천천히 오른쪽으로 스윙하듯 어깨를 돌린다. 어깨가 잘 돌아가지 않더라도 최선을 다해야 한다.

이 자세를 약 10초간 유지한 뒤 팔로 스루까지 반복한다. 통증이 느껴지면 중단하는 것이 좋다. 이 방법은 자신도 놀랄 만큼 파워를 증대시켜 줄 것이다.

아마 골퍼들은 볼을 끝까지 주시하느라 어깨를 90°까지 충분히 돌리지 못한다.

어깨를 충분히 돌릴 수 있는 좋은 훈련 방법은 무거운 쇠파이프를 어깨에 걸쳐 메고, 어드레스 자세를 취한 뒤 스윙하듯 어깨를 돌리는 것이다.

○ ● 백 스윙 · 어드레스 ● ○

헤드 스피드를 오른팔로 가속시킨다

정상급 프로들의 스윙을 보면, 스윙의 주도권은 몸의 왼쪽에 있지만 임팩트 시에는 오른쪽, 특히 오른팔의 힘이 단숨에 폭발하도록 왼팔과 일치되게 볼을 치고 있음을 알 수 있다. 즉 임팩트 순간에 오른팔이 가세함으로써 양팔과 클럽을 보다 일체화하고, 이와 함께 올바른 팔로 스루가 이루어지도록 하기 위함이다.

알기 쉬운 예로, 해머로 못을 박는 경우를 들어 보겠다. 못을 박을 때는 해머를 쥔 팔을 채찍처럼 휘둘러서 못을 치는 순간에 그립을 굳히고 팔과 손, 해머가 하나가 되어 못에 강한 힘을 전달한다. 특히 못을 잘 박기 위해서는 해머의 헤드가 못에 충돌한 직후 힘을 더 가하는 것이 중요하다. 골프에서도 마찬가지로 임팩트한 뒤에 클럽 헤드를 더 가속시켜야 한다. 이것이 바로 팔로 스루다.

문제는 팔로 스루의 주축이 과연 어느 쪽인가 하는 것이다. 골프에서도 양손으로 클럽을 쥔다. 양손의 힘을 똑같이 할 경우 팔로 스루에서 양쪽의 힘이 함께 줄어든다. 따라서 볼에 새로운 가속도가 가해지지는 않는다. 그렇기 때문에 한쪽이 주연이 되고 다른 한쪽이 조연이 되지 않으면 안 된다. 따라서 파워를 증대시켜 볼을 멀리 보내기 위해서는 오른손을 적절히 이용하는 것이 좋다.

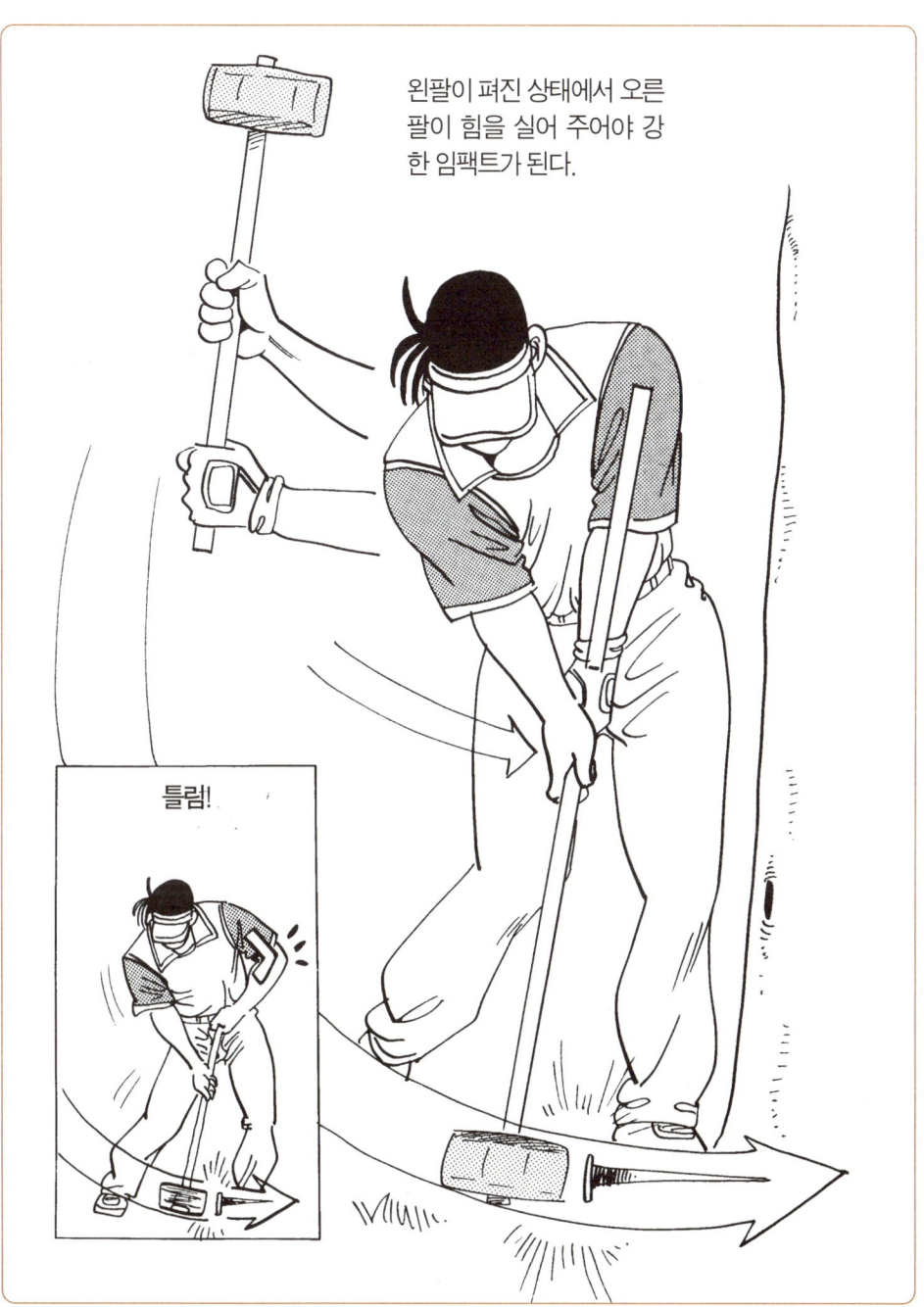

● ○ 백 스윙 · 어드레스 ○ ●

스윙 아크와 보디 턴의 착각

팔로 스루에서 가장 범하기 쉬운 실수는 스윙 아크가 크면 보디 턴에 가깝다고 생각하는 것이다. 그러나 이것은 착각이다. 아마추어의 경우 임팩트 이후 스윙 아크를 크게 하려고 언제까지나 헤드를 목표 방향으로 내밀거나 왼팔을 쭉 뻗어 팔로 스루를 해 버린다. 그러면 결과적으로 임팩트 이후 왼쪽 겨드랑이가 뜨게 되고, 팔의 스윙과 몸의 회전이 일치하지 않게 돼 손으로 치는 스윙이 되고 만다.

그리고 왼쪽 겨드랑이가 또는 팔로 스루를 취하면 보디 턴이 되지 않을 뿐만 아니라 슬라이스에서도 벗어날 수 없다. 그 이유는 왼쪽 겨드랑이가 뜰수록 클럽 헤드가 늦은 상태에서 임팩트되어 임팩트 시 페이스가 열리기 쉽기 때문이다.

의외라고 생각할지도 모르지만 보디 턴 스윙의 올바른 팔로 스루란 임팩트 직후 잠시 동안 양팔을 뻗은 뒤 백 스윙과 좌우 대칭이 되도록 스윙하는 것이다. 좀 더 구체적으로 말하면 팔로 스루 시 왼쪽 겨드랑이를 조이고 왼쪽 팔꿈치를 구부리면서 몸이 회전하는 방향으로 클럽 헤드를 휘두르는 것이 보디 턴의 팔로 스루다.

팔로 스루 시 왼쪽 팔꿈치가 구부러지게 하기 위해서는 처음에 의식적으로 클로즈 스탠스로 어드레스해서 연습할 것을 권한다.

스윙 아크와 보디 턴의 착각

스윙 아크를 크게 하려는 욕심 때문에 왼쪽 겨드랑이가 뜨게 된다.

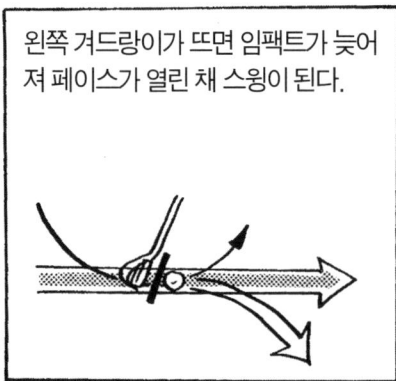

왼쪽 겨드랑이가 뜨면 임팩트가 늦어져 페이스가 열린 채 스윙이 된다.

팔로 스루 시 왼쪽 겨드랑이를 조이고 팔꿈치를 구부리면서 몸이 회전하는 방향으로 클럽 헤드를 휘둘러야 올바른 보디 턴의 팔로 스루가 된다.

○ ● 백 스윙 · 어드레스 ○ ●

두가지 오버 스윙

오버 스윙은 무조건 나쁜 것으로 인식되어 있는데, 오버 스윙에도 좋은 것과 나쁜 것이 있다. 나쁜 오버 스윙은 스윙이 제대로 완성되지 않은 상태에서의 스윙을 말하며, 좋은 오버 스윙은 스윙이 완성된 뒤에 이루어지는 것을 말한다.

미완성 상태에서의 오버 스윙이란 ▲ 가슴과 양팔이 이룬 삼각형이 흐트러지며 손만으로 클럽을 들어올려 어깨가 돌아가지 않는 것 ▲ 오른쪽 허벅지 안쪽이 긴장감을 갖지 못하고 하반신이 오른쪽으로 흔들려 버리는 것 ▲ 톱 스윙 때 왼손목을 등 쪽으로 꺾어 버리는 것 ▲ 톱 스윙에서 손이 마무리되는 위치가 몸의 범위 밖으로 벗어나는 것 등이 원인이 되어 발생한다. 이러한 경우가 아닌 오버 스윙은 조금도 나쁜 것이 아니다. 즉, 오버 스윙은 나쁜 원인에 의해서만 생기는 것이 아니라는 얘기다.

몸이 부드러우면 스윙의 기본을 제대로 지키고도 오버 스윙이 될 수 있다. 클럽을 궤도에 따라 끌어올린 결과 어깨가 보통 이상으로 회전하면 클럽이 정지하는 위치도 보통보다 뒤쪽이 된다. 이것은 전혀 문제가 되지 않는다. 이러는 편이 오히려 운동량이 커지므로 바람직하다. 따라서 클럽 헤드가 드리워진 상태만 보고 오버 스윙이라고 착각해서 이를 교정하기 위해 무리하게 샤프트를 지면과 평행이 되도록 만드는 연습을 반복하는 것은 전혀 필요가 없다. 기본이 갖춰지고 스윙이 완성된 상태에서의 오버 스윙은 파워를 높여 준다.

맞음

잘못된 오버 스윙은 어깨 회전 없이 팔로만 하는 경우에 나타난다.

틀림

오른쪽 허벅지에 긴 장감이 생기지 않는다.

김미현의 경우가 제대로 된 오버 스윙의 표본

제대로 된 오버 스윙은 클럽을 궤도에 따라 끌어올린 결과 어깨가 보통 이상으로 회전하면 클럽이 정지하는 위치도 보통보다 뒤쪽이 되는 스윙이다.

● ○ 백 스윙 · 어드레스 ○ ●

오른쪽 허리의 움직임

볼을 멀리 날려 보내는 데 있어 허리를 넣는 것, 즉 회전은 반드시 필요한 요건이다. 그런데 허리를 넣는다는 의미를 다운 스윙에서 오른쪽 허리를 앞으로 내미는 것으로 오해하는 골퍼들이 많다. 오른쪽 허리를 앞으로 내민 상태가 되면 손으로 치지 않을 수 없게 된다. 그러나 이렇게 되면 손이 몸에서 떨어져 버리기 때문에 제대로 타격을 했다 해도 볼이 멀리 날아가지 못하고, 구질 또한 휘어지게 된다.

오른쪽 허리는 앞이 아니라 옆으로 움직이는 것이다. 그 움직임을 모르겠으면 클럽 하나를 다리에 끼고 다운 스윙을 해 본다. 이렇게 하면 오른쪽 허리는 앞으로 나가지 않는다.

또 톱 스윙 때 바지의 오른쪽 주머니에 생기는 주름에 주목한다. 이 주름을 유지한 채 왼쪽 무릎에서부터 다운 스윙을 시작하면 허리는 오른쪽 앞으로 나가지 않는다. 그래도 오른쪽 허리가 앞으로 나온다면 무릎의 움직임을 생각하자. 다운 스윙에서 팔로 스루까지 오른쪽 무릎을 왼쪽 무릎 뒤에 밀어 넣을 듯이 움직인다. 이렇게 하면 오른쪽 허리는 절대 앞으로 나오는 일 없이 왼쪽 방향으로 움직이게 되어 몸에서 손발이 떨어지는 일도 없어진다.

곧바로 멀리 날려 보내는 비결은 바로 오른쪽 허리의 움직임에 달려 있다.

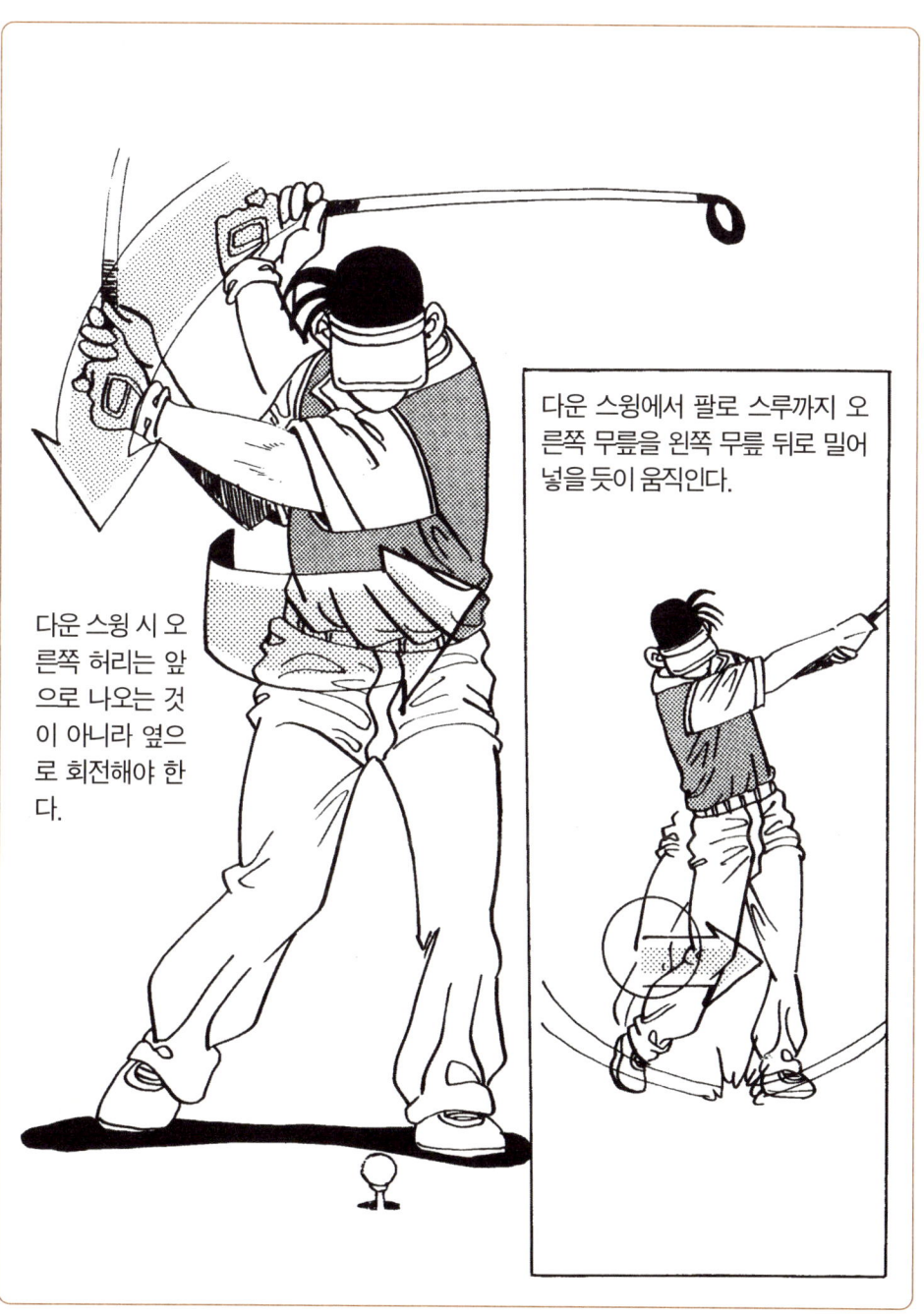

다운 스윙에서 팔로 스루까지 오른쪽 무릎을 왼쪽 무릎 뒤로 밀어 넣을 듯이 움직인다.

다운 스윙 시 오른쪽 허리는 앞으로 나오는 것이 아니라 옆으로 회전해야 한다.

● ○ 백 스윙 · 어드레스 ○ ●

헤드가 출렁이는 백 스윙은 안 된다

스윙 아크를 크게 하는 것이 공을 멀리 보내는 조건이지만 주의해야 할 점이 있다. 스윙 아크를 크게 하는 데만 신경을 쓴 나머지 헤드가 물결처럼 출렁여서는 안 된다는 것이다. 즉, 스윙 아크를 크게 하기 위해서 테이크 백할 때 클럽 헤드를 비구선 뒤쪽으로 지나치게 길게 끌어 클럽 헤드가 더 나갈 곳이 없게 한다든가, 약간 비구선 뒤쪽으로 헤드를 끌고는 바로 둘러메어 버리는 동작은 곤란하다는 뜻이다. 물결 모양으로 출렁인다는 표현이 적절치 않을지도 모르나 어쨌든 클럽 헤드가 보기 좋게 원을 그리지 않고 중간에서 궤도를 바꾸게 해서는 안 된다.

스윙은 몸을 축으로 해서 원 운동을 했을 때만 최고의 헤드 스피드가 나오면서 정확하게 공을 맞힐 수 있다. 이 같은 원리를 확실하게 이해한다면 클럽 헤드가 제멋대로 움직이는 백 스윙은 하지 않게 된다.

백 스윙에서 클럽 헤드를 출렁이지 않게 하는 방법 가운데 하나는, 가슴에서 클럽 헤드까지의 거리를 변경시키지 않고 클럽을 올리는 것이다. 이것은 어드레스에서 몸을 약간 앞으로 숙인 각도를 유지하는 것을 전제로 한다.

인간의 몸은 그 구조가 매우 복잡하게 되어 있어서 한 가지 일에 신경 쓰다 보면 다른 곳에는 신경을 쓰지 못할 수 있다. 그렇기 때문에 골프가 어려운 것이다.

헤드가 출렁이는 백 스윙은 안 된다

공을 멀리 보내기 위해서는 스윙 아크를 크게 해야 한다.

그러나 헤드가 출렁거려 스윙 궤도가 중간에서 바뀐다면 미스 샷만 나올 뿐이다.

일정한 스윙 궤도를 위해서는 가슴에서 클럽 헤드의 거리를 그대로 유지한 채 클럽을 올리면 된다.

● ○ 백 스윙 · 어드레스 ○ ●

스윙의 축이 아닌 중심점을 고정하라

비기너가 빠지기 쉬운 착각 가운데 하나는 스윙 축의 문제다. 골프에서는 축을 움직이지 말라는 말이 자주 나온다. 그러나 이 말에는 약간의 오해가 있다. 축은 움직여도 좋다. 스윙을 하면 필연적으로 축이 움직이지 않을 수 없기 때문이다. 그런데 스윙 축은 움직여도 좋지만 절대로 움직여서는 안 되는 것이 바로 스윙 축의 중심점이다.

스윙 축이란 쉽게 말하면 척추다. 척추는 백 스윙부터 톱 스윙까지는 움직이면 안 되지만 포워드 스윙에서는 움직이지 않을 수가 없다. 그러나 이 스윙 축의 위쪽에 있는 목덜미, 즉 양쪽 어깨의 중앙에 해당하는 부분은 움직여서는 안 된다. 이 점이 바로 클럽을 휘두르는 중심이 되기 때문이다.

포워드 스윙에서는 꼬였던 몸을 풀고 팔과 클럽을 휘둘러 낸다. 이 움직임에 대항하는 스윙 중심점(목덜미)을 움직이지 않기 위해서는 오른쪽 다리와 왼발 바깥쪽이 힘껏 버텨 주지 않으면 안 된다. 이 때문에 스윙 축은 척추와 왼쪽 다리 바깥쪽을 잇는 선이 된다.

스윙에서 움직이면 안 되는 것은 스윙의 축(척추)이 아니라 스윙의 중심점(목덜미)이라는 것을 이해해야 한다.

스윙의 중심점을 고정하라

축을 움직이지 말라는 말은 무엇입니까?

축은 움직여도 좋습니다.
예?

그러나 스윙 중에 절대로 움직여서는 안 되는 부분이 있습니다.
그게 어떤 곳인가요?

바로 척추와 양어깨 선이 만나는 부분입니다.

척추와 양어깨 선이 만나는 부분은 스윙 중 절대로 움직여선 안 된다.

● ○ 백 스윙 · 어드레스 ○ ●

스윙의 템포

평소 연습량이 적은 주말 골퍼들은 그립이나 스윙에 대해서는 알려고 하면서도 골프 스윙의 성패를 좌우하는 스윙 템포나 리듬은 무시하는 경향이 있다. 템포와 리듬은 클럽을 뒤로 치켜올리는 백 스윙 동작과 타구를 하기 위해 끌어내리는 다운 스윙의 속도를 말한다.

스윙의 2단계, 즉 백 스윙과 다운 스윙은 거의 같은 속도로 이루어져야 한다. 언제나 백 스윙을 할 때보다 다운 스윙을 할 때 클럽 헤드가 빠르게 움직이게 마련이지만 손은 그것을 따라가지 못하므로 템포를 유지해야 한다.

예를 들어 백 스윙을 빨리 했다면 다운 스윙 또한 같은 속도로 해야 한다. 그렇지 않으면 타성을 잃어버려 비거리가 줄어든다. 또 백 스윙을 천천히 하고 다운 스윙을 빨리 하면 톱 스윙 때 클럽을 컨트롤하지 못해 공을 직선으로 날리기가 어렵다. 그렇기 때문에 스윙 템포를 일정하게 유지하는 것이 중요하다.

또 한 가지 중요한 것은 현재 자신의 스윙 속도를 점검해 보는 것이다. 만일 지금보다 속도를 더 빨리 했을 때 효과가 더 좋다면 지금의 스윙 템포를 느낄 수 있을지도 모른다. 또는 그 반대일 경우도 있다. 백 스윙을 최대한 빠르게 하고, 이어 다운 스윙도 타성과 몸의 균형, 클럽 궤도의 컨트롤을 잃지 않으면서 빨리 하는 법을 익혀야 한다. 스윙 템포에 변화를 주어 샷의 질을 높여야 골프에 대한 의욕이 더욱 강해진다.

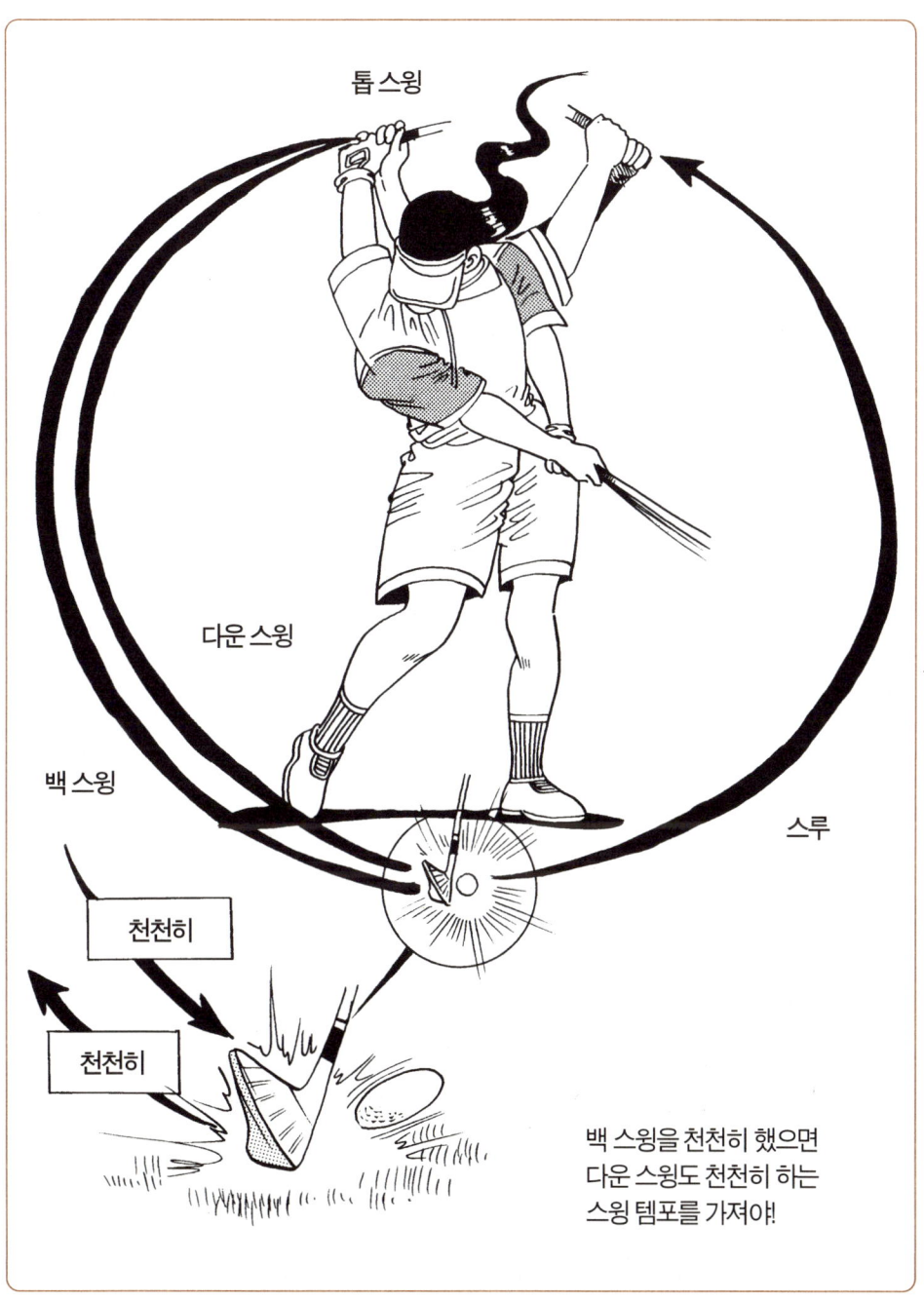

● ○ 백 스윙 · 어드레스 ○ ●

'몸의 방향'이 나이스 샷을 만든다

멀리 있는 목표만을 보고 어드레스하려고 하면 몸이 아무래도 오른쪽으로 향하기 쉽다. 이런 '몸의 방향'이 바로 미스 샷의 원인이 되는 경우가 생각보다 매우 많다.

어드레스에 들어가기 전 볼과 목표를 잇는 비구선을 확실하게 머릿속에 그리고, 클럽 페이스를 목표에 직각이 되도록 세팅한 뒤 어깨와 허리, 스탠스 등 몸 전체가 비구선과 평행이 되도록 어드레스해야 한다.

비구선을 따라 볼 전방 30~40cm 부근에 가상의 목표를 설정해 두면 스퀘어로 어드레스하기가 훨씬 쉬워진다. 이 스퀘어의 어드레스로 기분 좋게 휘두르는 것이 미스를 막는 최선의 방법이다. 아이언 샷에서는 핀을 똑바로 노리는 것이 반드시 좋다고 할 수 없다. 상황에 따라서는 핀을 직접 공략하는 것도 좋지만 긴장이 될 때는 목표를 크게 잡아 정신적으로 여유를 갖는 것도 중요하다. 이런 점에서 그린의 정중앙에 목표를 두면 훨씬 편한 마음으로 칠 수 있고, 볼이 좌우로 휘어져도 그린을 크게 벗어나지 않는다.

▲ 양팔꿈치를 가볍게 굽혀 상체에서 불필요한 힘을 빼고 ▲ 하체는 허벅지 안쪽이 당겨짐을 느낄 수 있도록 하고 ▲ 그린 중앙에 목표를 두며 ▲ 스퀘어로 어드레스하는 것이 굿 샷으로 가는 지름길이다.

전체적인 얼라인먼트가 제대로 되었다면 양손 검지가 평행을 이루는지를 최종 점검하는 것도 중요한 포인트다.

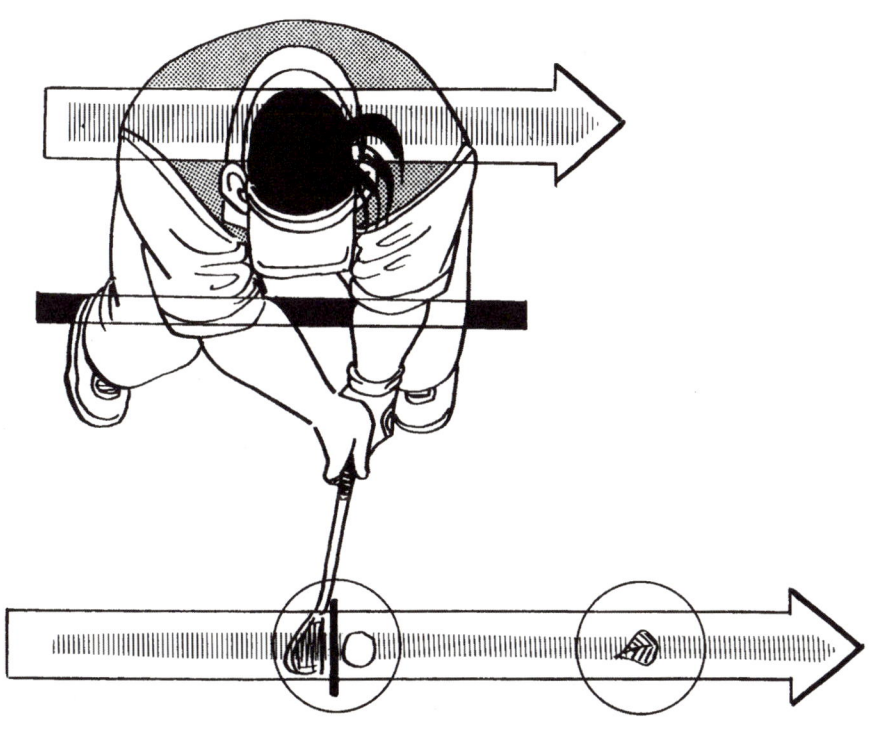

● ○ 백 스윙 · 어드레스 ○ ●

시선의 중요성

구질에 '시선'도 큰 영향을 미친다. 그저 볼에서 시선을 떼지 않고 스윙하면 되는 것으로 생각하는 경향이 있는데, 쳐 올리는 홀이나 쳐 내리는 홀에서는 무의식중에 시선이 보통 때와 달라지고, 이것이 문제를 일으킨다.

애버리지 골퍼는 쳐 올리는 홀에서는 아무래도 볼을 올려치려는 생각을 하게 된다. 그 때문에 몸이 빨리 일어나는 경향이 생기고, 시선도 약간 위를 향하게 돼 피니시가 빨리 벌어지고 오른쪽으로 가는 푸시가 난다.

또 시선이 높으면 왼쪽 허리를 목표에 내밀듯이 하며, 어퍼로 휘둘러 볼을 올리려고 한다. 그러나 이렇게 하면 아래서 위로 부추기듯이 치는 것이 되므로 손이 빠르게 돌아가고 훅이 나기 쉽다.

반대로 쳐 내리는 홀에서는 시선이 발 아래를 향하기 때문에 볼을 위에서 내려다보게 된다. 그 때문에 어드레스에서 페이스를 덮는 듯한 형태가 되고, 로프트가 적어져서 슬라이스 스핀이 강해진다. 게다가 쳐 내리는 홀에서는 티잉 그라운드에서 홀 전체가 내려다보이기 때문에 연못이나 벙커가 시선에 들어오고, 그것이 결국 긴장으로 연결된다. 긴장은 몸의 동작을 경직시켜 슬라이스를 유발한다. 연못이나 벙커도 그저 코스의 일부분이라고 생각하면 마음에 여유가 생긴다.

연못이나 벙커도 그저 코스의 일부분이라고 생각하면 마음에 여유가 생긴다.

● ○ 백 스윙 · 어드레스 ○ ●

몸을 굽히는 정도

골프 스윙은 몸을 회전시켜 클럽을 휘두르는 것이다. 그런 만큼 겨누기 자세의 좋고 나쁨이 백 스윙이나 다운 스윙에 큰 영향을 미친다. 올바른 자세란 스윙 중에 상체가 아래위로 움직이거나 하반신이 일어났다 움츠렸다 하지 않도록 몸을 셋업하는 것이다.

올바른 자세를 정하는 데는 몇 가지 지켜야 할 점이 있다. 첫째, 상반신과 하반신의 밸런스를 무너뜨리지 말아야 한다. 좀 더 구체적으로 말하면 상체의 기울기 각도와 무릎을 굽히는 각도를 연결해서 움직이도록 하는 것이다. 상체만 깊이 굽힌다거나 반대로 무릎만 많이 구부린 자세는 보기에도 좋지 않고 밸런스도 나쁘다. 언밸런스한 자세는 몸의 회전에 나쁜 영향을 미치고, 스윙 중 몸의 움직임을 복잡하게 만든다.

자세를 정할 때 골퍼가 고민하는 또 한 가지는 아마 그립의 위치일 것이다. 이른바 핸드 업 자세를 취할 것인가 핸드 다운 자세를 취할 것인가. 그러나 어느 쪽도 지나치면 좋지 않다. 자신이 스윙하기 쉽도록 그립의 위치를 약간 조정하는 것은 상관없지만 조정 폭은 너무 크게 하지 않는 것이 좋다. 일반적으로는 핸드 업 상태가 강하면 임팩트 존에서 왼팔의 롤링이 강조된 스윙이 되기 쉽고, 반대로 핸드 다운 상태가 강하면 왼팔의 롤링이 억제된 스윙이 되기 쉽다.

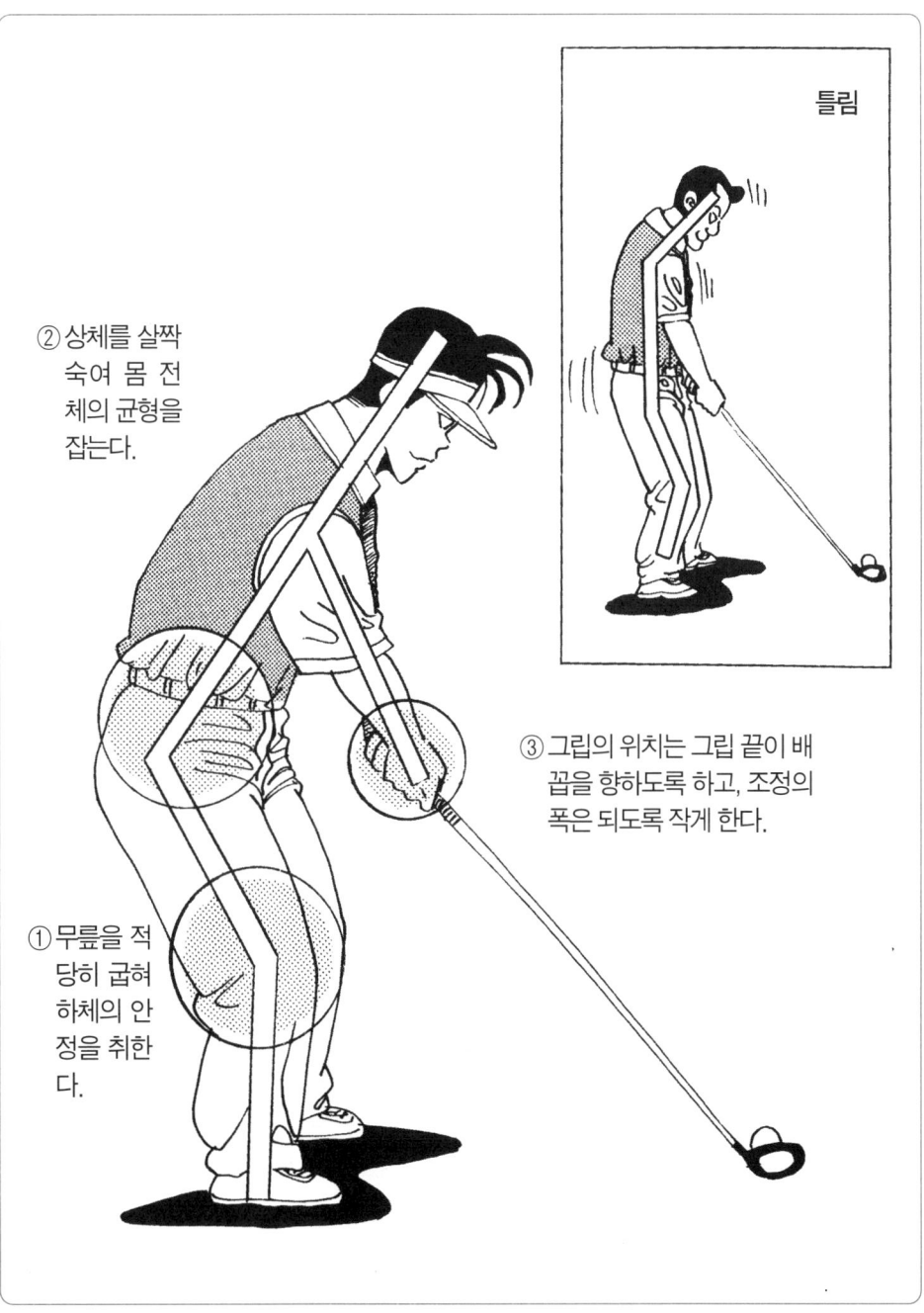

● ○ 백 스윙 · 어드레스 ○ ●

> # 스윙은 악수처럼 단순하게

대다수의 아마 골퍼들은 골프 스윙을 지나치게 복잡하게 생각하는 경향이 있다. 그러나 골프 스윙은 단순화해야지 복잡하게 생각할 문제가 아니다.

스윙은 마치 악수를 하는 것처럼 단순한 동작이다. 왼손으로 오른쪽에 서 있는 옆 사람과 악수할 때 취하는 동작이 백 스윙이고, 그런 다음 다시 오른손을 사용해 악수하기 위해 몸을 돌리는 동작이 팔로 스루인 것이다.

상체를 앞으로 적당히 숙이고 무릎을 굽힌 상태에서 어드레스 자세를 취한다. 그런 다음 오른쪽 몸을 90° 돌리면서 왼손을 뻗어 상대방과 왼손으로 악수하는 시늉을 해 보면 그 메커니즘을 알 수 있을 것이다.

이때는 허리가 처지지 않도록 해야 한다. 왼팔을 뻗을 때 왼무릎이 안쪽으로 향하고, 이에 따라 엉덩이도 몸이 회전하는 방향을 따라 돌아간다. 다운 스윙에서 팔로 스루에 이르는 과정도 마찬가지로 생각하면 된다.

우리가 한 권의 책을 읽을 때 책장을 열어서 잡고 닫아서 넘기듯 스윙 메커니즘은 풀 스윙을 할 때 세 번의 변화를 일으킨다. 어드레스에서 목표 방향에 직각을 유지하는 클럽 페이스의 뒷면인 전방을 향한다. 이것이 스윙 메커니즘이다. 그러나 처음부터 스윙을 완벽하게 해야겠다고 생각하면 기술적인 문제가 발생한다. 골프 스윙은 마치 악수를 하듯 단순한 것임을 명심하자.

악수처럼 단순한 스윙

골프 스윙은 단순해야 한다.

왼손으로 오른쪽에 있는 사람과 악수할 때 취하는 동작이 백 스윙이고

② 오른쪽 허리 높이에서 클럽 페이스는 전방을 향하고

③ 팔로 스루에서는 클럽 페이스가 후방을 가리킨다.

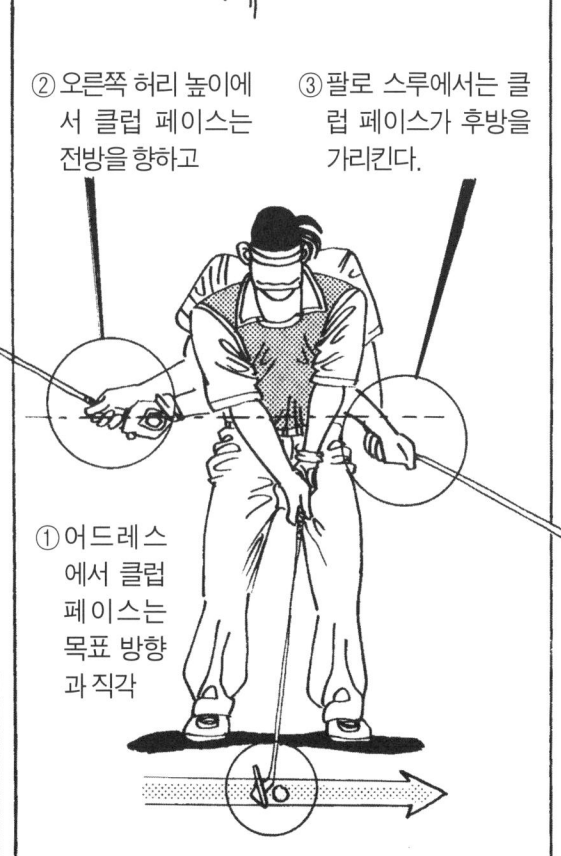

① 어드레스에서 클럽 페이스는 목표 방향과 직각

반대로 오른손으로 왼쪽에 있는 사람과 악수하기 위해 몸을 돌리는 동작이 팔로 스루다.

○ 백 스윙 · 어드레스 ○

견실한 스윙 플레인이 굿 샷을 만든다

　능숙한 플레이어일수록 스윙 플레인이 항상 일정하다. 그렇다면 스윙 플레인이란 무엇일까? 전설적인 프로 골퍼 벤 호건은 '볼에서 양어깨를 잇는 하나의 널빤지'라고 표현했다. 또 어느 티칭 프로는 '팔과 손의 궤도'라 하기도 하고, 어떤 골퍼는 '클럽 헤드의 궤도'라고도 한다.

　제각각인 용어의 정의는 제쳐 두고, 지금 시점에서 중요한 것은 어떻게 하면 자신에게 맞는 이상적인 스윙 플레인을 발견하느냐에 있다.

　여기서는 샤프트의 궤도를 스윙 플레인이라고 정의한다. 샤프트가 플레인의 기준이 되는 것은 어드레스한 상태에서 클럽 헤드와 허리를 연결한 선이 바로 샤프트가 되기 때문이다. 이 샤프트의 위치는 클럽 헤드가 볼에서 어떤 각도로 스윙 궤도상을 움직이면 적당한지를 표시하는 선이 된다.

　그림처럼 어드레스하고 난 뒤 긴 막대기를 볼에서 허리까지 비스듬하게 세워 보면 이해가 쉽다. 이 샤프트의 위치에 따라 클럽이 움직이고, 임팩트 시 동일 궤도상으로 돌아오는 것을 스윙 플레인, 즉 샤프트 플레인이라고 한다. 스윙 플레인의 각도는 플레이어와 클럽에 따라 다르다. 플레이어의 신장이나 클럽 샤프트의 길이에 따라 앞으로 기운 각도가 달라지기 때문이다.

　뒤에서 봤을 때 샤프트의 플레인을 따라 클럽을 올리고 내리는 것이 이상적인 헤드 궤도다. 특히 다운 스윙에서 이 플레인을 따라 클럽이 내려오는 것은 매우 중요하다.

스윙 플레인은 샤프트의 궤도!

어드레스 상태에서 클럽 헤드와 허리를 연결한 선이 바로 샤프트이다.

특히 다운 스윙에서 임팩트를 걸 때 이 선을 따라가야 한다.

○ ● 백 스윙 · 어드레스 ● ○

견실한 스윙 궤도의 중요성

골프를 시작한 지 얼마 안 되는 사람이라도 볼을 맞히는 것은 그다지 어렵지 않다. 그러나 문제는 볼이 날아가다 모양이 바뀌는 것으로, 이것이 바로 골프가 어려운 이유다. 20년 이상 골프를 즐긴 사람도 정도의 차이만 있을 뿐 이런 고민을 하기는 마찬가지다.

틀이나 바른 궤도면 위에 클럽 헤드를 태워 보내는 것은 그래서 더욱 중요하다. 플레인 위를 클럽이 따라 내려오게 되면 손끝이나 팔로 불필요한 조작을 하지 않아도 정확한 임팩트가 가능해진다. 예를 들어 플레인보다 밑으로, 즉 플랫하게 백 스윙하게 되면 내려올 때 인사이드에서부터 클럽이 들어가기 쉽다. 밑에서부터 클럽이 들어가기 때문에 티 업시켜서 치는 드라이버라면 별 문제가 안 되지만 지면에 있는 공을 때리기는 어려울 수밖에 없다. 이렇게 되면 손목을 돌리거나 찍어 치는 것과 같은 불필요한 조작을 하게 돼 미스 샷을 자주 유발하고 만다. 온 더 플레인 스윙이 처음부터 어렵다면 플랫 스윙을 하는 것도 괜찮다. 그렇게 하다 보면 톱의 위치도 좋아져 결국에는 온 더 플레인이 된다. 즉 압박을 받는 상황에서도 좋은 샷이 가능해진다. 자신이 의식적으로 들어올리는 머릿속의 궤도와 실제 궤도간에는 차이가 있을 수 있다. 또 자신은 온 더 플레인이라고 생각했는데 지나치게 플랫한 스윙이 될 수도 있다. 따라서 항상 궤도를 체크해야 한다. 올바른 궤도가 아니면 볼은 제대로 맞지 않는다. 그러므로 바른 궤도를 익히는 데 온 힘을 쏟아야 할 것이다.

올바른 궤도가 아니면 볼은 제대로 맞지 않으므로, 항상 스윙 궤도를 점검해야!

온 더 플레인 스윙을 하게 되면 불필요한 조작이 줄어들어서 정확한 임팩트가 가능하다.

○ ● 백 스윙 · 어드레스 ○ ●

오른손을 위로 하는 스윙의 중요성

오른손을 위로 하는 스윙은 매우 중요하다. 떠올려 치기나 뒤땅, 왼쪽 팔꿈치를 당기는 것과 같은 실수의 공통점은 왼손이 뒤로 가는 자세에서 나오기 때문이다. 오른손보다 왼손이 위에 있으면 클럽 헤드는 속도를 낼 수 없다. 제대로 된 스윙을 하기 위해서는 오른손이 끝까지 위로 향하도록 해야 한다.

대부분의 아마추어 골퍼는 오른손이 위에 있어야 한다는 생각은 하지 않고 있을 것이다. 그러나 양발 오르막 라이에서 스윙을 해 보면 오른손을 위로 하는 것이 얼마나 중요한지를 알 수 있을 것이다. 초보자는 양발 오르막에서 뒤땅을 유발한다. 오른손을 위로 하라고 하면 손목을 돌려 주어야 한다고 생각하는 사람이 있다. 그것이 아니라 낮게 팔로 스루를 취하면 가능하다. 이 경우 왼쪽 허리가 펴져 올라가지 않기 때문에 몸의 회전도 부드럽다. 임팩트 시에 힘이 제대로 실리기 위해서는 이러한 다운 스윙 동작이 매우 중요하다.

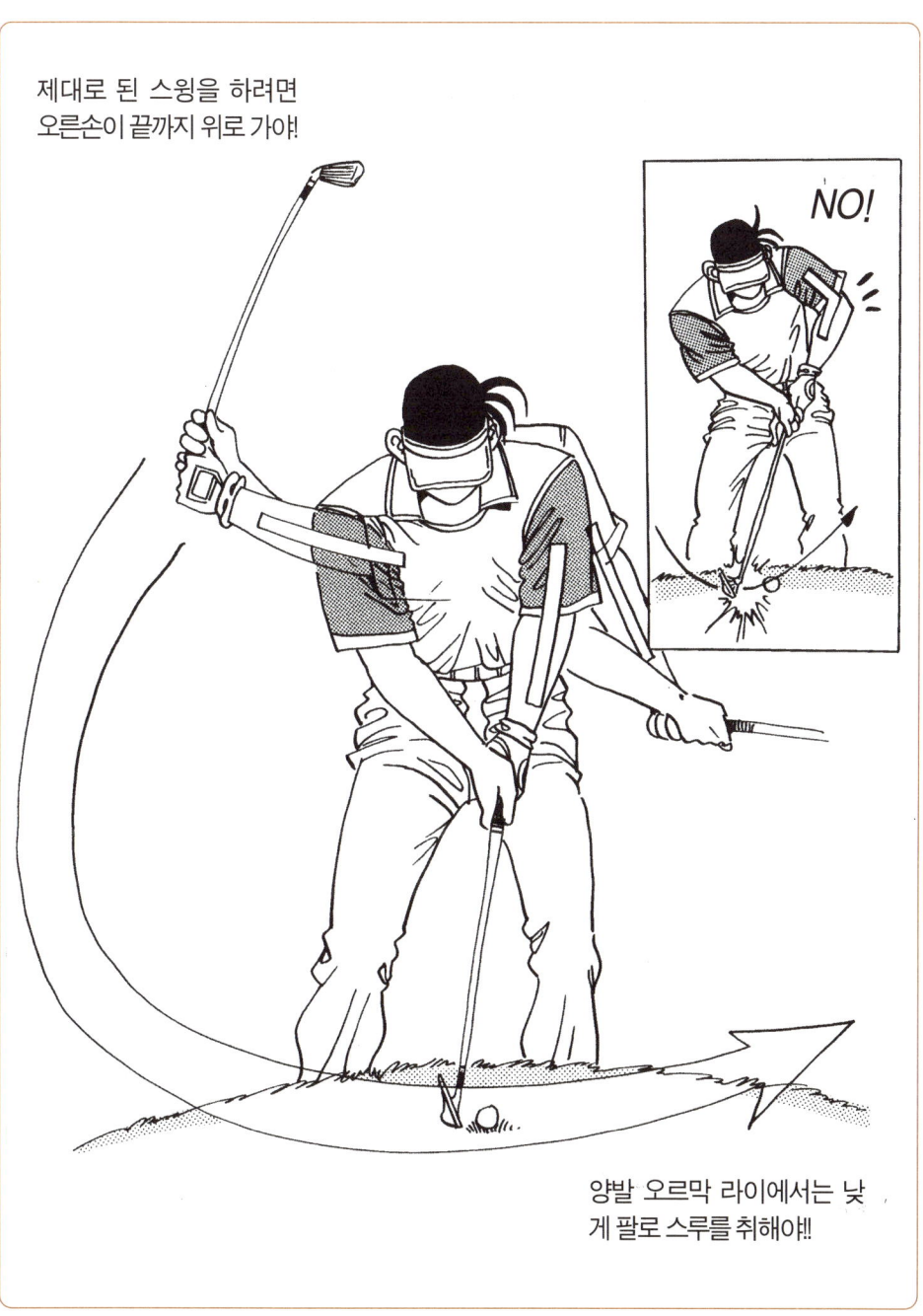

● ○ 백 스윙 · 어드레스 ○ ●

> # 스윙의 주체는 팔이다

골프는 스윙이다. '정지해 있는 볼을 때리는 게 뭐 그리 어려울까.' 처음 골프를 시작한 사람들은 대개 이런 생각을 한다. 그러나 막상 연습장에서 볼을 치려고 하면 헛스윙의 연속이고, 정이 뚝 떨어져 포기할 때도 있다.

클럽은 길고 볼은 작기 때문에 공을 타구면 가운데에 정확히 맞힌다는 것은 쉬운 일이 아니다. 온몸의 힘을 집중해 클럽을 휘둘러도 정확히 맞히기는 어렵다. 골프를 갓 시작한 초보자가 헛스윙에 괴로워하는 것은 어찌 보면 당연한 일이다.

우선 클럽 페이스로 볼을 잡는 데 익숙해져야 한다. 그러기 위해서는 클럽을 휘두르는 동작을 제대로 파악하고 있어야 한다.

드라이버라면 최하 43인치 반의 채로 헤드를 달리게 하듯 휘두른다. 그 궤도를 충분히 컨트롤할 수 있어야 하고, 그 범위 내에서 최대한의 속도를 내야 한다. 이렇게 따지면 클럽을 휘두른다는 것은 단순하면서도 상당히 어려운 동작이다. 원래 물체를 휘두른다는 것은 팔 운동이다. 골프 스윙도 기본적으로는 팔을 어떻게 움직이느냐에 달려 있다. 어깨, 허리, 발, 등의 움직임은 바로 이 팔의 움직임을 보완하는 것이며, 나아가 스피드 업을 위한 이차적인 역할을 하는 것이지 그것이 스윙이라는 동작의 주체는 아니다. 어디까지나 팔에 의해 클럽을 휘두르는 것이 기본이다.

스윙의 주체는 팔이다

볼을 제대로 치기 위해서는 클럽 페이스로 볼을 잡는 데 익숙해져야 한다.

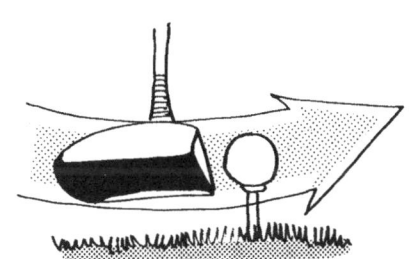

스윙은 자신의 두 팔로 클럽을 일정한 궤도 내에서 최대의 속도로 휘두르는 것이다.

● ○ 백 스윙 · 어드레스 ○ ●

파워는 안에서 밖으로

어떤 스포츠에서나 힘은 늘 몸의 안쪽에서 바깥쪽으로 발산하게 되어 있다. 골프 스윙 역시 마찬가지로 몸의 안쪽에서 목표 방향으로 힘을 낼 때 파워가 충분히 발휘된다.

복싱의 펀치 구사법을 보자. 훅이든 스트레이트든, 어퍼 커트든 팔을 쓰는 데는 일정한 법칙이 있다. 그 힘은 언제나 안쪽에서 바깥쪽을 향해 작용하고 있다. 어떤 경우에도 한번 밖으로 내민 팔을 안쪽으로 되돌려 보내는 펀치란 있을 수 없다. 안쪽에 모아 두었던 힘을 밖을 향해 쳐냄으로써 파워가 발휘되는 것이다.

이는 골프 스윙에서도 마찬가지다. 스윙은 클럽을 휘둘러 올렸다 내리는 운동이므로 안쪽이나 바깥쪽이 없다고 생각하기 쉬우나 다운 스윙에서 임팩트, 그리고 팔로 스루로 휘둘러 빼 나가는 과정에는 확실히 '안에서 밖으로' 라는 힘이 작용하고 있다. 다운 스윙까지 몸의 안쪽에 죄어 두었던 힘을 임팩트와 팔로 스루를 통해 목표 방향으로 단숨에 발휘한다는 이미지로 클럽을 휘둘러야 한다. 그렇지 않으면 최대의 파워를 구사하기는 어렵다.

클럽 헤드를 몸의 안쪽에서 내밀기 위해서는 안에 비축해 두었던 힘을 밖으로 발휘한다는 생각으로 양팔을 사용하면 된다.

다운 스윙까지 몸의 안쪽에 죄어 두었던 힘을 임팩트와 팔로 스루를 통해 목표 방향으로 단숨에 발휘하는 이미지로 샷을 해야!

● ○ 백 스윙 · 어드레스 ○ ●

> # 티 업도 요령이 필요

티잉 그라운드는 모두 평평할 것이라고 믿고 있는 골퍼가 많다. 그러나 티잉 그라운드의 바닥을 살펴보면 전부 평평한 것은 아니다. 오히려 한쪽으로 완만하게 기울어져 있는 것이 보통이다. 이 경사를 알지 못하고 티잉 그라운드가 평평하다고 생각해 스윙하면 볼이 왼쪽 또는 오른쪽으로 꺾여 나가는 결과가 빚어진다.

티잉 그라운드에서는 가장 평평한 곳에 티 업하는 것이 중요하다. 그리고 공략할 페어웨이의 길목을 찾는 것이 티 업할 장소를 선택하는 핵심이다. 왼쪽으로 꺾여 날아가는 구질의 골퍼는 티잉 그라운드의 왼쪽에, 오른쪽으로 꺾이는 성질의 골퍼는 오른쪽에 티 업을 하면 페어웨이를 넓게 쓸 수 있다.

다만 이 방법에는 한 가지 조건이 있다. 그것은 자신이 날린 볼이 꺾여 나가는 상태를 제대로 알고 있어야 한다는 것이다. 이것이 바로 컨트롤된 볼이다. 그렇지 못한 상태에서 막연히 슬라이스가 두렵다고 해서 무조건 오른쪽에서 쳐서 페어웨이 왼쪽을 공략하는 것은 위험하다. 이렇게 하면 어드레스 때 몸을 벌려서 치는 실수를 범하기 쉽기 때문이다. 게다가 슬라이스가 더 커질 가능성도 높다. 스트레이트 볼을 치면 티 업 위치를 좌우로 옮기는 따위의 신경은 쓰지 않아도 된다.

평평하고 페어웨이가 넓게 보이는 곳, 이곳이 제1의 티 업 장소다.

티 업도 요령이 필요

티잉 그라운드는 대부분 완만한 경사를 이루고 있다. 결코 평평하지 않다.

티잉 그라운드에서는 가장 평평한 곳에 티 업하는 것이 중요하다.

평평하고 페어웨이가 넓게 보이면 더더욱 좋다.

왼쪽으로 꺾이는 구질의 골퍼는 왼쪽에서 티샷을 하고

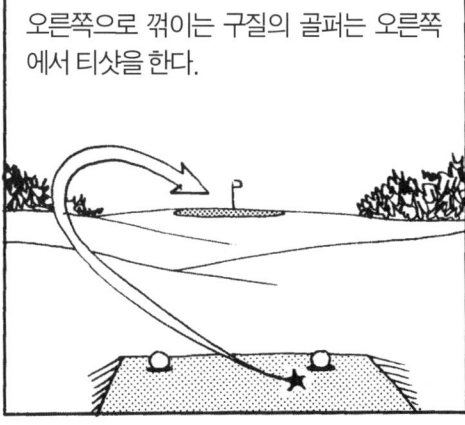

오른쪽으로 꺾이는 구질의 골퍼는 오른쪽에서 티샷을 한다.

● ○ 백 스윙 · 어드레스 ○ ●

볼을 놓는 위치

볼 놓는 위치를 제대로 안다는 것은 매우 중요한 일이다. 아무리 완벽한 스윙이라고 해도 볼이 올바른 위치에 놓여 있지 않으면 임팩트가 틀어지기 때문이다. 또한 볼이 터무니없는 방향으로 날아가거나 더프, 토핑과 같은 비거리를 잃는 미스 샷을 유발하기도 한다. 완전한 스윙을 반복할 수 있는 기계가 있다고 하더라도 볼을 놓는 위치가 올바른 위치보다 5cm쯤 좌우로 벗어나면 마치 비기너처럼 잘못 맞히는 미스 샷밖에 치지 못하게 된다.

그렇다면 과연 모든 사람에게 적합한 볼 포지션은 없는 것일까? 대답은 '사용 클럽과 골퍼의 스윙 스타일에 따라 결정된다'이다. 평탄한 라이에서 5번 아이언을 친다고 하자. 이 경우 볼은 골퍼가 그리는 클럽 헤드 궤도의 최하점에 조금 못 미치는 지점에서 맞히는 것이 바람직하다. 그리고 이 최하점의 앞쪽을 이른바 디센딩 블로로 치기 위해서는 볼을 양발 중앙과 왼발 뒤꿈치 안쪽 사이에 놓지 않으면 안 된다.

중심의 슬라이드 양이 적은 타입의 골퍼는 클럽 헤드 궤도 최하점의 위치가 몸의 중앙에 가까워지므로 볼은 왼발 쪽에 놓지 않는 것이 좋고, 반대로 다운 스윙에서 체중 이동을 사용하는 골퍼는 중심이 왼발 쪽으로 이동하는 만큼 클럽 헤드의 최하점도 왼발 쪽으로 이동한다. 올바른 볼의 위치를 알기 위해서는 먼저 자신의 스윙 패턴을 이해해야 한다.

볼을 놓는 위치

5번 아이언의 경우 볼은 스윙 궤도의 최하점에 조금 못 미치는 지점이어야!

최하점

중심 이동이 적은 골퍼는 최하점이 몸의 중앙에 가까우므로 오른발 쪽에 볼을 둔다.

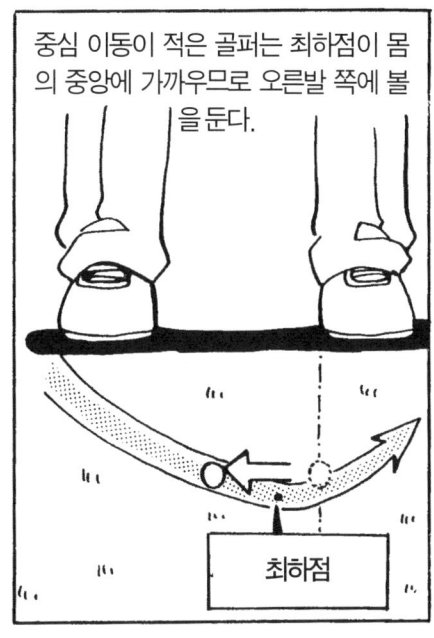

최하점

체중 이동이 잘되는 골퍼는 왼발에 중심이 오므로 왼발 쪽에 볼을 둔다.

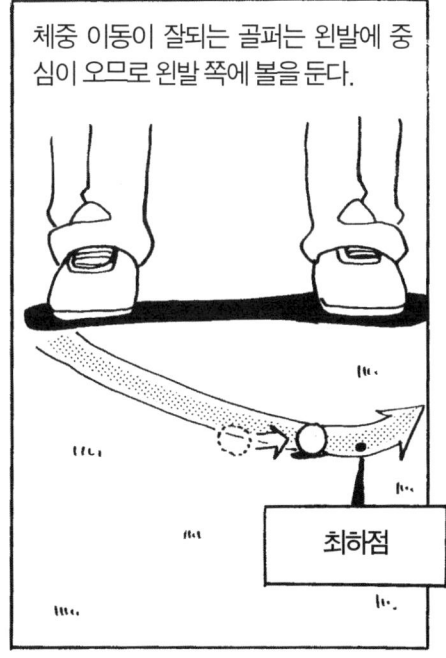

최하점

○ ● 백 스윙 · 어드레스 ● ○

티 높이에 따라 구질이 바뀐다

티잉 그라운드에서는 티 업한 볼이 클럽 타면에서 반쯤 나와 있는 것이 균형 잡힌 티 업이라 할 수 있다. 티의 높이가 중요한 것은 높으냐 낮으냐에 따라 볼이 날아가는 탄도가 달라지기 때문이다. 티를 높게 해 치면 볼이 왼쪽으로 휠 때가 많고, 반대로 낮게 하면 할수록 볼이 오른쪽으로 휠 때가 많다.

티가 높으면 마치 밑에서 뜨듯이 치는 심리가 작용해 훅이 나기 쉽고, 반대로 낮은 티는 위에서 때려 치는 느낌이 든다. 그래서 특히 아마추어의 경우 손을 왼쪽으로 트는 동작이 늦어져서 볼이 오른쪽으로 날아가는 것이다. 이 잘못된 두 가지를 피해 알맞게 세팅한 것이 이상적인 높이다.

페어웨이가 좁은 파4의 홀에서 왼쪽이 OB라고 가정하자. 페어웨이가 좁은 곳은 대개 거리가 길지 않으므로, 이런 홀에서는 되도록 OB를 조심해서 쳐야 한다. 그럴 때는 될 수 있으면 티를 낮게 하고 보통 스윙으로 치는 것이 좋다. 볼은 낮은 탄도로 오른쪽을 향해 날아가는 것이 보통이기 때문이다. 멀리 날아가지는 않지만 안전한 공략법이다.

티 높이에 따라 구질이 바뀐다

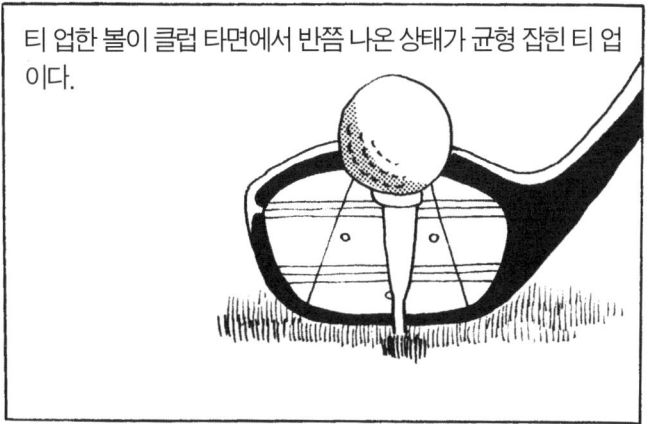

티 업한 볼이 클럽 타면에서 반쯤 나온 상태가 균형 잡힌 티 업이다.

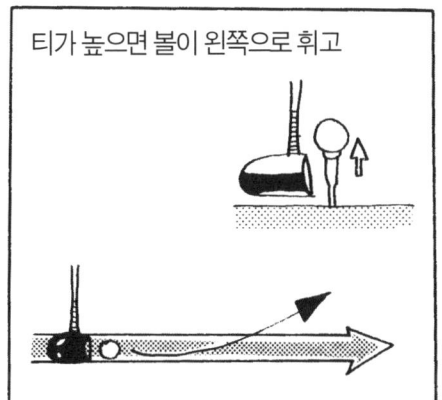

티가 높으면 볼이 왼쪽으로 휘고

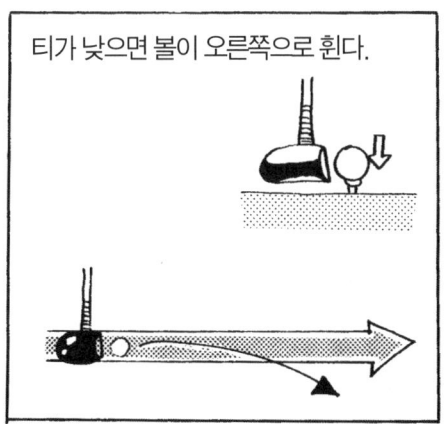

티가 낮으면 볼이 오른쪽으로 휜다.

페어웨이가 좁은 파 4홀에서 왼쪽에 OB가 있을 때는 티를 낮추고 보통 스윙으로 친다.

공은 오른쪽으로 간다.

○● 백 스윙 · 어드레스 ●○

볼 방향 점검에 중점

라운드 전 연습의 목적은 무엇보다 몸을 푸는 데 있다는 것을 유념하고 임해야 한다. 따라서 1박스, 많아도 2박스면 충분하다.

골프장에 따라서는 200야드가 훨씬 넘는 연습장을 갖추고 있는 곳도 있다. 이런 곳에서는 자신도 모르게 있는 힘을 다해 샷을 하게 되는 경향이 있다. 그러나 아무리 볼의 낙하 지점까지 다 바라볼 수 있다 하더라도 진짜 풀 스윙은 마지막 몇 개에 한정하고, 70% 정도는 리듬과 타이밍 중심으로 연습하는 것이 바람직하다. 특히 스타트 전 연습 시에는 절대 스윙을 고치려고 해서는 안 된다. '슬라이스가 나니까 고쳐야지'라고 생각해 봐야 골프장에 온 이상 이미 늦었다.

동반자의 무책임한 어드바이스를 새겨듣고 스윙을 고치려고 해서도 안 된다. 그렇게 하다 보면 볼의 방향이 고쳐지기는커녕 오히려 톱이나 더프 같은 큰 미스 샷이 나올 가능성이 크다. 그 정도로 골프의 스윙은 미묘하다.

슬라이스라면 슬라이스대로 상관없다는 식으로 생각하는 것이 편하다. 차라리 휘어지는 폭을 점검하면서 아무것도 생각하지 않고 치는 것이다. 이렇게 하는 것이 절대적으로 스코어 메이킹에 도움이 된다. 그리고 연습 전에는 스트레칭 체조를 빠뜨리지 말자. 스타트 전 연습은 워밍업이라는 사실을 잊지 말아야 한다.

볼 방향 점검에 중점

라운드 전 연습에서는 몸을 푸는 데 중점을 둡니다.

라운드 전 연습에서 스윙을 고치려는 것은 절대 금물!

이때는 자신의 볼이 얼마나 휘어지는지 점검하는 것이 중요!

진짜 풀 스윙은 마지막 몇 개에 한정시키고 70% 정도는 리듬과 타이밍에 신경 써야죠.

● ○ 백 스윙 · 어드레스 ○ ●

연습 스윙 후 실제까지의 간격

일단 코스에 나왔다면 피니시를 의식한 연습 스윙을 하는 것이 중요하다. 여기서 또 한 가지 중요한 것이 있다. 연습 스윙으로 피니시의 이미지를 결정하여 좋은 이미지를 떠올렸다면 그 이미지가 머릿속에서 사라지기 전에 빨리 어드레스하여 휘두르는 것이다. 이미지가 남아 있는 시간은 대략 4~5초 정도다. 사격을 할 때도 숨을 한 번 크게 내쉬었다가 4초 이내에 총을 쏘는 것이 보통이라고 한다. 그 이상의 시간이 경과하면 몸이 다시 경직되어 명중할 확률이 저하되기 때문이다. 이는 골프에서도 마찬가지다. 좋은 이미지가 떠올랐다 하더라도 시간이 경과하면 그 이미지가 사라져 버려 몸은 다시 경직되고 만다. 연습 스윙을 한 뒤 실제 스윙으로 옮겨갈 때까지의 시간은 개인차가 있다. 프로 중에도 비교적 시간이 걸리는 사람이 있지만 한없이 질질 끄는 프로는 거의 없다.

아마추어 중에는 클럽을 볼 뒤에 놓은 채 한참 동안 정지하고 있는 사람이 있다. 이런 타입은 보통 백 스윙의 템포가 빨라지는 경향이 강하다. 정지 시간이 길어질수록 신체는 경직되어 버리고, 숨을 멈추고 있기 때문에 호흡 곤란이 생길지도 모르므로 주의해야 한다.

연습 스윙으로 피니시의 좋은 이미지가 결정되면 4~5초 이내에 스윙을 하는 것이 좋다.

● ○ 백 스윙 · 어드레스 ○ ●

드라이버 샷 셋업의 중요성

어드레스 자세에서 가장 큰 문제점은 왼손으로 그립을 약하게 잡는 것이다. 이렇게 하면 완전한 풀 스윙을 하기가 어렵다. 왼손으로 그립을 약하게 잡은 어드레스 자세는 우선 클럽 페이스가 스퀘어 형태를 지니지 못하게 한다. 또한 몸의 정렬 자세가 흔들리게 되며, 결국 클럽이 올바른 스윙 면을 이루지 못하게 한다.

이처럼 왼손으로 그립을 약하게 쥐는 골퍼들은 클럽 페이스가 어드레스 자세에서 스퀘어되도록 하기 위해 볼을 너무 앞쪽에 놓는다. 그 결과 어깨가 오픈 형태가 되고, 오른쪽 어깨와 엉덩이가 왼쪽보다 다소 높은 모습을 이루게 된다. 이렇게 어드레스 자세를 취하면 백 스윙에서 체중 이동이 역으로 이뤄지면서 클럽을 위로 번쩍 들어올리게 되고, 테이크 어웨이에서 올바른 스윙 궤도의 바깥 부분으로 궤도를 이루게 된다.

결국 지나치게 인사이드의 스윙 면을 형성하면서 클럽이 너무 뒤로 흐르게 되어 버린다. 제대로 된 스윙 면을 이루기 위한 어드레스 자세를 이루려면 우선 그립을 잡았을 때 왼손 관절이 최소한 두 개는 보이게 해야 하며, 양손이 이루는 V자가 오른쪽 목덜미를 향하도록 해야 한다. 큰 거울 앞에서 드라이버로 어드레스를 취하며 점검해 보자.

드라이버 샷 셋업의 중요성

어드레스 시 클럽 페이스가 스퀘어 형태를 유지해야 한다.

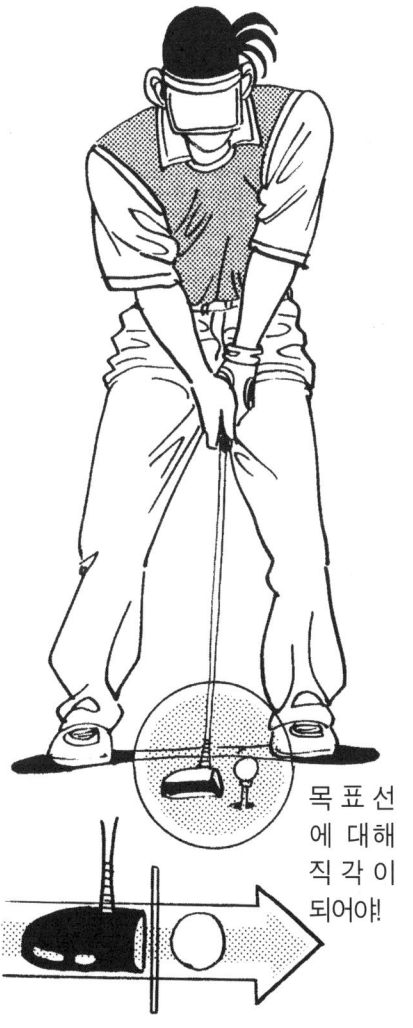

목표선에 대해 직각이 되어야!

그러기 위해서는 왼손 그립이 강해야 한다.

그립을 잡았을 때 왼손 관절이 최소한 두 개가 보여야 한다.

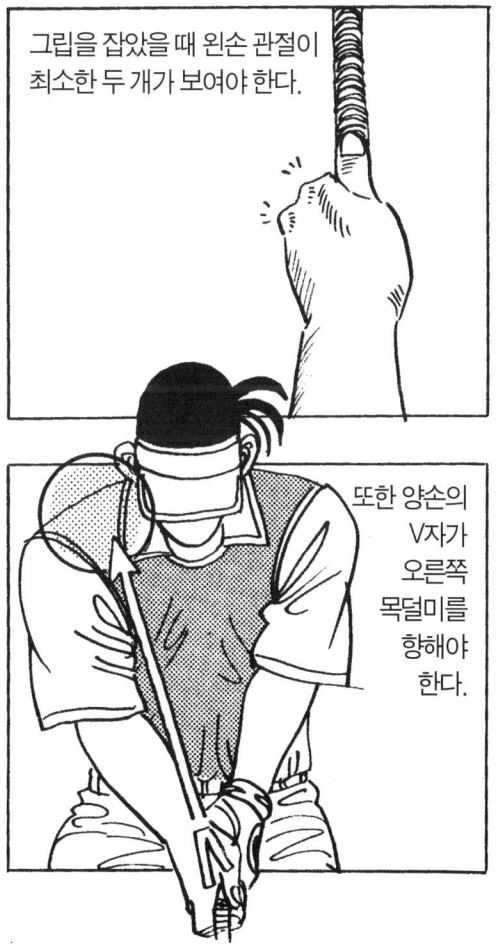

또한 양손의 V자가 오른쪽 목덜미를 향해야 한다.

● ○ 백 스윙 · 어드레스 ○ ●

드라이버 샷이 뒤땅을 칠 때

드라이버 샷이 자주 뒤땅을 치는 경우가 있다. 다운 스윙을 할 때 의식적으로 코킹을 늦게 풀어 주면 잘되지만 이것은 가끔일 뿐 다시 뒤땅을 치고 만다. 이러한 현상은 체중 이동과 몸의 회전이 잘 안 되어서 일어난다. 백 스윙에서 오른발로 체중 이동이 되지 않고 왼발에 아직 남아 있기 때문에 몸의 회전이 충분히 이루어지지 않는다. 반대로 다운 스윙에서 체중이 오른발에 남아 있어 스윙의 최저점이 볼보다 뒤가 되는 것이다.

또 몸의 회전이 충분히 이루어졌는지를 지나치게 신경 쓰다 보면 클럽 헤드로 볼을 맞히는 데만 급급하게 된다. 손목의 코킹이 빨리 풀어지기 때문이다.

이때는 우선 어드레스를 점검해야 한다. 대부분의 아마 골퍼들은 스탠스를 너무 좁게 잡기 때문에 체중 이동을 역으로 하는 경우가 많다. 드라이버의 경우 양발 뒤꿈치는 적어도 어깨 폭 정도로 벌려 주는 것이 좋다.

다음 스윙을 시작할 때 왼발 안쪽으로 체중을 이동해 주어야 한다. 그러면 몸 전체가 거의 목표 방향으로 이동한다. 그랬다가 백 스윙 때 오른쪽으로 체중을 이동해야 한다. 몸의 적절한 동작을 위해 포워드 프레스를 가하는 것으로, 이렇게 하면 클럽 헤드를 올릴 때 왼발에 체중이 남지 않아 자연히 오른쪽으로 체중이 이동하게 되고, 뒤땅의 실수를 교정할 수 있다.

드라이버 샷이 뒤땅을 칠 때

어퍼 블로 스윙을 하려면 양발을 어깨 넓이로 벌려 주고

백 스윙 시 오른쪽으로 완벽한 체중 이동을 해야 한다.

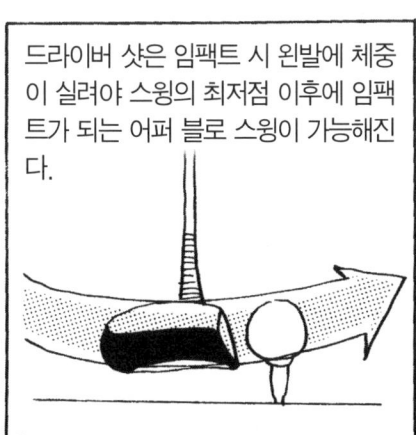

드라이버 샷은 임팩트 시 왼발에 체중이 실려야 스윙의 최저점 이후에 임팩트가 되는 어퍼 블로 스윙이 가능해진다.

● ○ 백 스윙 · 어드레스 ○ ●

그립의 위치는 항상 왼쪽 허벅지 안쪽

어드레스의 중요성은 거기에 스윙의 최종 목표인 임팩트의 원형이 집약되어 있다는 데 있다. '골프 스윙의 기본은 임팩트로 어드레스를 재현하는 것'이기 때문에 어드레스의 잘못은 치명적이다. 특히 임팩트에서의 클럽 페이스 방향을 결정하는 의미로, 어드레스할 때 그립의 위치는 반드시 체크해야 하는 중요한 포인트의 하나다.

어떤 클럽이나 볼의 위치는 왼발 뒤꿈치의 연장선에 놓는다. 마찬가지로 그립의 위치도 클럽에 따라 변하는 일 없이 정위치인 왼쪽 넓적다리 안쪽으로 통일되지 않으면 안 된다.

아마 골퍼의 경우 이 그립 포지션은 우드만 비교적 지켜지고, 아이언이 되면 다운 블로의 의식이 강한 탓인지 왼쪽 넓적다리 바로 위나, 심한 사람은 왼발에서 벗어나올 만큼 목표 가까이에 위치하는 경우가 많다. 이른바 핸드 퍼스트의 어드레스라고 하겠지만 아이언의 어드레스가 핸드 퍼스트라는 생각은 잘못이다.

우드든 아이언이든 샷의 기본은 몸의 정면에서 볼을 튀기는 데 있다. 이 '튀기는' 것에 의해 비로소 볼에 파워가 생기는 것이다.

그런데 핸드 퍼스트로 어드레스하면 클럽 페이스보다 양손이 앞이 되기 때문에 임팩트에서도 클럽에 선행해 볼을 튀기는 동작이 나오지 못한다. 이렇게 되면 비거리도 나오지 않고 슬라이스의 원인이 되기도 한다.

그립의 위치는 항상 왼쪽 허벅지 안쪽

골프 스윙의 기본은 임팩트로 어드레스를 재현하는 것이다.

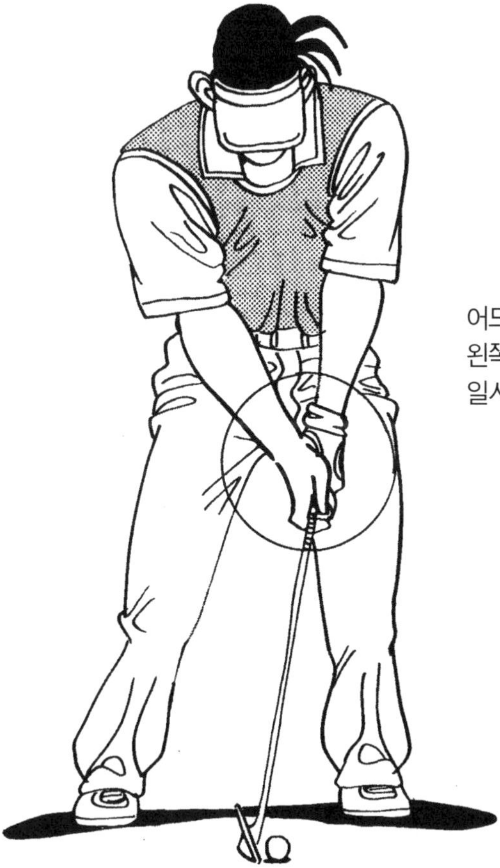

어드레스 시 그립의 위치는 왼쪽 넓적다리 안쪽으로 통일시켜야!

● ○ 백 스윙 · 어드레스 ○ ●

딱딱한 왼팔이 백 스윙 방해

스윙을 하기 전에 신경 써야 할 것은 몸을 경직시키지 않는 것이다. 아마추어들에게서 흔히 볼 수 있는 실수가 바로 왼팔의 경직으로, 왼손에 많은 비중을 두기 때문에 왼팔이 딱딱하게 굳어 버리는 것이다. 이렇게 되면 백 스윙에 방해를 받는다.

어드레스에서는 왼팔을 펴지만 그렇다고 해서 너무 지나쳐서는 안 된다. 그보다는 어깨에서 자연스럽게 떨어뜨리고 있는 느낌이어야 한다. 이 이미지는 톱 스윙까지 그대로 유지된다. 실제로 클럽을 들어올릴 때는 클럽 헤드부터 움직이지만 모두 하나로 일체화하여 시작한다. 그 뒤에는 클럽 헤드를 잠시 직각으로 올리는 골퍼, 반대로 페이스를 열고 올리는 골퍼 등 다양하다. 하지만 이는 개인에 따라 모두 다르다. 다만 어느 경우든 클럽을 오른쪽 허리까지 올렸을 때 클럽 헤드의 토우 방향이 바로 위를 가리키고 있어야 한다.

이 중간점을 제대로 지나면 톱 스윙도 왼손의 엄지와 샤프트 바로 아래에 와서 정확한 위치로 돌아가게 된다. 올바른 톱 스윙이 되었는지를 판단하려면 톱 스윙 위치에서 오른손을 떨어뜨려 보면 알 수 있다. 불편한 느낌 없이 그대로 몇 분간 유지할 수 있다면 제대로 된 것이다. 만일 왼쪽 손목이 바깥쪽으로 꺾여 있다면 클럽이 무겁게 느껴질 것이고, 반대로 안쪽을 향하고 있다면 들고 있는 것조차 힘겨울 것이다. 이렇게 중간 체크 포인트를 이용해 스윙 궤도를 한번쯤 점검해 보는 것도 매우 중요하다.

딱딱한 왼팔이 백 스윙 방해

클럽이 오른쪽 허리까지 왔을 때 클럽 헤드의 토우가 위를 향해야 한다.

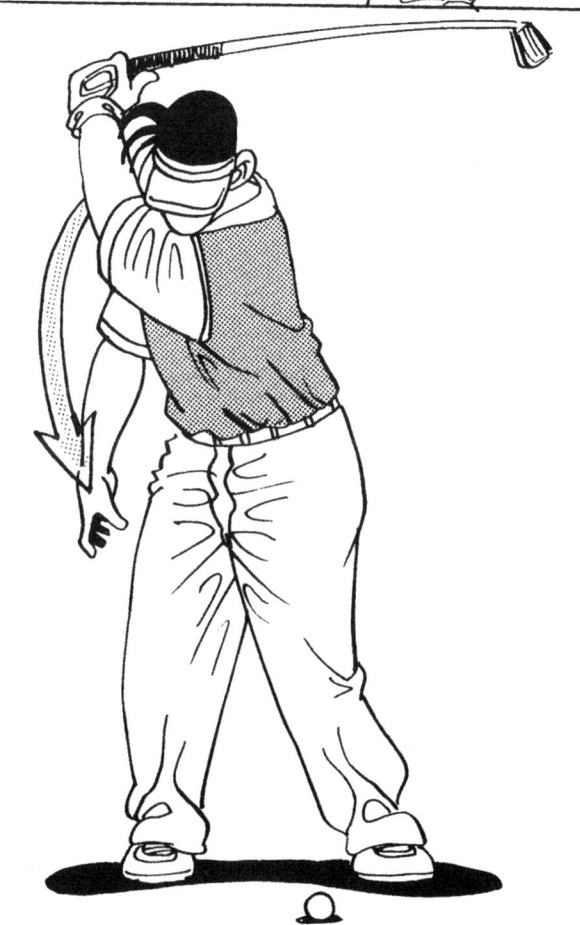

왼팔이 부드러운 상태에서 올바른 톱 스윙이 되었는지 알기 위해서는 톱 스윙 상태에서 오른손을 빼고 왼손으로만 클럽을 쥐어 본다.

불편함 없이 그대로 몇 분간 유지할 수 있다면 O.K

● ○ 백 스윙 · 어드레스 ○ ●

가슴으로 볼을 겨냥한다

여성 골퍼의 어드레스 자세를 보면 제각각 다르고, 또 매우 다양하다. 세상 사람들의 걸음걸이가 모두 다르듯 어드레스도 신체적 특성에 따라 조금씩 차이가 나는 것이 정상이다. 그러나 어드레스에서 반드시 지켜야 할 공통 사항이 있다. 머리의 위치도 반드시 지켜야 할 공통 사항 가운데 하나다. 머리는 척추와 나란히 위치해야 한다. 볼을 확실히 보려고 고개를 숙여서는 안 된다. 고개를 숙이면 백 스윙 과정에서 왼쪽 어깨가 통과할 공간을 막아 버리게 된다. 공간이 없어지면 왼쪽 어깨가 턱을 감싼 채 백 스윙을 하게 되고, 이는 결과적으로 스웨이의 원인이 된다.

또 왼쪽 어깨가 턱을 오른쪽으로 밀어 버림에 따라 백 스윙 톱에서 볼을 놓치지 않을까 하는 두려움이 생긴다. 이렇게 되면 심리적으로 서두르게 되고, 결국 다운 스윙의 타이밍을 잃는 요인으로 작용하기도 한다. 따라서 어드레스 시 턱밑 공간을 확보하기 위해서는 두 눈으로 볼을 보려 하지 말고 가슴으로 본다는 이미지를 갖도록 한다. 긴장된 상황에서 두 눈을 볼에 집중하면 자신도 모르는 사이에 고개를 숙이게 되고, 결국 미스 샷으로 이어지고 만다.

골프 스윙의 기본은 어깨 회전에 의한 원심력의 운동이므로, 임팩트 시 가슴으로 공을 날려보낸다는 기분, 또 피니시에서는 가슴이 목표 방향으로, 마치 마라토너가 골인 지점에서 테이프를 끊을 때처럼 자세를 취하는 것이 좋다.

가슴으로 볼을 겨냥한다

머리는 척추와 나란히 위치한다. 그러기 위해서는 가슴을 펴고 어드레스한다.

볼을 확실히 보려고 고개를 숙이면 백 스윙 시 왼쪽 어깨가 턱을 밀어 헤드 업이 된다.

● ○ 백 스윙 · 어드레스 ○ ●

세 번의 수평

제대로 된 스윙 플레인을 점검하는 중요한 기준 가운데 하나가 바로 볼과 목표를 잇는 타깃 라인, 또 이와 샤프트가 이루는 각도다. 즉 '세 번의 수평', 또는 '세 번의 평행'이라는 것이다.

스윙 중에는 ▲ 어드레스에서 백 스윙이 시작되어 샤프트가 지면과 수평이 되는 지점 ▲ 톱에서 다운 스윙이 시작되어 다시 샤프트가 수평이 되는 지점(하이웨이 다운) ▲ 임팩트를 하고 난 뒤 팔로 스루에서 다시 샤프트가 수평이 되는 지점, 이렇게 세 번 샤프트와 지면이 수평을 이룬다. 이 세 개의 포인트에서 샤프트는 타깃 라인과 거의 평행을 이룬다.

이는 다시 말해 ▲ 어드레스에서 백 스윙이 시작되고 왼팔이 거의 수평이 되는 지점 ▲ 톱에서 다운 스윙이 시작되어 왼팔이 다시 수평이 되는 지점 ▲ 임팩트를 하고 나서 팔로 스루에서, 이번에는 오른팔이 거의 수평이 되는 지점이 있다는 것이다. 그리고 이 세 지점에서 그립 끝이 거의 타깃 라인을 가리키고 있다는 것을 의미한다. 이해가 잘 안 되는 골퍼는 자신의 스윙을 구분 동작으로 점검하면서 다시 한번 생각해 보자.

○ 백 스윙 · 어드레스 ○

심신의 긴장을 풀고 목표에 집중

루틴은 육체적인 면과 정신적인 면이 함께 이루어져야지 어느 한쪽이 무너지면 어색해진다. 이 루틴 안에는 꼭 들어가야 할 항목이 두 개 있다. 첫 번째는 육체적인 면으로, 볼을 때리기 전에 그립의 강도를 점검하는 것이다. 그립을 너무 강하게 쥐면 몸이 긴장되어 나이스 샷을 할 확률이 적어진다. 보통 아마추어 골퍼들은 그립을 강하게 쥐는 경향이 있는데, 그립은 50% 이하의 강도로 쥐는 것이 좋다.

그 다음은 정신적인 측면으로, 어드레스에 들어간 뒤에는 목표만을 의식하는 것이다. 비구선 후방에 섰을 때 자신이 이제부터 때리고 싶은 볼이 어떤 높이이고, 어떤 곡선을 그리며 목표로 날아갈 것인지를 정확하게 새기는 것이 중요하다. 어드레스하고 볼 앞에서 자세를 취한 다음에도 그 이미지를 강하게 가진 채 스윙한다. 목표를 향해 볼을 때린다는 강한 의식을 갖는다.

정상급 프로들은 대부분 어드레스에서 최소한 두 번은 목표 방향을 본다. 이것은 목표에 대한 의식을 강하게 하고, 목표를 봄으로써 어깨와 허리의 라인을 다시 한번 정비하는 의미도 있다.

연습장에서도 이 동작을 잊지 말고 체크 포인트로 삼자. 비기너일수록 목표가 아닌 눈앞의 볼을 의식하게 되는데, 볼을 지나치게 의식하면 자연스러운 동작이 이루어지지 않는다.

심신의 긴장을 풀고 목표에 집중

루틴은 육체적인 면과 정신적인 면이 모두 이루어져야 합니다.

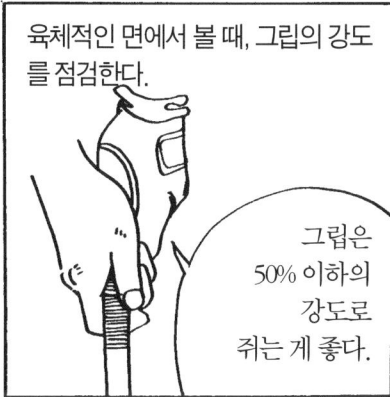

육체적인 면에서 볼 때, 그립의 강도를 점검한다.

그립은 50% 이하의 강도로 쥐는 게 좋다.

정상급 프로들은 어드레스에서 최소한 두 번은 목표 방향을 본다.

그럼으로써 어깨와 허리 라인을 점검하고 목표에 대한 의식을 강하게 한다.

정신적인 면에서 볼 때 어드레스 이후에는 목표만을 의식한다.

목표!

○ ○ 백 스윙 · 어드레스 ○ ○

인터벌이 길면 미스 샷이 난다

티잉 그라운드에서 계속해서 연습 스윙을 한다거나 어드레스에 들어간 뒤 꼼짝 않고 좀처럼 볼을 때리지 않는 것만큼 다른 플레이어를 불쾌하게 하는 일도 없다. 이것은 룰에서도 부당한 지연 플레이로 금한다.

연습 스윙은 한두 번으로 그치고 곧바로 어드레스로 들어가 볼을 때려야 한다. 티 업을 하고도 두 번 세 번 연습 스윙을 한다거나 어드레스에 들어가서 움직이지 않는다면 중간에 리듬이 끊겨 부드러운 스윙을 할 수 없다.

연습 스윙을 할 때는 진짜로 하는 것처럼 정확히 어드레스를 하고 확실한 피니시까지 완벽한 스윙을 할 필요는 없다. 어디까지나 스윙의 이미지를 잡는다는 기분으로 가볍게 스윙하는 정도로 그치면 된다. 이렇게 해야 실제 샷을 할 때 모든 것을 집중할 수 있다.

어드레스에 들어간 뒤 좀처럼 치지 않는 골퍼는 여러 가지 생각에 백 스윙 시작까지 시간을 흘려 보내 오히려 리듬을 잃어버리게 된다. 긴장감 때문에 그렇겠지만 사람이란 원래 같은 상태가 지속되면 될수록 긴장감이 더 커지게 마련이다. 긴장감으로 인해 몸이 굳어지게 시간을 끌지 말고 멈추는 시간을 가능하면 짧게 해 바로 움직이도록 한다.

신중하게 친다는 생각에 경직되기보다는 마음을 대담하게 먹고 긴장하기 전에 치는 것이 분명 좋은 결과를 가져온다.

인터벌이 길면
미스 샷이 난다

신중하게 친다고 경직되기보다는
마음을 대담하게 먹고 긴장하기 전
에 쳐야 좋다.

연습 스윙은 스윙의 이미지를 잡는다
는 기분으로 가볍게 스윙하는 정도여
야 한다.

백 스윙 · 어드레스

● ○ 백 스윙 · 어드레스 ○ ●

긴장을 풀고 때릴 땐 무아지경으로

코스에서도 연습장에서처럼 실력을 발휘하기 위해서는 '육체적 루틴' 뿐만 아니라 '정신적 루틴'도 정해 두는 것이 좋다.

먼저 볼의 라이와 스탠스의 상황을 본다. 볼이 풀에 잠긴 정도나 오르막, 내리막 라이 등의 상황을 파악한다. 둘째, 바람의 방향과 강도를 체크한다. 셋째, 목표 부근의 상황을 본다. 핀의 위치, 벙커, 리커버리의 난이도 등. 넷째, 거리를 결정하고 어떤 볼을 때릴지를 그린다. 볼의 고저, 페이드, 드로 등. 다섯째, 볼의 후방에 서서 한번 더 치고 싶은 볼의 이미지를 머리에 강하게 새기고, 타깃 라인을 결정한다. 그리고는 육체적 루틴(셋업 순서)에 맞춰서 어드레스에 들어간다.

이런 것은 저절로 할 수 있다고 말할 수도 있겠지만 정신적 루틴도 정해진 순서대로 행하는 것이 좋다. 정신적 루틴은 샷을 한 뒤에도 필요하다. 나이스 샷을 했을 때는 스스로 만족하면 되고, 미스 샷을 했을 때는 기분을 상하지 않고 다음의 리커버리 샷에 정신을 집중해야 한다. 미스 샷의 원인을 분석하는 것은 연습장에서나 할 일이다.

코스에 나가서는 가능하면 매사를 긍정적으로 생각하는 멘탈 루틴을 스스로 만들어 가는 것이 좋다. 육체적 루틴과 정신적 루틴을 같은 스피드와 같은 순서로 할 수 있게 되면 코스에서도 연습장에서처럼 나이스 샷을 때릴 수 있다.

긴장을 풀고 때릴 땐 무아지경으로

코스에서 실력을 발휘하기 위해서는 '육체적 루틴'과 '정신적 루틴'을 모두 정해 둬야 합니다.

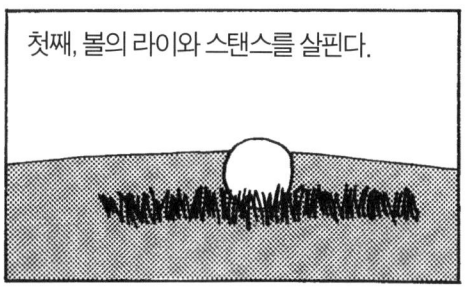

첫째, 볼의 라이와 스탠스를 살핀다.

둘째, 바람의 방향과 강도를 점검한다.

셋째, 목표 부근의 상황(핀의 위치, 벙커 위치 등)을 살핀다.

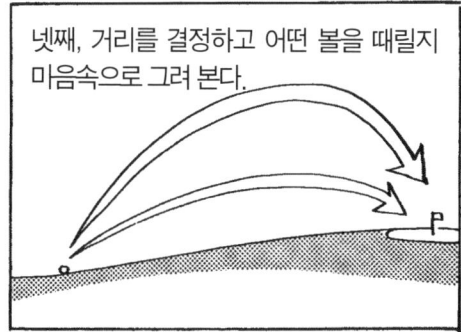

넷째, 거리를 결정하고 어떤 볼을 때릴지 마음속으로 그려 본다.

다섯째, 볼의 후방에서 목표를 보고 어드레스에 들어간다.

● ○ 백 스윙 · 어드레스 ○ ●

임팩트의 이미지 트레이닝

임팩트는 볼을 세게 때리는 것이 아니라 볼과 클럽 페이스의 만남이다. 골프 스윙의 핵심 동작은 바로 임팩트에 있다. 이 임팩트의 이미지를 알아두지 않으면 공이 휘어지는 원인을 찾기 어렵다.

클럽 헤드를 고정된 물체에 대고 임팩트의 감각을 파악해 보자. 팔의 힘으로 밀 듯이 힘을 넣을 경우와 오른쪽 허리를 밀어 넣었을 때 생겨나는 힘 가운데 어느 쪽이 샤프트를 크게 휘어지게 할 수 있는지는 실험을 해 보면 금방 알 수 있다.

손으로 밀면 오른쪽 어깨가 앞으로 나오고 왼쪽 허리가 당겨진다. 그보다 오른쪽 허리를 밀어 넣었을 때 몸이 회전하려고 하는 힘에 의해 샤프트의 휘어짐이 훨씬 커지는 것이다.

오른쪽 허리를 밀어 넣는 경우에는 등 근육과 배 근육의 힘은 물론 대퇴부 근육까지 쓰게 된다. 손과 팔의 힘보다 등이나 다리의 큰 근육을 사용하는 것이 보다 큰 파워를 낼 수 있음은 당연하다.

임팩트의 이미지 트레이닝

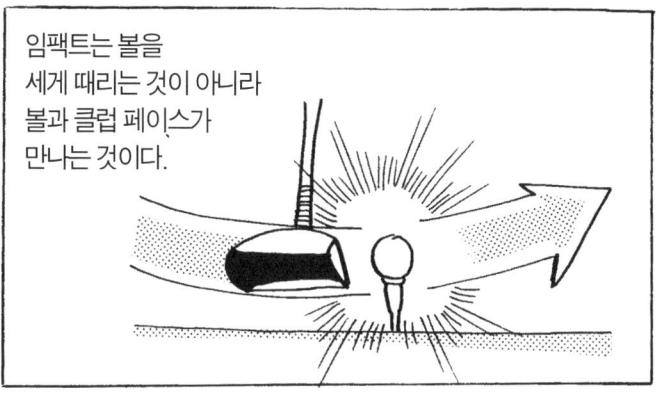

임팩트는 볼을 세게 때리는 것이 아니라 볼과 클럽 페이스가 만나는 것이다.

백 스윙 톱에서 다운 스윙으로 갈 때 먼저 왼발을 바닥에 붙여 체중 이동을 한 뒤에

감겼던 허리를 돌려 준다.

허리가 돌아감과 동시에 팔이 내려오면 힘 있는 임팩트가 된다.

● ○ 백 스윙 · 어드레스 ○ ●

임팩트의 원리를 이해하자

골프 스윙의 핵심은 결국 임팩트다. 임팩트는 볼을 세게 때리는 동작이 아니라 클럽 페이스가 볼과 만나는 순간이다. 그 순간을 결정하는 요소는 공에 접촉되는 클럽 페이스의 방향, 클럽 헤드의 위치, 헤드의 속도다. 임팩트에서는 손목 코킹의 릴리스와 함께 팔의 턴 오버가 필요하다.

일반적으로 '임팩트에서 왼손등을 되돌린다'고 하는 턴 오버에 대해서는 많은 아마 골퍼들이 잘못 이해하고 있는 부분이 있다. 손을 되돌리라고 하면 왼손이 손등 쪽으로 꺾인다든지 오른손을 강하게 사용해 그립을 회전시켜야겠다고 생각한 나머지 무리한 동작을 하곤 한다. 그러나 손을 회전시키는 것이 아니라 양팔을 턴 오버시킨다고 생각하는 것이 정확하다. 이 동작을 실제의 움직임으로 설명해 보자.

톱에서는 왼팔이 오른팔 위에 있다. 다운 스윙이 시작되어 하체에 의해 당겨진 양팔은 허리의 회전과 함께 상하 관계가 역전된다. 즉 임팩트 뒤에 오른팔이 왼팔 위에 온다. 이것이 양팔의 턴 오버로, 결코 임팩트 존에서 손을 의식적으로 되돌리려고 하는 움직임이 되어서는 안 된다. 몸의 움직임에 연동되지 않고 손으로 클럽을 되돌리려고 하면 아무 방향으로나 제멋대로 날아가 버리고 만다. 다운 스윙에서 임팩트, 팔로 스루에 이르는 두 개의 커다란 움직임, 리스트 콕의 릴리스와 양팔의 턴 오버는 방향성과 파워에서 매우 중요한 개념이다.

임팩트의 원리를 이해하자

임팩트는 볼을 세게 때리는 동작이 아니라 클럽 페이스가 볼과 만나는 순간이다.

톱에서는 왼팔이 오른팔 위에 있다.

임팩트 이후에는 양팔이 턴 오버되어 자연스럽게 오른팔이 왼팔 위로 간다.

● ○ 백 스윙 · 어드레스 ○ ●

골프는 리듬이다

긴장을 푸는 방법으로는 왜글이 효과적이다. 골프는 리듬이다. 스윙의 한 과정으로 왜글을 끼워 넣을 필요가 있다.

일단 백 스윙을 시작한 다음에는 거의 무의식적으로 피니시까지 진행해야 한다. 여기서 주의해야 할 점이 하나 있다. 그것은 바로 톱에서 그립이 느슨해지지 않도록 하는 것이다. 항상 왼손의 3개, 오른손의 2개의 손가락이 확실하게 잡혀 있지 않으면 풀 스윙은 불가능하다.

톱의 위치에서 엄지와 검지에 힘이 들어가 있으면 다운 스윙 시 클럽이 선 상태에서 들어오게 된다. 그러나 이런 상태에서는 샤프트의 탄력을 이용할 수 없다. 그러면 당연히 거리도 나지 않는다. 좌우 3개의 손가락으로 확실히 잡고 엄지와 검지는 살짝 갖다 붙이는 정도로 하고 손목은 릴랙스하게 한다. 이것이 톱에서의 최고 상태다.

톱에서 그립이 느슨해지지 않도록 하는 것은 왼쪽 어깨의 충분한 턴이지만 왼쪽 어깨가 계속 돌아가고 있으면 그립이 느슨해진다. 왼쪽 어깨를 돌리는 것만 의식해 오른쪽 무릎의 조임을 잊어버려서는 안 된다는 말이다. 오른쪽 무릎을 풀어 두면 왼쪽 어깨는 계속해서 돌아간다. 그러므로 오른쪽 무릎을 확실히 묶어 둔 상태에서 왼쪽 어깨를 돌리는 것이 중요하다.

톱에서 그립이 느슨해지지 않으려면 왼쪽 어깨가 충분히 돌아가야 한다.

오른쪽 무릎이 확실히 고정된 상태에서 왼쪽 어깨가 돌아감을 잊어서는 안 된다.

● ○ 백 스윙 · 어드레스 ○ ●

몸과 클럽과의 일정한 간격

그립의 위치에서 또 한 가지 주의하지 않으면 안 되는 것이 바로 그립 엔드와 몸과의 간격이다.

그립이 아무리 왼쪽 넓적다리 안쪽에 있다 하더라도 이 간격이 클럽에 따라 달라지면 스윙 플레이(클럽 헤드의 궤도)는 일정하지 않게 된다.

여기서 착각하지 말아야 할 것은 클럽의 길이와 그립의 위치는 아무 관계가 없다는 것이다. 볼과 몸과의 간격은 클럽이 짧아짐에 따라 가까워지지만 그립과 몸의 간격은 항상 일정하게 해 둘 필요가 있다. 일반적으로 우드는 플랫, 아이언은 업 라이트라는 이론이 정착되어 있기 때문인지 의식적으로 우드와 아이언의 그립 위치를 바꿔 자세를 취하는 사람이 많다. 그러나 이렇게 하면 스윙이 복잡해지고, 그만큼 미스 샷이 될 확률도 높아진다.

단, 이 간격은 일률적으로 몇 센티라고 정확히 꼬집어 말할 수는 없다. 이것도 스탠스와 마찬가지로 개인차가 있기 때문이다. 따라서 플레이어 나름대로의 간격을 파악할 필요가 있으며, 그 포인트가 되는 것은 체중의 배분법이다.

일단은 양쪽 다리에 체중을 똑같이 싣는 것이 중요하고, 또 하나 양쪽 다리 모두 그 체중이 발바닥 중심에 모이도록 해야 한다. 이렇게 하면 몸은 자연히 지면과 수직이 된다.

왼쪽 어깨와 그립 엔드가 일직선상에 있으면서 지면과 수직이 되게 해 그립 엔드와 지면, 클럽 헤드가 직각 삼각형을 이루어야 한다.

백 스윙 · 어드레스

클럽을 거꾸로 쥐고
스윙 감각을 익힌다

톱 스윙에서 오른발에 실린 체중을 다운 스윙 후에 왼발로 이동시키면서 단숨에 클럽을 휘두른다. 마치 실패에 실을 감듯이 몸에 클럽을 친친 감아 휘두르는 것이 근육 힘이 약한 여성 골퍼들이 힘을 늘릴 수 있는 비밀이다. 골프에서는 클럽을 휘두를 수 있는가와 없는가가 굉장히 중요하다. 그래서 휘두를 수 있느냐 그렇지 못하느냐에 따라 골퍼의 실력이 결정된다고 해도 과언이 아니다.

그런데 대다수의 여성 골퍼들 가운데는 클럽을 완전히 휘두를 수 있는 사람이 그리 많지 않다. 그 원인은 클럽이 특별히 무겁거나 여성이 힘이 없기 때문만은 아니다. 단지 휘두르는 법을 모르기 때문에 몸의 움직임이 어색해지고 부드럽게 움직여 주지 않을 뿐이다.

클럽을 부드럽게 휘두를 수 있는 감각을 알기 위해 클럽을 거꾸로 쥐고 스윙해 보자. 클럽 헤드 쪽을 쥐고 마음껏 휘둘러 보자. 체중 이동이나 몸의 세세한 움직임에 사로잡히지 말고 클럽을 휘두르는 것에만 의식을 집중해서 휘두르면 클럽 헤드를 쥐는 것이 달라져 스윙이 가볍게 될 것이다. 이것은 매우 효과적인 연습 방법이다.

○ ● 백 스윙 · 어드레스 ○ ●

백 스윙의 허용 범위

어드레스한 자세에서 클럽 헤드와 허리의 높이를 잇는 선을 이상적인 '샤프트 플레인'이라고 설명했다. 이 샤프트 플레인을 따라 백 스윙을 할 수 있으면 이상적이다. 그러나 백 스윙에서 이 플레인을 비껴난다 해도 크게 걱정할 것은 없다. 다운 스윙에서 임팩트로 갈 때 이 플레인을 따르기만 하면 된다. 그러므로 백 스윙을 어떻게 올릴까보다는 자신 있게 스윙 플레인에 태우기 쉬운 백 스윙과 톱이 무엇인지를 생각하는 것이 중요하다.

물론 백 스윙과 다운 스윙의 궤도가 짧으면 짧을수록 정확한 샷을 구사할 수 있다. 그러나 비거리는 크게 감소한다.

스윙 플레인을 따라 클럽을 내리기 위해서는 셋업부터 확인해야 한다. 중요한 것은 다운 스윙에서 스윙 플레인에 정확하게 태우는 것이다. 어드레스에서 테이크 백에 들어갈 때 오른팔꿈치가 몸에 지나치게 붙으면 클럽 헤드가 급박하게 인사이드로 들어온다. 이는 투포환과도 흡사한 동작으로, 스윙 아크가 적어지며 일반적으로 왼쪽을 향한 자세를 취하면 테이크 백이 인사이드로 들어가기 쉽고 스윙 플레인은 플래트하게 된다. 역으로 오른쪽을 향해 자세를 취하면 급각도의 스윙 플레인이 되기 쉽다.

백 스윙의 정점이라는 것은 있는 듯하면서도 없는데, 오른쪽 상단의 정점에 클럽 헤드를 올려놓은 뒤 힘의 누수 없이 제대로 된 다운 스윙의 궤도로 들어올 수 있으면 견실한 궤도가 이루어졌다고 할 수 있다.

백 스윙의 허용 범위

백 스윙 시 '샤프트 플레인'을 비켜나도 걱정할 건 없다.

다운 스윙에서 임팩트로 갈 때 이 플레인을 따르면 된다.

어드레스에서 테이크 백에 들어갈 때 오른팔꿈치가 몸에 너무 붙지 않아야 한다.

톱(=백 스윙의 정점)에서 힘의 낭비 없이 다운 스윙 궤도로 들어온다면 견실한 궤도가 된 것이다.

● ○ 백 스윙 · 어드레스 ○ ●

어깨 회전으로 백 스윙을 시작한다

  백 스윙은 가슴과 양팔로 만들어진 삼각형을 무너뜨리지 않고 클럽을 끌어올리는 것이 중요하다. 이 공간이 무너지면 톱 스윙의 위치가 일정해지지 않고, 클럽을 손으로 끌어올리는 결과가 나고 만다. 클럽을 손이 아닌 어깨로 끌어올려야 하는 것이다. 어깨의 회전으로 끌어올리는 한 삼각형이 무너지는 일은 없다.

  똑같은 톱 스윙 위치에 클럽을 가져간다 해도 삼각형을 유지한 경우와 손으로 끌어올려 공간이 무너진 상태의 마무리는 파워에서 현격한 차이가 난다. 공간을 유지하면서 끌어올렸다는 것은 어깨 회전이 충분하다는 것을 의미하고, 회전의 반발력도 커진다. 그러나 손만으로 끌어올린 경우는 어깨가 회전하지 않으므로 같은 톱 스윙의 위치를 만들어도 반동 효과를 별로 기대할 수 없다.

  또 손으로 끌어올리면 다운 스윙도 손으로 끌어내리게 되어 좋지 않은 결과가 나온다. 이에 비해 어깨 회전으로 톱 스윙을 마무리한 클럽은 어깨 회전에 의해 끌려 내려오게 된다. 이것은 스윙 궤도를 일정하게 만드는 중요한 요소다.

  백 스윙 때는 가능하면 삼각형 유지에 주의하여 클럽을 끌어올린다. 백 스윙의 목적은 파워를 비축하는 데 있다. 이 힘을 비축하는 방법이 좋을수록 다운 스윙 이후 힘을 살릴 수 있다.

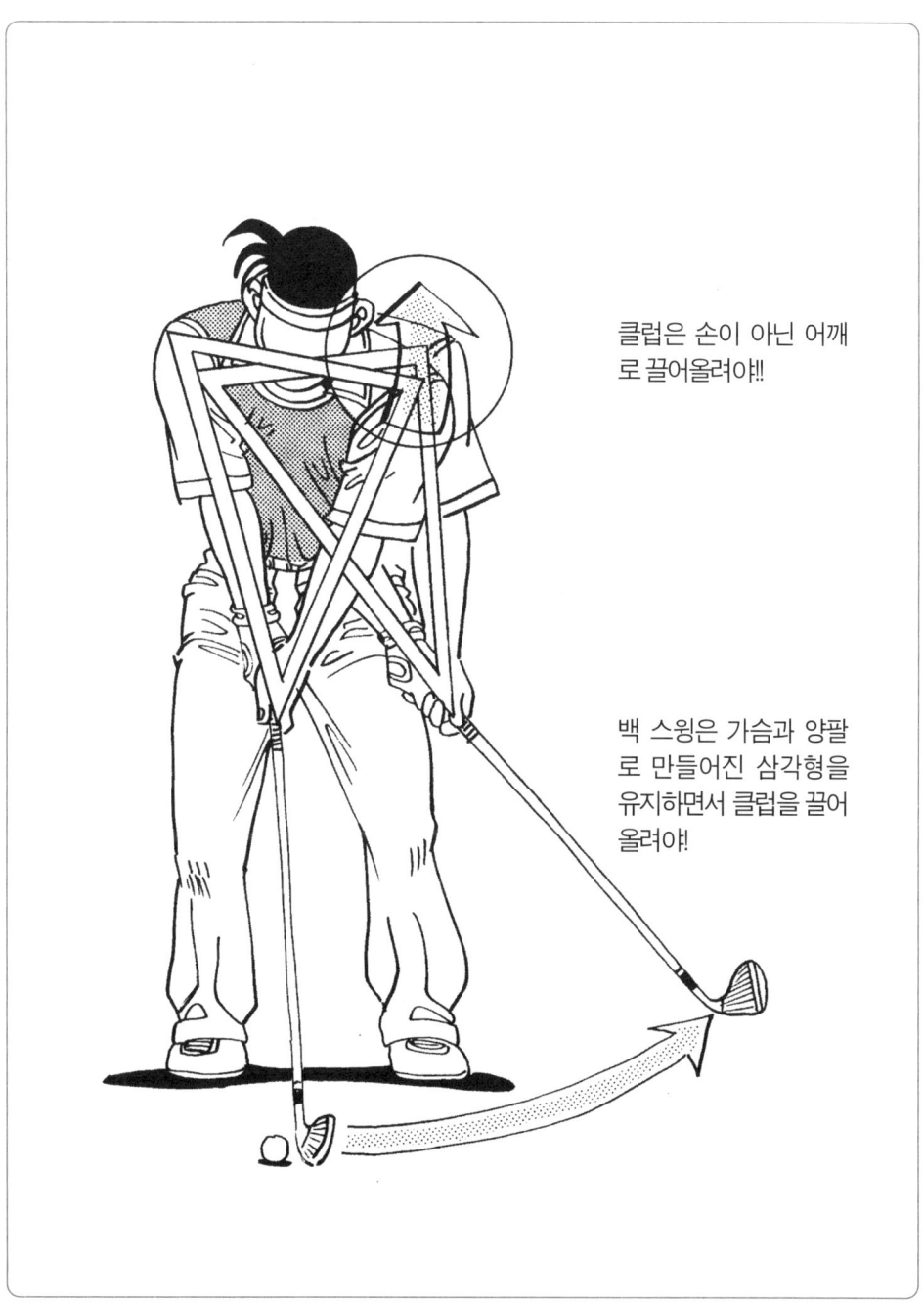

● ○ 백 스윙 · 어드레스 ○ ●

백 스윙의 시작은 클럽 헤드부터

프로들도 스윙 중에서 가장 어렵다고 하는 부분이 바로 테이크 백의 시작이다. 어드레스의 정지 상태에서 스윙으로 부드럽게 옮겨 가야 좋은 샷으로 연결될 확률이 높아진다.

그렇다면 스윙을 어디서부터 시작할 것인가. 그 답은 클럽 헤드에 있다. 몸에서 가장 멀리 떨어져 있는 것이 클럽 헤드이기 때문이다. 예를 들어 열 명이 손을 잡지 않고 일렬로 선 가운데 자신이 가장 안쪽에 있다고 가정해 보자. 이 열 사람이 정렬을 무너뜨리지 않고 예쁘게 원을 그리기 위해서는 어떻게 해야 할까? 안쪽에 있는 사람보다 바깥쪽에 있는 사람이 크게 움직여야만 할 것이다. 즉 안쪽에 있는 사람은 조금만 움직이고, 바깥쪽에 있는 사람은 상대적으로 많이 움직여야 한다는 것이다. 안쪽에 있는 사람과 바깥쪽에 있는 사람의 운동량이 같다면 원을 그릴 수 없다.

스윙도 마찬가지다. 몸이 가장 안쪽이고 헤드가 바깥쪽, 손은 그 중간이다. 몸이 1, 손이 2, 헤드가 3의 비율로 움직여야만 규칙적인 스윙 아크를 그릴 수 있다. 즉 가장 먼 곳의 클럽 헤드를 먼저 스타트함으로써 스윙 궤도가 안정되고 리듬과 템포도 일정해지는 것이다. 손부터 움직이면 맨 끝의 헤드가 느려진다.

어깨가 90°회전하는 데 비해 클럽 헤드는 270°회전하여 정확한 톱 스윙이 되는 것을 생각하면 헤드부터 스타트하는 이유를 알 수 있다.

백 스윙의 시작은 클럽 헤드부터

몸의 중심에서 가장 멀리 있는 클럽 헤드의 운동량이 가장 많다. 즉 클럽 헤드가 많이 움직여야 스윙 자체가 가능해진다.

백 스윙의 시작은 클럽 헤드부터 해야 한다.

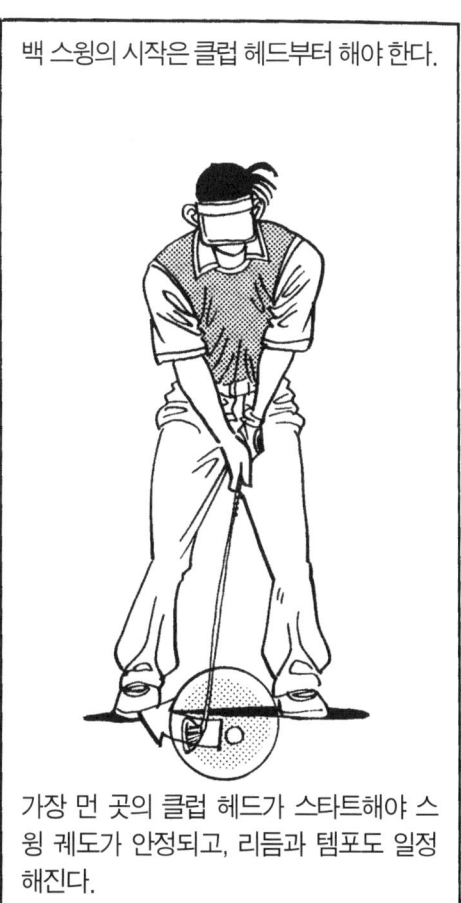

가장 먼 곳의 클럽 헤드가 스타트해야 스윙 궤도가 안정되고, 리듬과 템포도 일정해진다.

○ ● 백 스윙 · 어드레스 ● ○

부드러운 백 스윙을 시작하는 방법

골프에서 스윙이란 정지된 상태의 어드레스에서 정지된 볼을 원하는 거리에 운반해 놓고 다시 정지된 상태로 멈춰서는 것을 말한다. 여기서 정(靜)에서 동(動)으로 옮겨가기 쉬운, 자신에게 맞는 포워드 프레스를 찾아야 한다. 포워드 프레스란 백 스윙으로 옮겨가기 위한 예비 동작을 말하는데, 초보자는 테이크 백을 하기 위한 계기를 신중하게 생각해 보는 것이 좋다.

정에서 동으로 옮겨가는 계기는 물론 개인마다 차이가 있다. 다음의 여러 가지 가운데서 자신에게 맞는 것을 찾아보자.

- 손을 치는 방향으로 조금 내밀어 헤드부터 스타트한다.
- 손을 조금 내밈과 동시에 오른쪽 무릎도 함께 밀어 준다.
- 오른쪽 무릎 동작을 약간 크게 해 오른발 뒤꿈치를 올리고 내리는 것을 계기로 테이크 백한다.
- 보기에는 포워드 프레스로 느껴지지 않지만 이미지로 파악한다. 평소 연습 스윙 시 헤드를 타구 방향으로 내민 뒤에 당겨 되돌리는 연습을 한다.
- 헤드를 조금씩 움직이는 왜글을 여러 번 반복한 뒤 백 스윙을 한다.
- 턱을 오른쪽으로 움직인 뒤 테이크 백한다.
- 오른쪽 허리를 아주 조금만 뒤로 비틀어 주듯 하면서 헤드부터 스타트한다.

어떻게 하면 부드러운 스윙을 할 수 있는가가 가장 중요한 포인트의 하나다.

부드러운 백 스윙을 시작하는 방법

어드레스에서 백 스윙으로 옮겨가기 전에 하는 예비 동작을 포워드 프레스라고 합니다.

① 손을 목표 방향으로 조금 내밀어 헤드부터 스타트한다.

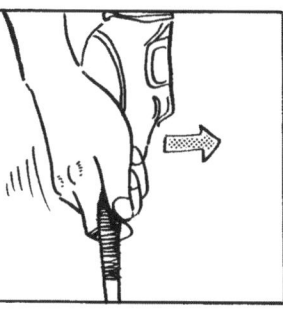

② 손을 조금 내밈과 동시에 오른쪽 무릎도 함께 밀어 준다.

③ 왜글을 여러 번 반복한 뒤 백 스윙한다.

이 밖에도 포워드 프레스하는 방법은 많은데

중요한 것은 부드러운 스윙이 가능하도록 자신에게 맞는 포워드 프레스를 찾는 것입니다.

● ○ 백 스윙 · 어드레스 ○ ●

스윙 축을 안정시키는 심플한 백 스윙

척추를 축으로 회전한다고 하는 것은 '불필요한 움직임을 더하지 않는다'는 의미도 포함하고 있다. 스윙은 필요 없는 움직임을 적게 할수록 굿 샷이 될 확률이 높아진다. 백 스윙은 척추를 중심으로 회전하는 '단순화'가 필요하다. 척추를 중심으로 한 회전에서 가장 주의할 것은, 테이크 백을 할 때 손목의 움직임이다. 테이크 백을 할 때 손목의 각도를 바꾸지 않고 헤드를 낮고 길게 끌면 척추 회전으로 헤드를 올릴 수 있을 것이다.

이때 주의해야 할 점은 어드레스 상태에서 손목을 굽혀 클럽을 불쑥 올리지 말아야 한다는 것이다. 그렇게 하면 어깨를 충분히 회전할 수 없어 슬라이스가 나오기 쉽다. 클럽을 불쑥 올려 버리는 것의 원인은 오른손을 사용하는 데 있다. 이를 방지하기 위해서는 샤프트와 왼팔을 일치시키고 테이크 백 하는 것이 가장 효과적이다. 스윙은 왼쪽 어깨에서 움직이기 시작하는 것인데, 이렇게 하면 필요 없는 움직임이 생기지 않는다. 물론 백 스윙 중에는 손목 코킹이 이루어지겠지만 의식적으로 한다는 생각은 버려야 한다.

의식적으로 코킹을 하면 도가 너무 지나치게 되고, 그 반동으로 임팩트에서 손목이 감기기 때문이다. 샤프트와 왼팔이 하나가 되면 손목 코킹도 자연스러워진다. 머리를 움직이지 말라는 이론이 있지만 머리를 전혀 움직이지 않으면 백 스윙에서 왼쪽 어깨가 회전하지 않게 되고, 무게도 왼쪽 다리에 남는다. 헤드 업은 금물이지만 헤드 턴은 좋은 동작이다.

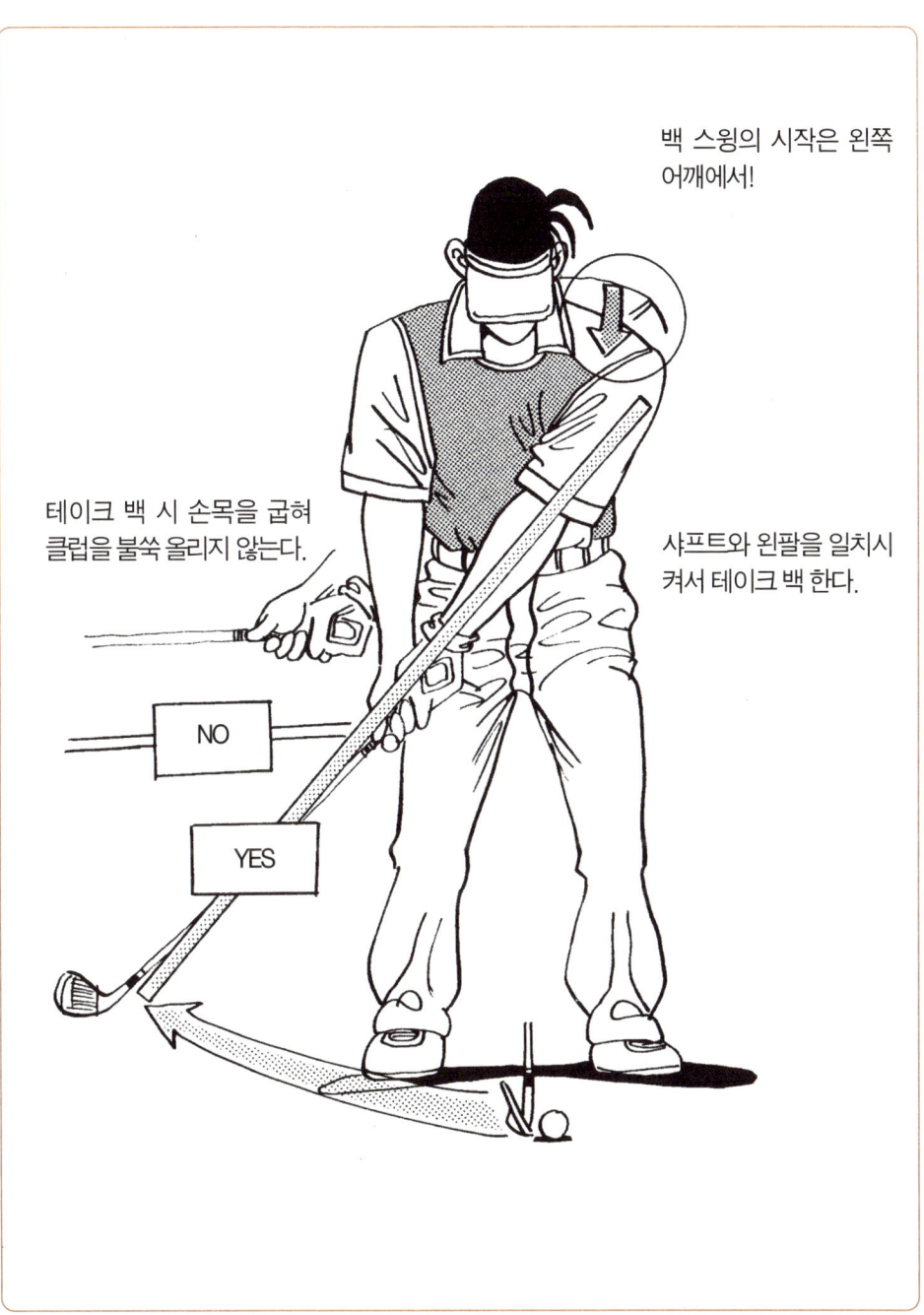

● ○ 백 스윙 · 어드레스 ○ ●

백 스윙의 키 포인트

스윙은 일련의 흐름이므로, 키 포인트가 되는 것은 테이크 백이다. 일반적으로 어깨와 양팔의 삼각형을 무너뜨리지 않는 것과 스타트부터 30~40cm는 똑바로 당기는 것이 중요하다. 그러나 테이크 백에서 가장 중요한 것은 바로 왼손을 올리지 않는 것이다.

어드레스 시 왼손의 레벨을 유지한 테이크 백이 가능한가 그렇지 않은가에 모든 것이 달려 있다고 해도 과언이 아니다. 초보자뿐만 아니라 어느 정도 구력이 있는 골퍼도 테이크 백에서 왼손이 올라가는 경우가 많다. 어드레스 시 왼손의 레벨을 유지하기 위해서는 오른손과 왼손을 바꿔 주는 것이 좋다.

어드레스에서는 왼손보다 오른손 쪽이 낮은 위치에 있다. 왼손의 레벨을 변하지 않게 하여 백 스윙하기 위해서는 테이크 백에서 오른손을 위로 한다. 오른손을 아래로 한 채 옆으로 미끄러지는 듯한 테이크 백을 하면 양손의 교체가 불가능하다. 그렇다면 어떻게 해야 할까.

손과 헤드를 함께 올리므로 몸이 펴진다. 초보자에게서 볼 수 있는 공통적인 현상은 백 스윙에서 몸이 펴져 어드레스할 때보다 머리의 위치가 높아진다는 점이다. 즉 상하 편차의 움직임이 생긴다는 것이다. 왼손의 레벨을 변하지 않게 테이크 백 하면 왼쪽 어깨도 잘 들어오고, 따라서 파워도 커진다.

● ○ 백 스윙 · 어드레스 ○ ●

목적이 분명하면 순서도 올바르다

일반적으로 어디를 가려면 목적지를 정하고 노선을 찾는 것처럼 백 스윙을 마무리할 위치를 모르면 제대로 된 스윙을 할 수가 없다. 우선은 톱 스윙의 바른 위치가 어디인가를 찾을 필요가 있다. 톱 스윙 위치에 대해 절대 불변의 정답이 있는 것은 아니지만 가장 이상적인 답을 찾아보자.

우선 클럽을 잡고 어드레스를 취한 다음 그 상태에서 자세를 무너뜨리지 말고 클럽을 위로 끌어올린다. 그립이 눈 위치까지 왔을 때 손목을 앞으로 꺾어 클럽을 세우고, 그 자세로 상체를 오른쪽으로 90° 회전시켜 본다. 이곳이 바로 톱 스윙의 위치가 된다. 이는 어드레스 자세를 취한 채로 하는 것이므로 상체를 살짝 앞으로 숙인 상태를 유지하고 볼에서 눈을 떼어서는 안 된다. 이 위치를 정확히 근육에 기억시키고 익히자. 손이 마무리된 위치, 클럽이 놓인 위치, 왼팔의 펴진 정도, 왼손등의 방향, 오른쪽 팔꿈치의 자세 등을 몇 번이고 반복해서 연습해 그대로 익힌다. 백 스윙을 시작했으면 바로 이 위치에 정확히 가도록 몸을 움직이면 되는 것이다. 이렇게 함으로써 백 스윙 때 클럽을 움직이는 방법을 정확히 터득할 수 있다.

백 스윙을 어떻게 할지 잘 모른다고 해서 백 스윙의 메커니즘에 얽매여 클럽을 끌어올리는 방법을 고민하기보다는 목적지를 먼저 정하는 노력이 필요하다.

목적이 분명하면 순서도 올바르다

톱 스윙의 위치를 찾아보자!

먼저 클럽을 잡고 어드레스를 취한다.

그 자세에서 클럽을 눈 위치까지 올린 뒤

클럽을 세워 상체를 오른쪽으로 90° 회전시킨다.

바로 그곳이 톱 스윙의 위치다.

단, 어드레스 자세이므로 상체를 숙인 상태에서 반드시 볼을 봐야 한다.

● ○ 백 스윙 · 어드레스 ○ ●

올바른 톱 스윙이란

스윙은 백 스윙으로 시작해 톱에서 순간적으로 정지한 뒤 다운 스윙으로 이어진다. 프로들은 톱 스윙에 따라 좋은 스윙이 결정된다고 말한다.

몸의 왼쪽 사이드로 리드하기 위해서는 어떤 느낌으로 행해야 하는가보다는 그 전 단계인 백 스윙의 톱이 중요하다. 즉 톱 오프 스윙을 올바르게 하는 것이 바람직한 포워드 스윙의 움직임을 낳는다.

아마 골퍼들 중에는 가끔씩 톱이 잘 잡히지 않는다는 느낌이 들 때 샷이 뜻대로 되지 않거나 하찮은 실수를 연발하는 경우가 있다. 이것은 스윙이 빠르게 진행될 때 나타나며, 그 원인은 톱에서의 탄력이 충분히 붙지 않기 때문이다.

정상급 프로들의 공통점은 상반신이 허리부터 비구선 조금 오른쪽으로 기울어져 있고, 어깨를 돌림으로써 몸을 오른쪽으로 비트는 움직임에 대해 오른쪽 다리가 그것을 떠받치고 있다는 것이다. 그리고 얼굴은 어드레스에서 겨누기 자세를 했을 때보다 약간 비구선의 후방으로 이동하고 있다. 코스나 연습장에서 자신이 항상 취하는 자세와 프로들의 자세를 비교하고 분석해 보는 것도 효율적인 레슨이 된다.

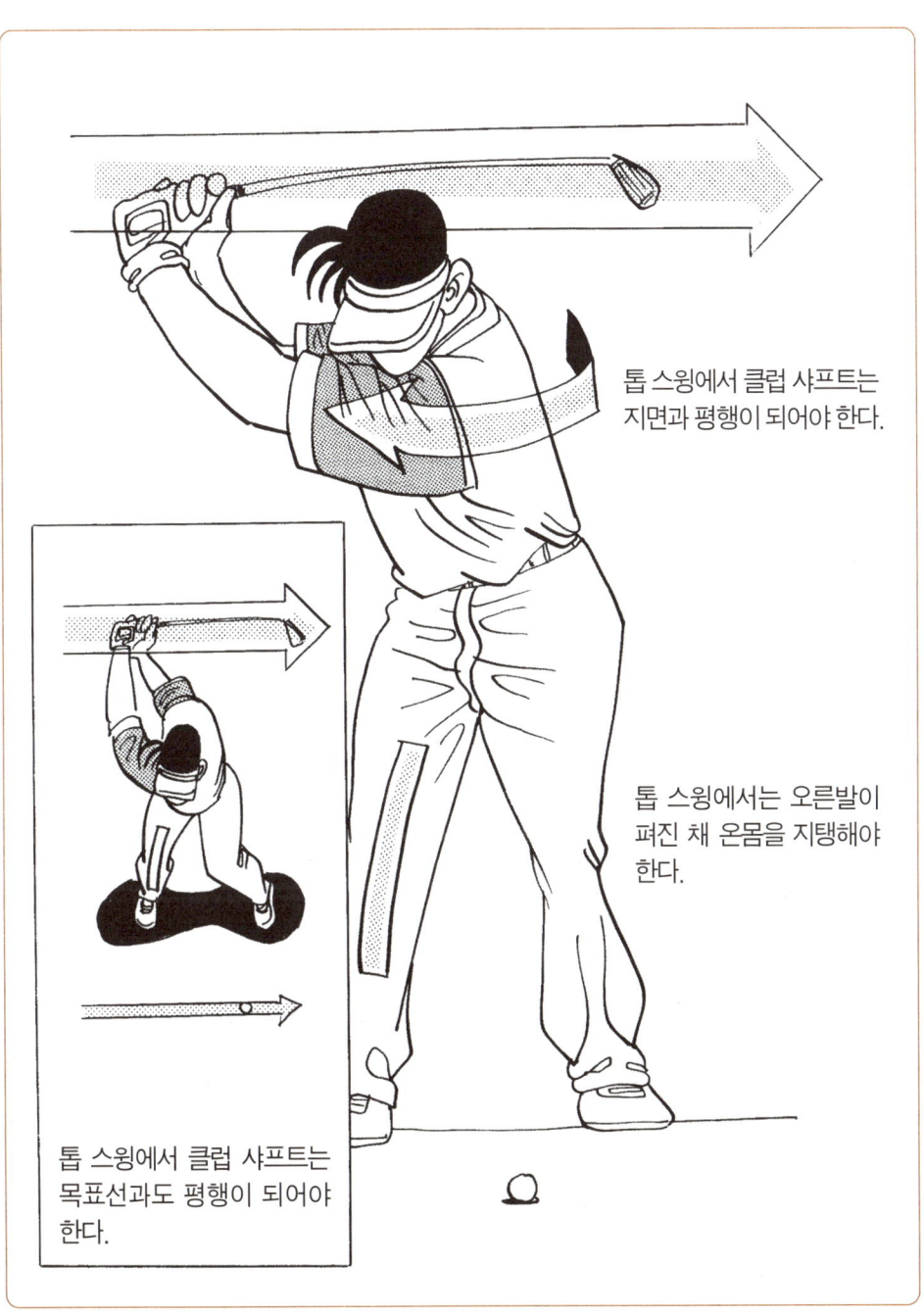

● ○ 백 스윙 · 어드레스 ○ ●

물음표 모양으로 엄지와 검지를 쥔다

　백 스윙을 할 때 오른손 그립은 검지손가락으로 그립 부분을 끼우듯이 하여 겹친 형태를 취해야 한다. 즉 오른손 엄지와 검지가 물음표(?) 모양을 이루도록 하는 것이다.

　톱 스윙에서도 마찬가지다. 엄지와 검지가 만드는 물음표 모양은 톱 스윙 때 클럽을 아래에서 받치는 느낌을 확실하게 전해 주며, 이것은 매우 큰 역할을 한다. 물론 이는 어디까지나 지탱하는 역할일 뿐 쥐는 것은 아니다. 엄지와 검지로 그립 부분을 쥐면 오른팔 근육의 바깥쪽에 힘이 들어가게 된다. 이것은 피해야 하므로 쥐는 것이 아닌 받치는 것에 그쳐야 한다. 또 실제로도 오른쪽의 두 손가락은 세게 쥐지 않아도 충분히 클럽을 받칠 수 있다. 이를 위해서는 왼손 새끼손가락, 약지, 중지의 세 손가락으로 단단히 그립을 조일 필요가 있다.

　클럽을 오른손의 두 손가락으로 받치는 감각을 갖게 되면 톱 스윙이 정확하게 이루어진다. 왼손목이 잘못 꺾이는 것을 막을 수 있기 때문이다. 손목은 어디까지나 엄지 쪽으로 꺾이는 것이며, 이것이 바로 코킹이다. 손등이나 손바닥 쪽으로 꺾이는 것은 코킹이 아니다. 오른손의 두 손가락으로 지탱하는 것이 이처럼 손목의 잘못된 움직임을 방지하고, 엄지 쪽으로 바르게 꺾이도록 만들어 준다. 이렇게 되면 코킹에는 한계가 있으므로 오버 스윙의 교정에도 도움이 된다.

물음표 모양으로 엄지와 검지를 쥔다

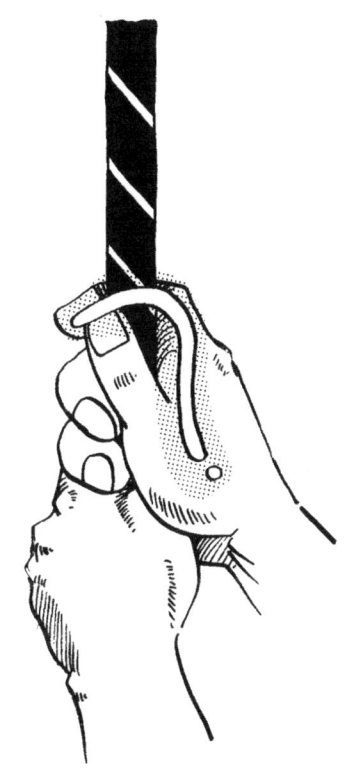

오른손 엄지와 검지가 물음표(?) 모양을 이루도록 한다. 단, 클럽을 지탱할 정도로 잡아야지 힘을 주어 쥐는 것은 금물이다.

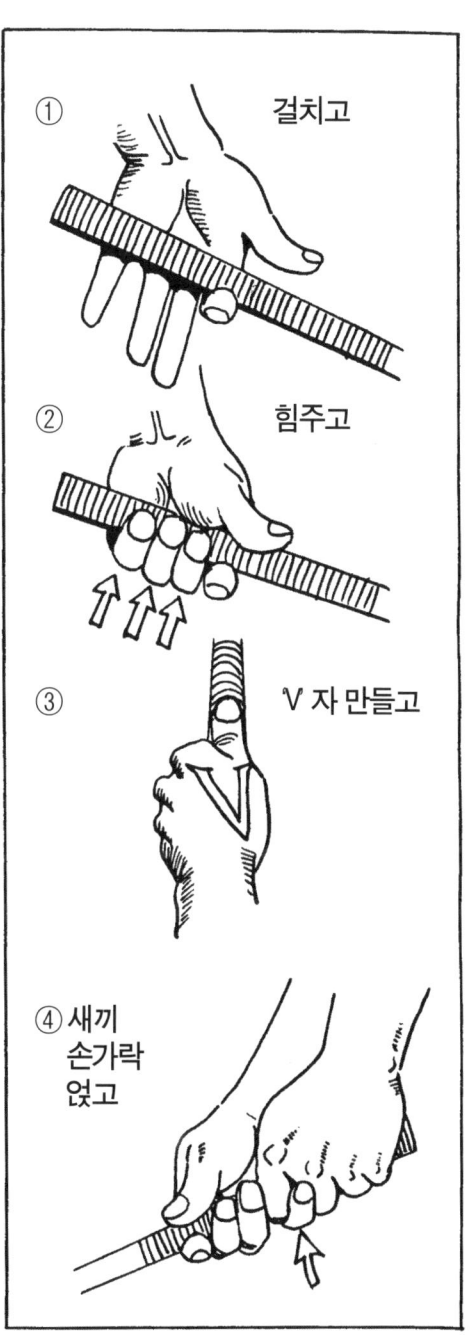

① 걸치고
② 힘주고
③ V자 만들고
④ 새끼손가락 얹고

○ ○ 백 스윙 · 어드레스 ○ ○

부드러운 스윙을 위한 어드레스

어드레스는 가능한 한 '자연스러워야' 한다. 자연스럽다는 것은 몸의 어디에도 쓸데없는 힘이 들어가지 않아 몸을 부드럽게 움직일 수 있는 자세를 말한다.

5번 아이언으로 어드레스하는 경우 스탠스는 자신의 어깨 폭 또는 그보다 약간 좁게 하고, 체중은 좌우에 균등하게 싣는다. 그리고 양쪽 팔꿈치를 가볍게 굽히는 것으로 상체를 릴랙스하게 한다. 하체는 무엇보다 안정감이 제일이다. 양쪽 무릎은 알맞게 굽히고, 양쪽 대퇴부의 안쪽에 당겨짐을 느끼도록 해야 한다.

볼의 위치는 왼발 뒤꿈치 안쪽의 연장선보다 오른쪽, 미들 아이언이라면 스탠스의 가운데 부근이 이상적이다.

양손은 왼손등과 오른손의 손바닥이 목표 방향을 향하는 스퀘어 그립으로 잡는 것이 기본이나 아마추어 골퍼들은 약간 스트롱 그립이 유리하다. 그렇게 하는 것이 왼손 그립에 안정감을 줘 샤프하게 휘두를 수 있게 해 주기 때문이다. 부드러운 스윙과 정확한 샷을 얻기 위해서는 '팔이 편안하게 휘둘러지는 어드레스'를 명심해야 할 것이다. 여기서는 몸과 볼의 간격을 적당하게 유지하여 스윙을 시도하는 것이 중요한 포인트다.

어드레스 시 그립 엔드와 배꼽 사이에 주먹이 한 개 반이나 두 개 정도 들어갈 만큼의 간격을 유지하도록 한다. 이것이 볼과 몸의 균형 잡힌 간격이다.

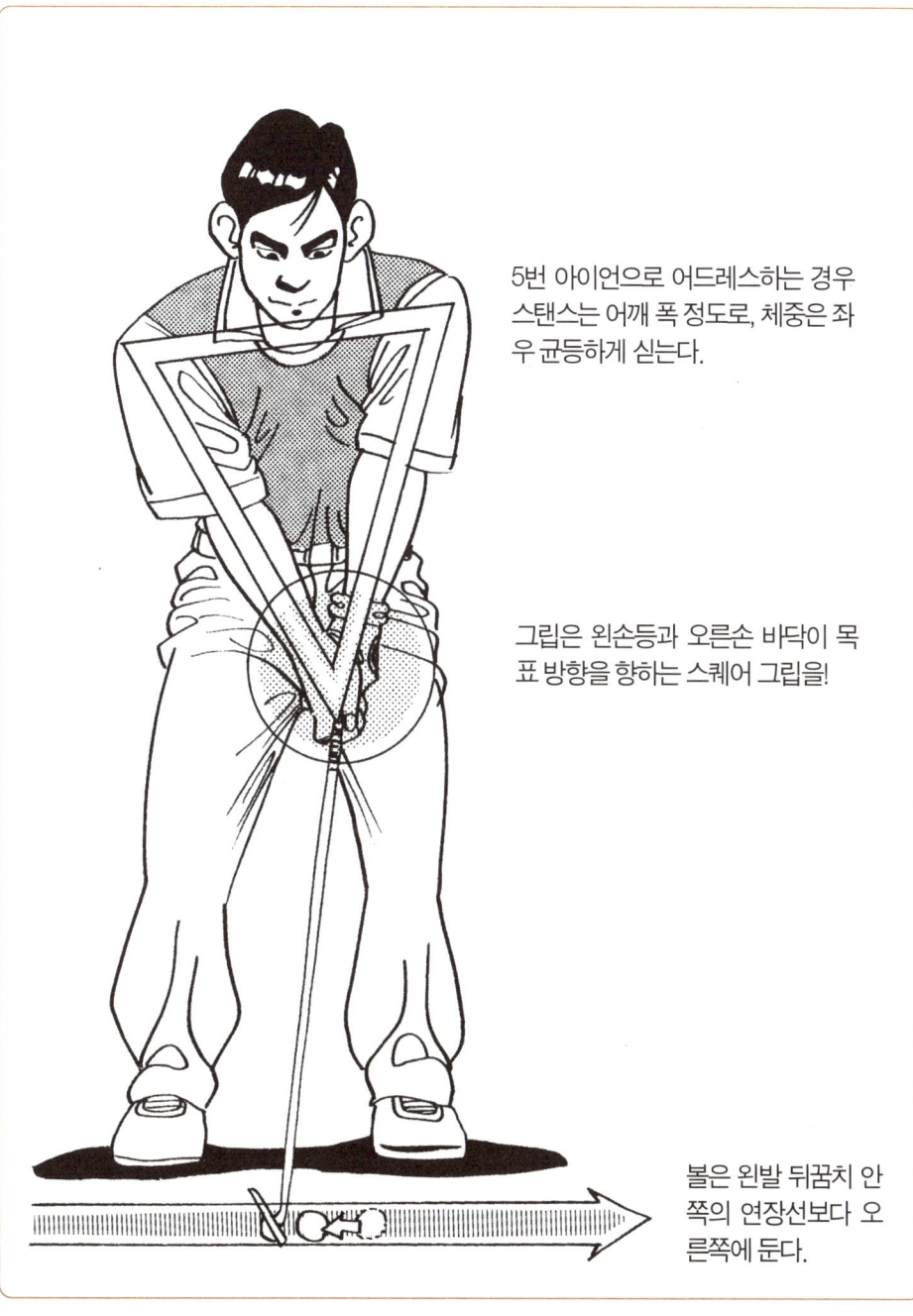

5번 아이언으로 어드레스하는 경우 스탠스는 어깨 폭 정도로, 체중은 좌우 균등하게 싣는다.

그립은 왼손등과 오른손 바닥이 목표 방향을 향하는 스퀘어 그립을!

볼은 왼발 뒤꿈치 안쪽의 연장선보다 오른쪽에 둔다.

● ○ 백 스윙 · 어드레스 ○ ●

정확한 어드레스

어드레스 역시 볼을 정확히 날리기 위한 것이다. 목표에 대해 잘 세팅되면 계산한 대로 볼을 날릴 수 있지만 반대로 어드레스가 틀리면 잘못된 샷이 나올 수밖에 없다. 어느 부분에도 부담이 없고 겉으로 보기에도 거북함이 없는 어드레스 자세를 취하는 방법은 다음과 같다.

먼저 두 발을 벌리고 똑바로 선 자세에서 두 무릎을 약간 구부린다. 무릎뼈가 약간 앞으로 나온 모양이다. 그런 다음 허리의 벨트 부분(등 뒤에서 엉덩이가 시작되는 부분)을 위로 젖힌다. 손은 원숭이처럼 똑바로 늘어뜨린다. 이 자세는 드라이버에서 숏 아이언까지 똑같다. 사용하는 클럽이 짧으면 짧은 만큼 볼과 몸의 간격을 좁히면 된다. 앞으로 크게 숙일 필요가 없다. 머리카락을 똑바로 위에서 잡아당기듯 하는 모양을 그려보면 된다. 이렇게 하면 고개를 크게 숙이지 않게 되고, 양쪽 무릎도 지나치게 굽혀지지 않아 체중 배분도 쉬워진다.

정확한 어드레스

먼저 두 발을 벌리고 무릎을 약간 구부린다.

허리의 벨트 부분을 위로 젖혀 체중을 좌우 균등 분배한다.

그 자세에서 클럽의 길이에 맞춰 볼과 몸과의 간격을 맞춘다.

손을 원숭이처럼 똑바로 늘어 뜨린다.

● ○ 백 스윙 · 어드레스 ○ ●

어드레스에서의 리듬

스윙에서 리듬이 중요하듯 티잉 그라운드에 오른 뒤에도 리듬이 필요하다. 자기 나름대로 순서를 정해 그 리듬 속에서 어드레스에 들어가면 스윙에서도 리듬이 생긴다. 티 업에서 어드레스할 때까지의 순서를 생각해 본다.

먼저 티잉 그라운드에 오른 다음 자신이 어느 방향을 공략할 것인지를 결정한다. 그 다음 티 업을 하고 볼 뒤에 서서 공략할 지점을 주시한다. 그 사이에 머릿속으로 자기가 쳐 날릴 볼의 날아가는 방향을 상상해 본다. 어떤 탄도로 볼이 날아가고, 목표로 가서 떨어지는 모습을 그려 보는 것이다. 그리고 그 방향 위로 티 업한 지점에서 가까운 곳(약 30cm)에 표시(Spot)를 찾아 정한다. 그 표시에 평행이 되게 스퀘어 스탠스로 선다.

이상이 티잉 그라운드에 올라서 어드레스할 때까지의 이상적인 순서다. 의식하지 않더라도 티잉 그라운드에 오르면 저절로 목표를 정하고, 가상의 라인을 머릿속에 그리고, 또 목표에 대해 평행이 되게 어드레스하면 나무랄 데 없는 준비가 된다. 티잉 그라운드에 올랐을 때 의식적으로 이 순서를 따라해서 그것을 습관화하는 것이 좋다. 자신의 어드레스가 제대로 되었는지 그렇지 않은지를 본인이 판단하기는 굉장히 어렵다. 이럴 때는 누군가에게 자기 뒤에서 살피도록 하여 볼이 나가는 방향으로 자세가 바르게 셋업 되었는지 안 되었는지 조언을 듣는 것도 좋은 방법이다.

어드레스에서의 리듬

티잉 그라운드에서 자신이 공략할 방향을 정한다.

티 업을 하고 볼 뒤에 서서 공략할 지점을 주시한다.

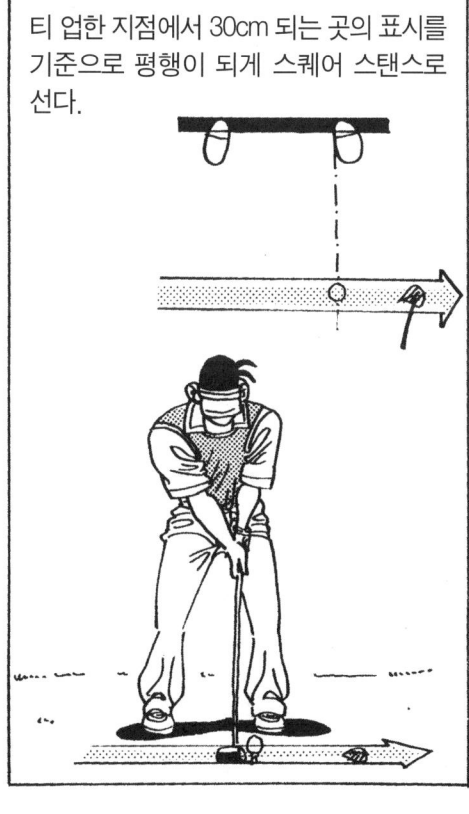

티 업한 지점에서 30cm 되는 곳의 표시를 기준으로 평행이 되게 스퀘어 스탠스로 선다.

● ○ 백 스윙 · 어드레스 ○ ●

눈을 가리고 볼을 쳐 본다

일반적이지는 않지만 큰 효과를 얻을 수 있는 연습법으로 눈을 가리고 볼을 치는 방법이 있다. 처음에는 어렵게 들리겠지만 막상 해 보면 금세 익숙해지고 잘할 수 있게 된다.

스윙의 기본은 골프채를 휘둘러 빼는 것이다. 볼을 친다거나 볼을 치는 순간(임팩트)만을 의식하는 것이 아니라 스윙 궤도 위에 볼을 치는 순간이 있다는 인식이 중요하다. 이 점을 이해한다면 눈을 가리고 스윙하더라도 볼을 정확하게 맞힐 수 있다. 이 연습의 효용은 집중력 강화에 있다. 주변의 모습 등 쓸데없는 데 신경을 쓰지 않게 되므로 머릿속으로 자신의 스윙을 뚜렷하게 그릴 수 있는 것이다. 톱 스윙의 위치가 어딘지, 왼쪽 어깨를 틀어 돌린 상태가 어느 정도인지 등을 정확하게 알 수 있다. 볼을 치는 것이 불가능하다면 연습 동작을 해 보는 것만으로도 충분하다.

눈을 가린 상태에서 골프채를 여러 번 휘둘러 본다. 그런 다음 눈을 뜨고 똑같은 동작을 반복하는 연습을 하면 분명히 좋은 효과를 얻을 수 있을 것이다.

스윙 템포가 빨라진 것 같다고 느껴진다면 실제로 상당히 빠르게 치고 있는 경우가 대부분이다. 평소에 연습할 때 리듬을 흥얼거리며 공을 치는 습관을 길러 두는 것이 좋다. 눈을 가리고 볼을 쳐 보면 어떤 상황에서 템포가 빨라지는가를 쉽게 알 수 있고, 자신의 장단점을 스스로 발견할 수 있다.

눈을 가리고 볼을 쳐 본다

스윙의 템포가 빨랐다 느렸다 하는데 고칠 수 있는 연습 방법이 있습니까?

눈을 가리고 스윙을 해 보는 겁니다.

임팩트도 스윙 궤도의 한 부분임을 인식하는 게 중요하다.

눈을 가리고 스윙을 하면 자신의 스윙 템포를 알 수 있다.

눈을 가리면 스윙이 연속 동작임을 알게 되죠!

● ○ 백 스윙 · 어드레스 ○ ●

어드레스가 스윙의 80%를 결정한다

골프는 어드레스에서 스윙의 80%가 결정된다. 지면과 접촉하고 있는 발바닥은 스윙의 밸런스를 이루는 굉장히 중요한 역할을 하고 있다. 어드레스했을 때 체중이 발뒤꿈치에 실리는가, 발끝에 실리는가를 두고 활발한 논의가 있었는데, 이는 역시 발바닥이 키 포인트가 된다는 것을 의미한다.

이렇게 체중의 지탱 방법이 스윙에 주는 영향에 관해 다양한 논의가 진행되고 있는 것은 어드레스가 스윙의 정조준과 오조준을 결정한다고 해도 과언이 아니기 때문이다. 단, 이때 어드레스 자세와 발바닥의 어디에 체중을 실을 것인가를 별개로 생각해서는 안 된다.

어드레스했을 때 양쪽 무릎을 펴서는 안 된다는 것은 누구나 인정하는 바다. 골프를 하는 사람이라면 서팅 다운이라는 표현을 한 번 정도는 들어 봤을 것이다. 어딘가에 허리를 걸친 듯한 상태의 하반신, 즉 중요(中腰)라는 것이고, 올바른 어드레스를 하기 위해서는 양쪽 무릎을 적당히 구부려 이완시켜 줌과 동시에 탄력이 있는 하반신으로 하는 것이 중요하다. 또 어드레스라는 것은 그 자체만으로 보면 정지 상태지만 사실은 육상 선수가 스타트하기 직전처럼 고요한 가운데 움직이는 자세라고 할 수 있다. 즉 백 스윙이라는 다음 동작으로 옮겨 가기 위한 전 단계가 바로 어드레스인 것이다.

골프는 어드레스에서 스윙의 80%가 결정된다.

어드레스 시 양무릎을 적당히 구부려 릴랙스시킴과 동시에 하반신을 탄력 있게 한다.

● ○ 백 스윙 · 어드레스 ○ ●

골프는 인내의 운동

멘탈 게임인 골프를 하다 보면 여러 가지 심리적인 문제에 직면하게 된다. 그 심리 상태를 어떻게 다스리느냐에 따라 스코어가 좌우된다고 해도 과언이 아니다. 장갑을 벗을 때까지 승부는 아무도 모르는 법이다.

스코어에 신경 쓰다 크게 무너지는 경우를 종종 볼 수 있는데, 그 이유는 바로 두 가지다. 하나는 좋은 스코어를 내기 위해 강력하게 공략하려 하기 때문이고, 또 하나는 지금의 스코어를 지키려고 소극적인 골프를 하기 때문이다. 그러나 이 두 가지 모두 실패의 원인이다.

갑자기 골프의 흐름을 바꾸면 플레이에 도움될 것이 없다. 지금까지 적극적이었던 사람은 적극적인 골프를, 소극적이었던 사람은 소극적인 플레이를 진행하고 있을 것이다. 그렇다. 지금까지의 흐름이 좋다. 즉 지금까지의 골프가 자기 리듬이므로 무리해서 페이스를 무너뜨리지 말라는 말이다.

9번 홀에 이르면 상당히 지치게 된다. 그렇기 때문에 큰 스윙을 시도하면 골프채의 무게에 눌려서 미스 샷을 범하기 쉽다. 골프채를 1인치 정도 짧게 잡고 볼에 약간 가까이 다가서서 치면 몸의 회전이 부드러워져 깨끗한 스윙을 할 수 있다. 이렇게 작은 변화만으로도 안전하면서도 적극적인 공략이 가능해진다.

골프란 평균적으로 전부 다 잘되거나 전부 다 잘못되지 않는다. 인내의 싸움에서 더 잘 인내하는 쪽이 마지막에 이기는 운동이 골프다.

플레이 도중 스코어 때문에 골프의 흐름을 바꾸는 것은 플레이에 도움이 되지 않는다.

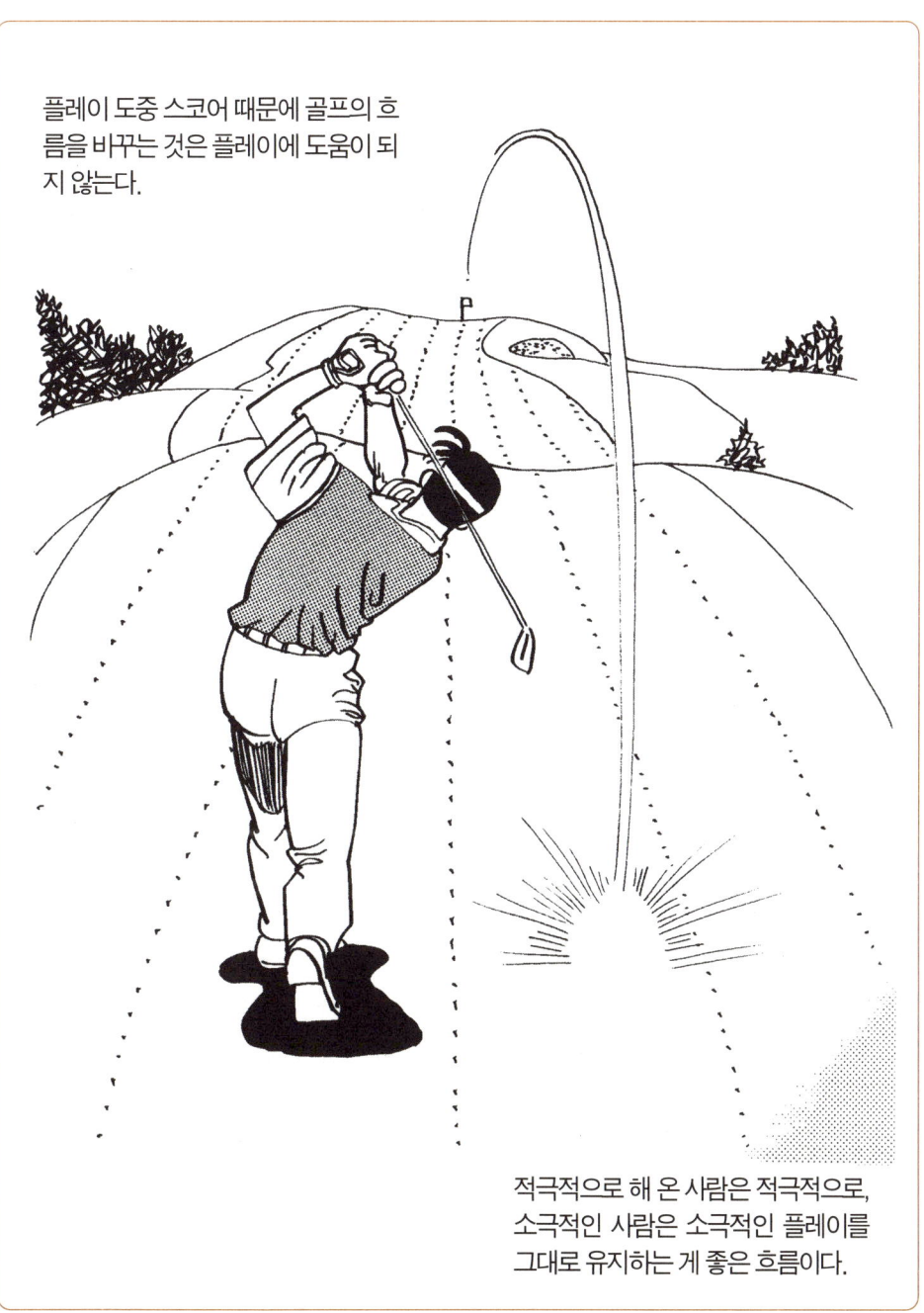

적극적으로 해 온 사람은 적극적으로, 소극적인 사람은 소극적인 플레이를 그대로 유지하는 게 좋은 흐름이다.

● ○ 백 스윙 · 어드레스 ○ ●

연습장 매트 사용법

연습에도 요령이 있다. 무턱대고 연습을 많이 했다고 해서 반드시 그 성과가 나타나는 것은 아니다. 목표를 갖고 도전할 때 연습 효과가 있다.

볼을 매트의 어디에 놓고 때리느냐에 따라 구질이 달라진다. 볼을 매트의 바로 앞, 즉 몸 쪽에 놓으면 매트의 가장자리를 따라 스윙하게 돼 슬라이스의 원인이 된다. 매트 가장자리 선의 영향을 받기 쉽다는 것이다. 선에 따라 헤드를 똑바로 끌어간다고 해도 약간 바깥쪽으로 끌어가서 아웃사이드 인의 궤도가 되어 버리는 것이다.

훅성 구질인 사람은 매트 바로 앞에 볼을 놓아도 좋지만 슬라이스가 나는 사람은 매트 중앙이나 뒤쪽에 볼을 놓는다. 그리고 가능하면 매트의 가로와 세로 선에 의지하지 말고 자신의 이미지로 스윙할 수 있도록 연습해야 한다.

또 하나는 볼을 매트의 뒤, 즉 오른쪽 끝에 놓아서 퍼내는 타법을 방지하는 방법이다. 볼을 매트의 중앙에만 놓지 말고 앞뒤로 이동시키면서 연습한다.

가장 앞에 놓으면 다운 블로를 확인할 수 있다. 연습장의 매트와 필드에서의 지면은 다소 차이가 나지만 다운 블로로 때리면 인조 잔디로 된 매트의 앞부분이 닿는다. 스윙 아크의 최저점이 볼의 앞이 되고 더프가 나는 스윙을 했는지 아닌지 알 수 있다.

연습장 매트 사용법

볼을 몸 쪽에 놓으면 슬라이스 구질이 된다.

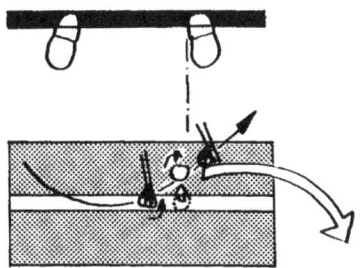

아웃사이드 → 인의 스윙 궤도가 된다.

볼을 매트의 중앙에만 두지 말고

이동시켜 스윙하면 구질에 따른 스윙의 장단점을 알 수 있다.

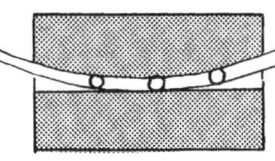

볼을 매트의 오른쪽 끝에 두면 퍼올리는 타법을 막을 수 있다.

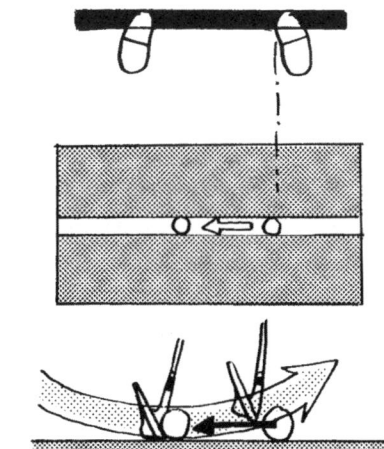

● ○ 백 스윙 · 어드레스 ○ ●

연습장에서 하는 토핑 · 더핑 교정

볼의 윗부분을 때리는 토핑과 뒤땅을 치는 더핑은 웬만한 실력자라면 좀처럼 내지 않는 미스 샷이다. 그러나 겨울철이 되어 날이 추워져 몸이 굳어지면 자신도 모르게 이런 실수를 범하게 된다.

토핑은 다운 스윙 때 몸이 너무 빨리 움직여서 발생하고, 더핑은 너무 늦게 움직여서 발생하는 경우가 많다. 토핑을 피하기 위해서는 헤드가 왼쪽 어깨 뒤로 돌아 올라간다는 느낌을 가질 때까지 오른쪽 발꿈치를 고정시키는 연습을 하는 것이 좋다. 더핑의 경우는 다운 스윙 전에 왼발을 꽉 눌러 주고, 오른쪽 발꿈치를 과감하게 떼어 주는 연습을 해 본다. 처음 연습장에 나갔을 때처럼 고무 티에 볼을 올려놓고 연습하는 것도 효과적이다.

집에서 쉽게 할 수 있는 방법도 있다. 이마를 벽에 대고 어드레스를 취한다. 허리가 많이 불편하면 달력 만 것 등 버팀목이 될 만한 것을 이마와 벽 사이에 넣고 어드레스를 취한다. 그 다음 양팔을 휘둘러 스윙 연습을 하면서 무릎의 높이를 살핀다. 백 스윙 때 무릎이 올라가면, 즉 머리가 높이 올라간다 싶으면 토핑이고, 주저앉는다 싶으면 더핑일 확률이 높다.

이 연습은 헤드 업 방지에도 도움이 된다. 더핑을 방지하려면 힘을 빼야 한다. 일단 다운 스윙을 시작했다면 힘을 임팩트 직후에 집중시켜야 한다.

연습장에서 하는 토핑·더핑 교정

이마와 벽 사이에 버팀목을 넣고 어드레스를 취한다.

달력 만 것 등을 이용

그 상황에서 백 스윙을 했을 때 머리가 올라가면 토핑이고

토핑

반대로 내려간다 싶으면 더핑이다.

더핑

○ 백 스윙 · 어드레스 ○

2층 타석에서 9번 아이언으로 시작

비기너들의 공통점은 볼을 때리기보다 퍼낸다는 것이다. 잘못 맞아 볼이 떼굴떼굴 굴러 버리는 일명 '쪼로'가 몇 번 나고 나면 우선 띄우기 위해 올려치는 나쁜 버릇이 붙게 된다.

이럴 경우 2층 타석이 있는 연습장을 이용할 것을 권한다. 2층 타석에서 연습하면 적어도 볼을 퍼올리는 듯한 샷은 막을 수 있다. 또 2층에는 일반적으로 손님이 적기 때문에 주변의 시선을 의식하지 않아도 된다.

클럽은 9번 아이언, 스윙은 3/4 스윙으로 시작한다. 피칭이나 어프로치 웨지보다는 로프트나 길이에 있어 9번 아이언으로 시작하는 것이 미스가 적다. 로프트가 큰 클럽은 섬세한 터치를 요한다. 구력이 있는 골퍼는 웨지부터 해도 좋지만 비기너는 쉬운 클럽부터 연습하는 것이 효과적이다.

3/4 스윙을 권하는 이유는 백 스윙에서 손이 어깨 높이 정도에 오게 되어 가장 자연스럽게 휘둘러 갈 수 있기 때문이다. 풀 스윙이나, 반대로 작은 스윙 모두 어려운 것이다. 처음부터 더프나 토핑을 피하는 의미에서라도 9번 아이언의 3/4 스윙부터 시작하는 것이 좋다.

골프 스윙의 핵심 동작은 임팩트다. 이 동작을 정교하게 익힐 수 있는 위치는 양쪽 허리 높이로, 이 높이에서의 팔 동작이 가장 중요한 포인트다.

2층 타석에서 9번 아이언으로 시작

비기너들은 공을 때리지 못하고 퍼올리는 실수를 연발한다.

비기너들은 사람들이 적은 2층 타석에서 9번 아이언부터 시작하면 심리적으로 안정된다.

스윙 역시 처음부터 풀 스윙을 하는 게 아니라 3/4스윙부터 시작한다.

● ○ 백 스윙 · 어드레스 ○ ●

중요한 샤프트의 위치

톱에서 샤프트의 상태가 어떻게 되어 있는가를 점검하는 것은 매우 중요하다. 특히 파워가 부족한 여성 골퍼가 비거리를 내려고 하다 보면 오버 스윙이 되기 쉬운데, 샤프트가 지면과 평행한 위치에서 더 내려가 버리는 것이다. 이런 사람은 즉시 교정할 필요가 있다.

톱 스윙은 작게 하고 팔로 스루와 피니시는 크게 하는 것이 이상적인 스윙이라고 한다. 샤프트의 위치가 너무 내려와 있다면 반드시 폼을 바꿔야 한다.

톱에서는 대개 지면과 평행을 이루는 것이 보통이나 이것 역시 오버 스윙이 되지 않는 한도 내에서 통용되는 것임을 알아둬야 한다.

그 위치에서 왼팔꿈치로 리드하면서 다운 스윙으로 들어온다. 이때 포인트가 되는 것은 오른손목의 상태를 유지한 채 과감하게 아래쪽으로 클럽을 당겨 주는 것이다. 이러한 연습으로 임팩트까지 오른손목의 코킹 각도를 유지하는 것이 헤드 스피드를 최대화하고, 방향성을 유지하는 데 결정적인 역할을 한다.

톱 스윙의 정점에서 왼손 엄지손가락이 지향하는 방향으로 팔로 스루가 연결된다. 이 방향에 따라 아웃사이드 인 또는 인사이드 아웃의 궤도가 되어 구질에 직접적인 영향을 미친다. 톱 스윙의 정점은 바로 사격에서 목표를 겨냥하는 총신과 방아쇠 역할을 한다.

중요한 샤프트의 위치

톱에서의 샤프트는 지면과 평행이 되어야 한다.

샤프트가 지면을 향하는 오버 스윙은 훅이나 슬라이스를 유발한다.

또한 샤프트는 위에서 봤을 때 목표선과 평행을 이루어야 한다.

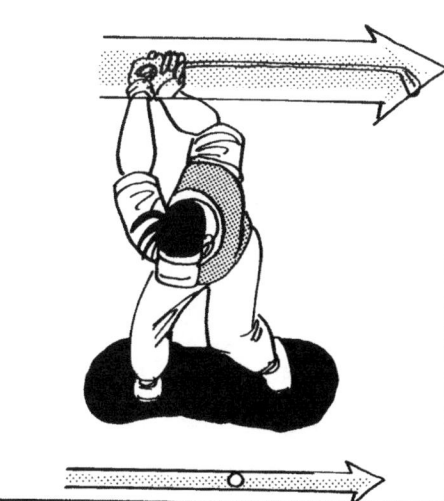

● ○ 백 스윙 · 어드레스 ○ ●

자신에게 맞는 티 업의 높이를 찾는다

티의 높이를 바꿔서 쳐 봄으로써 자신에게 맞는 티 업의 높이를 찾아 보자. 우드 샷에서는 티 업의 높이에도 주의해야 한다. 일반적으로 헤드 위에 볼이 절반 가량 나오게 하는 티 업이 높이가 가장 적절하다고 한다. 하지만 스윙에는 개인차가 있으므로 일반적인 높이가 적당한 사람과 그렇지 않은 사람이 있을 수 있다. 티 업의 높이에 의해 스윙의 이미지도 달라지기 때문이다. 3종류의 높이로 티 업한 다음 테스트해 보도록 한다.

요즘에는 우드의 재질과 형태, 페이스의 두께 등에 차이가 많아서 때려 보지 않고는 모든 것을 알 수 없다. 따라서 클럽과 때리는 방법에 어울리는 티 업의 높이를 직접 경험해 보고 정하는 것이 좋다. 또 연습장에서 미스 샷이 계속되면 클럽을 교체하는 사람이 있는데, 클럽 교체가 기분을 바꿔 줄 수는 있지만 좋은 결과까지 기대할 수는 없다. 잘되지 않는 클럽을 그대로 백에 넣어 버리면 그 클럽은 영원히 어려운 클럽이 되고 마는 것이다. 클럽을 교체하기에 앞서 지금 연습하고 있는 클럽을 잘 다루도록 해야 한다. 스탠스의 폭, 볼의 위치, 시선, 앞 기울기 각도, 볼과의 간격은 물론 스윙 궤도에 이르기까지 꼼꼼히 점검하여 하나의 클럽을 마스터하는 것이다. 또, 클럽을 치고 나서 휴식을 취하는 사람도 있는데, 이것 역시 좋은 방법이 아니다. 좋은 이미지와 감촉을 확인한 다음에는 휴식을 취하기보다 클럽을 바꿔 계속 때려 보면 능숙치 않던 클럽도 자연스럽게 몸에 익숙해진다.

자신에게 맞는 티 업의 높이를 찾는다

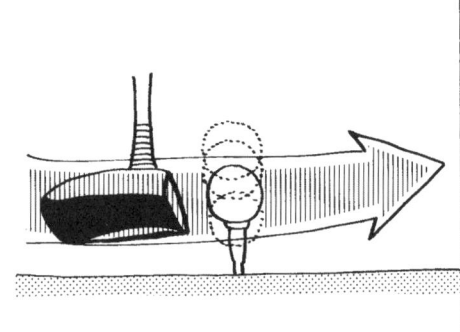

우드의 경우, 티 업 높이를 바꿔서 쳐 보면서 자신에게 맞는 티 업의 높이를 찾는게 좋다.

연습장에서 미스 샷이 계속될 때는 클럽을 교체하기보다는

한 가지 클럽을 치고 난 뒤에는 휴식을 하기보다는 좋은 이미지와 감촉을 유지하면서 다른 클럽으로 계속 때리는 것이 좋습니다.

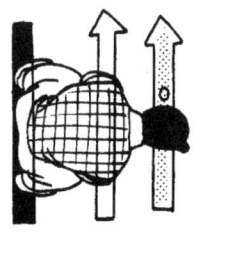

그립, 스탠스의 폭, 볼의 위치, 시선, 앞 기울기 각도, 볼과의 간격 등을 점검하면서 클럽을 마스터해야 한다.

● ○ 백 스윙 · 어드레스 ○ ●

셋업에서 '릴랙스한 상태'의 의미

셋업이란 그립, 목표 겨냥을 포함해서 스윙 전(前) 단계의 모든 동작을 종합적으로 정하는 것이다. 몸의 근육이 스윙을 부드럽게 시작할 수 있도록 하는 준비와 근육을 릴랙스한 상태로 만들어 두는 것도 셋업의 하나로, 이는 매우 중요한 일이다.

그립의 기본은 클럽을 단단히 쥐는 것인데, 자칫하면 너무 꽉 쥐게 되고 만다. 팔을 곧장 펴려고 하는 것 자체가 나쁜 것은 아니지만 지나치게 의식하면 팔꿈치가 팽팽하게 뻗치게 된다. 무릎은 단단하게 하반신을 떠받치지 않으면 안 되지만 이 역시 너무 신경 쓰면 경직되기 쉽다.

결국 '릴랙스' 하라는 것인데, 이 말은 사실 약간 애매하다. 야구에서 타자가 날아오는 볼을 기다릴 때의 자세와 육상에서 100m 출발선에 선 주자들이 총소리를 기다리는 자세를 생각해 보자. 이 두 상황의 공통점은 경직되지 않으면서도 언제라도 움직일 수 있도록 근육이 준비하고 있다는 점이다. 골프도 마찬가지다. 셋업에서 움직일 수 있도록 준비된 상태, 이것이 바로 '릴랙스한 상태'다.

'릴랙스한 상태'의 의미

부드럽게 스윙할 수 있도록 근육을 릴랙스시키는 것도 셋업의 한 단계입니다.

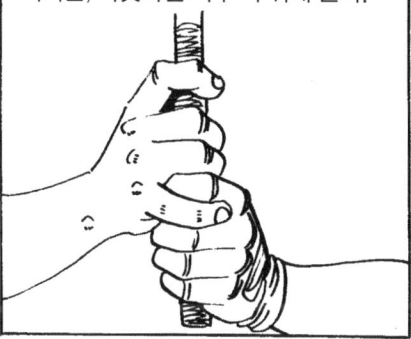

그립의 기본은 클럽을 단단히 쥐는 것이지만, 자칫하면 너무 꽉 쥐게 된다.

팔을 곧장 펴려고 의식하면 팔꿈치가 팽팽해져 경직된다.

셋업 시 부드럽게 움직일 수 있게 준비된 상태가 바로 '릴랙스한 상태'다.

○ ○ 백 스윙 · 어드레스 ○ ○

골프에서 왕따가 되는 경우

골프를 하다 보면 나 혼자 외톨이가 되는 날이 있다. 미스 샷만 연발하게 되고, 도무지 즐겁지가 않다. 게다가 아무리 기를 써도 흐름은 내 쪽으로 기울지 않는다. 모든 운은 동반 플레이어에게만 간다. 그러면 당연히 즐거울 리가 없다. 대개 실력이 비슷한 네 명이 라운드를 하면 네 명 모두 컨디션이 좋거나 네 명 모두 컨디션이 나쁠 수 없다. 결국 네 명 가운데 한두 명은 컨디션이 좋고 나머지, 특히 한 사람은 외톨이가 되기 십상이다. 간단히 말해 네 사람 가운데 누구 하나는 울게 마련인 것이다. 기를 쓰면 쓸수록 더 나빠지니 대책이 서지 않는다.

그날 경기가 잘되는 사람의 플레이에는 리듬과 템포가 있다. 그러나 잘 나가는 그룹에 끼어 보겠다고 자신의 리듬에 전혀 맞지 않는데도 불구하고 무리하게 맞추려 하다가는 자멸하고 만다. 아무리 초조해도 안 되는 건 안 된다.

그러므로 외톨이가 되는 것을 즐길 줄도 알아야 한다. 혼자 중얼거리며 플레이해 보고, 그것도 안 되면 캐디에게 위로를 받도록 한다. 뜻대로 되지 않는다고 게임을 포기해서는 안된다. 불평을 늘어놓을수록 상대방은 냉혹해지고, 자신은 비참해질 뿐이다. 발전을 위해서는 힘든 투병 생활이나 실연 등의 아픈 기억이 오히려 약이 된다. 외톨이가 되기 싫으면 울었던 경험, 패배했던 기억을 약으로 삼아 지지 않을 방법을 생각해야 한다. 그러면 플레이의 흐름은 다시 자신에게로 되돌아온다.

골프에서 왕따가 되는 경우

첫째, 외톨이가 되는 것을 즐긴다.

왕따를 당해 봐야 다음에 안 당하려고 노력하지.

둘째, 혼자 중얼거리며 플레이한다.

셋째, 캐디에게 위로를 받는다.

넷째, 게임을 끝까지 포기하지 않는다.

미스 샷만 연발해 혼자서 왕따가 될 때는 이렇게 마음을 가다듬는 게 좋죠!

트러블 샷의 기본

트러블 샷은 얼마나 날리느냐가 중요한 것이 아니라 페어웨이로 꺼내는 것이 목표다. 기껏해야 50~60야드 정도 날리면 되므로 방향에만 생각을 집중하고 낮은 탄도로 똑바로 날려보내는 것이 중요하다. 이때 절대로 얼굴을 들어서는 안 된다. 볼을 단단히 응시하고, 친 다음에도 볼이 날아가는 방향을 쳐다보지 말아야 한다.

볼을 마음먹은 방향으로 정확히 날려 보내려면 볼 앞에 어떤 목표물을 정해 놓고, 그것을 향해 타면이 직각이 되도록 똑바로 맞히는 것이 좋다. 즉 볼 앞 30cm쯤 지점에 풀잎 같은 목표를 정하고, 타면을 그곳까지 직각으로 끌고 가는 것이다.

볼은 잘 탈출시켰지만 너무 많이 날아가 건너편 풀밭이나 나무 사이까지 가버리는 경우도 흔하다. 따라서 볼을 치기 전에는 얼마만큼 쳐 날려야 안전한지를 미리 정해 두는 것이 좋다. 그런 다음 그 거리에 맞는 스윙을 해야 한다.

숲 속에서는 스스로도 뜻밖이라고 생각될 정도로 볼을 잘 칠 수 있다. 페어웨이에서 치는 것처럼 풀 스윙을 하지 않아도 된다. 스윙을 작게, 그리고 정확하게 구사하는 데만 유의하면 된다.

볼이 지나치게 많이 날아가는 것을 막기 위해서는 클럽을 너무 강하게 잡지 말아야 한다. 그렇다고 느슨하게 잡으라는 말은 아니고 '적당히' 잡으라는 것이다.

트러블 샷의 기본

트러블 샷에서는 페어웨이로 볼을 꺼내는 것이 중요하다.

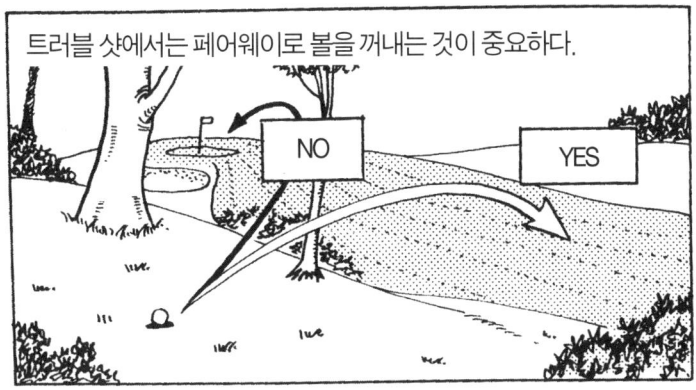

스윙 중에는 절대로 고개를 들면 안 된다. 볼을 친 다음에도 쳐다보지 말아야 한다.

볼을 치기 전에 떨어질 곳을 미리 정해 두고 쳐야 한다.

어프로치의 기본 포인트

어프로치의 중심이 되는 움직임은 시계의 9시에서 3시 사이다. 스탠스는 작게 하고, 180°의 스트로크를 한다. 손이 오른쪽 바깥쪽으로 올 때 클럽은 지면과 평행하게 된다. 여기가 9시 위치다. 여기서부터 스트로크를 진행해 3시 위치까지 간다. 이때 손은 왼쪽 허벅지 바깥이다. 여기서도 클럽은 지면과 평행하다.

당연히 좌우 대칭이며, 9시 위치의 톱과 3시 위치의 피니시에서 각각 클럽을 멈춰 클럽이 지면과 평행한지를 점검한다. 평행이 되면 기본 동작이 제대로 되고 있는 것이다. 시계추나 진자식으로 헤드를 휘두르는 간단한 동작이다. 이것이 쓸데없는 동작을 없앤 어프로치 타법이다.

어프로치는 좁은 목표가 있고, 그곳으로 보내려고 하면 아무래도 볼 바로 앞에서부터 공략해야지 하는 생각을 하게 된다. 이것은 거의 본능적인 면도 있다. 볼을 바로 앞에서부터 잡아 나가는 것은 정석이고, 또 중요하다. 그러나 이러다 보면 거리가 짧아지는 문제가 생긴다. 늘 다다르지 못하는 거리를 남긴다면 한번쯤 어프로치의 패턴을 바꿀 필요가 있다.

핀 하나만큼의 거리를 더 보내는 것은 잘못 친 것이 아니다. 다만 핀을 오버시키지 않도록 거리감을 기르면 된다. 좀 더 적극적인 자세로 어떻게 칠 것인지를 생각하자. 도달하지 못하면 들어갈 수 없다.

어프로치의 기본 포인트

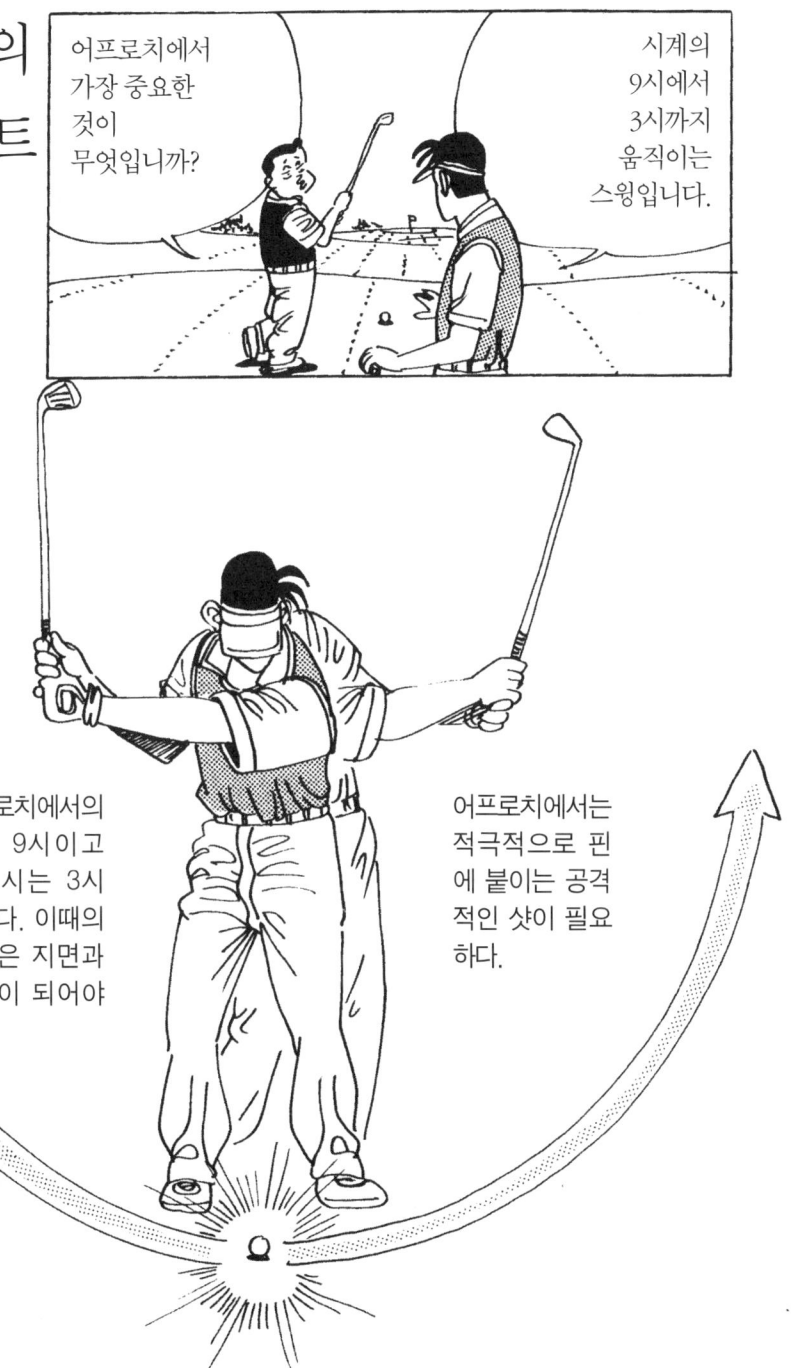

어프로치에서 가장 중요한 것이 무엇입니까?

시계의 9시에서 3시까지 움직이는 스윙입니다.

어프로치에서의 톱은 9시이고 피니시는 3시 위치다. 이때의 클럽은 지면과 평행이 되어야 한다.

어프로치에서는 적극적으로 핀에 붙이는 공격적인 샷이 필요하다.

● ○ 어프로치 샷 · 숏 게임 ○ ●

어프로치의 거리감

어프로치에서 거리감은 스윙의 크기와 임팩트의 세기(클럽 헤드의 빠르기) 두 가지로 조절한다. 어느 쪽이든 자신의 감각에 따르면 되고, 결과가 좋으면 관점의 차이는 문제가 되지 않는다. 공이 어떤 라이에 놓여 있는가 하는 것은 그 장소에 가 보지 않으면 알 수 없다. 또 공이 반드시 좋은 라이에 있으리라는 보장도 없다. 그래서 스윙의 크기만으로는 모든 문제가 해결되지 않는다. 라이가 나쁜 상황에서는 확실하게 치지 않으면 안 되기 때문이다. 평균적으로 스윙의 크기와 임팩트의 세기를 상황에 따라 사용하게 된다. 이는 두 가지 기술이 모두 요구되기 때문인데, 좀 더 구체적으로 말하면 '자른다' 형태의 피치 샷은 임팩트의 세기가 우선이고, '맞힌다' 와 '민다' 의 어프로치는 스윙 크기에 관계된다. 따라서 이를 나누어 사용해 거리감을 파악하는 기술이 필요하다.

우선 권하고 싶은 것은 '맞힌다' 와 '민다' 의 어프로다. 스윙의 크기로 거리감을 내는 어프로치를 먼저 확실히 몸에 익히라는 것이다. 최종적으로는 '자르는' 피치 샷이 거리 감각을 느끼기 쉽다.

두 가지 타법이 모두 가능해지면 다음은 그린의 빠르기를 계산해 멈추게 하느냐 굴리느냐를 결정하는 것인데, 굴릴 경우의 거리 계산은 상당히 까다롭다. 중요한 포인트는 어드레스 전에 적어도 2~3회의 연습 스윙을 통해 목적하는 샷의 느낌을 확실히 잡아야 한다는 것이다.

어프로치의 거리감

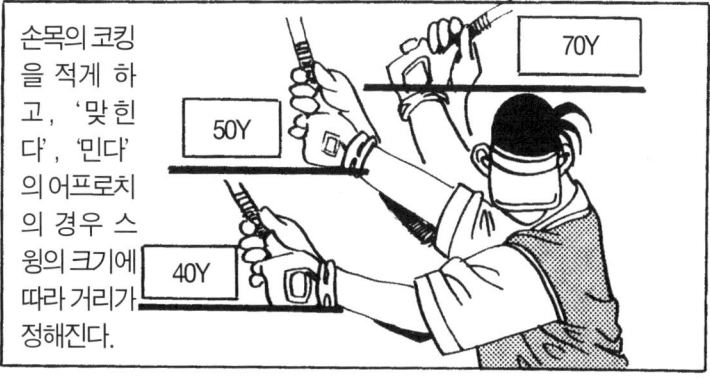

손목의 코킹을 적게 하고, '맞힌다', '민다'의 어프로치의 경우 스윙의 크기에 따라 거리가 정해진다.

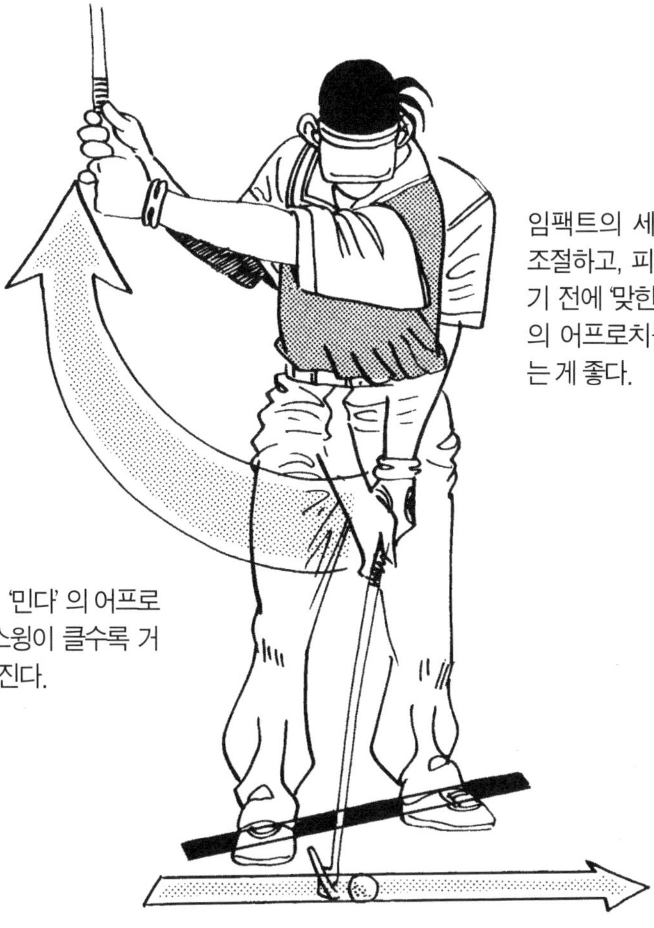

임팩트의 세기로 거리를 조절하고, 피치 샷을 익히기 전에 '맞힌다'와 '민다'의 어프로치를 먼저 익히는 게 좋다.

'맞힌다', '민다'의 어프로치는 백 스윙이 클수록 거리도 많아진다.

● ○ 어프로치 샷 · 숏 게임 ○ ●

어프로치는 빈 스윙이 중요하다

어프로치 샷의 결과는 실제 스윙 직전의 빈 스윙으로 결정된다고 해도 과언이 아니다. 컨트롤 샷인 어프로치에서 빈 스윙은 일반 샷보다 훨씬 더 중요하다. 일반 스윙에서는 톱이나 피니시의 일정한 위치가 있지만 어프로치는 그 상황에 맞는 톱과 피니시를 그때그때 만들어야 하기 때문이다.

이 톱이나 피니시의 이미지를 만드는 것이 스윙 직전에 하는 빈 스윙의 역할이다. 어프로치가 어려운 것은 바로 이런 이유에서다. 하지만 때리기 직전의 빈 스윙으로 스윙의 크기를 확인하는 것으로 그 어려움을 해소할 수 있다. 보통 스윙을 기본으로 하면 응용이 가능하다.

실력이 뛰어난 골퍼도 어프로치를 할 때는 반드시 빈 스윙을 한다. 빈 스윙으로 톱과 피니시의 위치를 결정하는 것이다. 즉 톱에서는 클럽을 여기까지, 피니시에서는 여기까지 올린다는 것을 미리 확인해 두는 것이다. 이를테면 드라마의 리허설과 같다.

볼을 떨어뜨리려고 하는 거리가 20야드라면 거기에 맞는 톱과 피니시를 빈 스윙으로 결정한다. 그 다음에는 그대로 하기만 하면 된다. 볼을 굴릴 것인가 띄울 것인가를 정하고, 볼을 떨어뜨릴 낙하 지점을 주시하면서 빈 스윙으로 샷의 모양을 거듭 확인한 뒤 샷한다.

어프로치는 빈 스윙이 중요하다

어프로치하기 전에 빈 스윙을 한번 해 주면 도움이 됩니다.

빈 스윙을 하면 거리에 맞는 톱과 피니시의 위치를 결정할 수 있습니다.

빈 스윙 후, 톱과 피니시의 위치에 맞춰 그대로 스윙하면 된다.

그린 주변에서의 전략 이미지

골프에서는 그린 주변에서의 마음가짐이 무엇보다 중요하다. 핀에 붙이는 방법을 하나로 한정할 필요는 없다. 자신이 선택한 전략을 중요하게 여기고, 어디서라도 1퍼트권 내에 붙이겠다는 각오를 갖는 것이 필요하다. '붙인다', '넣는다'라는 강한 자신감 없이는 절대로 볼을 가까이 붙일 수 없기 때문이다.

그린 주변에서의 어프로치는 러닝이나 피치 앤 런, 피치 샷의 세 가지 타법이 있다.

핀까지의 공간과 그린 위에 자기 나름의 구질을 상정해서 그려 보는 것이 전략 이미지다. 먼저 떨어지는 지점을 결정하고, 볼의 높이를 결정짓는다. 그러면 거기에 따라 사용하는 클럽도 정해진다. 어떤 어프로치 방법이 홀의 상황에 가장 잘 어울리는지를 잘 생각해서 선택한다.

정확한 방법을 선택하지 않으면 비록 볼을 핀에 가깝게 붙여 1퍼트를 남겼다고 해도 그리 바람직한 것이 아니다. 왜냐하면 원인을 정확히 알지 못하는 결과에 대해서는 다음 기회에 똑같이 대처할 수 없기 때문이다. 그린 주변의 어프로치에서 명확한 전략 이미지를 갖는 것은 스코어를 줄이는 데 매우 중요하다.

볼과 그린 사이에 구질의 입체적 설계도를 상정하는 습관을 갖도록 하자.

그린 주변에서의 전략 이미지

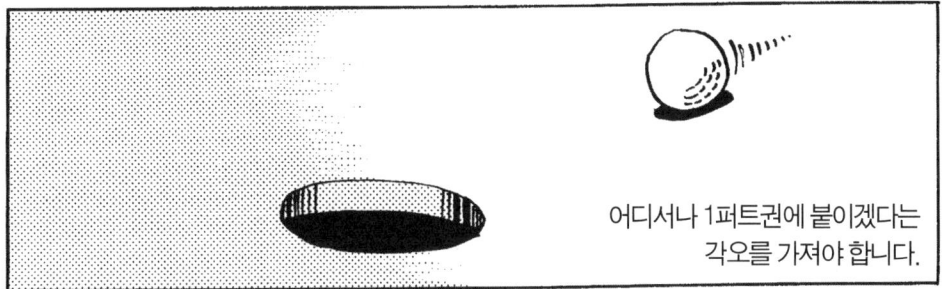

어프로치 토핑 미스를 교정한다

피칭 웨지나 샌드 웨지로 볼을 띄우려고 할 때 임팩트에서 왼쪽 손목이 꺾이고 손목을 돌리는 골퍼들을 종종 볼 수 있다. 이는 볼을 띄우기 위해 임팩트에서 오른쪽 손목을 펴기 때문이기도 하지만 왼쪽 팔꿈치를 당기기 때문이기도 하다. 임팩트까지 왼팔은 곧게 펴져 있다. 그러나 이때 목표를 향해서 볼을 치고 난 뒤까지 왼팔을 펴 두려고 하면 왼쪽 팔꿈치가 당겨져서 왼쪽 손목이 꺾이고, 손목을 돌리는 듯한 타법이 되고 만다.

왼팔을 편 채로 둬서는 안 되며, 임팩트 뒤에 왼쪽 팔꿈치를 접지 않으면 안 된다. 백 스윙에서 오른쪽 팔꿈치를 접는 것과 마찬가지로 팔로 스루에서는 왼쪽 팔꿈치를 접음으로써 왼쪽 손목을 꺾지 않고 휘두를 수 있는 것이다. 치고 난 뒤 언제까지나 왼쪽 팔꿈치를 펴 두면 왼쪽 손목이 꺾이므로 페이스의 방향도 바뀐다. 손목을 엄지손가락 쪽으로 굽히는 것은 상관없다. 그러나 손목을 좌우로 굽히는 것은 금물이므로 손목을 돌리지 않기 위해서는 임팩트한 뒤에 왼쪽 팔꿈치를 접어야 한다. 팔로 스루에서 펴지는 것은 오른팔이지 왼팔이 아니다. 왼쪽 팔꿈치를 의식적으로 펴지 말고 처음부터 여유를 갖는 것이 좋다.

어프로치 토핑 미스를 교정한다

그러기 위해서는 임팩트 이후에 왼팔꿈치를 당겨서 왼손목이 꺾이고 손목을 들리는 듯한 타법이 되어야 한다.

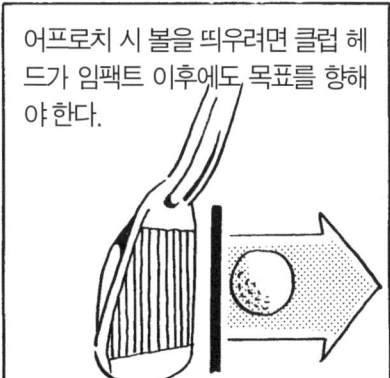

어프로치 시 볼을 띄우려면 클럽 헤드가 임팩트 이후에도 목표를 향해야 한다.

● ○ 어프로치 샷 · 숏 게임 ○ ●

피칭 샷의 토핑 방지법

그린 바로 앞에 벙커가 있을 때는 러닝 어프로치가 불가능하므로 볼을 높게 띄워 그린에 안착시켜야 한다. 그런데 경험이 없는 초보자들의 경우 피칭 샷이 토핑이나 벙커에 들어가는 트러블로 이어져 스코어를 망치는 경우가 많다. 즉 눈앞에 벙커가 있으면 긴장되어 볼을 떠올리려는 의식이 작용해 손으로 들어올려 볼의 윗부분을 치는 토핑을 범하기 쉽다. 또한 몸이 경직되어 몸 자체를 제대로 사용하지 못함으로써 일어나는 토핑도 주의해야 한다.

피칭 샷은 허리를 떨어뜨려 넣어 주고, 손과 팔은 그다지 많이 사용하지 않는다. 이때 중요한 것은 무릎의 사용이다. 어드레스에서 양쪽 무릎을 가볍게 굽히고 릴랙스한 느낌으로 서서 그 굽힌 정도를 마지막까지 무너뜨리지 않는 것이 중요하다. 볼을 친 뒤에도 그 형태를 그대로 유지하는 정도의 느낌이 좋다.

무릎을 펴면 몸까지 펴지므로 어드레스 시 정확히 볼을 치는 형태가 됐어도 그만큼 클럽이 올라가 볼의 윗부분을 치거나 스쳐 토핑이 된다. 떠내듯 올리지 말고 무릎을 굽히고 허리를 회전시켜서 어드레스 시 그대로 볼을 치는 느낌으로 친다. 팔로 스루는 목표 쪽으로 똑바로 던지며, 너무 크게 할 필요는 없다.

볼을 높이 띄우는 피칭 샷의 핵심은 양무릎을 굽힌 채 스윙하는 것입니다.

이때, 스윙이 끝난 뒤에도 무릎을 그대로 굽혀야 몸이 펴지지 않아 토핑이 방지됩니다.

○ ● ○ 어프로치 샷 · 숏 게임 ○ ●

숏 아이언은 정확도가 생명

숏 아이언은 풀 스윙하는 클럽이 아니라 점수를 노리는 클럽이라고 할 수 있다. 거리를 내는 클럽이 아니라 컨트롤을 위주로 하는 클럽이다. 이를 위해 80%의 힘, 3/4스윙을 기본으로 한다. 9번 아이언으로 잘 칠 수 있으면 컨트롤이 좋아진다.

핸디캡이 많은 사람일수록 숏 아이언을 있는 힘껏 스윙하는 경향이 있다. 그러나 그린을 캐리로 오버하는 것은 결코 바람직하지 않다. 클럽이 짧고 휘두르기 쉽기 때문에 스피드가 나는 데다 페이스가 덮이면 거리도 많이 나는 것이 숏 아이언이다. 따라서 절대 손목을 이용해 클럽을 돌리지 말아야 한다.

왼쪽 체중으로 어드레스해 왼발을 축으로 몸을 회전시킨다. 다운 스윙에서 왼발의 존재가 느껴지는 타법으로 스윙한다. 발 안쪽 전체로 지면을 누르고 왼쪽 무릎에 체중을 느끼는 스윙을 하면 저스트 미트의 확률이 높아진다.

볼을 치고 나서 밸런스가 무너지면 볼을 컨트롤할 수 없다. 왼발 위에 선다는 느낌으로 피니시하고, 눈으로 타구를 쫓는다.

로프트가 큰 클럽일수록 클럽이 회전하면 방향성이 나빠진다. 또 클럽의 최대 비거리를 내는 것이 아니라 여력을 갖는 스윙을 해야 한다. 그러기 위해서는 평소에 큰 클럽의 컨트롤 샷을 연습해야 한다. 팔의 힘이 아닌 좋은 리듬으로 스윙해 볼을 보내는 이미지가 좋다.

숏 아이언은 정확도가 생명

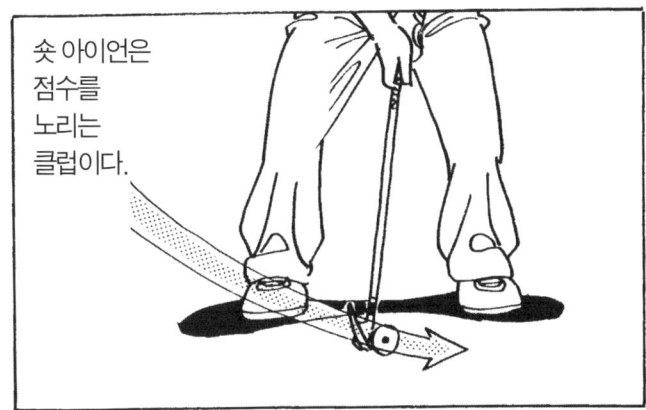

숏 아이언은 점수를 노리는 클럽이다.

이를 위해서는 80%의 힘으로 3/4 스윙을 한다.

왼쪽에 체중을 실어 왼발을 축으로 몸을 회전시켜야 한다.

숏 아이언을 치고 난 뒤 왼발 위에 선다는 느낌으로 피니시해야 한다.

팔의 힘이 아닌 좋은 리듬으로 스윙해서 볼을 보내는 이미지로 스윙해야 한다.

○ ○ 어프로치 샷 · 숏 게임 ○ ○

그린 앞의 장애물

그린 에지에서 퍼터로 바로 공략하고 싶어도 볼이 나가는 길에 스프링클러의 쇠꼭지나 잡초가 있으면 퍼팅이 불가능하다. 이때는 5번 아이언을 샤프트 가까이 내려서 퍼팅할 때와 똑같이 잡고 퍼터와 같은 요령으로 치면 된다. 그러면 로프트 각도가 있어서 장애물을 넘길 수 있고, 땅에 떨어진 다음에도 퍼터로 쳤을 때처럼 잘 굴러간다.

그린까지 10m 정도가 남았는데, 중간에 둔덕이 있고 핀이 둔덕을 넘자마자 그린 앞쪽으로 바짝 붙어 있을 때는 어떻게 하는 것이 좋을까? 로프트 각도가 큰 채로 높이 띄워서 컵에 붙이는 것은 성공 가능성이 거의 없다. 대신 로프트 각도가 별로 크지 않은 5번이나 6번 아이언을 써서 굴리는 식으로 둔덕의 오르막 중간에 떨어뜨려야 한다. 그러면 볼이 낙하 지점에서 튀어 둔덕을 넘은 뒤 그린 위를 굴러가게 된다. 풀이 짧고 그린이 매끄럽다면 퍼터로 치는 것도 무방하다.

중요한 것은 볼이 둔덕의 뒤편 비탈을 굴러 내려가서 그린을 타게 하는 것이다. 둔덕을 넘겨 날리기 위해 높이 띄워 치면 볼이 비탈에 떨어진 다음 너무 힘이 빠져 버리거나 그린에 떨어진 뒤 멎지 않고 지나치게 많이 굴러가는 현상이 생긴다. 이때도 그립은 퍼터처럼 역오버래핑으로 잡아야 토핑이나 더프를 방지할 수 있다.

그린 앞의 장애물

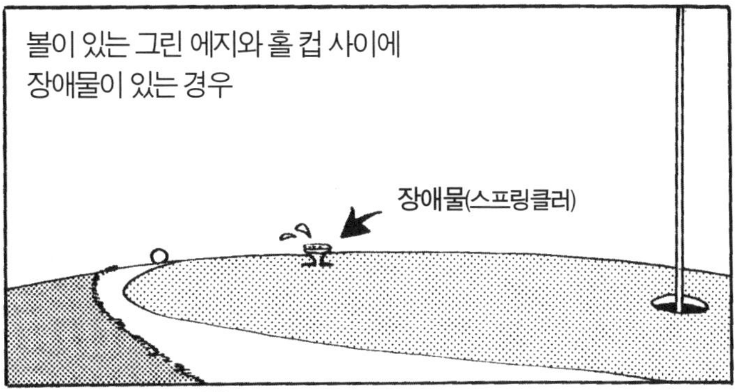

볼이 있는 그린 에지와 홀 컵 사이에 장애물이 있는 경우

장애물(스프링클러)

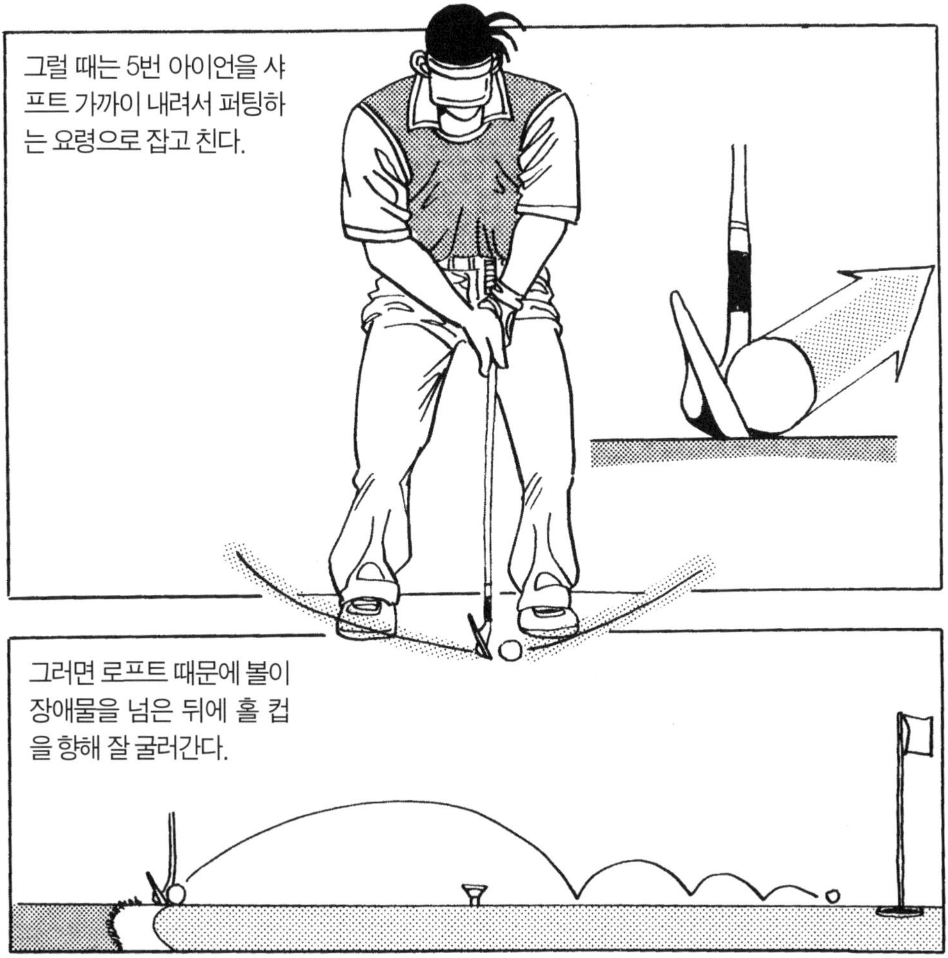

그럴 때는 5번 아이언을 샤프트 가까이 내려서 퍼팅하는 요령으로 잡고 친다.

그러면 로프트 때문에 볼이 장애물을 넘은 뒤에 홀 컵을 향해 잘 굴러간다.

● ○ 어프로치 샷 · 숏 게임 ○ ●

그린 주변에서의 피치 샷

스코어를 유지하기 위해서는 어느 것 하나 소홀해서는 안 된다. 그린에 가까울수록 한 타 한 타가 더욱 중요하다. 여기서는 적극적으로 핀에 가깝게 붙일 수 있는 어프로치 샷을 소개한다.

피치 샷의 거리감은 일반 샷과는 분명히 다르다. 핀까지 30야드 거리일지라도 피치 샷을 구사할 때는 큰 스윙을 한다.

높은 볼로 띄워 붙이는 것은 상당히 어려운 기술이다. 특별한 힘의 가감이 요구되기 때문이다. 게다가 핀 가까운 위치에서 큰 톱을 만들어 휘두르기 위해서는 용기도 필요하다. 실수하면 터무니없이 오버할 수 있기 때문이다. 이처럼 피치 샷은 망설이다 보면 실패하기 쉽다.

큰 톱에서 빠른 헤드 스피드로 휘둘러 간 만큼 볼은 높게 올라가지만 거리는 나지 않는 것도 피치 샷의 특징이다. 따라서 톱을 이 위치까지 휘둘러 올라가면 몇 야드가 나온다고 정확하게 판단하기 어렵고, 거리감을 파악하기도 쉽지 않다. 역으로 생각하면 크게 휘두르면서 어떻게 거리를 죽일까 하는 문제로 귀결된다.

거리를 내지 않기 위해서는 스탠스를 좁히고 볼에 가깝게 서서 오픈 스탠스를 취해야 한다. 페이스도 약간 열어 가감한다. 그렇게 하면 궤도는 업 라이트되어 거리도 덜 나온다. 피치 샷은 거리가 목적이 아니라 중간의 장애물을 넘기는 것이어서 볼을 높게 띄우는 것이 우선이다.

그린 주변에서의 피치 샷

장애물을 넘어 그린에 올리기 위해서는 피치 샷을 해야 한다.

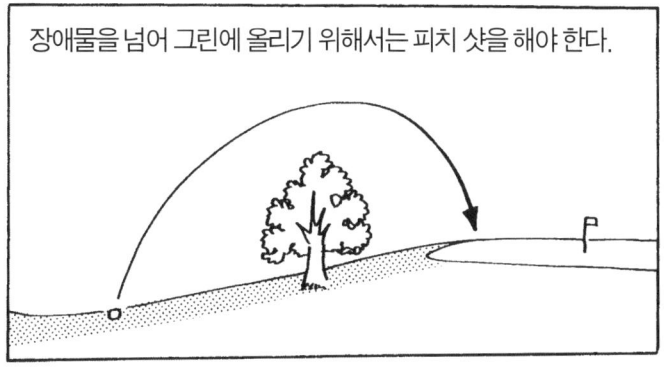

그러기 위해서는 볼을 높이 띄워야 하고

거리를 내지 않아야 한다.

스탠스를 좁히고 볼에 가깝게 서서 오픈 스탠스를 취한 뒤 과감히 큰 톱을 만들어 스윙한다.

핀이 가까울 때의 어프로치

핀이 그린 앞쪽에 꽂혀 있고, 나무나 벙커를 넘겨 쳐야 할 때 실전에서 응용할 수 있는 어프로치 전략을 소개한다.

이런 상황에서는 오픈 스탠스의 상태를 더 크게 하면 타면이 열려 높은 탄도의 볼이 된다. 벙커를 넘겨 치는 상황에서 핀이 그린 앞쪽에 있거나 나무를 넘겨 쳐서 그린에 떨어뜨려야 할 때 샌드 웨지의 타면을 열어서 친다고 하면 아주 어려운 기술처럼 들릴지도 모른다. 그러나 이것은 특별한 기술이 아니다. 타면 각도의 기능 이상으로 볼을 높은 탄도로 치려면 오픈 스탠스 상태를 더 벌려 타면을 열면 된다.

양쪽 발은 그대로 두고 타면만을 열면 핀을 향해서 타면 각도를 뒤로 눕게 하기 때문에 스탠스의 연 상태를 더 작게 하는 결과가 된다. 왼쪽 발을 뒤로 끌고 오픈 스탠스 상태를 크게 하면 스탠스의 방향은 더 왼쪽을 향한다. 그 상태에서 타면을 핀 방향으로 열면 타면 각도가 위를 향하기 때문에 볼은 더 높은 탄도로 나가게 된다.

이때 주의할 점은 타면을 연 다음 그립하는 것이다. 그립한 다음 왼손을 오른쪽으로 돌려서 타면을 열면 볼을 치는 순간에 타면이 엎어지고, 그 때문에 볼은 높은 탄도로 나가지 못하고 왼쪽으로 꺾여져 나간다.

핀이 가까울 때의 어프로치

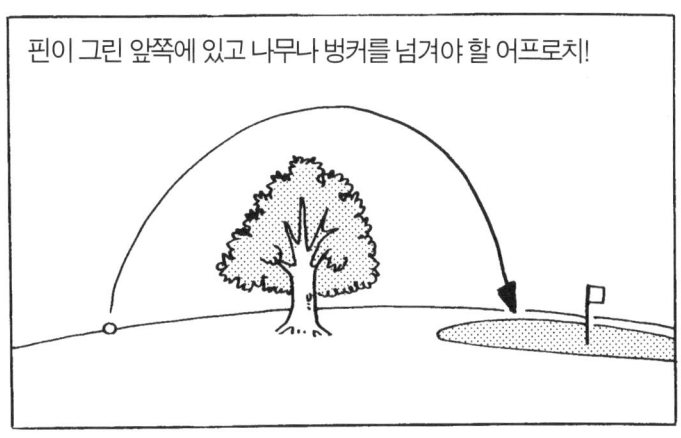

핀이 그린 앞쪽에 있고 나무나 벙커를 넘겨야 할 어프로치!

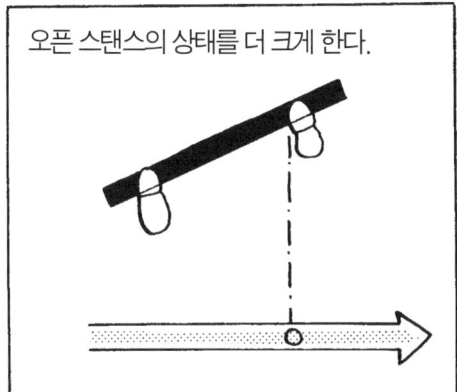

오픈 스탠스의 상태를 더 크게 한다.

그 상태에서 타면을 핀 방향으로 열면 타면이 열려 높은 탄도의 볼이 된다.

이때 주의할 점은 타면을 연 뒤에 그립하는 것입니다.

● ○ 어프로치 샷 · 숏 게임 ○ ●

웨지의 앞날로 치는 어프로치

드라이버나 아이언 샷은 연습장에서 그런대로 마스터할 수 있지만 그린 주변에서의 어프로치나 퍼팅은 좀처럼 연습 기회가 닿지 않는다. 먼 거리에서 함정을 극복하며 볼을 쳐 나가는 것도 중요하지만 그린 주변의 곤경에서 상황을 유리하게 역전시키는 공략은 더욱 중요한 요소다.

무성한 러프에서 프로들은 과격하다 싶을 정도의 타법을 곧잘 시도한다. 여기에는 위험도 따르지만 잘되기만 하면 그 결과는 정말 통쾌하다.

예를 들어 볼이 그린 옆의 무성한 러프에 완전히 잠겨 있다고 가정해 보자. 이런 긴 잡초 속에 숨어 있는 볼을 골프채로 제대로 쳐낸다는 것은 보통 기술로는 어림없는 일이다. 이럴 때 웨지의 타면을 90° 돌려 헤드의 앞날로 볼을 쳐 보자. 웨지의 앞날이 무성한 풀잎 사이를 헤치며 나가기 때문에 저항이 훨씬 적어진다. 제대로만 되면 웨지의 앞날이 볼을 튀겨 날릴 수 있다.

물론 이 타법은 안정성이 높지는 않다. 그러나 어차피 모험을 단행할 수밖에 없는 상황이라면 한번쯤 도전해 볼 만하다.

이 샷을 시도할 때 중요한 포인트는 ▲ 그립을 스퀘어 그립으로 잡고 ▲ 스탠스는 왼발을 공 1개분 정도 뒤로 끌어 오픈 스탠스를 취한 뒤 ▲ 왼발에 6, 오른발에 4로 체중을 배분하고 ▲ 임팩트에서 몸 전체를 멈추는 듯한 자세를 취해 임팩트 = 팔로 스루가 되도록 하는 것이다.

웨지의 앞날로 치는 어프로치

볼이 그린 옆 러프에 완전히 잠겼네.

볼이 깊은 잡초에 빠지면 보통 샷으로는 탈출이 불가능합니다.

이럴 때는 웨지의 타면을 90° 돌려 헤드의 앞날로 치면 됩니다.

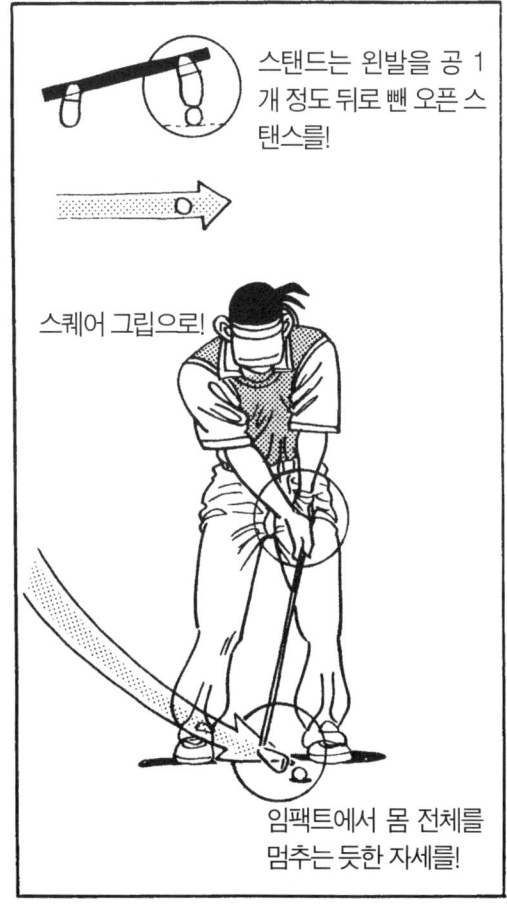

스탠드는 왼발을 공 1개 정도 뒤로 뺀 오픈 스탠스를!

스퀘어 그립으로!

임팩트에서 몸 전체를 멈추는 듯한 자세를!

70~80야드 어프로치 공략법

필드에 나가면 코스가 매우 다양하다. 그런 만큼 거기에 맞는 타법이 필요하다. 숏 아이언의 풀 샷 거리는 어느 정도 자신 있게 공략하는 데 반해 중간 거리에서의 어프로치는 거리감에 맞는 타법을 구사하지 못해 여러 가지 실수가 발생하는 경우가 많다. 중간 거리에서의 어프로치는 볼을 낮게 하지 않는 것이 중요하다. 이 거리에서 사용하는 클럽은 웨지로 볼을 높게 올리게 하는 구조지만 거리는 많이 나지 않는다.

이렇듯 클럽의 기본 성능을 무시하고 무리하게 비거리를 늘리려고 하면 실패하게 마련이다. 어디까지나 어프로치는 컨트롤 중심으로 치는 것이다. 그리고 70~80야드의 거리에서 어프로치는 우선 스탠스를 좁게 하는 것이 중요하다. 드라이버와 비교해서 발 폭 2개 정도 좁게 한다. 방법은 오른발을 중앙에 가깝게 놓는 것이다. 이는 결국 볼의 위치를 변화시키지 않도록 하기 위함이다. 볼은 왼발 뒤꿈치 선상보다 1개 정도 중앙에 오도록 한 위치다.

손은 왼쪽 허벅지 앞에 두기는 하지만 그다지 핸드 퍼스트는 아니다. 이는 위에서 볼을 덮는 궤도로는 임팩트가 너무 강하게 되기 때문이다. 샤프트는 지면에 수직이 되도록 한다. 멀리 날리는 것이 아닌 만큼 샤프트를 기울게 하지 않는 것이다. 한편 스탠스를 좁게 했기 때문에 상체가 볼을 덮는 자세가 되기 쉽지만 척추는 가볍게 세워 준다.

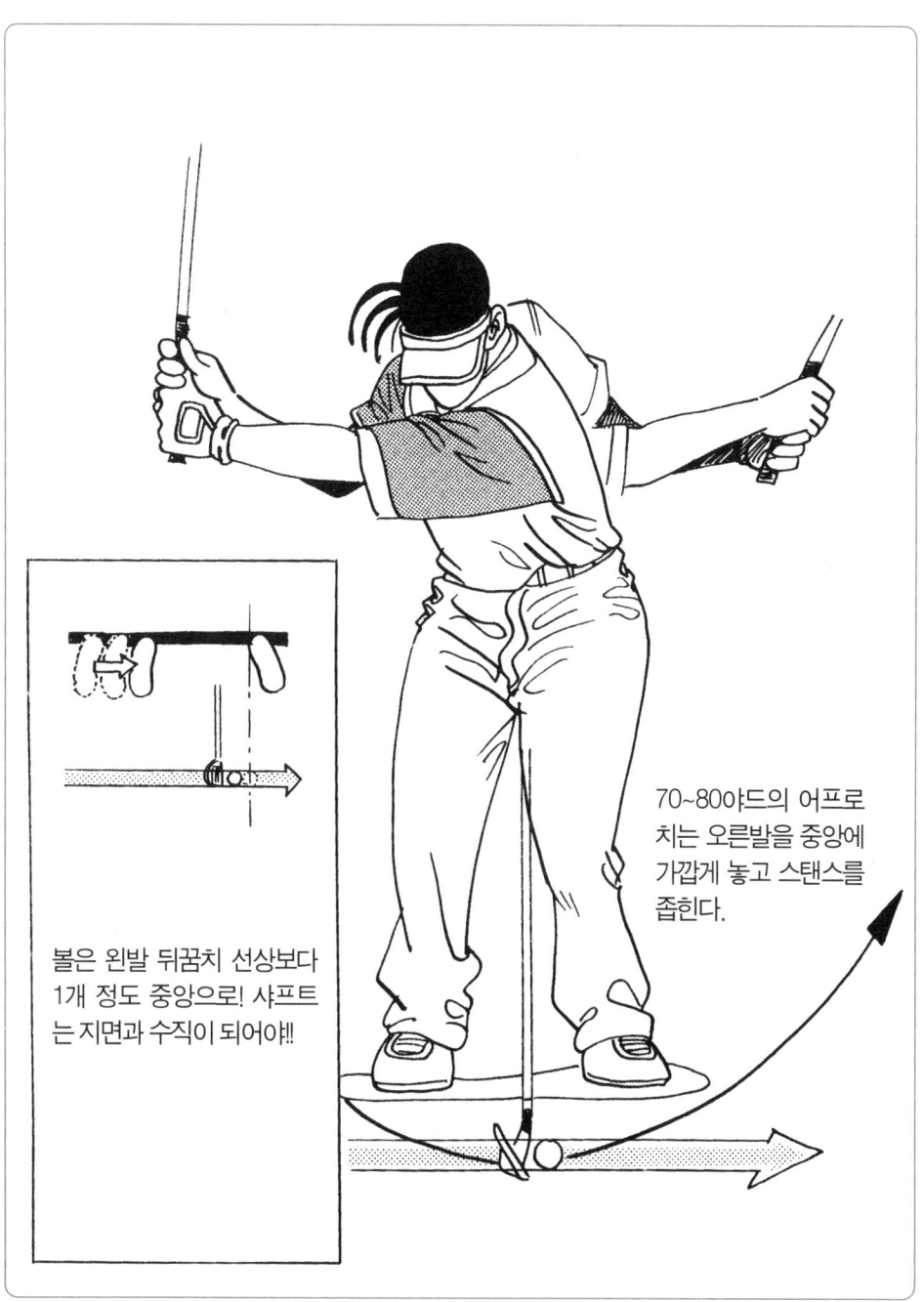

볼은 왼발 뒤꿈치 선상보다 1개 정도 중앙으로! 샤프트는 지면과 수직이 되어야!!

70~80야드의 어프로치는 오른발을 중앙에 가깝게 놓고 스탠스를 좁힌다.

어프로치 샷·숏게임

● ○ 어프로치 샷 · 숏 게임 ○ ●

러프에서 라이에 따른 공략법

볼이 러프에 빠졌을 때는 우선 볼이 빠져 있는 정도를 점검해야 한다. 그에 따라 사용 클럽이 정해지기 때문이다. 다행히 볼이 러프에 떠 있다면 기본적으로는 어떤 클럽이라도 사용할 수 있다. 그러나 반 정도 빠져 있다면 7번 아이언보다 긴 클럽은 피하는 것이 좋다. 이것보다 로프트가 서 있는 클럽이라면 임팩트 시 저항이 강해서 생각한 대로 팔로 스루가 되지 않기 때문이다. 볼이 완전히 빠져 있는 상태라면 피칭 웨지나 샌드 웨지를 꺼낼 수밖에 없다.

볼이 반 정도 빠져 있는 상황에서는 이른바 '플라이'가 생기기 쉽다. 이것은 임팩트 때 클럽 페이스와 볼 사이에 풀이 끼여 있어 볼에 스핀이 걸리기 어렵기 때문에 일어나는 현상으로, 평소보다 지나치게 거리가 많이 나 버린다. 볼이 산 모양으로 날아가고 런이 많아지는 것이 특징이다. 7번 아이언 등의 로프트가 큰 클럽을 사용해 확실하게 휘둘러 빼는 경우에 특히 플라이가 나기 쉽다. 따라서 핀까지 140야드, 평소에 6번 아이언으로 치는 골퍼라면 7, 8번 등 작은 클럽을 선택하도록 한다. 짧은 것은 상관이 없으나 그린 오버만은 피해야 한다.

볼이 완전히 숨어 버릴 정도로 러프에 빠져 있는 경우가 아닌 이상, 즉 볼이 떠 있거나 반 정도 빠져 있는 상황에서는 클럽 헤드를 의식적으로 예각으로 찔러 넣을 필요는 없다.

러프에서 라이에 따른 공략법

■ 볼이 러프에 떠 있다.

기본적으로 어떤 클럽이나 가능

볼이 반 정도 빠져 있을 때는 7,8번 아이언을 이용한다.

■ 볼이 반 정도 빠져 있다.

7번 아이언보다 큰 것은 금물

■ 볼이 푹 빠져 있다.

피칭 웨지나 샌드 웨지

플라이 방지를 위해 의식적으로 예각으로 찔러 넣는다.

● ○ 어프로치 샷 · 숏 게임 ○ ●

러프에서의 어프로치

러프에서의 어프로치는 볼과 페이스 사이에 잔디가 들어가 있어서 거리감을 잡기가 어렵다.

라이가 좋은 상태에서는 피칭이나 9번 아이언 등이 좋겠지만 러프에 들어가면 소울이 두터운 샌드 웨지가 적당하다. 특히 볼이 잔디에 깊이 잠겨 있으면 핀에 붙이기가 매우 어렵다. 잔디의 저항이 강해 거리감을 제대로 맞추기가 힘들기 때문이다.

러프에서 가깝게 붙이기 위해서는 클럽은 일단 샌드 웨지를 이용한다. 소울이 둥글지 않은 아이언은 리딩 에지가 날카롭게 되어 있기 때문에 페이스의 홈에 잔디가 걸려 잘 빠져나가지 않는다.

러프에서는 페이스와 볼 사이에 잔디가 끼는 것을 피할 수 없다. 그렇다고 잔디의 저항을 이겨내려고 팔에 힘을 넣고 강하게 때리면 오히려 잔디의 저항을 더 강하게 받는다. 러프에서는 평소보다 부드럽고 천천히 '소프트 터치'로 클럽을 휘두르는 것이 중요하다. 소울이 두터운 샌드 웨지를 사용하면 채가 잔디 속을 미끄러져 나갈 수 있다. 벙커에서는 볼 바로 앞에서 모래에 헤드를 넣어 그 폭발력으로 볼을 날리는데, 그 감각과 가까운 것이 러프라고 생각하고 볼 바로 앞에서 뒤땅을 칠 요량으로 휘둘러 간다.

이때 중요한 포인트는 백 스윙의 출발을 왼쪽 팔꿈치로 시작해 몸통 회전 타법을 시도하면 성공할 확률이 높아진다는 것이다.

러프에서의 어프로치

볼이 잔디에 깊이 잠긴 경우에는 샌드 웨지를 이용한다.

샌드 웨지는 소울이 두터워 잔디 속을 미끄러져 나간다.

러프도 벙커와 마찬가지로 볼 바로 앞 뒤땅을 칠 요량으로 휘두른다.

러프에서는 부드럽고 천천히 하는 '소프트 터치'로 클럽을 휘두릅니다.

● ○ 어프로치 샷 · 숏 게임 ○ ●

볼을 억지로 띄우려 하지 말라

스윙 중에 일부러 볼을 띄우려는 생각은 아예 하지 않는 것이 좋다. 이는 물론 어프로치에서도 마찬가지다. 볼은 클럽의 로프트대로 뜨게 마련이다. 아무튼 왼쪽 무릎을 끌어당기거나 위로 올리는 동작을 하게 되면 거리감만 혼란스러워지는 경우가 많다.

팔꿈치를 올리면 무릎이 펴지거나 사이가 벌어지게 된다. 어드레스를 취한 양쪽 무릎의 높이가 변하면 맞는 포인트가 흔들리게 된다. 이러한 미스는 모두 볼을 띄우려는 생각에서 나온다. 물론 볼을 띄운다는 의식을 하지 않는다고 해서 간단히 해결되는 문제는 아니다.

이를 위해서는 오른손목을 주의해야 한다. 볼을 올리려고 하는 것은 잘 치겠다는 생각의 결과지만 그러다 보면 어김없이 오른손목이 안쪽으로 꺾이거나 오른손바닥이 하늘을 향한 임팩트가 된다.

어드레스에서 오른손목은 등 쪽으로 약간 꺾인 형태가 되도록 하고, 톱에서는 코킹을 시켜 각도를 더한다. 그런 다음 그 각도를 유지하면서 클럽을 끌고 나가는 것이 어프로치에서 반드시 필요하다. 오른손목의 각도를 유지하면서 때릴 때는 오른손을 앞으로 내밀도록 하고, 볼의 가운데를 위에서 때려 가는 것이다. 이것이 가능하면 떠올리는 타법은 자연히 없어지고 클럽의 로프트에 따른 샷이 연출된다.

● ○ 어프로치 샷 · 숏 게임 ○ ●

올려 치는 그린에서 핀이 앞에 있을 때

그린이 높은 위치에 있고 핀은 바짝 앞에 있을 때는 첫째, 샌드 웨지로 올려 쳐서 그린에 직접 떨어뜨리는 방법과 둘째, 볼을 높이 치지 않고 그린 앞쪽의 가장자리에 부딪히게 해 그린에 싣는 두 가지 방법이 있다.

전자의 경우는 보통의 샷이므로 논외로 치고, 문제는 후자다. 이 경우 볼을 높이 날리면 튀어서 구르는 거리가 반드시 짧아지므로 낮게 날려야 한다. 그러기 위해서는 먼저 볼을 오른발 쪽에 놓고 타면을 약간 엎어서 친다.

볼을 높이 날릴 때는 스윙 크기로 거리를 맞춰 컨트롤하는 데 반해 낮게 나가서 한번 튀게 하려면 팔로 스루가 중요하다. 자칫 휘둘러 옆으로 빼면 볼이 높이 날고 짧게 나갈 염려가 있으므로 위에서부터 곧추 내리듯 친 다음 팔로 스루를 낮게 멈추도록 해야 한다.

보통으로 날려 칠 때는 백 스윙과 팔로 스루의 크기가 거의 같은 것으로 생각하면 되지만 이 경우는 피치 앤드 런의 공략이므로 볼이 높이 떠가지 않게 약간 돌리는 동작이 있어야 한다.

볼을 높이 날릴 때는 오른손이 앞으로 젖혀지지 않게 오른손바닥을 약간 위로 향한 채 휘둘러 치는데, 높이 날지 않도록 쳐야 할 때는 마치 탁구에서 드라이브를 걸 듯이 오른쪽 손등이 위로 가게 치면 된다.

올려 치는 그린에서 핀이 앞에 있을 때

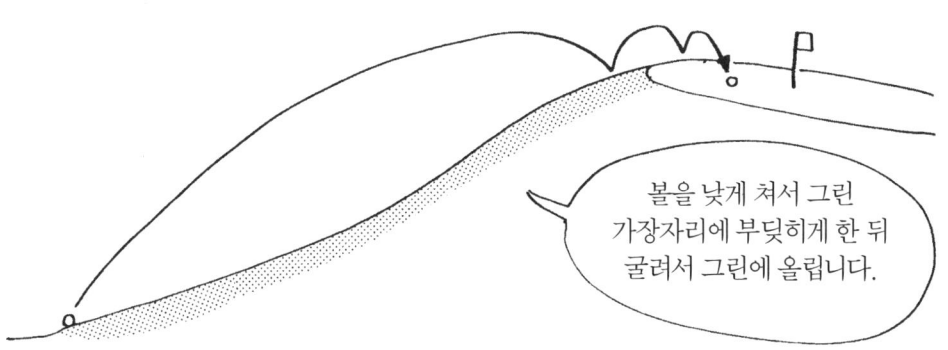

볼을 낮게 쳐서 그린 가장자리에 부딪히게 한 뒤 굴려서 그린에 올립니다.

피치 앤드 런의 공략은 볼을 낮게 쳐야 하므로 볼을 오른발 끝에 두고

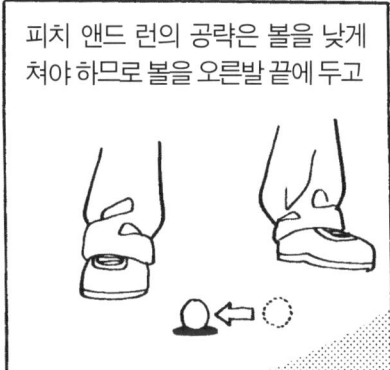

타면을 엎어서 어드레스한다.

위에서부터 곧추 내리듯 친 다음 팔로 스루를 낮게 멈춘다.

헤드를 낮게 내면서 오른쪽 손등이 위로 가게 친다.

● ○ 어프로치 샷·숏 게임 ○ ●

그린이 내려다보이는 경사에서의 어프로치

그린이 내려다보이는 내리막 경사에서 볼을 날려 칠 때는 타면을 핀 쪽으로 향하게 하고, 거침없이 왼쪽을 향해 휘둘러 쳐야 한다.

골프채는 물론 샌드 웨지여야 하는데, 왼쪽을 향해 서서 타면을 핀 쪽을 보게 하면 볼은 한가운데나 약간 오른발 쪽에 위치하게 된다. 왼쪽을 향해 서서 볼을 왼발 쪽에 놓으면 타면도 왼쪽을 향하게 되므로, 이런 상태에서 치면 볼도 왼쪽으로 갈 수밖에 없다.

내리막 경사에서 볼을 날려 칠 때는 휘두르는 동작을 크게 할 필요가 있으므로 스탠스를 넓게 잡는다. 이 경우는 왼쪽을 향해 몸을 연 상태에서 치는 것이기 때문에 상당히 크게 휘둘러 쳐도 지나치게 많이 날아가지 않는다. 그러므로 벙커에서 치는 것처럼 왼쪽으로 거침없이 휘둘러 치면 된다. 이때 체중은 물론 낮은 쪽에 있는 왼발에 실리게 되는데, 볼을 치는 순간을 예상해서 처음부터 오른쪽 무릎을 안쪽으로 보내 놓는다. 체중을 오른발에 두거나 백스윙 때 오른쪽 무릎을 놀리면 여지없이 뒤땅을 치게 된다.

이런 상황에서는 볼을 낮게 날려 그린에 못 미친 둔덕에 부딪치게 해 그린에 올리는 방법도 있다. 이 경우는 스탠스를 왼쪽으로 향하게 하지 않아도 되므로 핀 쪽으로 똑바로 향한 뒤 볼은 오른발 앞에 오게 한다. 이 상태에서 양손을 왼쪽 허벅지 쪽에 오게 하면 자연히 헤드보다 손이 앞으로 나오고, 타면은 닫히는 식이 되어 볼은 낮게 날아간다.

그린이 내려다보이는 경사에서의 어프로치

샌드 웨지로 공략해야!

왼쪽을 향해 서고 볼은 약간 오른발 쪽에 둔다.

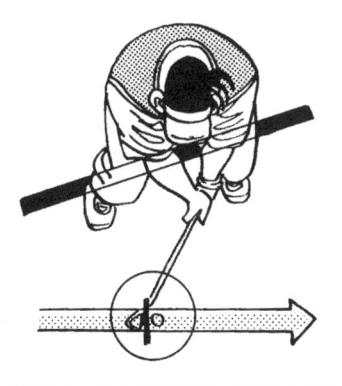

타면은 반드시 목표(=핀)를 향해야 한다.

스탠스를 넓게 잡고 체중을 왼발에 두고 왼쪽으로 스윙한다.

체중

● ○ 어프로치 샷 · 숏 게임 ○ ●

효과적인 칩 샷

그린 언저리 에이프런에 놓여 있는 볼을 1퍼트 이내 거리로 홀 컵에 갖다 붙여야 하는 상황을 맞았을 때 많은 아마 골퍼들은 칩 샷의 시작에서부터 잘못하는 경우가 많다. 백 스윙 시 손목을 일직선으로 편 상태에서 클럽 헤드를 뒤로 빼는 잘못을 범하는 것이다. 이렇게 하면 클럽 헤드가 볼의 밑 부분을 깊게 퍼내거나 밑에 맞아 결국 뒤땅을 치거나 토핑을 유발하는 경우가 많이 발생한다.

이런 미스 샷을 방지하기 위해서는 팔로 스루 때 손이 클럽 헤드보다 전방에 위치(핸드 퍼스트)하고 있어야 한다. 즉 백 스윙 때 손목을 먼저 약간 꺾어 주는 것이다. 오른손목으로 미리 각도를 고정시켜 손목을 일직선으로 편 상태로 백 스윙을 할 때보다 더 많이 클럽 헤드를 뒤로 빼 준다. 볼을 칠 때 손목이 클럽을 리드해야 된다.

칩 샷을 잘하는 골퍼는 백 스윙을 할 때 손목을 꺾어 주고, 임팩트 뒤에 손목을 펴 준다. 그러나 칩 샷을 잘하지 못하는 골퍼는 그 반대로 한다.

칩 샷의 목적은 볼을 홀 컵 가까이 붙여 원 퍼팅을 하는 데 있다. 그렇다면 왜 미리 손목을 꺾어야 하는가? 그렇게 해야 클럽의 궤도를 쉽게 유지할 수 있어 좀 더 정확한 가격이 가능하고, 왼손목은 수평 상태, 오른손목은 구부린 상태에서 임팩트할 수 있기 때문이다. 또 그래야 샤프트보다 손이 먼저 앞쪽으로 나온 상태에서 임팩트를 하게 되어 완벽하게 가격할 수 있다.

효과적인 칩 샷

그린 언저리 에이프런에 놓인 볼을 홀 컵 1퍼트 이내로 붙일 때는 칩 샷을!

1퍼트권

칩 샷을 잘하기 위해서는 백 스윙 때 오른손목을 꺾어 준다.

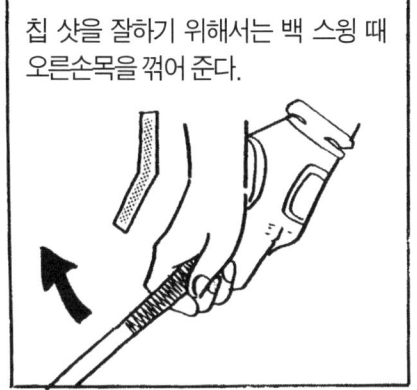

임팩트 뒤에는 손목을 펴 준다.

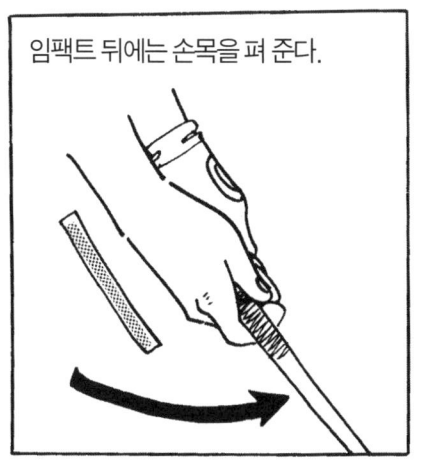

핸드 퍼스트 자세로 어드레스한 뒤 팔로 스루 때도 핸드 퍼스트가 되어야 한다.

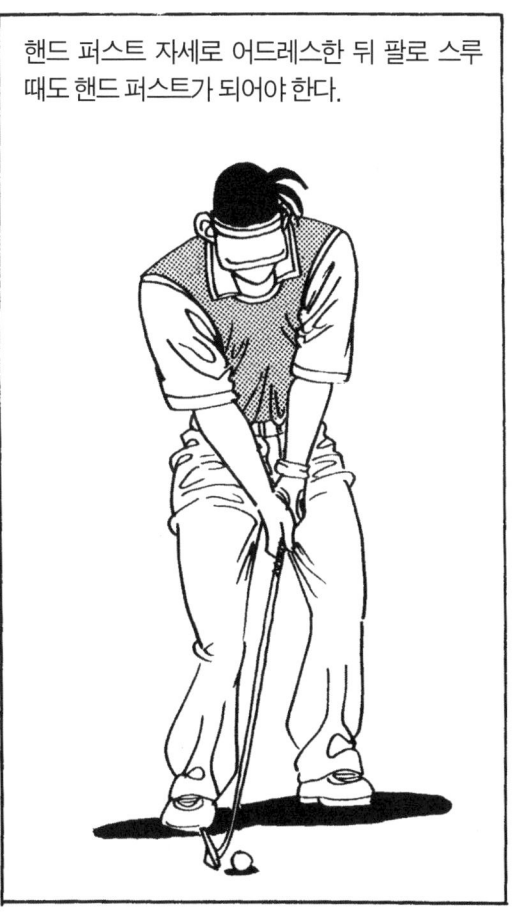

○● ○ 어프로치 샷 · 숏 게임 ○ ● ○

런의 양을 결정하는 코킹

어프로치 샷은 백 스윙 시 손목의 사용법에 따라 '자른다', '맞힌다', '민다'의 3가지로 나눌 수 있다.

백 스윙에서 손목을 구부리지 않는 노 코킹 타입의 타법은 '맞힌다'와 '민다'에 적합하다. 백 스윙에서 급격하게 손목을 구부리는 사람은 '자른다' 형의 샷이 된다. 평균적으로 손목을 구부리지 않는 사람은 어프로치에서 핀을 직접 노리기보다는 굴려서 붙이게 되고, 코킹을 하면 바로 멈추는 샷이 된다.

이 중 어느 것이 좋다고 할 수는 없지만 손목을 약간 구부리고 공의 런도 계산하면서 거리감을 느끼는 타법을 먼저 익히는 것이 좋다.

골프는 피치 샷보다 피치 앤드 런, 피치 앤드 런보다 러닝 샷의 순서로 굴리는 것이 쉽다. 가능하면 굴리라고 말하는 이유도 이 때문이다.

피치 샷은 거리와 방향이 확실히 맞지 않으면 핀에 붙지 않지만 굴리면 보다 붙이기가 쉽고 바로 컵에 들어가기도 한다. 또 타구를 멈추게 하는 피치 샷으로는 굴려서 붙이는 감각을 익힐 수 없다. 그린 위 어느 곳에 타구를 떨어뜨리면 얼마만큼 굴러갈 것이다라는 계산이 불가능해지는 것이다.

바로 멈추는 타구를 치고 싶으면 백 스윙에서 손목의 코킹을 많이 하고, 런이 많은 타구를 원하면 코킹을 적게 한다. 런이 많은 샷에서도 퍼팅식의 자세와 타법을 익히면 타구는 매우 잘 굴러가며, 보통의 러닝 샷을 하면 퍼팅식보다는 런이 적다. 이 모든 것이 백 스윙에 달려 있다.

런의 양을 결정하는 코킹

백 스윙 시 손목의 코킹을 많이 하는 샷은

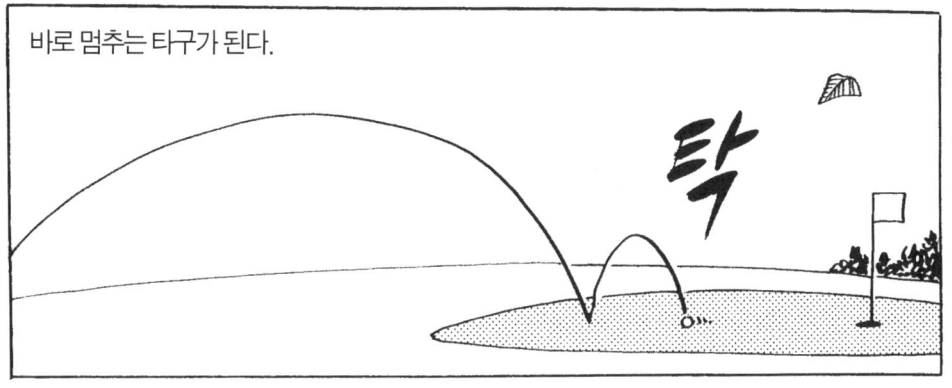

바로 멈추는 타구가 된다.

백 스윙 시 코킹을 적게 하면 런이 많은 타구가 된다.

어느 것이 좋다고 할 수는 없지만 손목을 약간 구부리고 공의 런도 계산하면서 거리감을 익히는 타법을 익히는 것이 좋습니다.

● ○ 코스 공략법 ○ ●

파3홀 티 샷에서 발생하는 생크

파3홀의 티 샷에서 생크가 자주 나는 골퍼들이 많다. 한두 번이면 몰라도 특히 매트가 깔린 파3홀에서 빈번히 미스가 나고, 그 때문에 그 홀이 되면 왠지 생크가 나지 않을까 두려워지고, 그만큼 긴장한 탓에 또다시 실수를 반복하는 악순환을 거듭하게 되는 것이다. 그렇다면 이런 고질병을 한방에 고칠 수 있는 방법은 없을까?

130야드 정도의 짧은 파3홀은 쉬워 보이지만 의외의 함정이 도사리고 있다. 숏 아이언을 사용하기 때문에 더욱더 일어나기 쉬운 생크가 그중 하나다. 거리가 없는 경우 결과를 바로 눈으로 볼 수 있기 때문에 몸이 일어나 생크가 발생하기 쉽다. 또 한 가지 원인은 티 샷을 위해 티 위에 볼을 얹어 놓고 로프트가 큰 아이언으로 치는 것을 들 수 있다.

대부분의 숏 아이언은 잔디 위에서 치지만 티 샷은 티 위에 공을 올려놓고 친다. 그러면 당연히 볼과 클럽의 위치에 차이가 발생한다. 숏 아이언은 특히 다운 블로로 치는 것이 습관화되어 있는 만큼 티 샷도 마찬가지로 볼 아래를 치는 듯한 느낌이 되어 차이가 발생하는 것이다. 그렇게 되면 클럽의 이음새로 볼을 맞히게 되어 생크가 많아진다. 최근 이러한 홀은 매트를 이용하는 곳이 많은데, 숏 아이언은 반드시 지면과 스칠 정도까지 낮게 쳐야 한다.

파3홀 티 샷에서 발생하는 생크

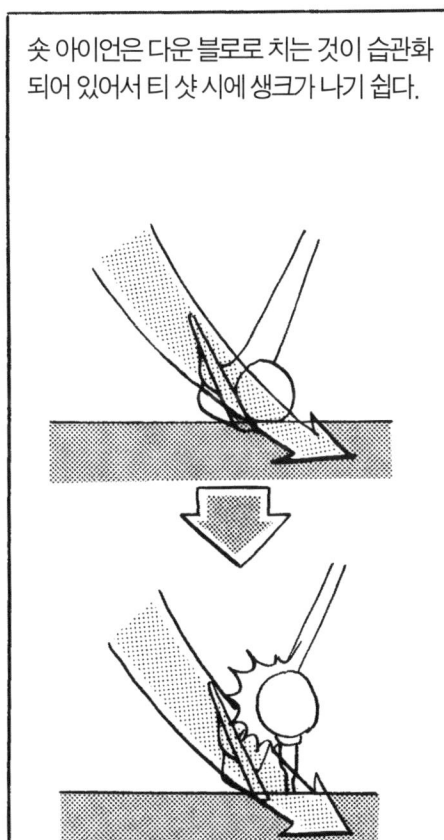

숏 아이언은 다운 블로로 치는 것이 습관화 되어 있어서 티 샷 시에 생크가 나기 쉽다.

숏 아이언으로 티 샷을 할 때는 지면과 스칠 정도로 낮게 쳐야 한다.

○ ○ 코스 공략법 ○ ○

워터 해저드가 있는 파3홀 공략법

　연못을 넘겨야 하는 파3홀을 만나면 지레 겁을 먹는 골퍼들이 굉장히 많다. 혹시 볼을 연못에 빠뜨리지는 않을까 하는 부담감 때문에 스윙을 그르치고, 뒤땅을 치거나 볼 윗부분을 치는 흔한 잘못을 저지르는 것이다.

　이처럼 연못이 부담스럽다면 연못을 가볍게 피해 날릴 수 있는 클럽을 골라 쓰면 된다. 한 클럽 길게 잡으면 든든한 감이 생기고 부담 없이 칠 수 있게 된다. 불안한 마음으로는 제1타를 치는 것을 가급적 피하는 것이 좋다. 주의해야 할 것은, 연못 바로 뒤편에서 그린 가장자리까지의 거리다.

　깃대 바로 미치지 못한 곳에 떨어뜨리려는 생각으로 짧게 날리면 볼이 연못에 빠질 우려가 있다. 약간 지나쳐 갈 정도로 치는 것이 연못에 빠뜨리지 않는 요령이다. 연못을 넘길 경우에는 높고 낮은 정도에 따라 4~5번 아이언과 큰 번호의 클럽을 골라 쓰는 것이 좋다.

　반대로 제1타가 내려쳐야 할 경우에는 지나치게 많이 날아갈 때가 많으므로 작은 번호의 클럽을 선택해야 한다. 또한 올려치는 것이 필요한 홀에서는 그린까지의 높고 낮은 상태에 따라 클럽의 번호를 1~2번 올려 쓴다.

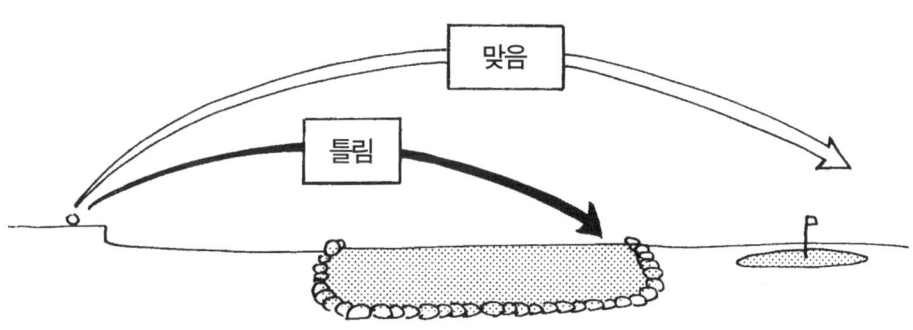

연못이 있을 때는 깃대를 약간 지나쳐 갈 정도로 쳐야 연못에 빠뜨리지 않는다.

● ○ 코스 공략법 ○ ●

파3홀 공략법

어떤 상황에서든 파3홀에서 제1타로 볼을 그린에 올렸다면 마음을 놓아도 된다. 최악의 경우 3퍼팅을 하더라도 보기에 그칠 것이고, 나머지는 2퍼팅 이내로 홀 아웃할 수 있다. 따라서 제1타의 목적은 온 그린시키는 것이다. 그러나 핀에 바짝 붙이겠다는 전략을 세우면 부담이 커 스윙의 리듬이 흐트러지고, 볼을 그린에 올리는 것조차 어렵게 된다. 목표를 되도록 넓게 잡아야 여유 있게 공략할 수 있는 것이다.

그린이 아무리 어렵더라도 중앙에서는 2퍼트가 무난하다. 따라서 핀의 위치에 상관없이 그린 중앙을 향해 제1타를 날려보내는 것이 가장 안전한 공략법이다.

그린 한가운데서는 2퍼팅의 확률이 높고, 가령 볼이 휘어 굴러갔어도 그린 끝 부분쯤에서 멈추게 되므로 안전하다.

● ○ 코스 공략법 ○ ●

숏 아이언은 볼을 파내듯

숏 아이언은 핀을 노리는 클럽이라고 할 수 있다. 그린에 올리는 것이 일차 목표지만 해저드나 트러블 샷이 아니라면 역시 핀을 공략해야 한다. 골퍼라면 자신의 목표를 향해 공격적으로 구사할 수 있는 클럽이 있어야 한다.

숏 아이언은 손잡이를 짧게 내려 잡고 볼을 스탠스의 약간 뒤쪽에 놓고 치면 정확도를 크게 높일 수 있다. 하지만 스윙은 변함없이 공격적으로 해야 한다. 타격은 마치 잔디 위의 볼을 앞으로 파내듯이 하면 된다. 아래쪽으로 내려치며 볼을 통과해 앞으로 나가도록 하고, 타격 직후 샤프트가 확실하게 표적선을 향하게 한다.

볼의 낙하 지점을 확인하기 위해 일찍 고개를 들고 싶은 유혹에 빠질 위험이 있다. 그러나 볼을 정확히 맞힐 수 있는 유일한 방법은 샷을 하는 동안 계속 머리를 낮게 유지하는 것이다.

항상 내리막 경사에서 타격한다고 가정하면 타격 직후 곧바로 클럽 헤드를 위로 들어올리지 않고 길게 뻗는 데 도움이 된다. 숏 아이언이라면 의식적으로 핸드 퍼스트와 오픈 스탠스로 어드레스하는 아마 골퍼가 많다. 그러나 이것은 기본적으로 필요없는 일이다. 숏 아이언도 드라이버와 마찬가지로 몸의 정면에서 볼을 튀긴다는 점에서는 변함이 없기 때문에 다운 블로의 형태를 의식할 필요는 전혀 없다.

숏 아이언은
볼을 파내듯

숏 아이언은 핀을 공략하는 공격적 클럽이 되어야 한다.

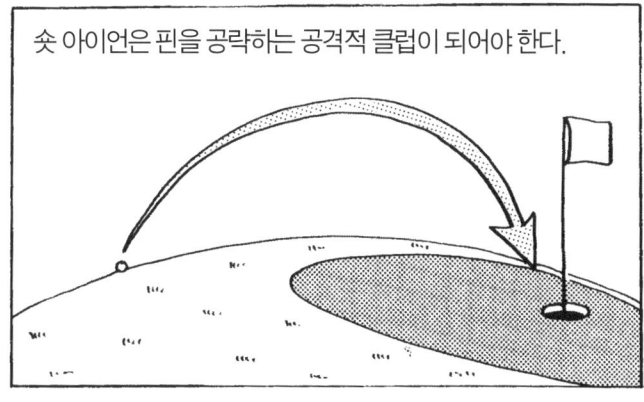

숏 아이언은 손잡이를 짧게 내려잡고 볼을 스탠스의 뒤쪽에 놓고 친다.

타격은 마치 잔디 위의 볼을 파내듯 한다.

타격 직후 샤프트가 확실하게 표적선을 향하게 해 준다.

샷을 하는 동안 머리는 계속 낮게 유지해야 한다.

머리 들어 공을 보면 안 됩니다~

● ○ 코스 공략법 ○ ●

숏 아이언이 실패하는 이유

숏 아이언의 실패 원인은 두 가지다. 오른손에 힘이 들어가거나 왼쪽으로 끌어당기는 경우다. 전자는 페이스가 열린 채 맞고, 후자는 헤드가 너무 돌아가 왼쪽으로 끌어당겨진다. 천천히 큰 아크를 만들어서 휘두를 때도 왼쪽으로 가는 경우가 있다.

샤프트가 짧은 숏 아이언은 그만큼 다루기가 쉽지만 타이밍이 조금이라도 벗어나기라도 하면 미묘하게 임팩트가 되지 않고, 방향성이 나빠진다.

숏 아이언 미스 샷의 더욱 근본적인 원인은 풋 워크에 있다. 이를테면 팔의 휘두름보다 발이 더 움직여 히팅 포인트가 어긋나는 것이다. 특히 다운 스윙에서 오른쪽 무릎이 안으로 들어가는 타이밍이 너무 빠르면 볼이 오른쪽으로 날아간다. 머리를 너무 남겨도 몸의 회전이 멈추어 왼쪽으로 끌어당기게 된다. 종이 한 장 차이로 볼이 완전히 다른 방향으로 날아가는 것이다.

짧은 아이언일수록 발바닥을 지면에 붙인 상태에서 임팩트해야 한다. 큰 클럽에서는 오른 무릎을 다소 빠르게 움직여도 크게 미스 샷이 나지 않지만 짧은 아이언일 경우에는 조금이라도 하반신이 움직이면 실수가 생긴다. 볼을 때리고 마무리할 때까지 오른발 뒤꿈치를 지면에 댄 상태를 유지하면 오른 무릎이 안으로 들어가는 것을 막을 수 있다.

이때 주의할 점은 어드레스 시 왼발을 볼 1개분 정도 뒤로 끌어 스탠스를 취하면 체중 이동이 완벽하게 이루어진다는 것이다.

숏 아이언이
실패하는 이유

짧은 아이언일수록 발바닥을 지면에 붙인 채 임팩트해야 한다.

숏 아이언이 실패하는 첫 번째 이유는 오른손에 힘이 들어가 페이스가 열린 채 맞기 때문이다.

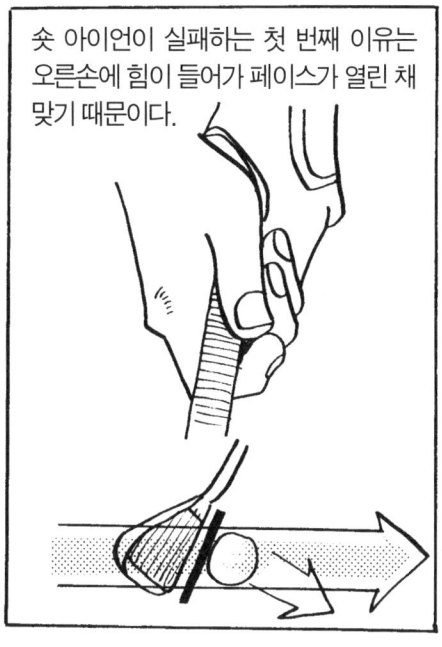

어드레스 시 왼발을 볼 1개분 정도 뒤로 끌어서 스탠스를 취하면 체중 이동이 완벽해진다.

두 번째 이유는 왼쪽으로 끌어당겨 헤드가 너무 돌아간 채 맞기 때문이다.

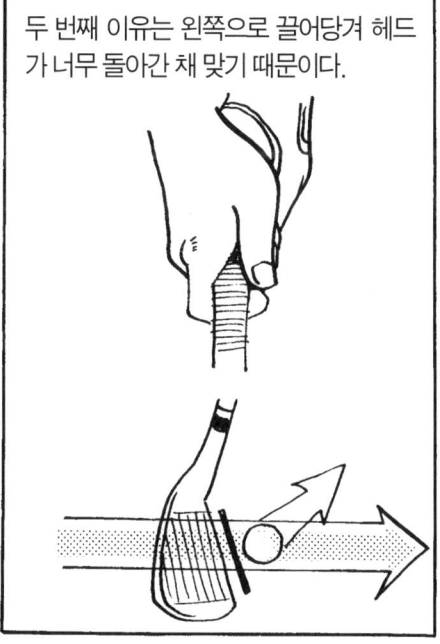

● ○ 코스 공략법 ○ ●

숏 아이언 샷이 슬라이스가 나는 경우

1 50야드 정도의 아이언 샷이 오른쪽으로 크게 슬라이스가 나고, 왼쪽으로 방향을 잡아 스윙하는데도 오른쪽으로 휘어지는 경우가 많다. 우드는 슬라이스가 별로 많이 나지 않는데, 숏 아이언은 슬라이스가 발생하는 이유는 무엇일까?

 슬라이스가 나는 원인에는 여러 가지가 있지만 이 경우는 특히 스탠스와 목표를 향하는 방법에 문제가 있다. 슬라이스를 커버하려고 왼쪽을 향해 스탠스를 취한다고 했는데, 이는 오픈 스탠스가 되고 있음을 뜻한다. 스탠스는 왼쪽을 향해도 어드레스 시 클럽을 세팅해 보면 페이스는 그린을 향해 정대칭을 이루고 있음을 알 수 있다. 즉 가상의 목표(왼쪽으로 잡고 있는 목표)에서 보면 오픈되어 있는 것이다. 자신의 의도대로 슬라이스가 난다면 다행이지만 임팩트는 목표 방향과 달리 그린을 향하고 있으므로 더욱 오른쪽으로 꺾이는 결과가 되는 것이다. 그러므로 슬라이스 구질을 가졌다면 왼쪽으로 향한 목표에 대해 스퀘어하게 페이스를 가져가야 한다.

 슬라이스를 고치려면 그립에서 몸의 턴까지 스트레이트한 타구가 가능하도록 정확한 스윙을 몸에 익히는 연습을 해야 한다. 왼발을 공 한 개분 정도 뒤로 끌어 오픈 스탠스를 취하고, 무릎과 허리는 비구선과 스퀘어로 어드레스를 취하는 것이 스트레이트성 구질을 연출하는 중요한 포인트다.

숏 아이언 샷이 슬라이스가 나는 경우

숏 아이언이 슬라이스가 나는 원인은 첫째, 아웃사이드 인의 스윙이 될 때이고

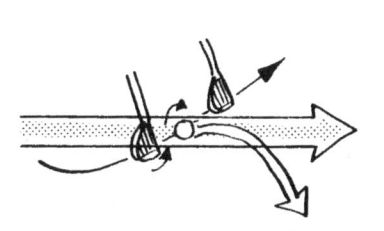

둘째, 오픈 스탠스를 취한 경우다.

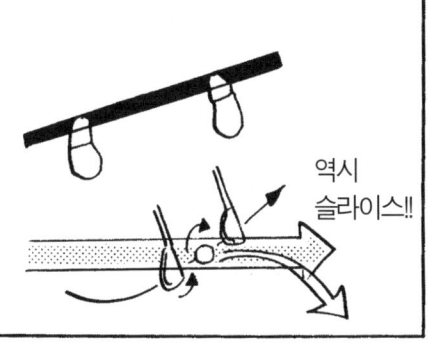

슬라이스를 예방하기 위해서는 클럽 페이스를 목표에 스퀘어하게 해야 한다.

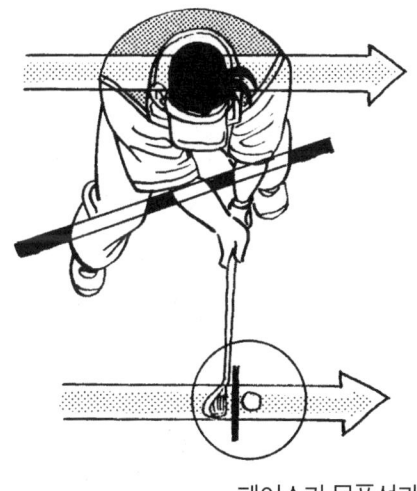

페이스가 목표선과 직각이어야!

오픈 스탠스를 취했으나 무릎과 허리는 목표선과 평행을!

● ● 코스 공략법 ● ●

아이언의 뒤땅이 고쳐지지 않을 때

힘 이 약한 여성 골퍼들은 세컨드 샷에서 아이언을 잡으면 왠지 불안해하고 정확하게 맞히지 못하는 경우가 많다. 대부분 볼보다 10cm쯤 못 미치는 지점에 헤드를 찔러 넣어 뒤땅을 범하는 것이다. 볼의 약간 앞을 치거나 샤프트를 짧게 잡는 등 여러 방법을 시도하지만 효과가 없다. 여기서 뒤땅 방지법을 소개한다. 어드레스와 임팩트 자세를 분석해 볼 때 실제로 볼을 치려고 하는 동작에서 오른쪽 어깨가 내려가는 것은 당연하다. 그러나 필요 이상으로 오른쪽 어깨가 내려가면 뒤땅의 원인이 된다.

예를 들어 볼을 쳐 올리려는 의식이 강하면 아래서부터 떠내듯 치고 싶어지므로 오른쪽 어깨가 내려간다. 또 다운 스윙에서 오른손과 샤프트의 각도를 푸는 것이 빨라도 뒤땅을 유발할 수 있다. 이는 손만으로 치는 것으로, 몸이 전혀 회전하지 않기 때문이다. 오른쪽 어깨가 너무 내려가지 않도록 어드레스에서 오른쪽 어깨의 높이를 점검할 필요가 있다. 볼의 위치가 바르지 않으면 처음부터 오른쪽 어깨를 내려 어드레스하는 경우가 있으므로 주의해야 한다. 오른쪽 어깨를 정확한 높이로 유지하는 방법으로 이런 동작을 익혀 보자. 일단 평소 하던 대로 어드레스에 들어간다. 볼에 헤드를 맞췄으면 바로 치지 말고 자세를 유지한 채 전방에 있는 나무 등을 바라본다. 그런 다음 다시 한번 헤드를 볼에 맞히면 오른쪽 어깨가 내려가지 않고 뒤땅을 칠 가능성도 훨씬 줄어든다.

아이언의 뒤땅이 고쳐지지 않을 때

볼을 쳐 올리려는 의식이 강하면 어퍼 블로 스윙을 하게 되어 오른쪽 어깨가 내려온다.

아이언 샷에서 볼을 띄우는 것은 클럽 헤드의 리프트 때문이지, 결코 퍼 올리는 듯 쳐서 뜨는 게 아니다.

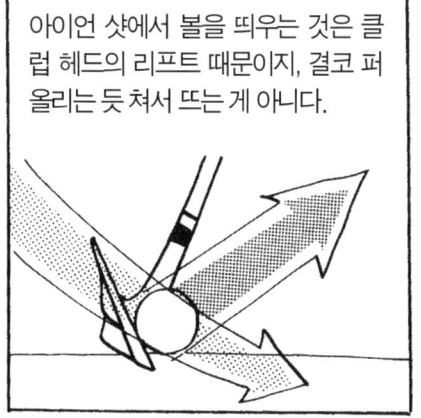

오른쪽 어깨 내림을 방지하고 다운 블로 스윙을 해야 한다.

오른쪽 어깨를 유지하려면 어드레스 시 볼에 헤드를 맞춘 뒤 전방의 나무 등을 한번 바라보고 다시 헤드를 볼에 맞힌다.

● ○ 코스 공략법 ○ ●

아이언 샷의 진짜 임팩트

많은 아마 골퍼들이 아이언 샷의 임팩트를 잘못 이해하고 있다. 티 업한 볼을 치는 드라이버와는 달리 풀 위에 있는 볼을 치기란 쉽지 않다. 그러나 아이언의 기능을 잘 이용해 친다면 아마 골퍼라도 볼에 스핀을 걸 수 있다. 이를 위해서는 우선 바른 임팩트부터 이해해야 한다.

많은 아마 골퍼들이 뒤땅을 치고 있다. 연습장에서 아이언 샷을 연습하면서 '퍽' 하고 자주 매트를 치는 소리를 내는 골퍼가 있는데, 이런 연습은 아무런 의미가 없다. 뒤땅을 치고 있다는 증거이기 때문이다.

매트에서는 약간 뒤땅을 쳐도 볼이 어느 정도 날아가지만 풀 위에서는 전혀 비거리가 나오지 않는다. 아이언 샷은 우선 볼과 페이스가 맞는 소리가 나야 한다. 이런 것들을 종합해 지금까지 바른 아이언 연습을 했는지 점검해 볼 필요가 있다.

아이언은 페이스가 덮어진 상태로 볼을 맞힌다. 페이스가 볼에 맞고 볼이 페이스 위를 미끄러져 볼에 스핀이 걸리며, 이 스핀이 바로 볼을 띄우는 것이다. 프로들의 아이언 샷이 그린 위에서 백 스핀이 걸려 뒤로 돌아오는 것도 바로 이렇게 제대로 된 임팩트에서 볼이 맞았기 때문이다.

또 페이스가 조금 엎어진 모양으로 클럽이 내려가기 때문에 뒤땅을 치지 않고 볼만 칠 수 있다. 페이스가 눕혀진 상태에서 내려간다면 뒤땅을 치거나 토핑을 내기 쉽다.

아이언 샷의 진짜 임팩트

아이언 샷은 공을 직접 때리는 다운 블로 샷이어야 한다.

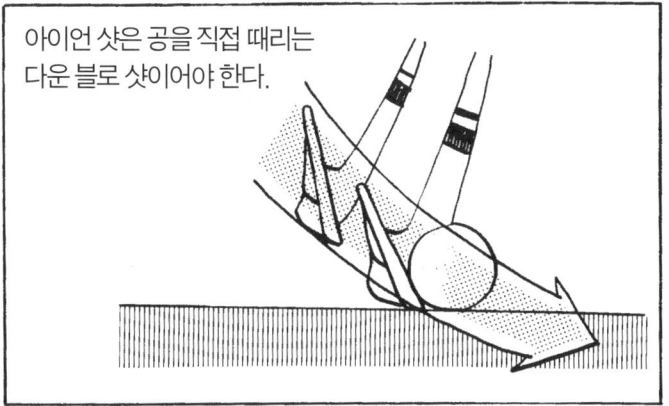

결코 뒤땅을 치는 샷이 아니다.

틀림

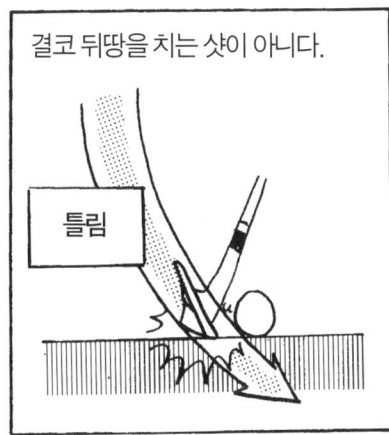

특히, 페이스가 눕혀지면 뒤땅을 치기 쉽다.

아이언은 페이스가 덮어진 상태로 볼을 직접 맞히는 다운 블로 스윙이다.

● ○ 코스 공략법 ○ ●

미들 아이언 정복

볼의 높이가 일정하지 않으면 거리감도 일정하지 않아져 결국 미들 아이언을 제대로 사용할 수 없다.

이때는 볼의 높이를 일정하게 하는 공략법이 필요하다. 가장 중요한 것은 다운 블로로 볼을 때리는 것이다. 이 타법은 아이언의 기본으로, 구체적으로는 양손을 볼보다 조금 앞에서 임팩트한다는 기분으로 스윙하면 된다.

구질이 일정하지 않은 것은 임팩트 시 손이 볼 뒤에 있기 때문이다. 결국 손보다 헤드가 앞으로 나가기 때문에 왼손목은 손등 쪽으로 구부러지고, 오른손목은 쭉 편 상태에서 임팩트를 하게 된다. 그 결과 원래의 로프트 이상으로 때리게 되어 올라가는 구질이 된다. 즉 5번 아이언으로 때려도 7번 정도의 로프트 높이로 때린 것처럼 볼이 높이 올라가 버리는 것이다.

따라서 바른 임팩트 감을 갖기 위해서는 천천히 다운 스윙을 끌어내려 임팩트 직전까지 왼손목을 꺾은 채 왼쪽 허벅지 앞으로 끌어내려 본다.

미들 아이언 정복

볼의 높이를 일정하게 하려면 다운 블로로 볼을 강타한다.

구질이 일정치 않은 이유는 손이 볼보다 뒤에 있기 때문!

결국 퍼올리는 스윙이 되어 로프트 이상으로 뜨게 된다.

볼이 뜨는 이유는 로프트 각도 때문임을 명심해야!

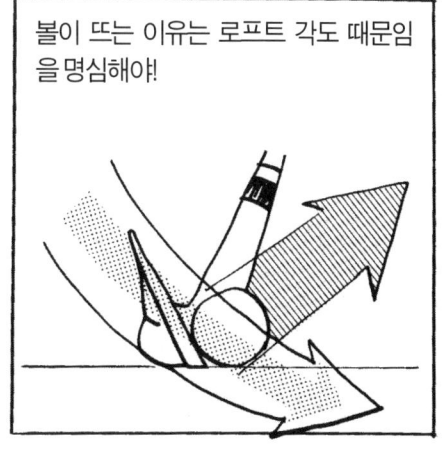

○ 코스 공략법 ○

미들 아이언의 타법

미들 아이언 이하의 클럽은 비거리보다 보내는 위치가 중요시되는 클럽이다. 미들 아이언은 스윙의 기본 동작을 기억하는 데 가장 적합한 클럽이므로, 골프를 처음 시작할 때는 6번이나 7번 아이언 하나로 자신의 스윙을 만드는 연습을 하는 것이 좋다. 그러나 길이나 로프트가 손에 맞고, 치기 쉽다고 해서 힘에 의존해 휘두르는 것은 금물이다.

초보자에게 있어 비거리는 2차적인 문제다. 다른 사람이 7번 아이언으로 150야드를 날린다고 해서 자기도 150야드를 욕심내거나, 또 날릴 수 있다는 생각은 피해야 한다.

우선 저스트 미트의 감각을 파악한다. 가능한 한 클럽을 가볍게 쥐고, 3/4 스윙으로 몸의 회전을 우선시한다. 풀 스윙의 큰 피니시는 필요 없고, 톱 스윙의 높이까지 휘둘러 빼 간다. 볼에 헤드를 부딪히고 끝내거나 크게 휘둘러 임팩트가 흐트러지는 연습은 피하고 몸을 회전해 정확한 피니시를 만든다. 핸드 퍼스트의 어드레스가 포인트다. 클럽은 가볍게 잡고 그립의 위치가 왼쪽 허벅지 안쪽 앞, 즉 헤드보다 손이 먼저(왼쪽으로) 오는 어드레스를 명심해야 한다. 자신도 모르게 손이 중앙으로 들어오기 쉬운데, 핸드 퍼스트로 어드레스함으로써 볼을 뒤에서부터 때리는 이미지가 가능해진다.

또 페이스의 가장 아래쪽 날을 비구선에 대해 직각으로 두는 습관도 길러둬야 한다. 비거리는 머릿속에서 아예 지우고 정확도에 집중하면 된다.

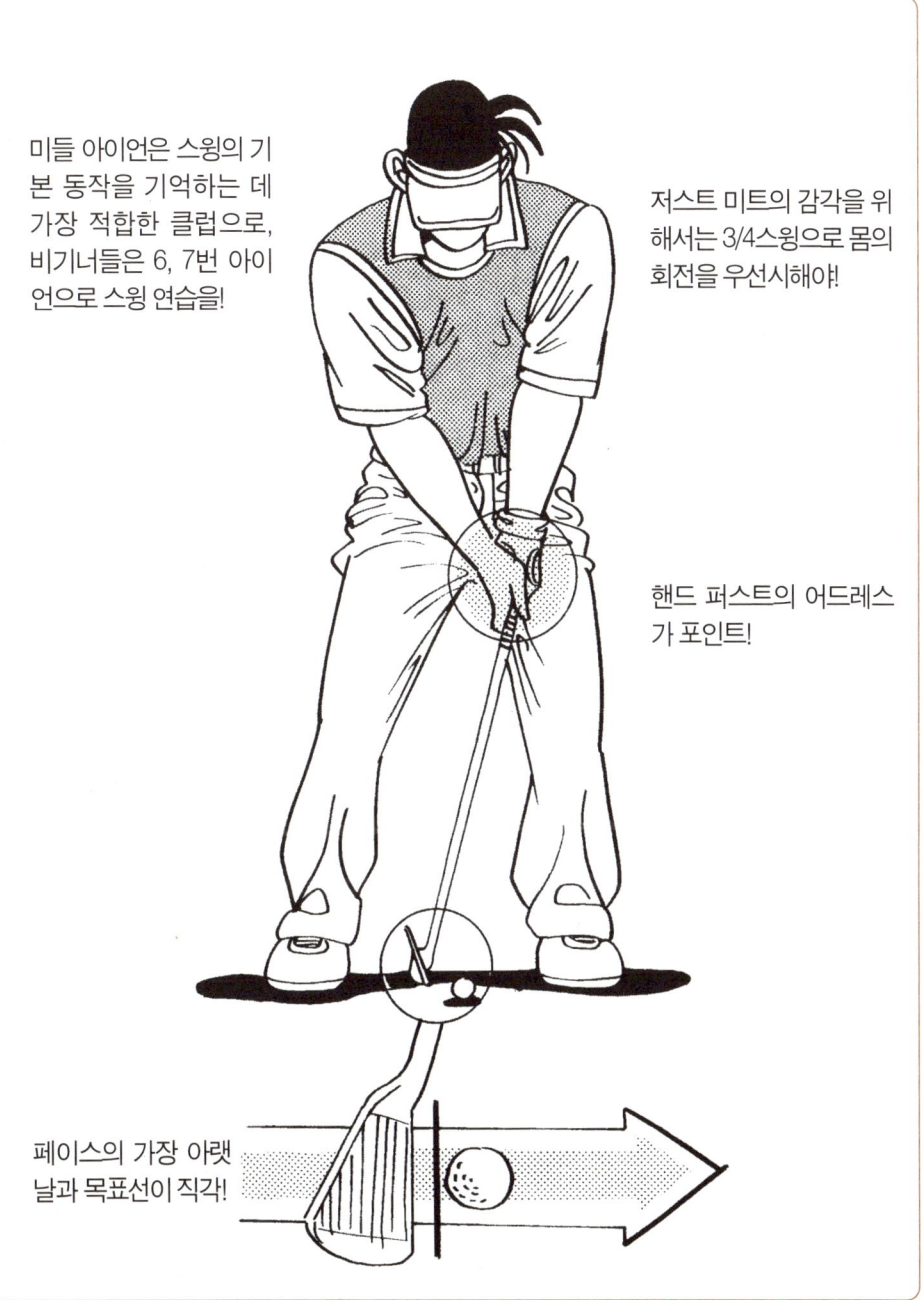

● ○ 코스 공략법 ○ ●

롱 아이언의 요령

롱 아이언은 아마 골퍼가 가장 질색하는 클럽일 것이다. 로프트가 작고 헤드도 작은 데다 얇아서 힘이 없으면 칠 수 없다고 믿는 골퍼들도 있다. 그러나 이것은 착각이다. 롱 아이언은 처음부터 비거리를 염두에 두지 말고, 굿 샷도 크게 바라지 않는 것이 좋다. 클럽을 잡았을 때의 감촉, 또 어드레스했을 때 볼과의 적당한 거리 정도만 생각하고 쉽게 친다.

롱 아이언을 연습할 때는 볼을 티에 올려놓고 쳐 본다. 몸을 비틀어 천천히 가볍게 휘두르는 것부터 시작한다. 거리를 내려고 욕심을 부리면 볼을 떠올리고 싶어져 의도와는 반대로 나쁜 습관만 몸에 배게 된다. 몸을 크게 비틀어 회전하는 기본은 지키면서 천천히 휘두르는 것이 좋다.

풀 스피드로 휘두르지 않아도 페이스의 중앙에 맞으면 어느 정도 날아간다는 것을 염두에 두면 된다. 7번 아이언 정도의 거리만 보낸다고 생각하면 힘을 넣지 않고 끝낼 수 있다. 힘을 주지 않고 가볍게 휘두르면서 헤드가 달려나가는 역학을 이해하는 것이 롱 아이언의 포인트다. 티 업해서 좋은 감으로 칠 수 있게 되면 매트 위에 볼을 둔다. 능숙하게 되지 않으면 다시 티 업한다.

반복하는 동안 비법을 자연스럽게 알게 된다. 롱 아이언이 익숙해지면 미들 아이언 이하는 쉽게 숙달된다. 프로들이 쓰는 드라이빙 아이언이나 2번 아이언은 어떨지 몰라도 3, 4번 아이언 정도는 힘이 없는 골퍼도 충분히 다룰 수 있다.

롱 아이언의 요령

롱 아이언을 처음 다룰 때는 거리에 연연하지 않고 친다.

처음 롱 아이언을 연습할 때는 볼을 티에 올려놓고 쳐 본다.

물론 가볍게 휘두르는 것부터 해야죠.

티 업해서 좋은 각으로 칠 수 있게 되면 매트 위에 볼을 두고 친다.

능숙하지 않으면 다시 티 업 해도 돼요!

반복해서 연습하다 보면 롱 아이언에 익숙해지는데

그렇게 되면 미들 아이언 이하는 쉽게 숙달됩니다. 정확한 방법으로 쳐야만 1퍼트만 남기는 게 가능해지니까요.

● ○ 코스 공략법 ○ ●

롱 아이언 샷의 정복

아마 골퍼들은 롱 아이언만 잡으면 힘이 들어간다고 한다. 이는 프로들도 마찬가지로, 특히 몸이 풀리지 않았을 때는 더욱 힘이 들어가 휘두르는 동작이 둔해진다.

아마추어들은 백 스윙을 할 때 힘을 다 써 버리고 정작 휘둘러 뺄 때는 헤드 스피드가 늦어진다. 헤드 스피드를 내기 위해 백 스윙을 빨리 한다 해도 휘둘러 뺄 때는 스피드가 늦어지고, 서둘러 다운 스윙을 해도 역시 잘 안 된다.

이럴 경우에는 무엇보다 '천천히 휘두른다'고 마음먹어야 한다. 롱 아이언을 멋지게 치려면 끝까지 휘둘러야만 한다. 클럽이 공을 멀리 보내는 것이지 자신의 힘으로 보내는 것은 아니다. 골퍼가 할 수 있는 일은 타이밍을 맞춰 잘 휘둘러 빼 주는 것뿐이다.

그러기 위해서는 그립에 힘을 넣지 말고 손목이나 팔꿈치를 부드럽게 유지해야 한다. 어떻게든 멀리 보내야겠다는 의지가 강하면 자기도 모르는 사이에 손목이나 팔꿈치가 굳어지기 쉽기 때문이다. 그립은 왼손 아래 세 손가락으로 헤드 무게를 느낄 수 있도록 가볍게 잡고 오른손은 그냥 얹어만 놓는다는 기분을 가지면 힘이 빠지면서 헤드의 원심력으로 볼을 띄워 멀리 날려 보낼 수 있다.

롱 아이언 샷의 정복

● ○ 코스 공략법 ○ ●

롱 아이언을 제대로 치려면

롱 아이언은 특별한 클럽이 아니다. 그러나 이 클럽을 능숙하게 다루지 못하는 아마 골퍼들은 처음부터 '롱 아이언은 어려운 채'라고 단정해 버리곤 한다.

롱 아이언은 다른 아이언에 비해 샤프트가 길고 로프트가 작으며 헤드도 작다는 특징이 있다. 우선 처음부터 매트 위에 볼을 놓고 치려면 어려우므로 티 업해서 연습하는 것이 좋다. 이렇게 하면 자연스럽게 스윗 스폿으로 때리는 감각이 키워질 것이다. 능숙하지 않은 클럽을 정복하기 위해서는 생각을 바꾸는 것이 중요하다. 즉 누가 뭐라고 해도 스스로 자신감을 가지라는 것이다. 티 업해서 때리는 데 익숙해지면 그 다음에는 매트 위에 내려놓고 친다. 이때 롱 아이언만 휘두르지 말고 그 밖의 아이언을 번갈아 가면서 샷을 시도해 본다. 8번 아이언이 익숙하면 우선 8번 아이언을 연습한 다음 그 이미지를 기억하여 롱 아이언을 시도해 보는 것이다.

롱 아이언을 제대로 치려면

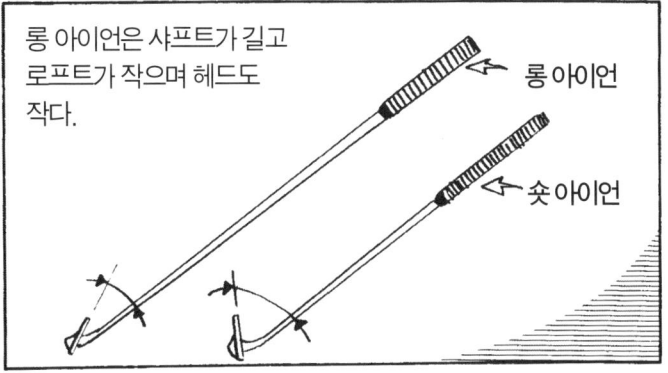

롱 아이언은 샤프트가 길고 로프트가 작으며 헤드도 작다.

← 롱 아이언
← 숏 아이언

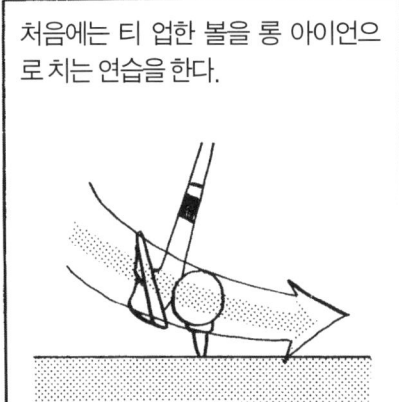

처음에는 티 업한 볼을 롱 아이언으로 치는 연습을 한다.

티 업해서 치는 것이 익숙해지면 매트 위에 놓고 친다.

매트 위에 놓고 칠 때는 롱 아이언과 그 밖의 자신 있는 아이언을 번갈아 가면서 샷을 시도한다.

● ○ 코스 공략법 ○ ●

우드와 아이언 타법의 차이

우드와 아이언은 타법이 서로 다르지 않을까 하고 궁금해하는 골퍼들이 많다. 그러나 스윙의 기본은 모두 같다. 다만 우드와 아이언은 클럽의 길이와 스탠스의 넓이, 볼과의 거리가 바뀌기 때문에 타법도 달라질 것 같은 기분이 드는 것뿐이다.

스윙 감각은 변하지 않기 때문에 클럽에 따라 스윙을 바꿀 필요는 없다. 타법이 변한다고 느껴지는 것은 티 업하고 치는 것과 하지 않고 치는 것에 차이가 있기 때문이다. 따라서 스탠스의 넓이와 볼의 위치를 약간씩 변화시키는 것으로 각각에 맞는 타법을 이룰 수 있다.

스탠스의 넓이는 체중 배분과, 볼의 위치는 스윙 아크의 최저점과 관계가 있다. 스탠스도 가장 넓고 볼도 왼발 뒤꿈치 선상에 두는 드라이버 샷은 클럽을 찔러 넣는 것보다 쓸어 치는 이미지가 된다. 즉 클럽이 최저점을 지난 뒤 위로 올라가는 위치에서 볼을 맞히게 되는 어퍼 블로의 이미지를 갖게 된다.

반면 스탠스는 좁아지고 볼의 위치가 중앙으로 들어오는 아이언 샷은 쓸어 치기보다 클럽이 최저점을 지나기 전에 볼을 먼저 잡는 다운 블로의 이미지에 가깝다. 이런 이미지의 차이는 어드레스가 달라지기 때문인데, 스윙 감각에는 변함이 없다. 타법이 달라져야 할 것 같은 기분이 들면 어드레스를 점검하는 것이 좋다. 비기너들은 클럽이 바뀌어도 똑같은 스탠스를 하는 경우가 많은데, 스탠스의 넓이에 주의해야 한다.

우드와 아이언 타법의 차이

드라이버 샷은 스탠스도 넓고 볼도 왼발 뒤꿈치 선상에 있어서 어퍼 블로 스윙이 된다.

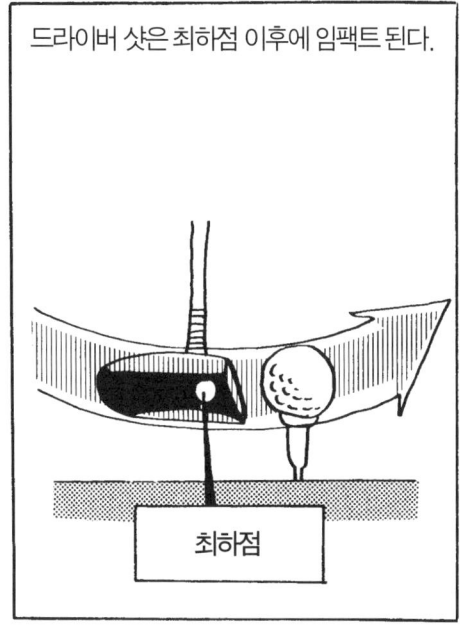

드라이버 샷은 최하점 이후에 임팩트 된다.

최하점

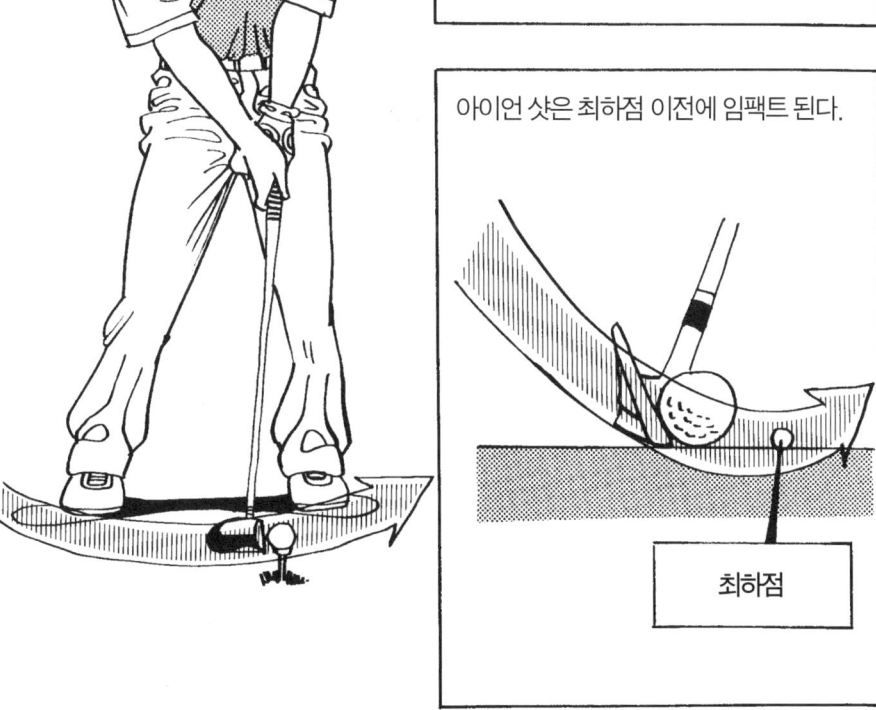

아이언 샷은 최하점 이전에 임팩트 된다.

최하점

코스 공략법

○○ 코스 공략법 ○○

라이가 나쁠 때는 예각으로 내리친다

페어웨이라고 해도 방심은 금물이다. 디봇 자국이나 잔디가 없는 맨땅 등 라이가 나쁜 경우도 결코 적지 않기 때문이다.

이처럼 라이가 나쁜 상황에서는 로프트가 적은 클럽으로 치면 뒤땅이 나기 쉽다. 이 경우에는 무리하게 그린을 공략하지 말고 7번 아이언보다 짧은 클럽으로 우선 그린 가까이 붙이는 것만으로 충분하다고 생각하는 것이 좋다.

볼의 위치는 라이가 좋을 때에 비해 볼 1~2개 정도만큼 오른쪽으로 놓고, 예각의 궤도로 볼을 깨끗하게 포착해야 한다. 볼을 띄워 올리고 싶다는 마음은 거의 100%라고 해도 좋을 만큼 퍼내는 타법의 미스로 연결된다. 라이가 좋을 때도 그렇지만 디봇 자국 등 나쁜 라이에서는 약간의 방심이 큰 실책을 가져온다. 그렇기 때문에 특히 다운 블로로 치는 감각이 필요한데, 그립 엔드를 볼에 부딪히는 이미지로 다운 스윙을 하면 예각으로 칠 수 있게 되어 저스트 미트가 가능해진다.

볼이 러프에 들어갔을 때는 남은 거리를 생각하고 볼이 빠져 있는 정도에 따라 클럽을 선택한다.

디봇 자국 등 라이가 나쁜 상황에서는 볼을 떠올리려 하지 말고 특히 위에서부터 예각으로 찔러 넣어야 한다.

라이가 나쁠 때는 클럽이 제 기능을 발휘할 수 있는 비거리가 줄어들기 때문에 한 클럽을 올려 잡고 임팩트=팔로 스루라는 이미지로 공략하면 된다.

라이가 나쁠 때는 예각으로 내리친다

페어웨이라 해도 디봇 자국에는 잔디가 없어서 라이가 나쁘다.

이럴 때는 7번 아이언보다 짧은 아이언으로 그린 가까이 붙이는 것이 중요하다.

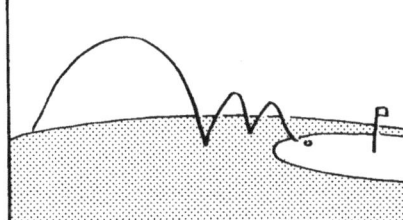

평소보다 볼 1~2개 정도만큼 오른쪽에 넣고 예각으로 볼을 타격한다.

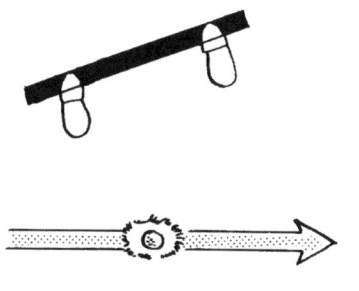

예각으로 치기 위해서는 그립 엔드를 볼에 부딪히는 이미지로 다운 블로 스윙을 한다.

● ○ 코스 공략법 ○ ●

페어웨이 우드 활용법

필드에서 가장 유용한 클럽이라면 뭐니뭐니해도 페어웨이 우드를 꼽을 수 있을 것이다. 페어웨이 우드가 잘 맞지 않는다고 느끼는 것은 클럽 헤드가 볼에 맞는 순간을 제대로 파악하지 못하고 있기 때문이다. 페어웨이 우드가 롱 아이언보다 다루기 쉬운 이유 가운데 하나로 '솔이 넓다'는 점을 들 수 있다. 솔이란 헤드의 밑바닥 부분으로, 임팩트 때 지면과 부딪히는 곳이다. 따라서 솔이 넓으면 한층 미끄러지기가 쉬움은 물론 약간의 미스 샷이 나도 원하는 방향으로 공략이 가능하다. 이에 비해 롱 아이언은 솔이 좁기 때문에 뒤땅을 치는 실수를 범하기 쉽다.

지면에 놓여 있는 볼을 쳐 올리고 싶다는 생각이 강하면 시선이 높은 곳을 올려다보게 된다. 이 경우 어깨 라인이 틀어져서 오른쪽 어깨가 내려가게 된다. 이런 어드레스에서는 볼을 떠올리는 듯한 스윙밖에 할 수 없으므로 당연히 땅볼이 나온다. 겨누는 자세를 취할 때 볼을 오른쪽 옆이 아니라 위에서 내려다봐야 한다. 솔을 조금 띄워서 겨누고 볼의 옆구리를 향해 휘두르면 볼은 틀림없이 정확하게 올라갈 것이다.

우드의 타법에서 중요한 것은 무거운 짐을 들 때처럼 양쪽 어깨의 힘을 빼고 손을 낮은 위치에 유지하는 것이다. 손이 높으면 미스 샷의 원인이 된다.

페어웨이 우드 활용법

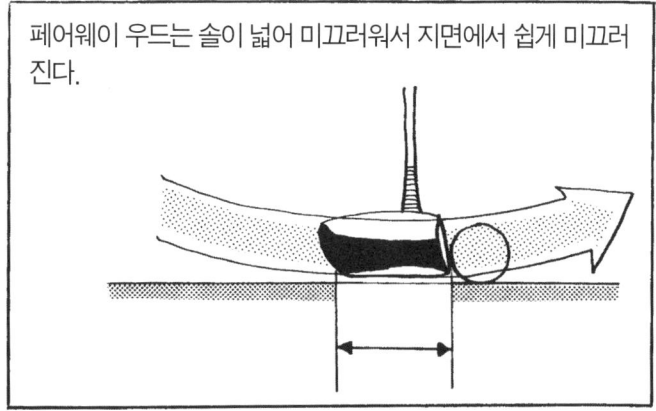

페어웨이 우드는 솔이 넓어 미끄러워서 지면에서 쉽게 미끄러진다.

볼을 쳐 올리려고 오른쪽 어깨를 내리고 스윙하면 머리도 오른쪽으로 이동한다.

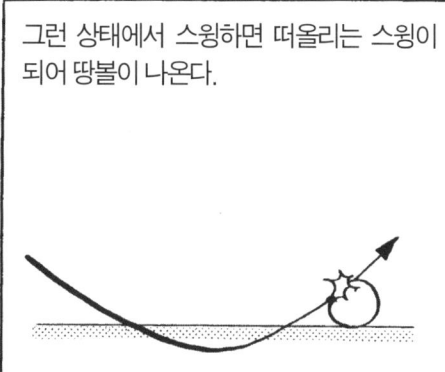

그런 상태에서 스윙하면 떠올리는 스윙이 되어 땅볼이 나온다.

볼을 정확하게 띄우고 싶을 때는 볼을 위에서 내려봐야 한다.

우드 타법에서는 양손의 힘을 빼고 손을 낮은 위치에 두어야 한다.

• ○ 코스 공략법 ○ •

페어웨이 우드 타법의 이미지

페어웨이 우드의 스윙 이미지에 대해서는 찔러 넣는 느낌을 강조하는 골퍼도 있고, 쓸어 치는 감각을 중요시하는 골퍼도 있다.

페어웨이 우드는 볼이 떠 있는 좋은 라이라면 치기가 쉽지만 볼이 러프에 빠졌을 때는 주의를 기울여야 한다. 비거리보다는 정확하게 치는 것이 목적이므로, 초보자의 경우 찔러 넣는다는 생각으로 몸을 회전하면 큰 미스를 방지할 수 있다. 페어웨이에서 우드로 칠 때 권하고 싶은 것은 클럽을 0.5인치 정도 짧게 잡으라는 것이다. 그리고 낮게 팔로 스루할 생각으로 스윙하면 떠내는 타법을 피할 수 있다. 낮은 지점으로 클럽을 휘둘러 빼 가려고 하면 볼을 위에서부터 때리는 이미지가 된다. 손으로 볼을 떠올리는 것이 아니라 클럽 헤드의 로프트가 떠올려 주는 것이다.

가장 흔한 미스는 토핑이다. 페이스를 허공을 향해 휘둘러 올리기 때문에 페이스의 아래 또는 솔로 치게 되고, 오른발에 체중이 남아 몸이 젖혀지는 것이다. 낮은 위치로 휘둘러 빼 가기 위해 허리를 수평으로 돌리는 이미지를 갖는 것이 좋다. 그래야 몸의 회전으로 칠 수 있다. 비구선의 왼쪽으로 빼는 연습 스윙을 하면서 백 스윙보다 어디로 휘둘러 뺄 것인가를 생각한다.

또 페어웨이 우드는 스푼이 아닌 버피나 크리크를 사용하자. 크리크는 볼도 떠올려 주고 치기 쉬우므로 14개 클럽 가운데 반드시 끼워 두면 스코어를 좋게 하는 데 많은 도움이 된다.

페어웨이 우드를 쓸 때는 0.5인치 정도 클럽을 짧게 잡는다.

허리를 수평으로 돌리는 이미지를 갖고 쳐야 몸의 회전으로 스윙할 수 있다.

낮게 팔로 스루할 생각으로 스윙한다.

○ ● ○ 코스 공략법 ○ ● ○

페어웨이 우드를 잘 치려면

여성 골퍼에게 페어웨이 우드는 최대의 무기다. 그런데 페어웨이 우드가 전혀 맞지 않고 볼이 땅 위로 굴러다니면 대책이 없다. 스푼은 물론 4번이나 5번 우드까지 그렇다면 정말 괴롭다.

그런데 페어웨이 우드가 고민인 여성 골퍼들을 보면 의외로 어려운 클럽을 쓰는 경우가 많다. 예를 들면 샤프트가 너무 단단하다거나 페이스가 두껍거나 너무 큰 경우 등이다. 이런 클럽은 볼을 띄워 올리기가 힘드므로 가능하면 사용하기 쉬운 저중심 클럽을 선택한다. 스푼 대신 캐리도 나고 쉽게 날릴 수 있는 4번 우드를 쓰는 것도 한 방법이다. 최근에는 7번 우드, 9번 우드 등 다양한 페어웨이 우드가 등장했다. 우선 볼을 띄우기 쉬운 클럽부터 시작해 보자.

스윙에서 주의해야 할 것은 절대로 볼을 떠올리려 해서는 안 된다는 것이다. 볼을 떠올리려 하면 아래서부터 퍼내듯 치게 되므로 반드시 오른쪽 어깨가 내려간다. 따라서 뒤땅이 나거나 토핑이 된다. 이럴 때는 오히려 낮은 볼을 친다는 생각으로 스윙해야 한다. 팔로 스루에서 헤드를 높게 올리지 말고 낮게 억제한다. 그러면 오른쪽 어깨가 내려가지 않아 볼을 정확하게 포착할 수 있다. 왼발 내리막 라이에서 친다고 생각하고 휘둘러 보자. 어깨가 수평으로 회전하므로 반드시 볼을 맞힐 수 있을 것이다.

여성 프로들 중에서도 스푼보다 볼을 띄우기 쉽고 쉽게 비거리를 내는 4번이나 5번 우드를 쓰는 선수가 많다.

페어웨이 우드를 잘 치려면

낮은 볼을 친다는 생각으로 스윙해야 한다.

팔로 스루에서도 헤드를 높이 올리지 말고 낮게 억제한다.

● ○ 코스 공략법 ○ ●

맞바람을 이기는 샷

맞바람이 강하게 불 때 가장 이상적인 공략법은 녹다운 샷이다. 볼의 탄도를 조절할 수 있는 녹다운 샷을 익혀 보자.

녹다운 샷을 시도하는 이유는 볼이 공중에 떠 있는 시간이 짧을수록 바람의 저항을 덜 받아 효과적인 샷이 되기 때문이다. 녹다운 샷의 키 포인트는 한 클럽 길게 잡고 짧게 스윙해 강한 바람을 극복하면서 거리를 조절하는 것이다. 그러면 백 스핀도 줄일 수 있다.

일반 아마 골퍼들은 바람을 이기기 위해 너무 강하게 치려고 하는 경향이 있다. 그러나 그럴수록 백 스핀이 더 걸리고, 볼은 마치 풍선처럼 공중에 떠서 공기의 저항을 더 받게 된다는 것을 기억하자.

스탠스는 평소보다 조금 넓게 서고, 어드레스 때 무릎을 좀 더 구부려 '앉는다'는 느낌이 들게 한다. 볼은 스탠스 중앙에서 약간 뒤쪽에 둔다. 백 스윙은 3/4 스윙을 하고 클럽은 매우 낮게 유지하며 뒤로 길게 빼 주면 된다.

이때 호흡도 중요하다. 백 스윙 때는 숨을 들이마시고 샷을 시도하면서 동시에 숨을 내뿜는 것이 정상이다.

자연 속에서 플레이하는 골프는 그때그때 기후의 변화를 재빨리 읽고, 상황에 맞는 공격 프로그램을 구성하는 것이 중요하다. 그것이야말로 스코어를 줄일 수 있는 비결이다.

맞바람을 이기는 샷

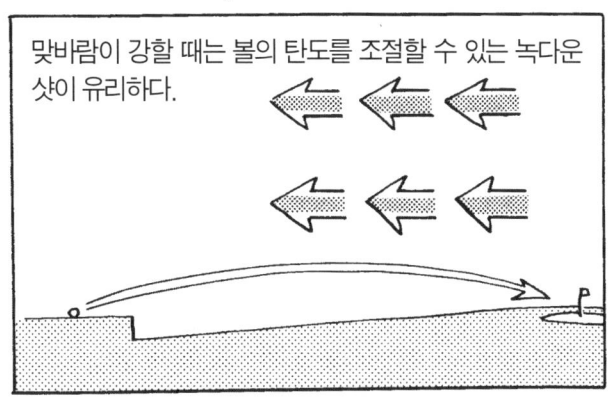

맞바람이 강할 때는 볼의 탄도를 조절할 수 있는 녹다운 샷이 유리하다.

녹다운 샷의 핵심은 한 클럽 길게 잡고 짧은 스윙을 하는 것이다.

백 스윙은 3/4 스윙을 하여 클럽을 매우 낮게 유지하며 길게 뒤로 뺀다.

스탠스를 넓게 하고 무릎을 구부려 '앉는다' 는 느낌을 가진다.

백 스윙 때 숨을 들이마시고, 다운 스윙 때 숨을 내뿜습니다.

● ○ 코스 공략법 ○ ●

맞바람이 불 때는 낮은 탄도로 공략

맞바람이 불 때 평소처럼 샷을 하면 볼이 높이 떠올라 바람에 밀려 돌아오거나 좌우로 흔들려 처음 생각한 대로 구질과 거리가 나지 않는다. 여기서는 낮은 궤도로 바람에 지지 않는 볼을 구사하는 방법을 알아보자.

낮은 탄도로 치기 위해서 손으로 조작하는 골퍼가 있는데, 이것은 잘못된 것이다. 낮은 볼을 구사하는 타법의 키 포인트는 허리와 양쪽 무릎의 사용 방법에 있다.

우선 백 스윙이 중요하다. 즉 평소보다 오른쪽 허리를 충분히 비트는 것이다. 허리를 비틀어 몸을 틀어 놓으면 다운 스윙에서 자연스럽게 양쪽 무릎을 사용할 수 있다. 즉 몸이 빠진 다운 스윙 형태로 되는 것이다.

다운 스윙부터 임팩트에 걸쳐 오른쪽 무릎을 깊게 밀어 놓은 형태로 팔로 스루를 낮고 길게 하면 낮은 탄도의 볼을 칠 수 있다. 비가 오는 날 우산을 돌리면 빗방울이 수평으로 뿌려져 날리듯이 수평으로 허리 회전을 하면 양쪽 무릎의 굴절 각도를 유지하면서 클럽 헤드가 위에서 아래로 내려 잡듯이 가격하게 된다. 낮은 볼을 칠 때 무릎을 펴는 것은 절대 금물이다. 피니시까지 양쪽 무릎을 굽힌 채로 유지하는 것이 바람직하다.

중요한 포인트는 테이크 백을 크지 않게, 즉 허리 높이로 올려서 치는 것이므로 손으로 더욱 크게 할 필요가 없다.

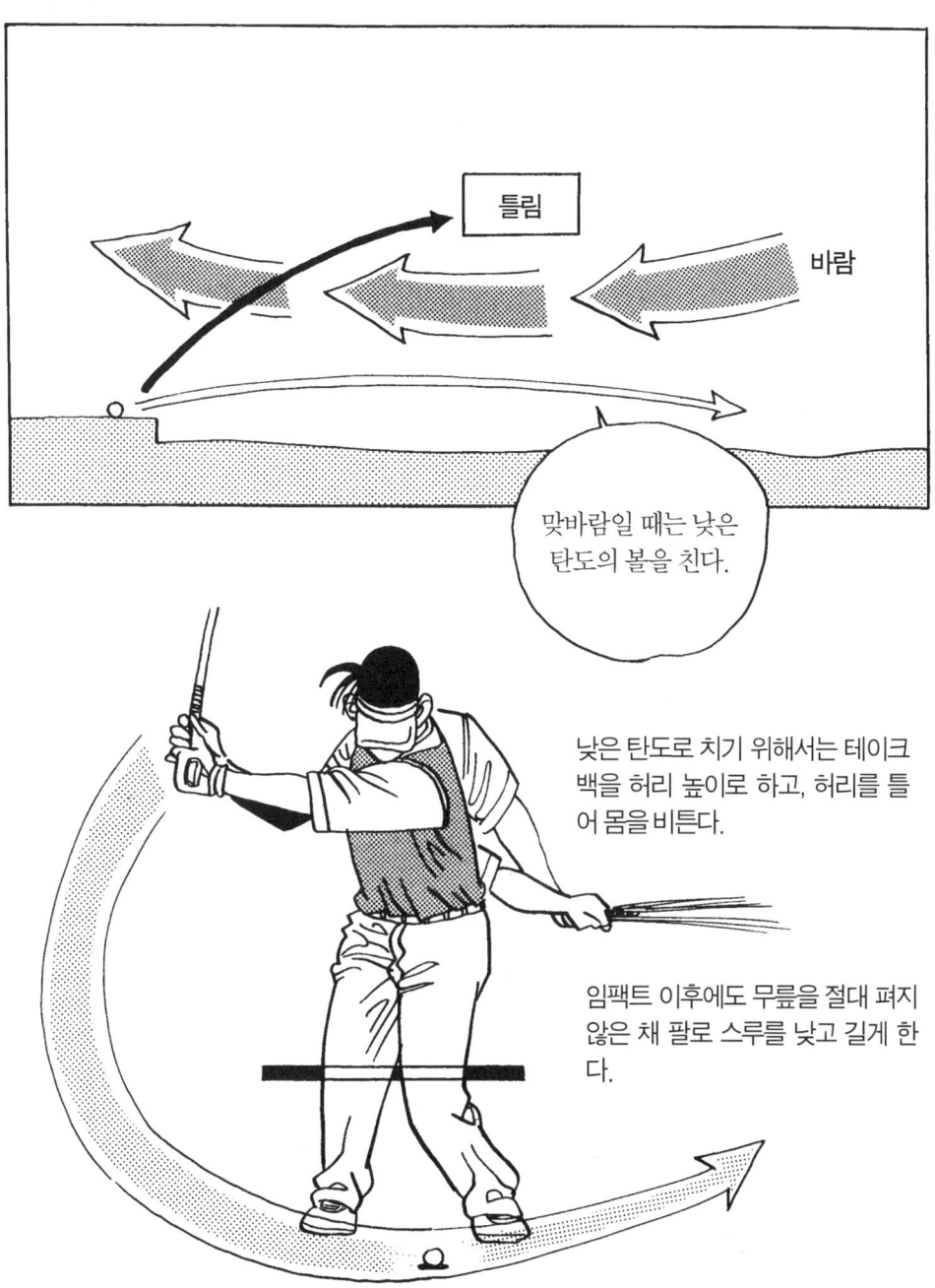

● ○ 코스 공략법 ○ ●

바람을 친구처럼 생각하자

가을의 코스는 바람이 많다. 이렇게 바람이 불 때 골퍼들이 의지할 수 있는 최대의 무기는 역시 차분한 태도일 것이다. 바람을 친구라고 생각하자. 바람이 뒤에서 불어온다면 샷의 거리를 늘려 줄 뿐만 아니라 곧게 날아가게 해 주니 더없이 도움이 되고, 이런 순풍은 볼의 사이드 스핀을 줄여 주기도 한다.

하지만 많은 골퍼들은 맞바람도 도움이 될 수 있다는 사실을 잘 모르고 있다. 프로들은 뒷바람보다는 앞에서 불어오는 바람을 더 좋아한다. 왜냐하면 맞바람이 불 경우 깃대를 향해 보다 공격적인 플레이를 구사할 수 있으며, 런을 줄이고 바로 홀에 떨어지는 샷을 할 수 있기 때문이다. (뒷바람의 경우 볼이 많이 튀어 가는 것과 대조된다.) 그러므로 바람을 친구처럼 생각하는 것이 무엇보다 중요하다.

그 다음으로 중요한 것은 컨트롤이다. 순풍이 불 때도 스윙은 언제나 불필요한 동작 없이 부드러워야 한다. 볼을 세게 치려고 하지 말라. 부드러운 스윙을 하게 되면 견실한 타격을 할 가능성이 그만큼 높아지고, 뒤에서 불어오는 부드러운 바람에 공을 실어 보낼 수도 있다. 맞바람이 부는 경우라면 스탠스의 넓이를 1~2인치 정도 넓힘으로써 안정감을 높여 준다. 또한 무게 중심을 약간 낮춰 주면 볼의 탄도가 낮아진다.

■ 순풍일 때는 불필요한 동작을 뺀 부드러운 스윙을 한다.

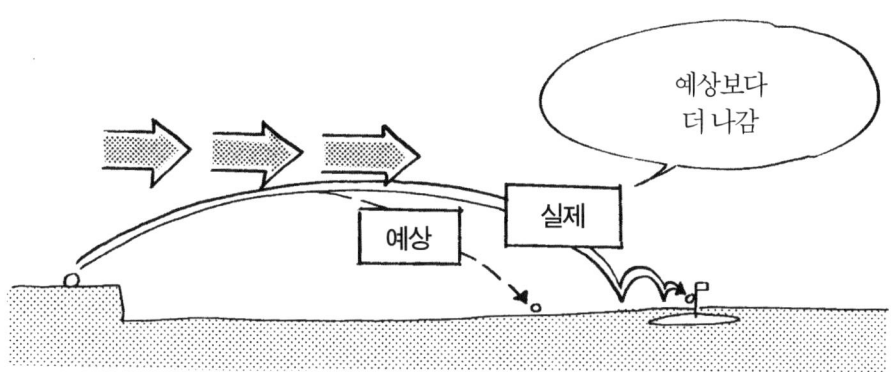

■ 역풍일 때는 스탠스를 1~2인치 넓혀 안정감을 주고 무게 중심을 낮춰 낮은 탄도의 볼을 구사한다.

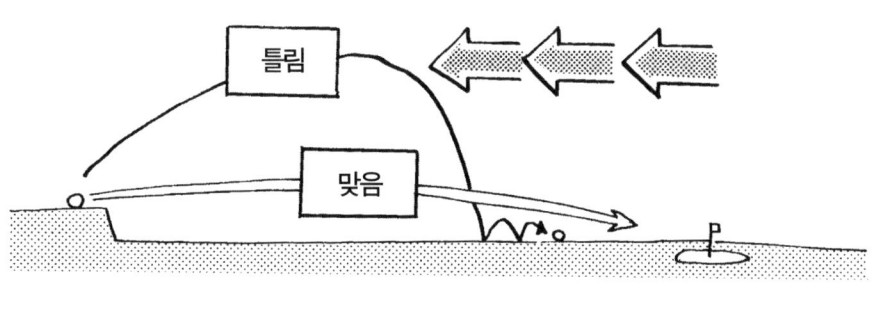

○● ○ 코스 공략법 ○ ●○

생크 바로 극복하기

그린까지 30야드 정도를 남긴 어프로치에서 생크라는 최악의 실수를 범하는 경우가 종종 있다.

생크는 볼이 골프채의 넥(뿌리 부분)에 맞아 발생한다. 이렇게 되면 볼이 터무니없이 오른쪽으로 날아간다. 자세를 잡은 위치보다 클럽이 앞으로 내려오는 경우에 일어나는 것이다.

생크의 원인은 여러 가지다. 볼을 중앙에 두고 너무 인사이드에서 히팅할 때 넥에 맞는 경우도 있고, 체중을 지나치게 발끝에 두어 다운 스윙에서 몸이 앞으로 나와 넥에 맞는 경우도 있다. 또 다운 스윙에서 무릎이 앞으로 나와도 역시 넥에 맞는다. 그러므로 체중을 항상 발의 중앙에 싣고 스윙은 클럽 헤드를 똑바로 당겨 똑바로 내밀어야 한다.

다운 스윙에서는 오른쪽 무릎을 왼쪽 무릎에 붙이듯 보내고, 임팩트 시 허리끈의 버클(또는 배꼽)을 목표 쪽으로 확실히 향하도록 볼을 공략하는 것이 중요하다.

생크 때문에 고생하는 골퍼라면 체중을 뒤꿈치 쪽에 걸치고 스윙해 본다. 어프로치나 가드 벙커에서의 공략법도 기중기(포클레인)가 중심을 뒤쪽에 남긴 형태로 물체를 들어올리거나 휘두르는 작업을 연상하면서 체중을 발뒤꿈치 쪽에 걸치고 스윙하는 것이다. 이렇게 하면 생크는 틀림없이 교정된다.

생크 바로 극복하기

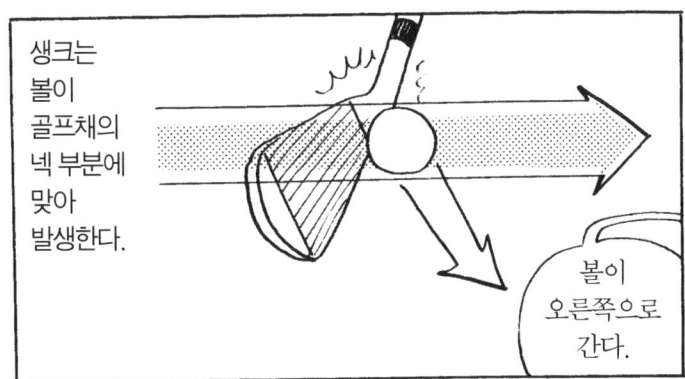

생크는 볼이 골프채의 넥 부분에 맞아 발생한다.

볼이 오른쪽으로 간다.

생크를 즉시 고칠 수 있는 방법은 체중을 바로 발뒤꿈치 쪽에 두고 스윙하는 것이다.

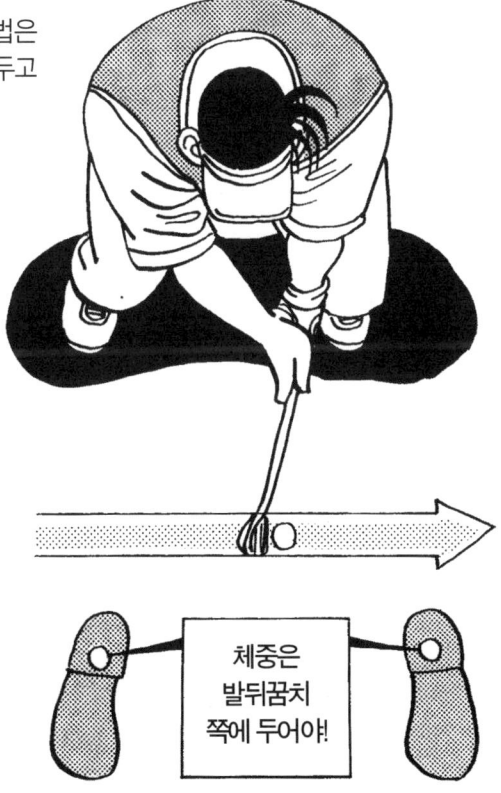

체중은 발뒤꿈치 쪽에 두어야!

● ○ 코스 공략법 ○ ●

머리를 많이 남기면 슬라이스가 된다

보디 턴으로 스윙하는 경우 백 스윙은 오른쪽 축, 다운 스윙 이후는 왼쪽 축을 중심으로 몸을 회전시키는 것이 기본이다. 이는 대부분의 골퍼들은 다 알고 있으며 이미 실천하고 있을 것이다.

그런데 다운 스윙 때 왼쪽 축을 중심으로 회전시키려고 하면서도 머리는 왼쪽으로 스웨이할 것을 염려해 오른쪽에 남겨 두려고 하는 골퍼가 있다. 그 결과 하반신은 왼쪽으로 이동하고, 머리는 오른쪽에 남아 상체가 오른쪽으로 기울게 된다. 그러나 이러한 다운 스윙으로는 보디 턴 스윙이 되지 않을 뿐만 아니라 슬라이스도 고쳐지지 않는다. 왜냐하면 머리를 오른쪽에 둔 채 왼쪽을 축으로 하여 다운 스윙하려고 하면 몸은 돌지 않고 슬라이드할 뿐이기 때문이다. 이렇게 되면 팔의 스윙이 늦어지고 왼쪽 겨드랑이가 뜨게 되어 임팩트 시 페이스가 열린다. 스윙 축은 머리 위치로 결정된다. 실제 스윙으로 시험해 보면 다운 스윙에서 머리를 오른쪽에 남길수록 스윙 축은 오른쪽 다리가 되며, 반대로 머리를 왼쪽으로 이동시키면 자연스럽게 왼발을 축으로 몸을 회전시킬 수 있다는 것을 알 수 있다.

또 오른쪽 다리 위에 머리를 두면 몸을 아무리 회전시키려 해도 생각대로 몸이 돌아가지 않는다. 푸시 아웃의 슬라이스가 잘 나는 골퍼는 과감하게 머리를 왼쪽으로 이동하면서 다운 스윙을 해 보기 바란다.

머리를 많이 남기면 슬라이스가 된다

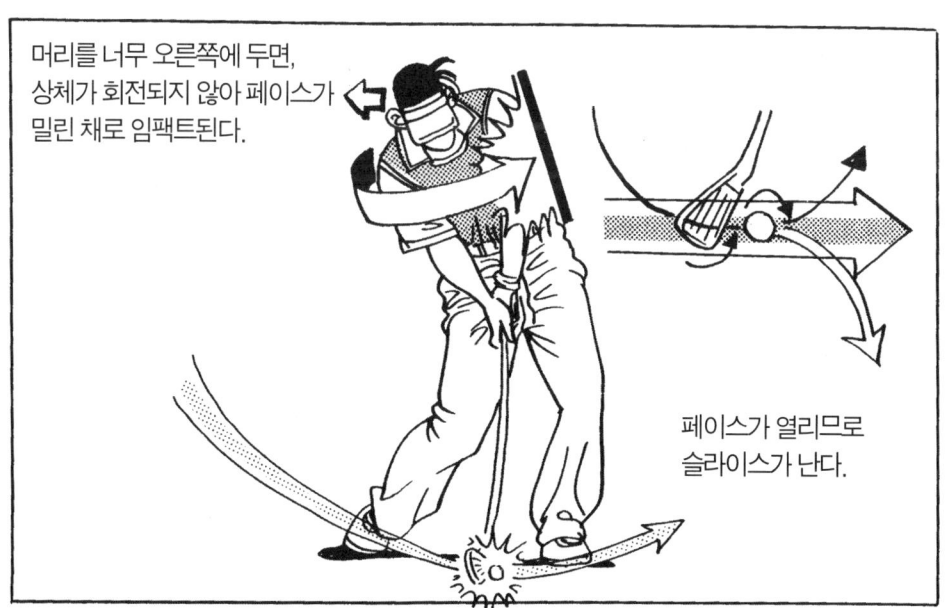

● ○ 코스 공략법 ○ ●

슬라이스를 고치자

아이언 샷이 슬라이스가 나는 원인은 아웃사이드 인의 궤도 때문이다. 아웃사이드 인으로 클럽을 휘두르면 페이스가 볼을 깎아 치게 되고, 볼에 오른쪽 회전이 걸려 오른쪽으로 흐르는 구질이 된다.

주요 원인은 다운 스윙 초기 단계에서 왼쪽 허리가 열리기 때문이다. 톱에서는 몸이 오른쪽을 향한 자세가 되어 있지만 그대로 임팩트하는 기분을 갖도록 한다. 오른쪽을 향한 듯한 느낌에서 볼을 때리면 된다.

왼쪽 허리를 열면 몸이 왼쪽을 향하게 되는데, 그 때문에 클럽을 자신의 몸쪽으로 잡아당겨 버리는 것이다. 이러한 나쁜 움직임을 전체적으로 고치기 위해서는 머리를 오른쪽에 남겨 두고 가슴이 오른쪽을 향한 채 임팩트를 시도하는 것이다. 이것이 스윙의 기본은 아니지만 슬라이스를 막는 데는 효과적이다.

볼을 때리는 의식이 강하면 몸이 자연스럽지 못하게 된다. 오른 어깨가 앞으로 나오게 되고, 그 반동으로 왼쪽 어깨가 열려 왼쪽 허리도 일어나는 움직임이 된다. 이것이 전형적인 슬라이스의 몸 동작이다.

슬라이스를 고치자

아이언 샷이 슬라이스가 나는 이유는 아웃사이드 인의 궤도 때문이다.

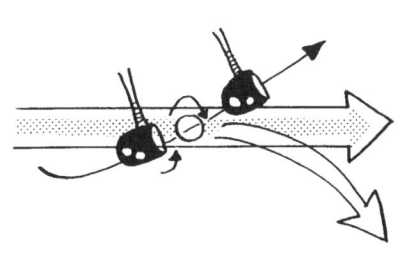

아웃사이드 인의 스윙을 인사이드 인의 스윙으로 고치기 위해서는 머리를 오른쪽에 남겨두고 가슴이 오른쪽을 향한 채 임팩트를 시도한다.

● ○ 코스 공략법 ○ ●

타점이 일정하지 않을 때

페이스의 스윗 스폿으로 볼을 때리지 못하는 것은 스윙이 아직 견실하지 못하기 때문이다. 즉 손으로 때리는 경향이 강하다는 말이다. 견실한 스윙이란 회전축을 중심으로 회전하는 것으로, 그렇게 하고 있는지를 점검해 봐야 한다. 이는 피니시부터 시작해서 전 단계를 하나씩 살펴보면 된다. 피니시와 톱, 테이크 백이 제대로 된다면 임팩트는 자연스럽게 된다.

사실, 아이언의 경우 큰 피니시를 구사할 필요는 없다. 하지만 처음에는 스윙의 마무리를 크게 갖도록 해 본다. 전체적으로 스윙이 좋지 않더라도 왼발 하나로 밸런스를 취할 수 있는 피니시가 가능하다면 그렇게 나쁜 스윙은 아니기 때문이다.

다음으로 톱이 어떤지를 점검할 필요가 있다. 톱은 제2의 어드레스라고도 할 만큼 스윙 과정에서 무시할 수 없다. 톱에서 가장 중요한 것은 언제나 같은 위치에 양손이 올라가야 한다는 점이다. 이와 더불어 손과 어깨를 바르게 테이크 백하는 것 역시 중요하다. 손이 허리 높이에 올라갔을 때 왼손등이 정면을 향하고 있으면 된다.

이처럼 테이크 백, 톱, 피니시의 위치가 제대로 된다면 임팩트는 정확할 수밖에 없고, 당연히 스윗 스폿으로 볼을 때릴 수 있다. 오른쪽 어깨, 오른쪽 무릎, 왼발 뒤꿈치가 같은 축 위에 놓이는 I자 형태의 피니시는 견실한 스윙의 상징이다.

타점이 일정하지 않을 때

타점이 일정치 않을 때는 '피니시 → 톱 → 테이크 백' 순으로 살펴본다.

피니시에서 왼발 하나로 밸런스를 취한다면 큰 문제가 없다.

톱에서 양손의 위치가 늘 똑같은가? 다르다면 문제가 크다.

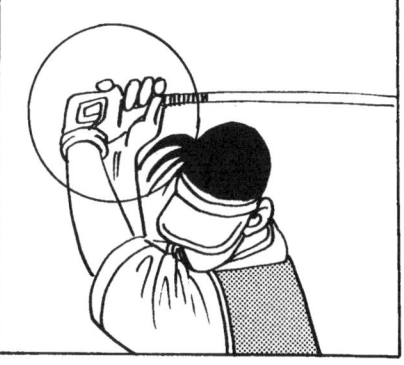

테이크 백 시 손이 허리 높이에 있을 때 왼손등은 정면을 향해야 한다.

● ○ 코스 공략법 ○ ●

볼이 뜨지 않을 때

볼이 뜨지 않는 것은 로프트가 죽은 상태에서 임팩트되고 있기 때문이다. 그 이유는 머리가 왼쪽으로 움직이기 때문이다. 몸이 왼쪽으로 빠져나가는 버릇이 있는 골퍼들은 구질이 낮다.

다운 스윙에서 팔에 힘을 주게 되면 힘을 준 만큼 몸이 왼쪽으로 빠진다. 오른 어깨가 급하게 앞으로 나오는 것도 상체가 파고드는 큰 원인이 된다. 이를 고치기 위해서는 턱의 방향에 주의하면 된다.

몸이 지독하게 왼쪽으로 파고 들어가는 사람은 턱이 오른발 앞을 향하도록 한다. 머리를 오른쪽으로 향한 채 임팩트를 시도하면 된다. 턱이 바로 아래를 향하고 있으면 머리가 멈출 수 있다. 또 팔로 스루를 할 때 왼어깨와 턱 사이의 간격이 넓어지고 오른어깨 쪽이 턱에 가깝게 된다. 반대로 왼어깨와 턱을 붙이고 있으면 얼굴이 왼쪽으로 잡아당겨져서 몸이 왼쪽으로 파고 들어간다.

톱에서는 턱과 왼어깨를 붙이지만 다운에서 팔로 스루에 걸쳐 그 간격을 넓혀 가도록 해야 한다. 턱을 아래로 향한 채 왼어깨가 위로 올라가는 듯한 '종(縱)의 회전' 이미지다.

이것이 가능하면 얼굴은 왼쪽으로 움직이지 않을 것이다. 그대로 멈추는 것이다. 스윙의 중심점이 왼쪽으로 빗겨 나가지 않고 고정되어 있는 것으로 볼은 자연스럽게 뜬다.

볼이 뜨지 않을 때

머리가 왼쪽으로 움직이면 로프트가 죽어 볼이 뜨지 않는다.

머리를 오른쪽으로 향한 채 임팩트하려면, 턱이 오른발 앞을 향하도록 하면 된다.

● ○ 코스 공략법 ○ ●

백 스핀은 마술이 아니다

미들 아이언은 스핀이 걸리지 않고 볼이 한참 굴러갈 수 있다. 똑바로 굴러간다면 방향성은 문제가 되지 않아도 거리가 일정치 않아 곤란하다. 그린을 오버하거나 벙커 또는 해저드에 빠지기도 한다. 이런 구질은 임팩트에서 페이스가 똑바로 맞아도 그대로 목표 방향으로 나가기 때문에 발생한다. 이는 왼팔꿈치가 떨어져 손목 턴이 제대로 이루어지지 않아서 생기는 미스다. 이를 고치기 위해서는 왼팔꿈치가 떨어지지 않도록 해야 한다. 양팔 사이를 넓게 하지 말고, 양손목의 안쪽이 서로 어울리게 함으로써 고칠 수 있다. 페이스에 볼을 태워 턴시키는 이미지다.

페이스를 목표 방향으로 똑바로 보내는 것보다 턴시키는 것이 헤드 스피드도 올라가고, 볼에 스핀도 강하게 걸려 런을 줄일 수 있는 방법이다. 핀 옆에 멈춰 서서 뒤로 끌려오는 볼, 그것은 결코 마술이 아니다.

시계 방향으로 말하면 8시에서 4시 사이에 머리를 남긴 채 양손목 사이가 열리지 않도록 하여 왼팔을 턴시키는 것이다.

백 스핀은 마술이 아니다

왼팔꿈치가 떨어진 채 스윙을 하게 되면

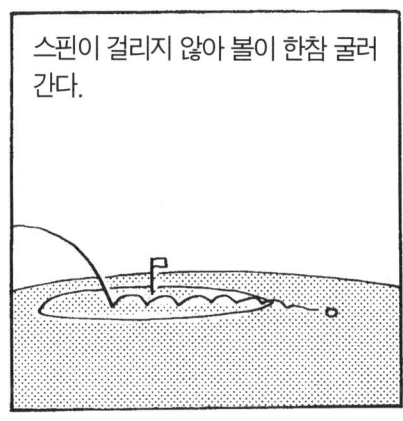

스핀이 걸리지 않아 볼이 한참 굴러 간다.

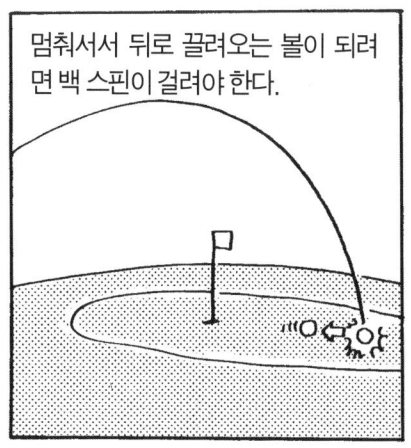

멈춰서서 뒤로 끌려오는 볼이 되려면 백 스핀이 걸려야 한다.

백 스핀이 걸린 볼을 치기 위해서는 임팩트 뒤에도 왼팔꿈치가 몸에 붙어야 한다.

그래야만 손목 턴이 자연스럽게 되어 백 스핀이 걸린다.

● ○ 코스 공략법 ○ ●

드라이버와 아이언은 타법이 다르다

스윙의 기본은 같지만 드라이버와 아이언은 타법이 다르다. 프로는 같다고 생각할 수 있겠지만 아마추어는 다르다고 생각하는 편이 이해하기 쉽다. 아마추어가 아이언 샷에서 뒤땅을 치는 이유는 대부분 올려치기 때문이다. 임팩트에서 체중이 오른쪽에 그냥 놓이기 때문에 핸드 퍼스트 형태가 되지 못하며, 페이스도 덮이지 않고 젖혀지게 되는 것이다. 그 원인은 톱을 크게 하기 때문이다. 톱에서 드라이버 샷처럼 체중을 오른쪽에 너무 놓았기 때문에 임팩트에서 체중 이동이 제대로 되지 못해 나오는 현상이다.

아이언 샷은 톱을 강조하기보다 팔로 스루에서 친다는 이미지를 갖는 것이 중요하다. 톱을 만든 다음 왼쪽에 체중을 싣고 큰 팔로 스루를 하면 된다. 이때 중요한 것은 머리의 위치는 어드레스 때와 변함이 없다는 것이다. 머리 위치까지 변하면 스웨이가 된다. 축은 유지하면서 하반신만 크게 움직여야 한다.

하반신의 움직임을 점검하는 데는 벨트의 버클을 이용하는 것이 좋다. 톱에서 신체의 오른쪽을 향했던 버클이 임팩트에서는 정면을 향하도록 움직이고, 이후 목표를 향해 회전하면 바른 형태다. 이 버클이 임팩트에서 몸의 중심보다 오른쪽에 있다면 허리가 당겨져 올려치고 있다는 반증이 된다.

아이언 샷은 다운 스윙에서 왼쪽으로 중심을 옮겨 여기서부터 몸을 비틀고 팔로 치면 된다. 이렇게 되면 스윙의 최하점 앞에서 임팩트를 할 수 있다.

드라이버와 아이언의 타법

드라이버는 어퍼 블로로!

아이언은 다운 블로로!

머리의 위치는 어드레스 때와 같다.

아이언 샷은 톱 상태에서 체중을 왼쪽 다리에 싣는 게 중요.

최하점

● ○ 코스 공략법 ○ ●

더프 샷 방지

아이언은 왼발에 체중을 놓고 때린다. 드라이버는 티 업을 하고 어퍼 궤도로 때리는 것으로, 임팩트 시 체중이 약간 오른발에 걸리게 하고, 때린 뒤에는 왼발에 체중을 싣는다. 아이언은 드라이버와 스윙은 같지만 다운 블로로 궤도의 최하점 바로 앞에서 볼을 때린다. 따라서 아이언은 임팩트 때 체중이 오른발에 있게 되면 볼 바로 앞을 때리는 더프 샷이 나오게 된다.

이 경우 볼을 좀 더 중앙에 놓으면 간단하지만 이렇게 하면 스윙이 막힐 수 있다. 이를테면 손만으로 휘두르는 타법이 나오게 된다.

아이언 샷에서 중요한 것은 체중 이동을 거의 하지 말라는 것이다. 특히 테이크 백 하는 상태에서 오른발 쪽으로 체중을 이동하지 않아야 한다. 짧은 아이언은 처음부터 왼발 체중으로 서고, 그 상태에서 스윙한다.

그렇게 하면 몸이 오른쪽으로 비껴 나가는 것을 방지할 수 있다. 거리를 내기 위해 크게 휘두르다 보면 몸이 오른쪽으로 움직이게 되고, 원상태로 돌아오지 않은 채 임팩트를 하게 돼 더프 샷이 나온다. 아이언은 거리를 내는 것이 아니라 어디까지나 컨트롤이 중심이 되어야 한다.

아이언은 다운 블로로 스윙 궤도의 최하점 바로 앞에서 볼을 가격해야 하기 때문에 테이크 백에서 체중을 이동시키지 않는다는 의식을 가지면 더프는 나오지 않는다.

더프 샷 방지

아이언은 다운 블로로 궤도의 최하점 전에 임팩트가 이루어진다.

궤도의 최하점

임팩트 시 체중이 오른발에 있으면 더프가 난다.

체중

아이언은 테이크 백에서 체중을 이동시키지 않은 채 왼발에 체중을 놓고 친다는 의식을 가지면 더프가 나오지 않는다.

○ 코스 공략법 ○

치기 쉬운 클럽 · 어려운 클럽

클럽 헤드의 중심에 관한 기술적 문제를 알아두면 스코어를 줄이는 데 도움이 된다.

우드 클럽은 아이언보다 무게 중심이 페이스 면에서 상당히 뒤쪽에 있다. 페어웨이 우드는 헤드를 보호하는 의미도 있어서 사이드 메탈을 붙이기도 한다. 그래서 중심은 더욱 후방으로 가게 되고, 이것이 결과적으로 클럽의 방향성을 좋게 만들어 준다. 볼이 날아갈 때 클럽으로부터 받는 힘은 클럽의 중심점과 볼을 이은 방향으로 작용하기 때문이다. 중심점이 페이스에서 떨어져 있을수록 스윗 스폿을 벗어나서 치더라도 방향의 오차가 적어지는 것이다. 중심이 후방에 있을수록 방향성이 안정된다.

롱 아이언보다 페어웨이 우드가 치기 쉬운 이유는 바로 이 중심의 위치 문제도 관련이 있다.

최근의 클럽들은 중심을 상하에서는 가능하면 아래쪽으로, 앞뒤에서는 뒤쪽으로 만드는 경향이 있다. 종래의 클럽에 비해 보다 볼을 띄우기 쉽고, 똑바로 날리기가 용이한 클럽이 된 셈이다. 치기 쉽다는 점에서는 이런 클럽을 고르는 것이 큰 도움이 된다. 그러나 보다 중요한 것은 정확한 샷이다. 스윗 스폿으로 정확히 치지 못했더라도, 즉 약간 위치 차이가 난다 하더라도 강력한 샷을 구사하면 오차는 줄어들고, 또 볼을 충분히 띄울 수 있다.

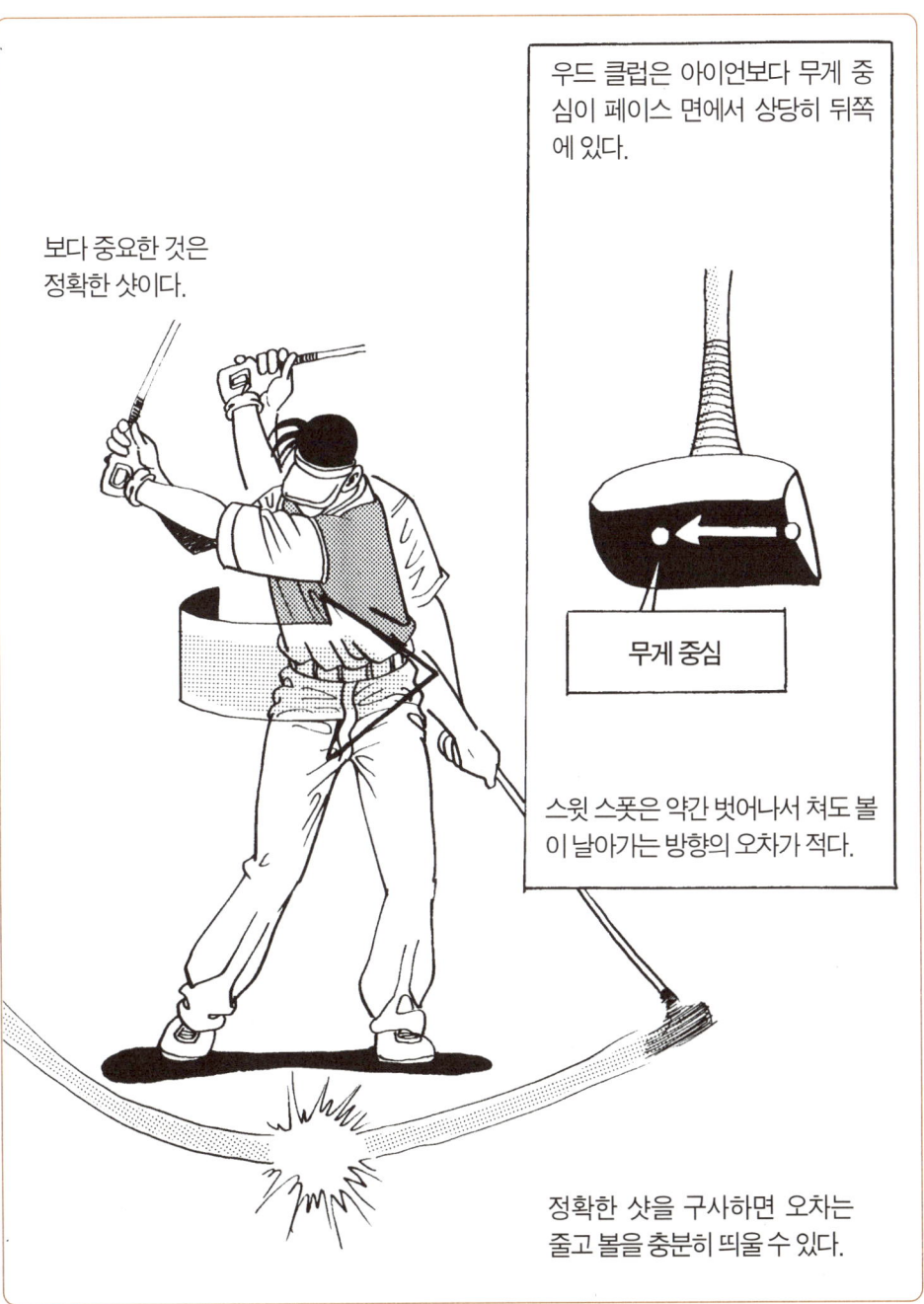

● ○ 코스 공략법 ○ ●

드로와 훅 공략법

드로는 약간 왼쪽으로 휘어지면서 표적에 적중하는 샷을 말하고, 훅은 크게 왼쪽으로 휘어져 표적을 완전히 빗나가는 구질을 말한다. 볼을 똑바로 날릴 수 있는 스트레이트 타격을 익히고 난 다음에는 드로나 훅을 익힐 필요가 있다.

드로나 훅을 치려면 먼저 클럽을 강한(스트롱) 그립으로 잡고 클럽이 약간 표적의 오른쪽을 향하도록 한 뒤 양발과 어깨를 자신이 의도하는 스윙 선에 맞춰 정렬한다. 다시 말해 마치 표적의 오른쪽을 향하여 똑바로 샷을 날리려는 듯한 준비 자세를 취하면 된다.

그러나 강한 그립으로 클럽을 잡고 있기 때문에 왼팔이 백 스윙 때는 오른쪽으로, 다운 스윙 때는 왼쪽으로 더 많이 틀어지게 된다. 이러한 왼팔의 회전은 타격 순간 클럽 페이스를 닫아 주게 되어 볼이 왼쪽으로 약하게 또는 강하게 휘어지게 한다. 스윙의 표적이 오른쪽을 향하고 있어 처음에는 볼이 오른쪽으로 날아가게 되지만 클럽이 닫혀 있는 상태로 타격되면서 볼에 왼쪽 방향으로 회전이 걸리기 때문에 이의 영향을 받아 볼은 오른쪽에서 왼쪽으로 휘어지게 된다.

오른쪽에서 왼쪽으로 휘어지는 정도를 조절하려면 그립을 조절하면 된다. 드로, 즉 약하게 휘어지게 하려면 좀 더 강한 그립으로 클럽을 잡아서 클럽 페이스가 타격 순간보다 많이 닫히도록 해야 한다.

드로와 훅 공략법

드로는 의도적으로 왼쪽으로 휘어져서 목표에 적중시키는 샷이다.

드로나 훅을 치려면 클럽을 스트롱 그립으로 잡는다.

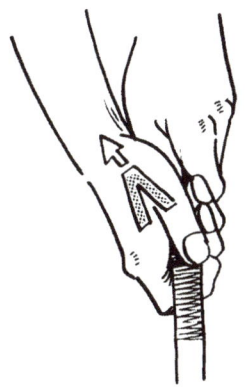

스트롱 그립 상태에서 목표의 오른쪽을 향해 양발과 어깨선을 맞춘다.

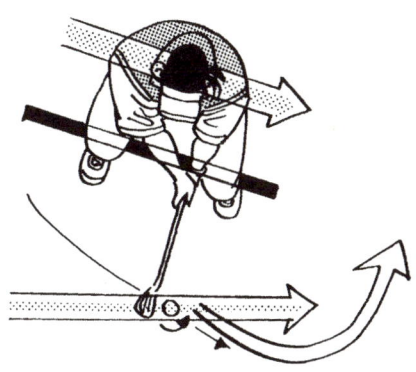

훅은 의도와는 달리 왼쪽으로 빗나가 목표에서 벗어나는 구질을 말한다.

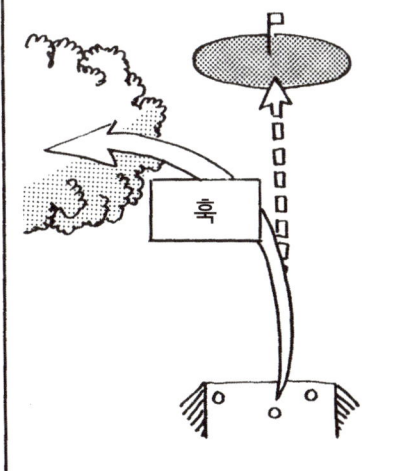

● ○ 코스 공략법 ○ ●

훅 교정법

슬라이스와 훅을 번갈아 가며 고민하면서 향상되는 것이 바로 골프다. 훅 볼이 나오는 원인은 다음과 같다.

① 페이스를 엎어 볼을 때린다. ② 어드레스 때 왼발에 체중이 많이 실린다. ③ 인사이드 아웃의 궤도. ④ 어퍼 궤도. ⑤ 페이스가 돌아간다.

이 모든 사항의 공통점은 페이스가 목표의 왼쪽을 향하고 있다는 것이다. 페이스가 열려 스윗 스폿을 벗어나서 볼이 맞는 것이 아니라 헤드가 돌아간 것일 뿐 클럽은 휘둘러 가는 것이므로 그렇게 나쁜 타법은 아니다. 원래 스코어를 생각하는 경우에는 일부러 런이 많아 거리가 늘어나는 드로 구질을 선택하기도 한다. 그러나 훅은 방향성이 좋지 않은 만큼 고쳐야 하는데, 왼팔로 스윙을 리드해 가도록 해야 한다. 다운 스윙에서는 왼손으로 그립 끝을 끌어내리고 임팩트 존에서는 왼팔꿈치를 가볍게 펴 주며, 왼팔에 힘을 넣어 팔로 스루를 크게 취하도록 한다. 또 타이밍이 빠르게 되지 않도록 하면서 왼팔로 천천히 크게 원을 그리듯 스윙한다. 임팩트에서는 왼손등으로 볼을 때린다는 감으로 히팅한다. 훅은 슬라이스와는 반대로 클럽 페이스의 젖힘이 너무 빨라 생기기 쉬운데, 스윙에서 볼을 두들기는 것이 오른손인 만큼 왼손보다 오른손의 힘이 강한 오른손잡이에게는 어쩌면 필연적인 구질일지도 모른다.

한 가지 팁. 오른손바닥 생명선에 왼손 엄지를 밀착시켜 그립하면 놀랍게도 볼이 직선으로 날아간다.

훅 교정법

다운 스윙 시 왼손으로 그립 끝을 끌어내린다.

임팩트 시 왼팔을 가볍게 펴 주며, 왼팔에 힘을 넣어 팔로 스루를 크게 취한다.

훅의 원인

① 페이스를 엎어 때릴 때

② 어드레스 때 왼발에 체중이 많이 실린다.

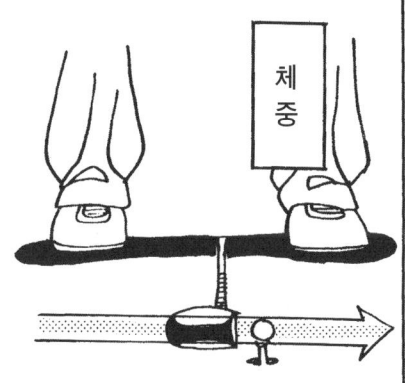

③ 인사이드 아웃의 궤도

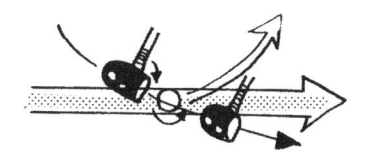

● ○ 코스 공략법 ○ ●

페이드와 슬라이스 공략법

페이드란 볼이 오른쪽으로 약하게 휘어 표적에 적중하는 것을, 슬라이스는 볼이 오른쪽으로 심하게 휘어 표적을 빗나가는 경우를 말한다.

일단은 볼을 똑바로 보내는 것이 중요하지만 경우에 따라서는 페이드 또는 슬라이스 볼을 구사해야 할 상황도 생긴다.

페이드나 슬라이스를 칠 때는 먼저 그립을 약하게 잡고 클럽 페이스가 표적의 왼쪽을 향하도록 한다. 그런 다음 양발과 어깨를 의도하는 스윙 선에 대해 평행으로, 즉 표적의 왼쪽에 정렬한다. 때문에 이 샷은 마치 표적의 왼쪽을 향해 똑바로 샷을 날리려는 듯한 형태가 된다.

그러나 그립을 약하게 잡았기 때문에 다운 스윙 때 왼팔이 정반대 방향, 즉 오른쪽으로 회전되면서 페이스가 열리게 된다. 볼은 일단 왼쪽으로 날아가지만 타격 순간 클럽 페이스가 열려 맞았기 때문에 볼에 오른쪽 방향으로 회전하고, 볼은 결국 오른쪽으로 휘어지게 된다.

볼이 오른쪽으로 휘어지는 정도는 그립으로 조절이 가능하다. 페이드는 약간 약하게, 슬라이스는 좀 더 약하게 그립을 잡아 다운 스윙 때 왼팔이 오른쪽으로 더욱 많이 틀어질 수 있도록 해야 한다. 서는 방향과 그립의 조절만으로도 드로, 훅, 페이드, 슬라이스 구질을 연출할 수 있다.

페이드와 슬라이스 공략법

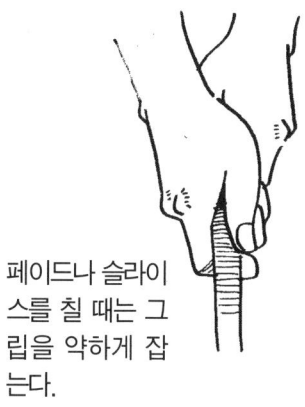

페이드나 슬라이스를 칠 때는 그립을 약하게 잡는다.

페이드는 의도적으로 오른쪽으로 휘어 쳐서 목표에 적중시키는 샷이다.

그립을 약하게 잡은 상태에서 목표의 왼쪽을 향해 어드레스한다.

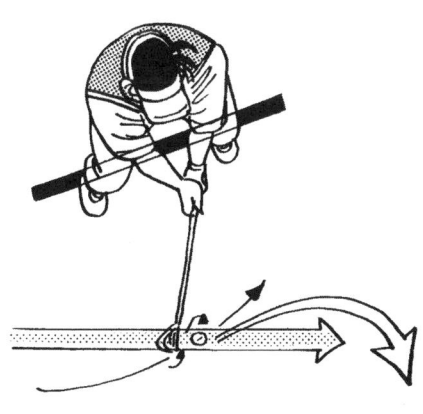

슬라이스는 의도와는 달리 오른쪽으로 빗나가는 구질을 말한다.

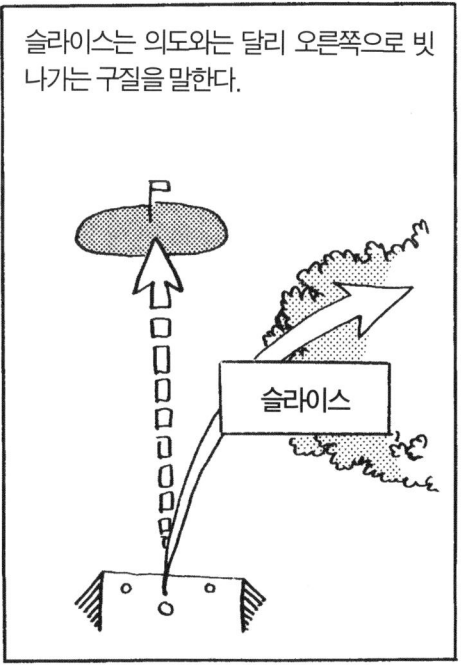

● ○ 코스 공략법 ○ ●

페이드 볼을 구사하는 타법

페이드 볼을 치기 위해서는 손 동작보다 몸의 회전을 중시해 스윙하는 것이 필요하다. 다운 스윙 이후 몸의 움직임이 멈추면 손목이 돌아가 볼이 왼쪽으로 휘어지기 쉽다. 페이드는 그 반대로 몸의 움직임이 멈추지 않도록 회전을 먼저 생각한다. 다운 스윙 이후 오른쪽 어깨가 목표 방향으로 똑바로 나가도록 몸을 회전시키는 것이 중요하다.

피니시는 평소보다 낮은 위치로 손이 모아지도록 한다. 이것이 손목 회전을 억제하는 스윙이자 페이드의 철칙이다. 어드레스는 어깨, 무릎, 발끝 등 대부분의 라인을 목표보다 왼쪽으로 향한다. 특히 각 라인이 엇갈리지 않도록 주의해야 한다. 몸 전체로 열어 어드레스하면 본능적으로 임팩트에서 페이스가 열린다. 이는 무의식중에 목표 방향으로 똑바로 치려고 하기 때문에 발생한다. 어드레스에서 무리하게 페이스를 오픈할 필요는 없다.

페이드는 손목을 회전하면 안 된다. 임팩트 존에서 손목을 되돌리는 동작이 일어나면 드로 회전이 걸린다. 오른손의 롤링은 금해야 한다. 팔로 스루까지 손목은 잠근 상태에서 팔을 휘둘러 오른손 손목의 각도를 변하지 않도록 해야 한다. 그래야 몸의 회전으로 볼을 치는 것이 가능하다.

어드레스는 목표 방향으로 몸이 반 정도 향한 상태. 다운 스윙 이후 몸이 평소보다 빨리 열리게 되고, 커트 타법이 되어 자연스럽게 아웃사이드 인의 궤도가 된다.

페이드 볼을 구사하는 타법

페이드 볼은 목표가 오른쪽에 있을 때 구사하는 타법이다.

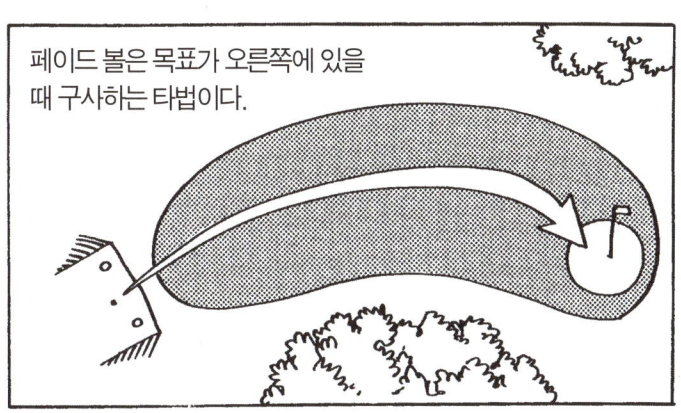

어드레스 때 온몸을 오픈시켜 목표의 왼쪽을 향한다.

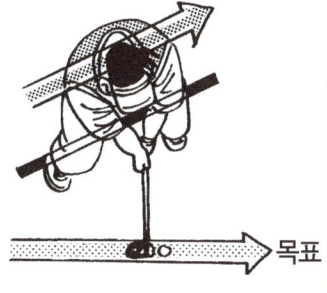

임팩트 존에서 손목 사용을 자제하고 몸을 계속해서 회전시켜 주어야 페이드 볼이 가능하다.

아웃사이드 인의 커트 타법이 되어 공이 오른쪽으로 휘게 된다.

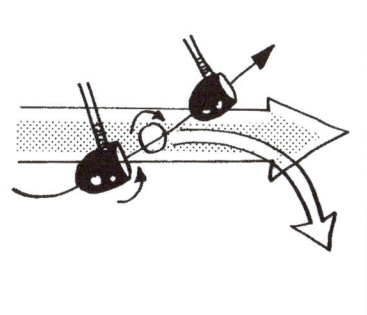

● ○ 코스 공략법 ○ ●

언덕배기 라이에서의 공략법

우리나라의 코스는 대부분 인사이드 워크로 설계되어 있다. 때문에 초보자가 슬라이스가 나게 되면 그 볼이 낙하한 지점은 언덕배기 라이의 스탠스를 취해 공략해야 할 경우가 종종 있다. 이런 상황이 아마 골퍼들을 가장 골탕먹이는, 즉 볼이 발에 비해 훨씬 위나 아래에 놓이게 되는 경우다.

이처럼 볼이 발보다 위에 놓이는 언덕배기에 있게 되면 왼쪽으로 휘어지는 풀 샷이 되기 쉽다. 이 경우 표적의 약간 오른쪽을 겨냥함으로써 차이를 줄여야 한다. 또한 평평한 라이에 비해 볼과 손의 거리가 가깝게 놓이게 되므로 클럽도 조금 내려가게 조정해야 한다. 평평한 라이에서 샷을 할 때보다 한 클럽 정도 높은 것을 선택하는 것도 좋은 방법이 될 수 있다.

반대로 볼이 발보다 아래쪽에 놓이는 경우에는 모든 것이 위와는 반대가 된다. 오른쪽으로 날아가는 푸시의 경향이 높아지므로 표적의 왼쪽을 겨냥해야 한다. 역시 가파른 언덕에 볼이 놓였을 경우에는 어드레스를 할 때 클럽 페이스를 어느 정도 닫아 둔다. 볼과 손의 거리가 평상시보다 멀어진다는 것을 염두에 두고 손의 위치를 낮출 수 있도록 무릎을 평상시보다 더 굽혀 준다.

어떤 라이에 처하든 스윙은 조용하고 흐트러짐이 없어야 한다. 스탠스가 정상적이지 않으므로 견실한 임팩트를 확보하기 위해서는 볼을 스탠스의 중앙에 놓아야 한다.

언덕배기 라이에서의 공략법

윽! 훅이다.

볼이 발보다 높은 억덕배기에서는 공이 왼쪽으로 휘기 쉽습니다.

경사면에서는 비거리를 욕심내지 말고 하체를 고정시킨 채 팔만으로 스윙해야 한다.

이럴 경우에는 표적의 약간 오른쪽을 겨냥한다.

● ○ 코스 공략법 ○ ●

높은 볼과 낮은 볼을 구사하는 법

볼을 높게 날리거나 낮게 치는 기술은 주로 볼의 위치와 체중 배분에 따라 결정된다.

볼을 보통 때보다 높이 띄우려면 볼을 약간 스탠스의 앞쪽, 즉 왼발 쪽에 놓고, 어드레스 때 오른쪽 어깨를 약간 낮춰야 한다. 그러면 몸무게가 볼의 뒤쪽, 즉 오른발 쪽에 더 많이 실리게 된다.

보통 때는 어드레스와 타격 순간에 샤프트를 앞쪽으로 약간 숙여 주어야 하지만 이 경우에는 샤프트를 수직으로 세워야 한다. 그래야 클럽의 로프트 각도 증대 효과를 볼 수 있다. 스윙하는 동안 체중을 계속 뒤쪽에 실어 주면서 증대된 로프트 효과를 이용해 수평 타격으로 볼을 때리면 된다.

볼을 낮게 보내려고 할 때는 정반대로 한다. 즉 볼을 스탠스의 뒤쪽, 즉 오른발 가까이 놓고 어깨를 수평으로 하는 것이다. 이렇게 하면 몸무게가 볼의 앞쪽, 즉 왼발 쪽에 많이 실리게 된다.

샷을 낮게 띄우려면 샤프트를 앞으로 기울여 주어야 하며, 따라서 양손을 볼의 앞쪽에 놓아야 한다. 이는 클럽 로프트의 감소 효과를 가져온다. 스윙하는 동안 몸무게를 계속 왼발 쪽에 실어 주면서 감소된 로프트 효과를 이용해 하향 타격, 즉 다운 블로로 볼을 때리는 것이다.

높은 볼과 낮은 볼을 구사하는 법

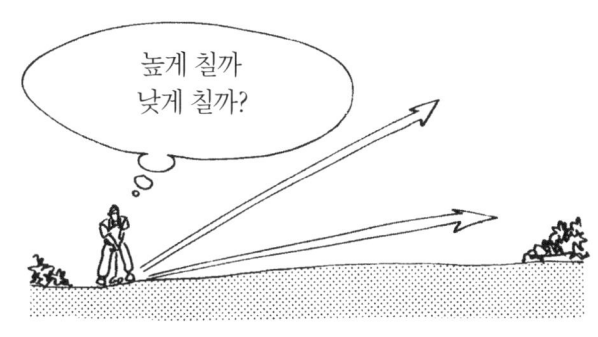

■ 높은 볼

- 오른쪽 어깨를 낮춘다.
- 체중은 오른발
- 체중
- 샤프트는 수직
- 볼은 왼발 쪽에
- 로프트가 커진 상태에서 수평 타격을!

■ 낮은 볼

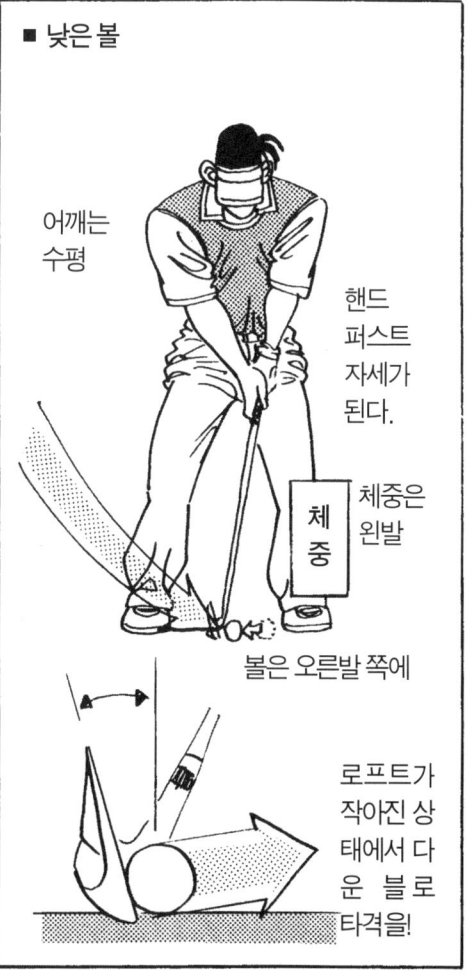

- 어깨는 수평
- 핸드 퍼스트 자세가 된다.
- 체중
- 체중은 왼발
- 볼은 오른발 쪽에
- 로프트가 작아진 상태에서 다운 블로 타격을!

● ○ 코스 공략법 ○ ●

스윙을 바꾸면 안정되게 칠 수 없다

사실 우리나라에서는 샐러리맨들이 가벼운 마음으로 골프를 즐기기가 쉽지 않다. 평소 꾸준하게 연습하기도 어렵다. 그러다 보니 라운드 약속이 잡히면 갑자기 열을 올리며 평소보다 열심히 연습하곤 한다. 하지만 그렇게 한다고 해서 생각만큼 실력이 향상되지는 않는다.

골프 약속이 없어도 일주일에 2회 정도는 연습장에 나가서 신체 리듬을 조절해 두는 것이 중요하다. 라운드 당일 베스트 컨디션으로 플레이하기 위해서는 최소한 2주 전부터 준비하는 마음가짐이 필요하다.

물론 매일같이 연습장에 나갈 필요는 없다. 2~3일 정도에 한 번씩 연습해도 좋다. 단순히 볼을 때리러 가는 것이 아니라 확실한 자기만의 스윙을 만들기 위해 연습장에 간다는 생각을 갖도록 하자.

또 반드시 신경 써야 할 것은 라운드 날이 얼마 남지 않은 상황에서는 스윙을 고치면 안 된다는 것이다. 티칭 프로에게 가르침을 받는다든지 등의 방법은 라운드가 거의 임박한 상황에서는 이미 늦었다고 할 수 있다. 그렇게 했다가는 오히려 평소에 자신의 리듬과 느낌으로 클럽을 휘두를 수 없게 되어 버리고 만다.

얼마 동안 클럽에 손도 대지 않다가 갑자기 연습을 하면 손에 물집이 생기는 등의 문제가 생겨 라운딩하는 날 만족스러운 결과를 얻지 못할 수도 있다.

스윙을 바꾸면 안정되게 칠 수 없다

평소 일주일에 2번 정도는 연습장에 나가 신체 리듬을 조절해야 좋습니다.

라운드 당일 베스트 컨디션을 유지하려면 2주 전부터 준비한다.

미리미리 대비를!

특히 라운딩을 얼마 남기지 않고 스윙을 바꾸면 안정된 스윙을 할 수 없다.

평소 스윙을 유지!

● ○ 코스 공략법 ○ ●

비 오는 날의 준비

비가 온다고 골프를 포기할 수는 없다. 철저한 준비로 비의 영향을 효과적으로 막고, 나아가 비를 아군으로 만드는 법을 강구해야 한다.

비가 올 때 비옷은 필수다. 특히 바지는 언제 비가 내려도 꺼내 입을 수 있도록 반드시 캐디백에 넣어 두어야 한다. 그러나 상의는 겹쳐 입은 만큼 스윙에 방해가 될 것이라는 생각에 리듬을 잃게 만들 소지가 있다. 실제로 비옷의 사이즈가 넉넉하지 않고 소재가 부드럽지 않으면 스윙에 지장을 준다. 따라서 비옷은 부드러운 소재로 된, 약간 큰 사이즈가 좋다.

또 봄과 여름에는 기온이 높아서 통기성이 나쁜 비옷을 입으면 끈적이고 더워서 골프를 즐기기가 힘들다. 겨울에는 비에 젖으면 체온이 떨어져 춥고, 기온이 높으면 습기가 많아진다. 통기성이 나쁘면 더운 것은 물론 조금만 움직여도 땀이 쏟아진다.

캐디 카트를 타고 플레이할 경우에는 비옷 바지가 더욱 필요하다. 바지를 입고 있지 않으면 옷에 축축하게 물이 스며들어 속옷까지 적시고 만다. 옷이 몸에 달라붙으면 스윙에도 영향을 준다.

비옷이 거추장스럽다고 우산에만 의존하는 사람도 있는데, 우산을 쓰고 걸을 때는 느끼지 못해도 카트에 타면 곧바로 하의가 젖어 버리고 만다.

그밖에 흡수성이 강한 타월을 여유 있게 준비하고, 장갑도 갈아 낄 수 있도록 몇 켤레 있어야 한다. 무엇보다 비옷을 캐디백에 넣어 두는 것을 잊지 말자.

● ○ 코스 공략법 ○ ●

비 오는 날의 티 샷

비가 오면 코스가 비에 젖어 질퍽거리고, 그렇다 보니 당연히 티 샷의 런도 짧아진다. 따라서 비 오는 날의 티 샷은 런보다는 조금이라도 캐리가 많은 샷을 목표로 할 필요가 있다.

우선 티 업의 높이를 약간 높이는 것이 좋다. 티 업을 높이는 것만으로도 어퍼 블로로 치기가 쉬워지고, 볼이 평소보다 높은 각도로 날아 캐리를 증가시킬 수 있다. 티 업을 높인 만큼 어드레스에서 오른발에 많은 체중을 실어 어퍼 블로의 스윙을 염두에 두면 좋다.

높이 쳐 올리는 홀에서는 탄도가 낮은 드라이버보다 탄도가 높은 페어웨이 우드가 안전하고 확실하며 비거리도 변하지 않는다. 비 오는 날은 특히 그렇다. 비 오는 날 높이 쳐 올려야 하는 홀의 티 샷이라면 두말할 필요도 없이 3번 우드가 좋다.

최근에는 로프트가 작은 드라이버를 쓰는 사람이 많은데, 비 오는 날은 볼이 젖어 있을 수 있다. 이 경우 스핀이 걸리기 어려워 볼을 높이 날리기가 힘들다. 드라이버 샷의 탄도가 낮거나 슬라이스가 신경 쓰인다면 비 오는 날에는 3번 우드로 티 샷할 것을 권한다. 3번 우드는 로프트도 커서 우선 심리적으로 안심이 되고, 당연히 드라이버보다 높은 탄도로 나는 만큼 거의 변하지 않는 비거리를 얻을 수 있다.

비 오는 날의 티 샷

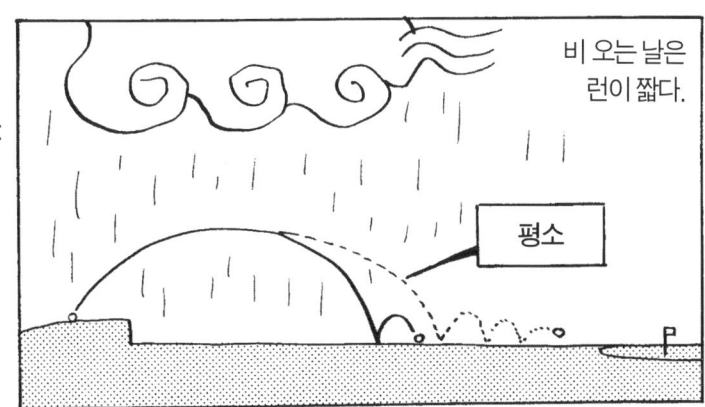

비 오는 날은 런이 짧다.

평소

비 오는 날에는 티 업을 약간 높이고

비 오는 날에는 탄도가 높은 우드가 유리하다.

어드레스 때 오른발에 체중을 많이 싣는다.

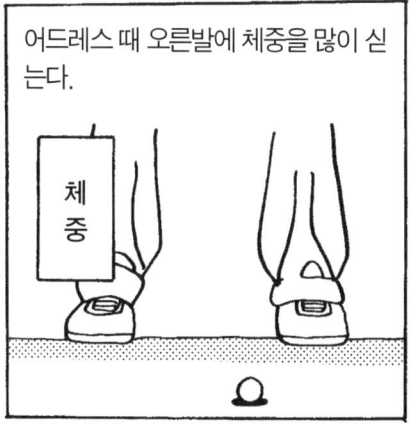

체중

○● 코스 공략법 ●○

자신의 구질을 고려한 공략

바람의 방향은 깃발이 흔들리는 상태나 구름이 흘러가는 방향 등을 보면 짐작할 수 있다.

핀까지 130야드에서 평소에 7번 아이언을 쓰는 골퍼라면 순풍에서는 작게 8번 아이언, 역풍일 때는 6번 아이언을 선택하는 식으로 거리를 조절하면 된다.

옆바람일 때는 바람의 방향에 맞춰 목표를 설정해야 하는데, 오른쪽에서 왼쪽으로 바람이 불면 바람의 강약을 살핀 뒤 목표를 약간 오른쪽으로 잡는다. 어느 경우나 스윙의 템포만은 변하지 않는다.

핀이 그린 위 어느 쪽에 서 있느냐에 따라 공략하기 수월한 홀과 어렵다고 느껴지는 홀이 구분된다. 일반적으로 구질이 페이드 계열인 사람은 핀의 위치가 오른쪽일 때, 드로 계열인 사람은 왼쪽일 때 공략하기 쉽다. 이렇게 자신의 구질을 활용할 수 있는 상황이라면 과감하게 공략해도 좋다.

그러나 페이드 계열인 사람이 핀의 위치가 왼쪽인 상황을 맞았을 때는 반드시 그린의 중앙으로 올리도록 공략하는 것이 옳다.

핀을 넘기면 어려운 어프로치나 퍼팅이 남는 경우가 많다. 일반적으로 그린은 중앙에서 앞쪽으로 내려가 있는 것이 보통이기 때문이다. 따라서 '그린의 바로 앞쪽에서부터 공략한다'는 것이 상식이다.

여유 있는 클럽 선택이나 목표 설정이 결과적으로 미스 샷을 막아 준다.

자신의 구질을 고려한 공략

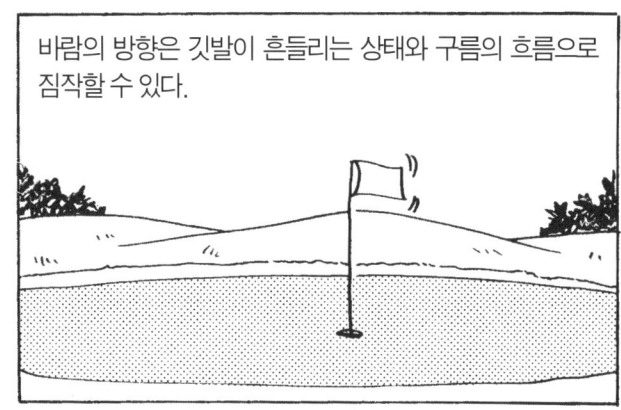
바람의 방향은 깃발이 흔들리는 상태와 구름의 흐름으로 짐작할 수 있다.

핀까지 130야드에서 평소에 7번을 쓰는 골퍼의 경우

순풍에서는 작게 8번 아이언을, 역풍에서는 6번 아이언을 선택해서 거리 조절을 하는 게 좋죠!

페이드 계열인 주말 골퍼가 핀의 위치가 왼쪽인 상황을 맞이했을 때는

반드시 그린의 중앙을 노리는 게 퍼팅과 어프로치에 유리하다.

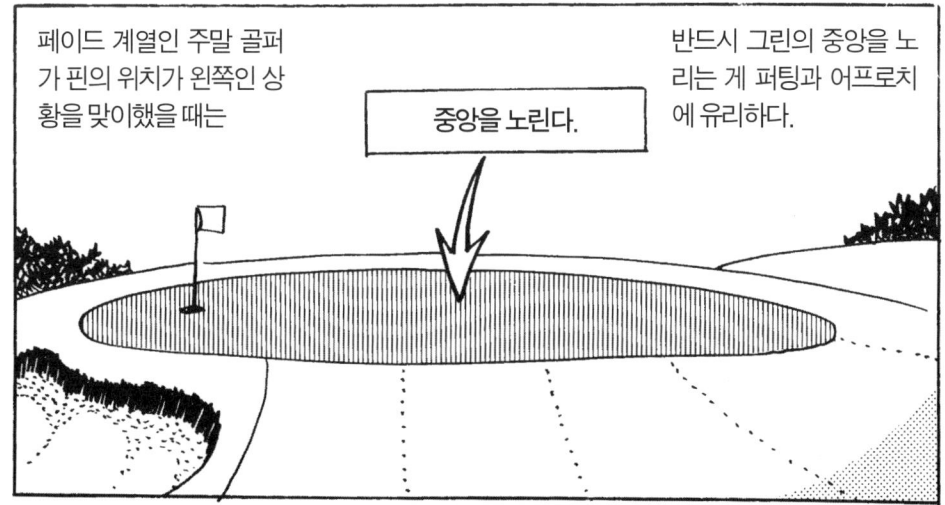

중앙을 노린다.

○ ○ 코스 공략법 ○ ○

상황을 잘 살펴 목표를 세운다

5~7번 아이언은 드라이버에서 샌드 웨지까지의 거의 중간 클럽이므로 비교적 치기 쉽고, 템포만 여유 있게 유지하면 누구라도 정확하게 칠 수 있다. 그럼에도 불구하고 미스를 범하는 것은 '정신적 압박감' 이 부드러운 움직임을 방해하기 때문이다.

예를 들어 핀의 위치가 왼쪽이고 그린 바로 왼쪽에 턱이 높은 벙커가 기다리고 있다고 가정하자. 100야드 정도 거리에서는 아이언 샷에 어느 정도 자신이 있는 골퍼라면 핀을 바로 공략해도 좋다. 그러나 150야드 정도 거리가 있으면 작은 실수가 곧 큰 문제로 이어질 수 있다. 따라서 볼이 좌우로 다소 휘어져도 안심할 수 있는 정도로 그린의 오른쪽을 노려야 할 것이다.

그린 바로 앞에 벙커가 있으면 많은 사람들이 긴장하게 된다. 그러나 바로 앞 그린 에지까지의 거리를 정확히 파악하고 있으면 장애물은 거의 눈에 들어오지 않고, 자신 있게 공략할 수 있다.

핀까지 150야드라도 그린 에지까지는 130야드라는 것을 알고 있다면 6~7번 아이언으로 그린 앞 벙커를 무난히 넘겨 공략할 수 있을 것이다. 그래도 불안하다 싶으면 5번 아이언과 같은 큰 클럽을 선택하면 큰 문제가 발생하지 않는다.

중요한 것은 안심하고 칠 수 있는 상황이 되도록 스스로 목표를 적절히 설정하는 것이다.

상황을 잘 살펴 목표를 세운다

핀이 왼쪽에 있고 그 앞에 턱이 높은 벙커가 있는 경우

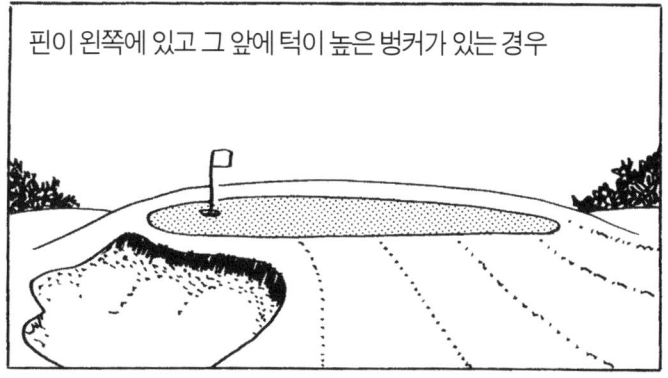

100야드 정도 거리에서 아이언 샷에 어느 정도 자신 있는 골퍼라면 핀을 바로 공략해도 된다.

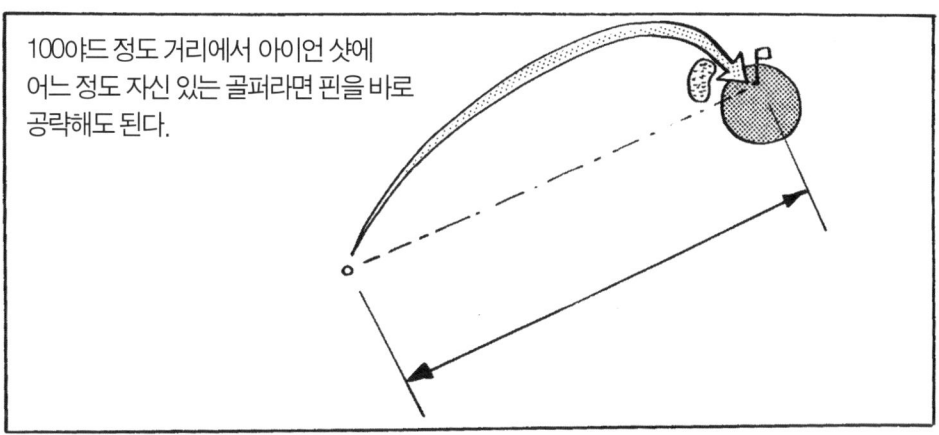

그러나 150야드인 경우, 작은 실수가 큰 문제가 되므로 그린의 오른쪽을 공략해야 한다.

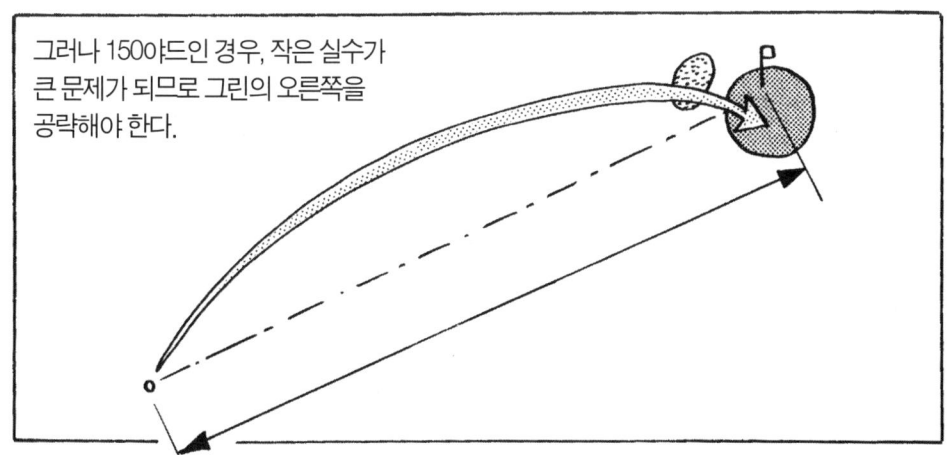

● ○ 코스 공략법 ○ ●

OB 지역에서의 대응 방법

우리나라의 골프 코스는 OB 지역이 없는 홀이 적어서 항상 유의해야 한다. OB 지역이 있을 때는 그 나름의 대응책을 갖고 있어야 한다. OB 쪽에서 자세를 취하고 샷을 하는 것도 그중 하나다. 이를테면 오른쪽에 OB가 있는 홀에서는 티잉 그라운드 오른쪽에 서서 치는 것이다. 오른쪽에서 왼쪽의 페어웨이를 넓게 이용해 치는 것이 요령이다. 반대로 왼쪽에 OB가 있을 때는 왼쪽에 서서 오른쪽 페어웨이를 넓게 이용해 친다.

그러나 초급자나 중급자의 경우에는 이때 목표를 바르게 정하는 것에 특히 주의해야 한다. 그것은 오른쪽에 OB가 있는 홀의 경우 티잉 그라운드 오른쪽에서 치더라도 볼을 오른쪽으로 날려 OB를 내는 사람이 적지 않기 때문이다.

왜냐하면 오른쪽에 서서 왼쪽으로 치게 되면 왼쪽 어깨와 허리가 보통 때보다도 더 빨리 열려서 밖에서 안으로 오는 스윙 궤도 때문에 커트식 임팩트가 돼 볼이 크게 슬라이스가 나고, 그 결과 OB 지역으로 가기 때문이다. 오른쪽에서 왼쪽으로 치는 것의 역효과가 나는 셈이다.

첫 2~3홀 또는 드라이버의 컨디션이 나쁜 날에는 스푼으로 티 샷을 하는 것도 좋은 방법이다.

OB 지역에서의 대응 방법

코스 상태를 먼저 살펴본다.

코스 오른쪽에 OB 지역이 있을 경우에는

OB 지역

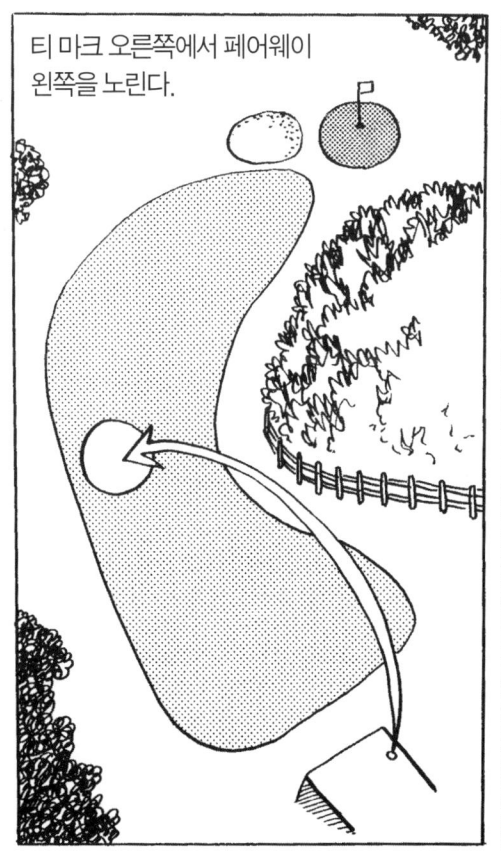

티 마크 오른쪽에서 페어웨이 왼쪽을 노린다.

드라이버 컨디션이 나쁠 때는 스푼으로 티 샷한다.

● ○ 코스 공략법 ○ ●

왼발 내리막의 어드레스

왼발 내리막은 발끝 내리막과 마찬가지로 위험한 경사면이다. 클럽을 휘둘러 빼는 방향이 낮기 때문에 조금이라도 힘을 주면 균형이 깨지기 쉽다. 따라서 스탠스를 안정시키는 것이 가장 중요하다.

낮은 쪽인 왼발에 체중이 많이 실리는데, 오른발로 중심을 느끼도록 한다. 그리고 오른쪽 무릎을 왼쪽 무릎보다 약간 깊게 굽혀 가능하면 양어깨를 수평을 유지한다. 이렇게 하면 스윙 궤도의 최저점이 스탠스의 중앙 부근이 되므로 볼을 평소보다 오른쪽에 두어야 한다.

모든 체중을 왼발에 실으면 상체가 왼쪽으로 기운 어드레스가 되어 다운스윙에서 오른쪽 어깨가 앞으로 나오기 쉽다. 볼의 위치가 왼쪽이 되면 상체가 더욱 앞으로 쏠려 슬라이스가 난다.

로프트가 선 클럽일수록 오른쪽으로 휘어지는 정도가 심하다. 슬라이스가 어느 정도 날지를 미리 생각해 목표를 왼쪽에 두고 어깨나 허리, 스탠스를 가상의 목표 방향에 맞춰 어드레스한다.

왼발 내리막은 평지보다 클럽의 로프트가 서게 된다. 7번 아이언의 로프트가 5, 6번 아이언의 로프트로 되므로 볼이 낮게 날아가고 런도 많이 난다.

왼발 내리막은 그린을 겨냥하는 경우가 많은데, 그린 오버를 피하기 위해서는 한 클럽 작은, 즉 평소에 6번이었다면 7번을 선택한다. 그래야 그린을 확실하게 포착할 수 있다.

왼발 내리막의 어드레스

왼발 내리막에서는 스탠스의 안정이 가장 중요하다.

체중은 왼발에 싣는다.

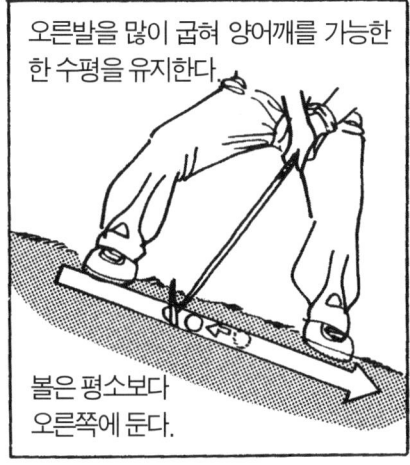

오른발을 많이 굽혀 양어깨를 가능한 한 수평을 유지한다.

볼은 평소보다 오른쪽에 둔다.

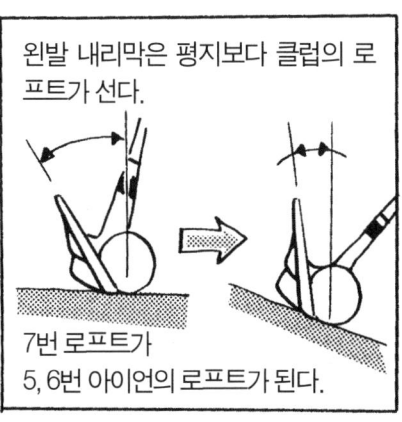

왼발 내리막은 평지보다 클럽의 로프트가 선다.

7번 로프트가 5, 6번 아이언의 로프트가 된다.

왼발 내리막은 보통 그린을 겨냥하는 경우가 많으므로 한 단계 작은 클럽(평소 6번이면 7번을 선택)을 선택한다.

● ○ 코스 공략법 ○ ●

왼발 내리막의 타법

왼발 내리막의 경사면은 볼을 띄우기가 어렵다. 클럽의 로프트가 서는 것도 이유 중 하나지만 위에서 아래로 휘두르는 스윙 궤도에 따른 영향이 크다. 오른쪽이 높기 때문에 백 스윙은 클럽을 세우는 이미지가 필요하다. 그리고 임팩트 뒤에는 클럽 헤드를 낮게 휘둘러 낼 수밖에 없다. 높은 톱 스윙에서 낮은 피니시로 빼 가는 것이다.

무리하게 떠올리려고 하면 어떻게 될까. 테이크 백이 인사이드로 올라가 클럽 헤드가 경사면에 닿을 염려가 있고, 다운 스윙에서 오른쪽 어깨가 떨어지거나 양손을 비틀어 뒤땅이 나기도 한다. 볼을 떠올리기는 어려운 상황이므로 처음부터 낮은 볼을 치는 기분으로 스윙하는 것이 중요하다. 이를 위해서는 슬라이스 타법의 이미지가 효과적이다. 오른발을 고정한 채로 상체를 비틀면서 클럽을 업라이트하게 휘둘러 올린다. 그렇다고 해서 체중을 오른발에 실어서는 안 된다. 어드레스 시의 상태를 유지한 채 백 스윙을 시도한다.

그런 다음 머리의 높이가 변하지 않게 클럽 헤드를 위에서부터 예각으로 휘둘러 내리고, 왼쪽 팔꿈치를 빼면서 인사이드 방향으로 휘둘러 뺀다. 왼손의 새끼손가락을 평소보다 강하게 잡으면 오른손이 되돌아오기 어려워져 볼을 커트로 포착할 수 있다. 주의할 점은 임팩트 후 상체가 목표 방향으로 흐르지 않게 하는 것이다. 어드레스 시의 상태를 무너뜨리지 않도록 체중 이동 없이 콤팩트하게 스윙을 시도한다.

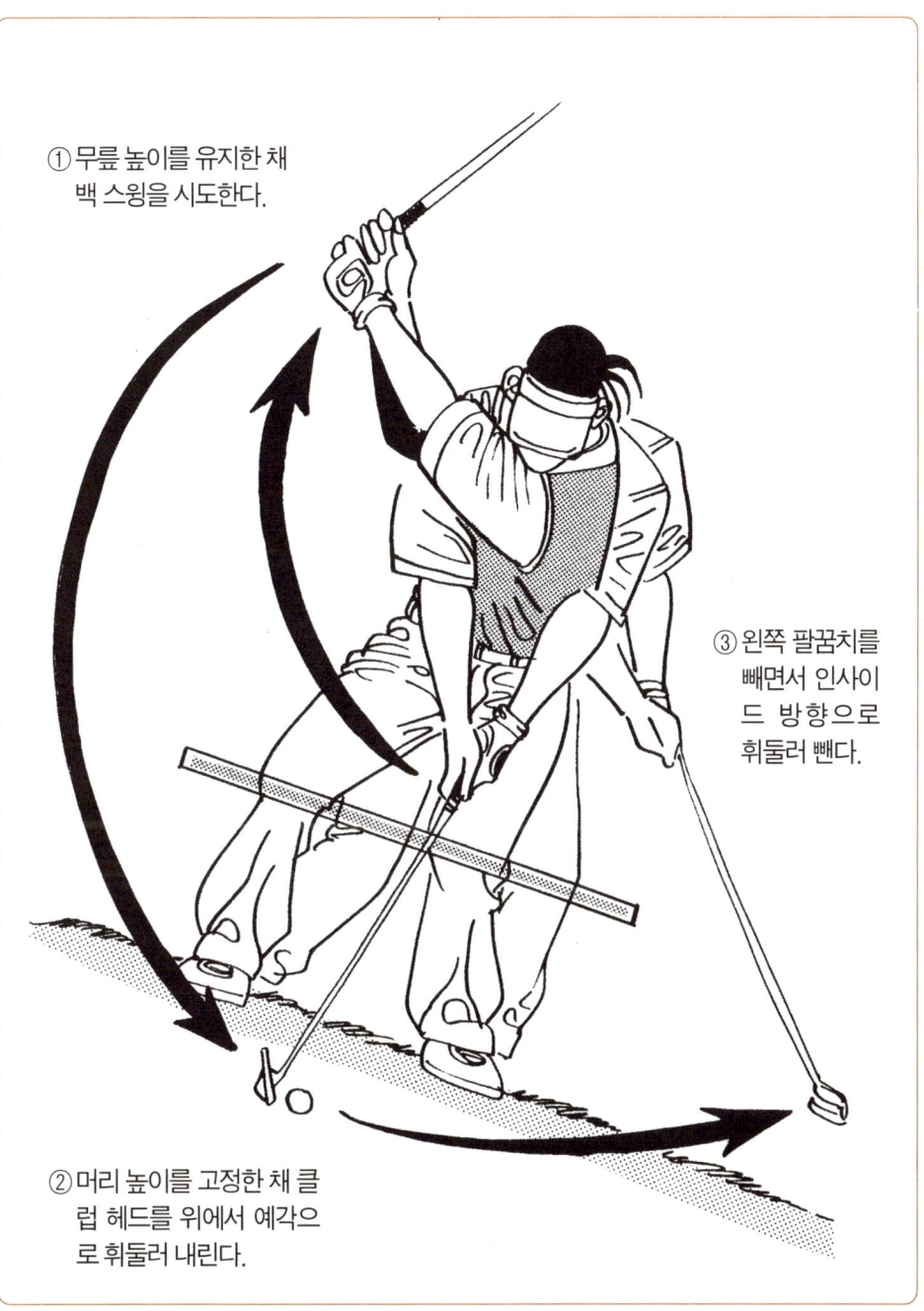

● ○ 코스 공략법 ○ ●

오르막 홀의 티 샷

오르막 홀에서 티 샷을 할 때는 공을 띄우지 않으면 안 된다는 생각 때문에 불필요한 조작을 하게 된다. 전방의 경관이 바뀐 것만으로도 이런 불필요한 동작이 나온다. 오르막 홀에서는 멀리 있는 높은 곳을 목표로 해서 어퍼 블로 궤도로 높은 공을 쳐서 거리를 늘려야 한다. 어퍼 블로를 칠 수 있는 정도면 싱글 골퍼 수준이다. 그러나 아직 스윙이 확실하게 다져지지 않은 사람이 그런 생각을 하면 임팩트 구역이 매우 좁아져서 뒤땅을 치거나 토핑, 또는 슬라이스와 같은 미스 샷을 범하기 쉽다.

어퍼 블로 궤도는 기술이 수반되지 않으면 매우 위험하다. 보통 수준의 골퍼라면 좀 더 안전한 방법으로 티 샷을 해야 한다. 어퍼 블로 타법이 어렵다고 하는 것은 목표 방향이 높기 때문에 자연히 그런 생각이 들 수도 있다. 하지만 공을 평소보다 왼쪽으로 놓으면 티 업도 높아져 오른쪽 어깨가 지나치게 내려가거나 여러 가지 미스 샷을 유발하게 된다.

여기서 오해하지 말아야 할 것은, 오르막 홀이라고 해도 자신이 서 있는 장소는 평평하다는 사실이다. 우선 오르막 경사를 읽고 좌우에 위험 지역이 있는지의 유무를 살핀 뒤 자신의 구질을 상상해 본다. 티 업을 약간 높게 하고 공 뒤에 가서 전방을 보면서 비구선을 확인한 뒤 어드레스한다. 오른손으로 클럽을 먼저 잡고 평평한 홀에서처럼 공략하면 오르막 홀이라 해도 특별히 어려울 것은 없다.

오르막 홀의 티 샷

오르막 홀에서의 티 샷 방법은 싱글과 보통 수준이 각기 다르다.

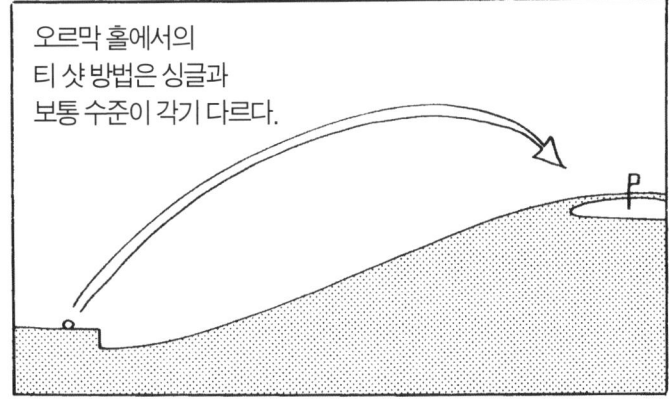

싱글 이상의 골퍼라면 어퍼 블로 궤도로 높은 공을 쳐서 궤도를 높인다.

공을 평소보다 약간 왼쪽에 높게 티 업한다.

보통 수준이라면 평소와 똑같이 공략한다. 왜냐하면 티잉 그라운드는 평평하기 때문이다.

○ ○ 코스 공략법 ○ ○

왼발 오르막, 볼은 오른쪽, 한 클럽 길게

왼발 내리막은 양어깨를 수평으로 세팅하지만 왼발 오르막은 양어깨를 경사면과 평행하게 한다. 어깨를 수평으로 하면 임팩트가 막혀 부드럽게 스윙할 수 없다. 체중은 낮은 쪽인 오른발에 많이 싣고, 볼은 평소보다 오른쪽에 둔다. 오른발에 체중을 싣는다고 해서 상체를 지나치게 오른쪽으로 기울이면 어드레스의 균형이 나빠져 뒤땅이나 토핑이 난다.

왼발 오르막은 평지보다 클럽의 로프트가 눕는 만큼 볼을 띄우기가 쉽다. 7번 아이언의 로프트가 8, 9번 아이언의 로프트가 되어 탄도가 높아짐과 함께 거리가 짧아지는 점을 명심해야 한다. 왼발 오르막은 그린으로 직접 올리는 경우가 많다. 비거리가 짧아지기 쉬운 점을 고려해 평소 7번 아이언을 사용하는 거리라면 경사의 정도에 맞춰 좀 더 큰 5, 6번 아이언을 선택한다.

그린을 오버하는 것보다는 그린 에지에 멈추는 것이 스코어 메이킹에 유리하다. 또 그린 앞에 벙커 등의 장애물이 있을 때는 특히 클럽 선택에 신경을 써야 한다. 스윙은 어드레스 시의 오른발 체중인 채로 휘두르기만 하면 된다. 오른발을 고정시켜 백 스윙하고, 오른발을 축으로 높은 팔로 스루로 휘둘러 뺀다. 체중 이동은 하지 않은 채 처음부터 볼을 오른쪽에 세팅하는 것만으로도 좋은 타이밍의 히팅을 할 수 있다.

왼발 오르막은 경사면 중 비교적 쉬운 상황이지만 토대의 안정감을 유지해 스윙하는 기분을 소홀히 하면 안 된다.

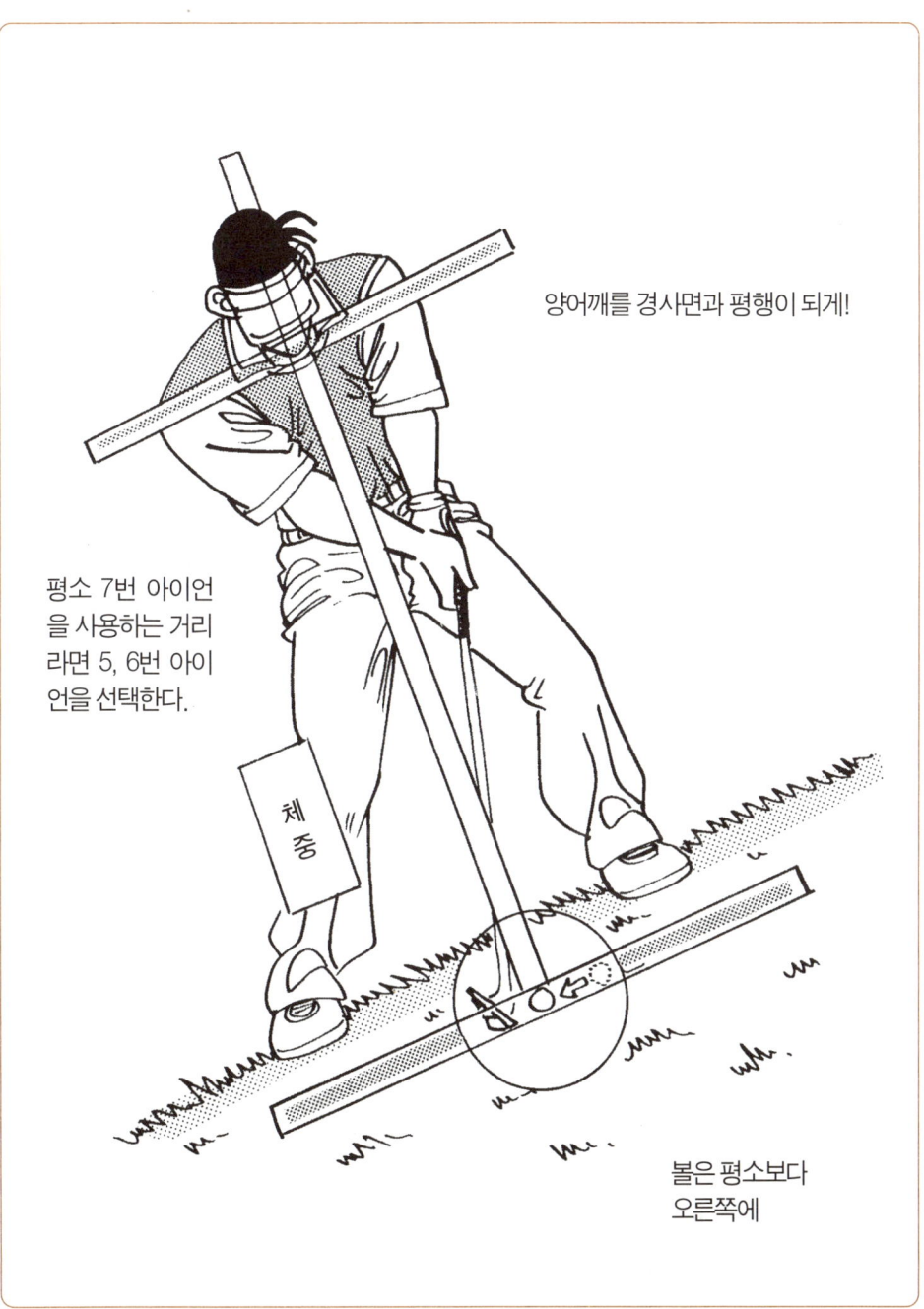

○ ● 코스 공략법 ● ○

발끝 내리막의 어드레스

발끝 내리막의 경사면은 몸과 볼의 간격에 주의를 기울여 어드레스 하는 것이 중요하다. 평평한 라이에서와 같은 간격으로 어드레스 하면 볼이 몸에서 많이 떨어진다. 그러나 여기에 맞춰 서려 하다 보면 양팔이 펴지거나 상체의 경사 각도가 너무 깊어져 균형 있게 설 수 없다.

평지보다 조금 더 볼에 다가서서 양무릎을 깊게 굽히고 허리를 떨어뜨린다. 이렇게 하면 체중이 발끝 쪽에 걸리므로 뒤꿈치 쪽에 중심을 두려고 의식하게 되고 하체가 안정된다. 볼은 평소보다 오른쪽에 둔다. 왼쪽에 두면 다운 스윙에서 상체가 왼쪽으로 흘러 하체의 균형이 무너진다. 발끝 내리막처럼 스탠스가 불안정한 상황에서는 체중 이동을 하지 않고 컴팩트하게 스윙하는 것이 중요한 포인트다. 볼을 미리 오른쪽에 두는 것도 그 때문이다.

슬라이스가 나기 쉬운 상황에서도 클럽에 따라 볼이 휘어지는 정도가 달라진다. 롱 아이언처럼 로프트가 선 클럽일수록 슬라이스가 많이 나고, 로프트 각이 큰 숏 아이언은 그다지 오른쪽으로 휘지 않고 거의 똑바로 날아간다고 생각하면 된다. 이런 클럽의 특성을 고려해 목표를 어느 정도 왼쪽으로 잡는다.

체중 이동을 하지 않는 만큼 평지에서보다 비거리가 줄어든다. 핀까지 130야드로 평소에 8번 아이언을 사용하는 골퍼라면 하나 큰 7번 아이언을 선택하는 것이 좋다. 롱 아이언이나 페어웨이 우드를 피하고 미들 아이언을 사용해 좋은 지점으로 보내는 것을 가장 큰 목표로 해야 한다.

발끝 내리막의 어드레스

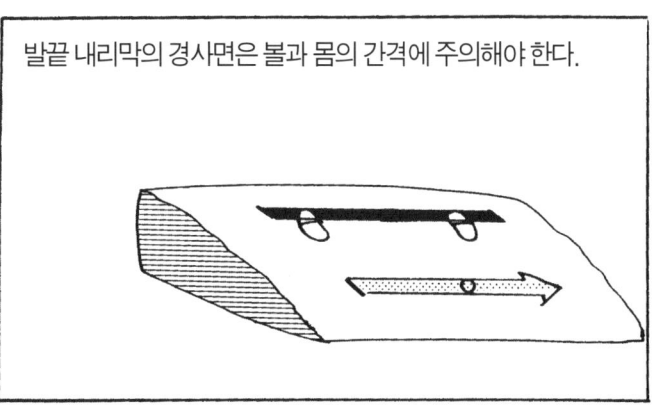

발끝 내리막의 경사면은 볼과 몸의 간격에 주의해야 한다.

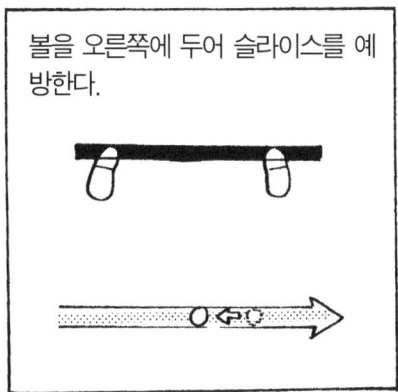

볼을 오른쪽에 두어 슬라이스를 예방한다.

평지에서보다 좀 더 볼에 다가가서 양무릎을 깊게 굽히고 허리를 떨어뜨린다.

스탠스가 불안하므로 체중 이동 없이 컴팩트한 스윙을 한다.

핀까지 130야드로 평소 8번 아이언을 사용했다면 7번을 선택하는 것이 좋습니다.

슬라이스가 나기 쉬우므로 목표의 왼쪽을 겨냥한다.

● ○ 코스 공략법 ○ ●

발끝 오르막의 어드레스

발끝 오르막도 어드레스 때 몸과 볼의 간격을 충분히 고려해야 한다. 이때는 볼이 놓인 지점이 높기 때문에 볼과 몸이 가깝다. 그러나 평지에서처럼 스윙하면 임팩트가 막혀 부드러운 스윙이 되지 않는다. 우선 클럽을 짧게 쥐고 상체를 일으켜 스윙하기 쉬운 자세를 만든다.

체중은 아무래도 낮은 쪽인 뒤꿈치 쪽에 많이 실리게 되는데, 발끝 쪽에 중심을 느껴 하체의 균형을 유지하도록 한다. 볼이 스탠스의 위치보다 높으면 스윙 궤도가 플랫하게 되어 임팩트에서 양손이 되돌려지기 쉬우므로 훅이 난다. 로프트가 큰 클럽일수록 훅이 크게 나므로 클럽에 따라 어느 정도 왼쪽으로 휘어질지를 계산해 목표를 오른쪽에 잡아 어드레스한다.

그러나 몸 자체를 오른쪽으로 향하면 임팩트가 막혀 부드럽게 스윙하기가 어렵다. 어깨나 허리는 가상의 목표를 향하고, 스탠스는 정식 목표에 맞추는 느낌으로 오픈한다. 경사가 10°라면 오픈 스탠스의 정도는 10°, 20°면 20°라는 식으로, 상황과 경사면에 따라 편하게 스윙할 수 있는 스탠스를 잡는다. 스윙은 콤팩트하게 하지만 훅이 나므로 그린에 올린 뒤 런이 나는 경우가 예상외로 많다.

절대로 그린을 오버하지 않도록 평상시 7번 아이언을 사용할 거리라면 하나 작은 8번 아이언을 선택한다.

클럽을 길게 잡고 샷을 하면 뒤땅의 미스가 난다.

발끝 오르막의 어드레스

훅이 나기 쉬우므로 목표의 오른쪽을 겨냥해 어드레스한다.

클럽을 짧게 쥐고 상체를 일으켜 스윙하기 쉬운 자세를 취한다.

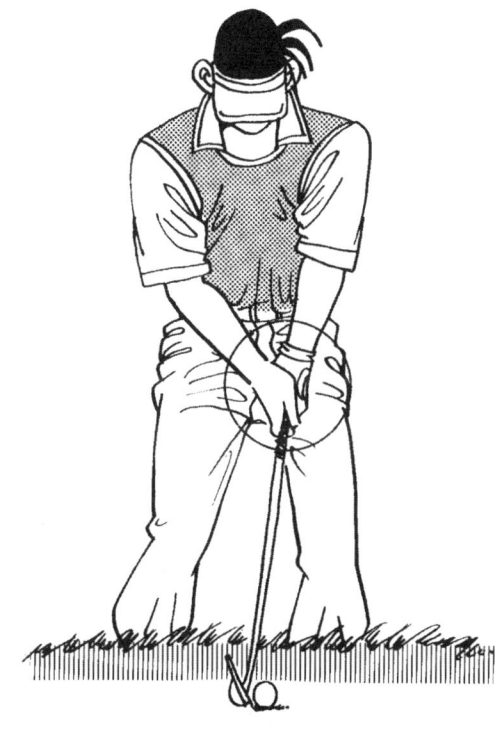

런이 발생하지 않도록 평소보다 한 단계 작은 아이언을 선택한다.

체중은 발끝 쪽으로 하여 몸의 중심을 느껴야.

● ○ 코스 공략법 ○ ●

발끝 오르막, 두 발 붙이고 스윙

슬라이스를 방지하는 연습법의 하나로 상체를 일으키고 클럽을 가슴까지 올려 수평으로 스윙하는 방법이 있다. 이렇게 하면 임팩트에서 팔로 스루에 걸쳐 양손을 되돌리기가 쉬워 볼을 확실하게 포착할 수 있다.

발끝 오르막의 샷은 바로 이런 이미지다. 스탠스의 위치보다 볼이 높으므로 스윙 궤도가 자연스럽게 플랫하게 된다. 클럽을 위에서부터 찔러 넣으려고 하면 임팩트가 막히게 되고, 그렇게 되면 이 상황에서는 스트레이트 볼을 치기가 어렵다. 따라서 훅을 내는 기분으로 쉽게 스윙한다.

훅이 날 것을 계산해 몸 전체를 오른쪽으로 향하면 훅이 더 심해진다. 스탠스만 오픈해 양손의 지나친 되돌림을 억제해야 한다.

이 경우에도 비거리를 욕심내 힘을 주면 하체의 균형이 무너진다. 오른손에 지나치게 힘이 들어가면 페이스가 너무 뒤집혀 훅도 더 심해진다.

발끝 내리막보다는 스탠스를 고정하기가 쉬우므로 발을 지면에 붙인 채 스윙하고, 어드레스 시의 두 눈과 볼의 간격을 변하지 않도록 하면 된다.

경사가 완만하며 롱 아이언이나 페어웨이 우드도 사용할 수 있는데, 클럽을 짧게 쥐고 체중 이동 없이 콤팩트하게 스윙하면 된다.

심한 경사에서는 5번 아이언보다 긴 클럽은 피하는 것이 좋다. 포인트는 어드레스 시의 두 눈과 볼과의 간격을 그대로 유지하는 것이다.

발끝 오르막, 두 발 붙이고 스윙

발끝 오르막은 수평으로 스윙한다.

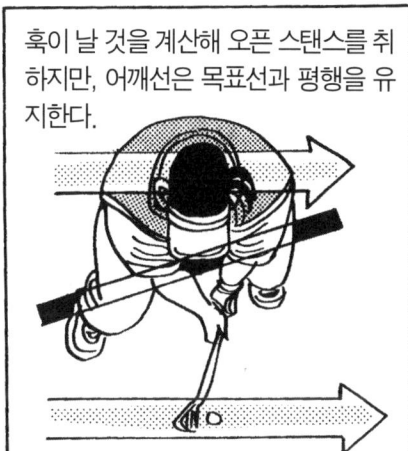

훅이 날 것을 계산해 오픈 스탠스를 취하지만, 어깨선은 목표선과 평행을 유지한다.

클럽을 짧게 쥐고 체중 이동 없이 콤팩트한 스윙을 한다.

심한 경사에서는 5번 아이언보다 큰 것은 피하는 게 좋습니다.

● ○ 코스 공략법 ○ ●

낮은 볼을 구사하기 위한 타법

바람 부는 날 골프를 하는 데 있어 가장 큰 고민거리는 바로 목표 방향에서 불어오는 맞바람이다. 이 맞바람 속에서 비거리를 손해 보지 않고 공략하려면 역시 낮은 탄도의 볼을 쳐야 한다.

낮은 볼의 어드레스는 목표를 보는 시선을 낮게 하는 것에서 시작한다. 체중 배분은 좌우 5대 5로 균등하게 한다. 높은 볼처럼 오른발 체중의 어드레스를 하면 안 된다.

가장 중요한 포인트는 볼의 위치다. 평소보다 오른쪽으로 양발의 가운데에 세팅한다. 그래야 헤드가 낮은 지점으로 들어와 볼에 맞게 되고 낮은 지점으로 빠지면서 스윙할 수 있다.

맞바람이 불 때는 강한 볼이 비거리를 많이 낼 것이라고 생각하기 쉬운데, 실제로는 강한 볼일수록 바람에 대한 반발력이 높아져 좋지 않다. 맞바람에서는 강한 볼보다 반발력이 적은 부드러운 볼이 오히려 더 많이 날아간다.

부드러운 볼이란 힘을 빼고 천천히 휘둘렀을 때 가능한 구질로, 파워가 아닌 타이밍으로 볼을 포착하는 것이 중요하다. 헤드를 낮은 위치에서 넣어 로프트대로 임팩트하는 것이다.

티 업은 가능하면 낮게 하고, 페이스의 아랫부분으로 볼을 포착하는 이미지를 갖도록 한다.

낮은 볼을 구사하기 위한 타법

맞바람이 불 때 낮은 볼의 어드레스는 목표를 보는 시선을 낮게 하는 것부터 시작한다.

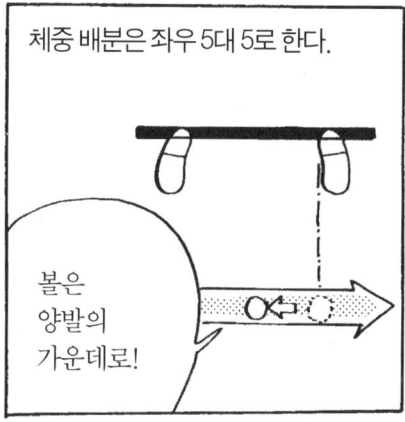

체중 배분은 좌우 5대 5로 한다.

볼은 양발의 가운데로!

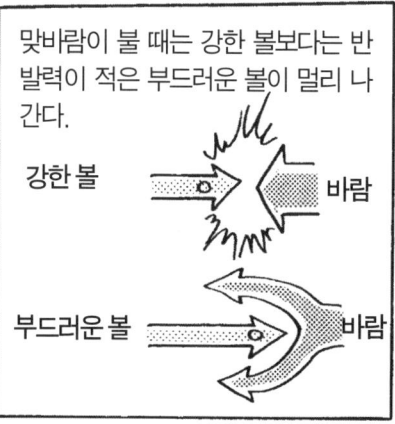

맞바람이 불 때는 강한 볼보다는 반발력이 적은 부드러운 볼이 멀리 나간다.

강한 볼

바람

부드러운 볼

바람

부드러운 볼을 치기 위해서는 힘을 빼고 천천히 휘둘러 타이밍으로 볼을 포착해야 한다.

티 업을 낮추고 페이스의 아랫부분으로 볼을 포착하는 이미지로 스윙한다.

○ ○ 코스 공략법 ○ ○

높은 볼을 구사하는 타법

바람이 부는 날은 대부분 평소보다 스코어가 3~4타 더 나온다. 그러나 바람의 방향을 잘 이용하면 힘들이지 않고도 공을 더 멀리 보낼 수 있다. 특히 순풍에 실어 비거리를 벌고자 할 때는 높은 볼로 공략한다.

볼의 고저를 구분하기 위해서는 어드레스에서부터 나름대로 준비를 해야 한다. 높은 볼을 칠 때는 평소보다 오른발에 체중을 많이 실어 어드레스한다. 좌우 5대 5에서 4대 6으로 체중을 배분한다. 볼의 위치는 왼발 뒤꿈치 연장선 상이지만 가능하면 바깥쪽으로 한다. 또 한 가지 중요한 것은 목표 방향을 보는 시선을 높게 하는 것이다. 이것으로 어드레스 준비는 완료다.

오른발 체중의 어드레스를 만들었으면 그 상태의 체중 배분으로 친다. 이것이 바로 볼을 높이 날리는 테크닉의 핵심이다. 체중 이동을 하면 안 된다. 오른발을 축으로 회전하는 이미지가 좋다.

체중 이동을 방지하기 위해서는 오른발 뒤꿈치가 떠오르는 것을 참고, 계속 지면에 디디는 이미지가 효과적이다. 오른발에 체중이 남아 있으면 스윙 궤도는 어퍼 블로로 되어 퍼내는 타법을 하지 않아도 볼이 더 높이 떠오른다.

높은 볼은 드로와 스윙 동작에서 공통점이 있다. 그것은 바로 피니시의 높이다. 볼을 높이 올리고 싶을 때는 손을 가능하면 높은 위치로 가져간다. 스윗 스폿의 약간 위(페이스의 상부)로 볼을 치면 더욱 좋다.

높은 볼을 구사하는 타법

높은 볼을 칠 때는 오른발에 체중을 많이 실어 어드레스 한다.

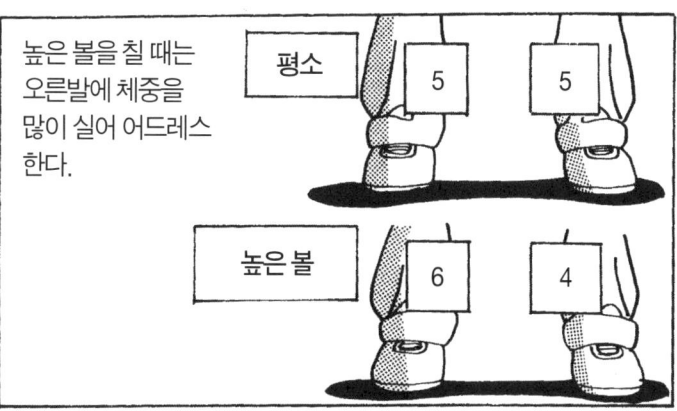

볼의 위치는 왼발 뒤꿈치 연장선상 이지만 가능한 한 바깥쪽에 둔다.

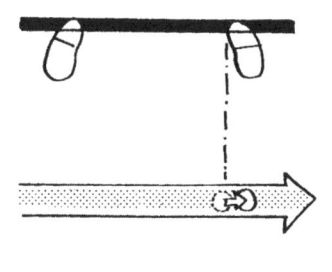

체중 이동을 방지하기 위해서 오른발을 지면에 디 딘 채 스윙하면 스윙 궤도가 저절로 어퍼 블로가 된다.

목표 방향을 보는 시선을 높게 한다.

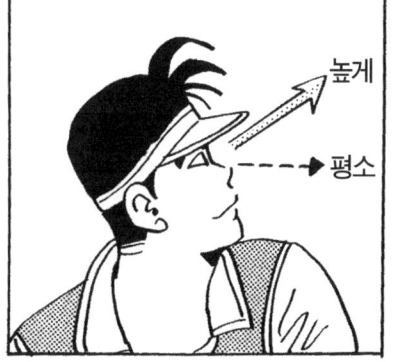

피니시 때 손의 높이는 가능한 한 높은 위치로 가져 간다.

○ ○ 코스 공략법 ○ ○

러프에서 볼을 띄우는 방법

티샷한 볼이 러프로 들어갔다. 그나마 불행 중 다행으로 풀이 그다지 깊지 않고, 볼도 잔디 위에 떠 있는 상태다. 그러나 이처럼 비교적 치기 쉬운 상황인데도 대부분 볼이 떠오르지 않고 토핑의 느낌이 된다. 이런 상황에서의 공략법을 알아보자.

러프도 여러 가지다. 잔디만 하더라도 싹의 방향이 반대결, 바른결, 사이드로 일정하지 않다. 토핑을 범하는 것은 바른결의 경우라고 생각된다. 잔디가 비구 방향으로 자란 경우에는 비교적 쉽다고 할 수 있다. 그러나 잔디가 바른결이고 공이 떠 있는 상태라 해도 안심해서는 안 된다. 잔디가 촘촘하고 두꺼우면 클럽의 솔이 부드럽게 미끄러지는 장점은 있지만 동시에 두꺼운 클럽의 솔이 튕겨지는 경우가 많다. 따라서 그립을 약하게 쥐고 쓸어 치듯 스윙하면 러프에 바운드되고, 클럽 헤드가 볼의 윗부분을 치게 된다. 이것이 토핑의 원인이다. 쉬워 보이는 러프라 해도 꽤 어렵다. 역시 다운 블로로 볼을 직접 치는 스윙을 해야 볼이 떠오른다.

단, 거리가 적당하고 바른 결에 떠 있는 경우에는 아이언보다 5번 우드처럼 로프트가 있는 우드가 편리하다. 이는 특히 쓸어 치는 스윙을 하는 골퍼에게 적합하다. 중요한 포인트는 잔디에 튕겨지지 않도록 다운 블로로 직접 쳐야 한다는 것이다.

러프에서 볼을 띄우는 방법

● ○ 코스 공략법 ○ ●

맨땅에 있는 볼을 칠 때

한 홀을 내고 다음 홀 티잉 그라운드로 향하는 근처는 많은 사람들이 밟고 지나다니기 때문에 잔디가 없는 맨땅인 경우가 많다. 그린이 나빠 미스 샷을 범하면 이런 곳에 떨어지는 경우가 흔하다. 더구나 그린 뒤쪽은 그린보다 높아 핀이 내려다보이는 경우가 많다. 이때 핀까지의 거리가 어느 정도 되면 그나마 로프트 각도가 낮은 클럽으로 굴려 칠 수 있어 큰 문제는 없다. 하지만 볼을 높이 띄워야 할 때는 공략하기가 매우 어렵다.

9번 아이언으로 칠 수 있겠다 싶은 경우라도 잔디가 벗겨졌거나 상태가 나쁘면 피칭 웨지를 쓰는 것이 좋다. 그 이유는 힘껏 쳐도 괜찮은 상황이라면 몰라도, 잔디가 벗겨졌거나 상태가 좋지 않으면 아무래도 볼을 치는 힘이 강해지기 때문이다. 따라서 9번 아이언을 들고 로프트 각도대로 치는 것보다는 피칭 웨지로 로프트 각도를 약간 엎는 식으로 치는 것이 좋다.

피칭 웨지라도 타면의 중심으로 치면 볼이 멀리 가 역시 핀을 지나치기 쉽다. 타면의 중심이 아니라 타면 앞쪽으로 치는 것이 효과적이다. 바닥이 나쁠 때 정상적으로 치면 뒤땅을 치는 실수가 많지만 타면 앞쪽으로 치면 뒤땅의 미스를 줄일 수 있다. 또 이 타법은 제법 힘있게 치더라도 실제 볼에 전해지는 힘은 그다지 크지 않아 핀을 훌쩍 넘어 지나쳐 버리는 경우가 많이 생기지 않는다.

맨땅에 있는 볼을 칠 때

그린 뒤쪽의 잔디 없는 맨땅에 볼이 떨어진 경우

볼을 높이 띄워야 할 때

그런 경우에는 9번 아이언으로 칠 수 있어도 라이가 좋지 않으므로 피칭 웨지를 쓰는 것이 좋습니다.

피칭 웨지로 로프트 각도를 약간 엎는 식으로 친다.

피칭 웨지의 타면 중심이 아닌 타면 앞쪽으로 친다.

타면 앞쪽으로 치면 뒤땅치기도 줄고, 핀을 훌쩍 넘기지도 않는다.

● ○ 코스 공략법 ○ ●

샤프트가 길고 헤드가 큰 클럽 사용법

스윙은 클럽의 역사와 함께 변화해 왔다. 최근에는 조금 주춤하지만 아직까지는 300cc가 넘는 큰 헤드에 긴 샤프트를 단 드라이버가 유행이다. 프로들도 45인치 드라이버를 쓰는 것이 보통이다. 48인치 이상의 샤프트 드라이버도 있다.

샤프트가 길고 헤드가 큰 클럽은 치는 방법도 조금 달리 생각할 필요가 있다. 사실 샤프트가 길면 헤드 역시 그에 비례해 커지기 때문에 웬만해서는 클럽이 그다지 길게 느껴지지 않는다. 긴 클럽을 쓸 때는 손에 집중되는 의식을 몸의 회전에 확실하게 분산하는 것이 중요하다. 몸을 빨리 회전하는 데는 한계가 있으므로 여유 있는 템포로 휘둘러야 한다.

샤프트가 길면 스윙 아크가 커지므로, 그만큼 헤드 스피드도 빨라져 비거리가 늘어난다. 천천히 휘두른다는 것은 몸의 감각이지 실제 헤드 스피드까지를 얘기하는 것은 아니다. 몸의 회전을 생각하면서 왼발부터 다운 스윙을 시작해 마지막에 손에 이르도록 한다.

손의 힘이 아닌 몸의 중심에서 생겨나는 힘으로 날리는 것이 여유 있게 휘둘러도 멀리 날아간다. 이를 느끼기 위해 긴 클럽을 사용한 연습은 매우 유용하다.

긴 클럽의 포인트는 손목을 사용하지 않고 몸의 회전으로 천천히 휘두르는 것이다. 손목을 이용해 긴 클럽을 치면 형편없는 실수가 나온다.

긴 클럽을 쓸 때의 포인트는 손목을 사용하지 않고 몸의 회전으로 천천히 휘두르는 것이다.

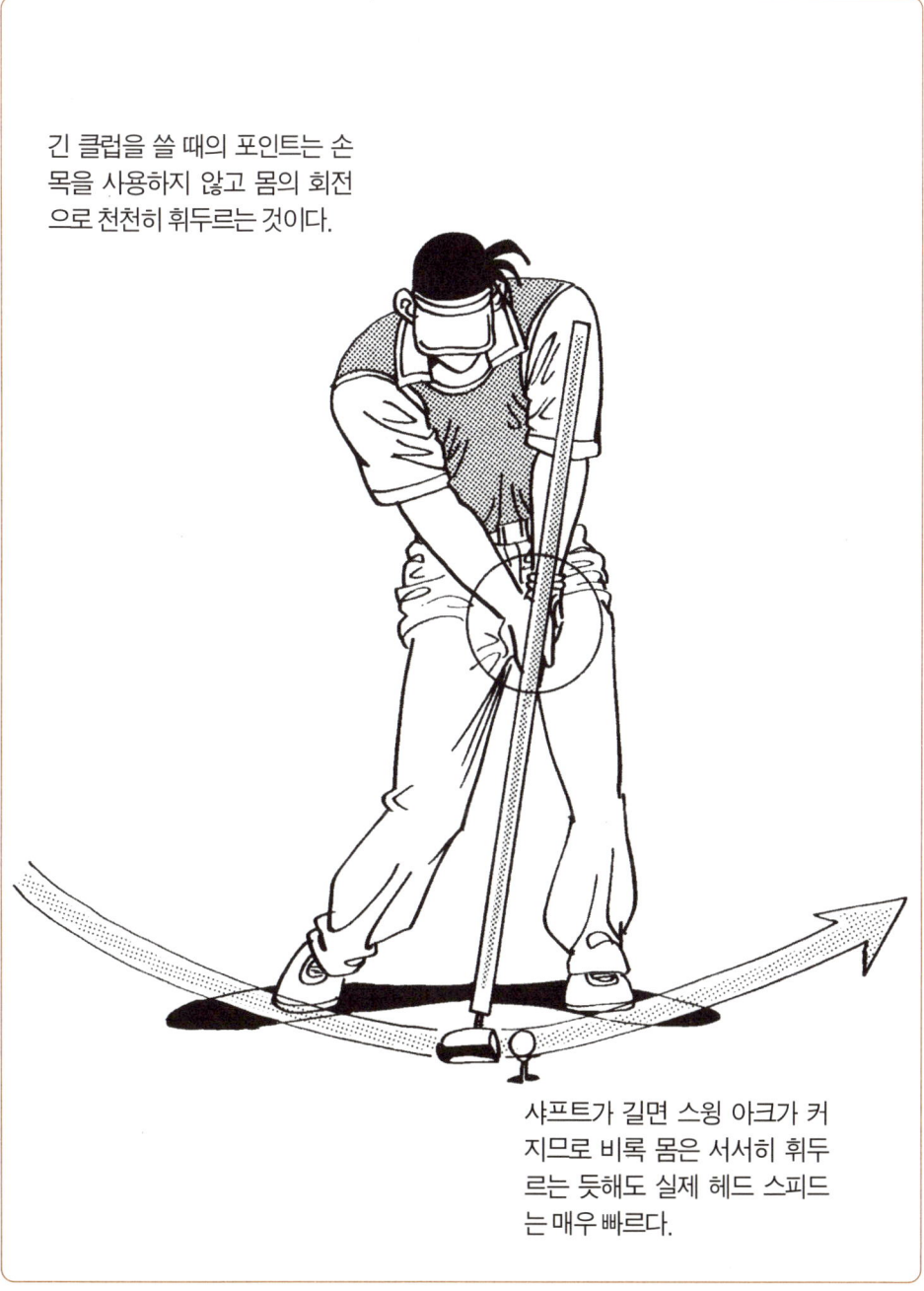

샤프트가 길면 스윙 아크가 커지므로 비록 몸은 서서히 휘두르는 듯해도 실제 헤드 스피드는 매우 빠르다.

● ○ 코스 공략법 ○ ●

비거리를 내고 싶을 때 드로 타법

비거리를 내고 싶거나 페어웨이 오른쪽의 OB를 피하고 싶을 때 효과적인 것이 바로 드로다. 그 비결은 임팩트에서 밀면서 손목을 회전시키는 오른손의 사용법에 있다.

드로를 구사하기 위한 어드레스는 두 가지다. 하나는 스탠스만 닫는 것이고, 또 하나는 어깨, 허리, 발끝, 페이스 등 대부분의 라인을 오른쪽으로 향하는 것이다. 뒤의 방법이 더 간단해서 볼을 휘게 하기가 쉽다.

대부분의 라인을 오른쪽으로 향한다면 치고 싶은 방향을 정하고 그 방향에 대해 스퀘어로 어드레스하는 것만으로도 좋다. 어드레스를 단순하게 취하는 것이 실전에 응용하기 쉽다. 드로는 인사이드 아웃의 스윙 궤도가 필수인데, 오른쪽을 향하는 어드레스를 만드는 것으로 클럽 헤드는 인사이드에서 내려와 아웃사이드로 빠지게 된다. 극단적인 궤도를 만들면 왼쪽으로 심하게 휘거나 푸시 아웃이 되므로 주의해야 한다.

드로의 가장 중요한 포인트는 오른손의 사용법이다. 우선 오른손으로 볼을 밀어 넣는 임팩트 이미지를 만든다. 이것으로 인사이드 아웃의 스윙 궤도를 확보할 수 있다. 그 다음 오른손이 롤링하도록 손목을 회전시킨다. 이 롤링은 고도의 테크닉을 요하는데, 팔로 스루에서 오른손등이 몸의 정면을 향하는 형태가 이상적이다. 또 왼쪽 팔꿈치를 기점으로 왼팔을 움직이면 능숙하게 손목을 되돌릴 수 있다.

비거리를 내는 드로 타법

비거리를 내고 싶거나 오른쪽 OB를 피하고 싶을 때는 드로 구질이 효과적이다.

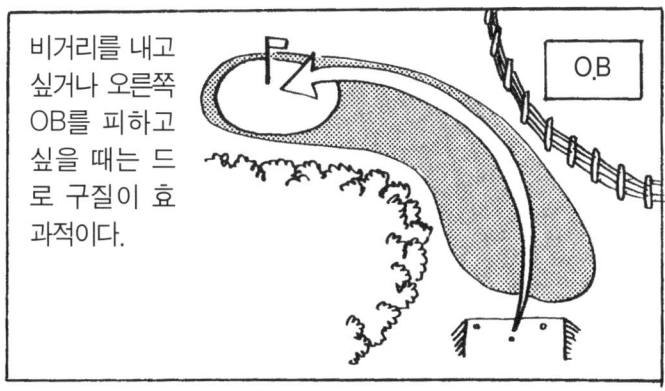

크로스 스탠드로 서서 목표의 오른쪽을 향한다.

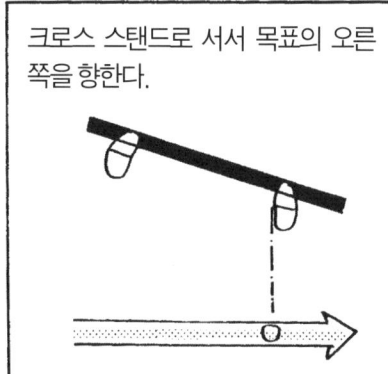

임팩트 시에 오른손으로 볼을 밀어 넣는 이미지를 갖는 게 중요하다.

임팩트 후에 오른손이 롤링하도록 손목을 회전시킵니다.

인사이드 아웃의 스윙이 되어 왼쪽으로 휘는 구질이 된다.

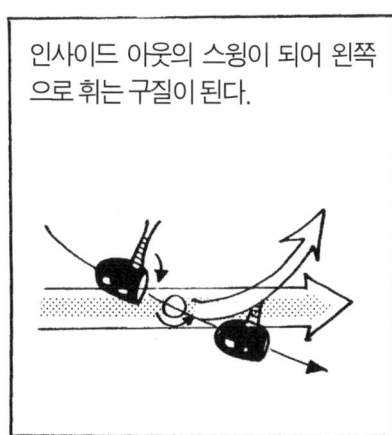

● ○ 코스 공략법 ○ ●

에그 프라이 벙커 샷

눈 알박이 또는 에그 프라이. 모래에 볼이 파묻힌 가장 괴로운 상태다. 일단 공이 파묻혔다는 것은 모래가 부드럽다는 증거다. 그렇기 때문에 무리하게 치거나 스윙을 크게 하면 헤드가 깊이 들어가거나 토핑이 나고 만다.

부드러운 모래인 경우 일반 벙커 샷보다 훨씬 저항이 강하므로 그립을 더욱 강하게 잡아야 한다. 또한 강한 스윙을 해야 하므로 스윙 중 흔들리지 않도록 두 발을 확실하게 모래 속에 파묻어 둔다.

클럽 헤드는 보통의 벙커 샷보다 바깥쪽에서 들어오도록 친다. 보통의 경우가 2~3cm 정도 앞이라면 에그 프라이일 때는 5~6cm 정도 앞으로 과감하게 찔러 넣는다. 즉 이 경우는 볼이 묻혀 있는 상태이기 때문에 클럽의 로프트를 예각으로 찔러 넣으면 좋을 것이라고 생각하면 된다. 두꺼운 모래 속에 예각으로 찔러 넣는 것만으로도 좋다. 여러 가지를 복잡하게 생각하다 보면 오히려 미스를 유발하기 쉽다. 모래의 저항에 지지 않는 강한 그립으로 날카롭게 친다는 것만 염두에 두고 위기를 탈출해 보자.

단, 파워가 필요하다고 해서 오버 스윙을 해서는 안 된다. 또 에그 프라이의 경우 홀 컵에 붙이는 것은 일단 잊어버리고 우선 탈출만 생각하는 것이 현명하다. '임팩트 = 팔로 스루'라는 생각으로 샷을 시도하면 샌드 웨지라는 클럽이 갖고 있는 최대의 기능을 발휘해 행운을 얻을 수 있을 것이다.

에그 프라이 벙커 샷

모래에 볼이 박힌 것을 에그 프라이라고 한다.

그만큼 모래가 부드럽다는 얘기죠.

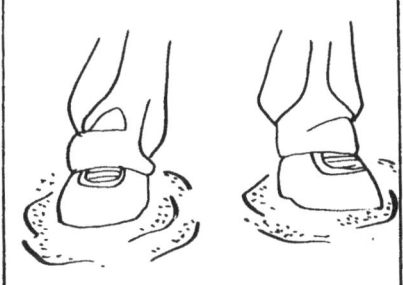

부드러운 모래일수록 저항이 강하므로 양발을 확실히 모래 속에 둔다.

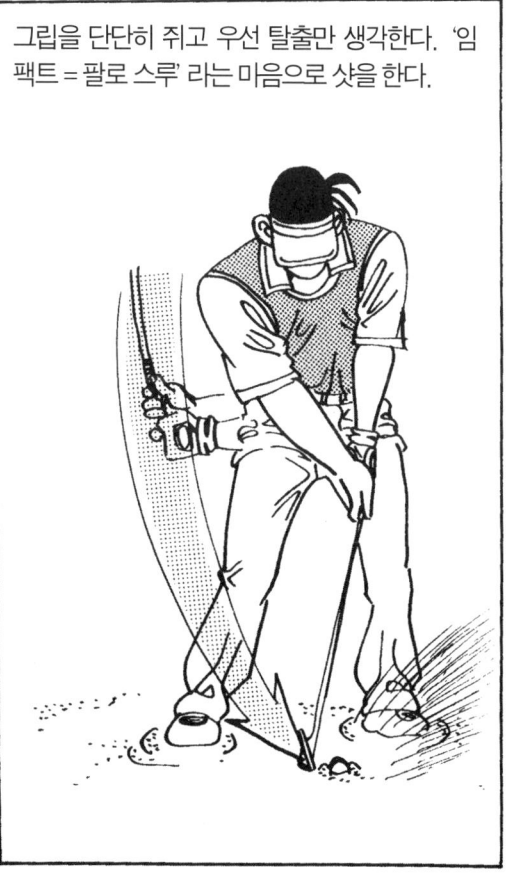

그립을 단단히 쥐고 우선 탈출만 생각한다. '임팩트 = 팔로 스루' 라는 마음으로 샷을 한다.

보통의 경우가 2~3cm 앞이라면, 에그 프라이일 때는 5~6cm 정도 앞으로 과감히 찔러 넣는다.

● ○ 코스 공략법 ○ ●

빈대떡 떠내듯 치는 벙커 샷

정상급 프로들이 모래에 빠진 볼을 공략하는 모습을 자세히 지켜보면 모래를 강타하기보다는 그저 철썩 쳐내는 데 그친다는 것을 알 수 있다. 이처럼 볼과 함께 들어올려지는 모래는 쿠션 역할을 한다. 이렇게 할 경우 볼에 스핀이 많이 들어가고 컨트롤이 향상된다. 특히 벙커와 핀 사이의 그린 공간이 비교적 적을 경우 보다 효과적이다.

이렇게 살짝 쳐내는 기술은 모래를 강타하는 기존의 방법에 비해 훨씬 난이도가 높다. 비교하자면 볼의 뒤나 아래에 패는 디봇의 깊이를 얕게 가져가는 것과 일맥상통한다고 할 수 있다. 이 기술을 익히고 싶다면 다음과 같은 방법을 시도해 본다.

우선 샌드 웨지의 블레이드를 최대한 오픈시킨다. 블레이드 위에 물이 가득한 컵을 올려놓았다고 가정했을 때 물이 넘치지 않을 정도까지 오픈시켜야 한다.

둘째, 그런 다음에는 클럽을 뒤로 빼면서 갑자기 위로 올리는 백 스윙 대신 클럽을 약간 안쪽 경로를 따라 이동시키면서 샷을 구사한다. 이렇게 할 경우 원호가 보다 평행해지고 볼을 공략하는 각도가 가파르지 않아서 임팩트 시 페이스가 오픈된 경우 부드럽다. 그리고 모래가 넓게 퍼지면서 그린에 떨어진 뒤 금방 멈추는 샷이 나온다. 다만 유의할 점은, 이와 같은 샷을 구사하기 위해서는 많은 연습이 필요하다는 것이다.

빈대떡 떠내듯 치는 벙커 샷

정상급 프로들은 벙커에서 모래를 강타하듯 찍지 않고 그저 철썩 쳐내듯 스윙한다.

이렇듯 살짝 쳐내는 기술은 모래를 강타하는 기존의 방법보다 훨씬 난이도가 높습니다.

이렇게 하기 위해서는 우선 샌드 웨지의 블레이드를 최대한 오픈시켜야 한다.

가상의 물컵에서 물이 흘러넘치지 않을 정도로 오픈시켜야!

블레이드를 최대한 오픈시킨 상태에서 원호가 보다 평행해지도록 안쪽으로 백 스윙한 뒤 샷한다.

이 샷은 많은 연습이 필요합니다!

● ○ 코스 공략법 ○ ●

난이도가 높은 벙커 탈출법

벙커 밖에서 스탠스를 취한 다음에 벙커 사이드에 놓인 볼을 공략해야 할 경우가 있다. 이런 상황에서는 그립을 길게 잡고 오픈 스탠스로 자세를 취해야 하며, 왼발 발끝에 공을 맞추고 약간 왼쪽을 겨냥한다.

왼쪽 팔꿈치와 왼쪽 어깨를 지점으로 백 스윙을 시도하며 일찍 코킹하고 웅크린 채로 컷 샷을 하면 된다.

특히 양쪽 발끝으로 무릎을 편히 하고 가라앉힌 앞 기울기를 유지한 채 타구를 끝마치는 것이 요령이다. 그런 다음에는 머리를 상하로 움직이지 않는다는 것만을 생각해야 한다. 만일 머리를 상하로 움직이면 볼 뒤의 모래만 퍼올리거나 토핑이 되기 쉽기 때문이다.

또 헤드 스피드를 낼 수 있는 방법으로 그립의 가장 끝을 잡아야 하며, 실제로 남은 거리보다 한 클럽 더 길게 잡고 균형을 유지하기 위해 주로 팔과 손만을 이용한 스윙을 하면 좋은 샷을 날릴 수 있다.

난이도가 높은 벙커 탈출법

벙커 밖에서 스탠스를 취한 다음 벙커에 놓인 볼을 공략해야 하는 경우가 있다.

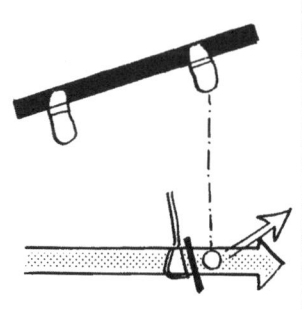

그립을 길게 잡고 오픈 스탠스로 자세를 취하고!

왼발 끝에 공을 맞추고 약간 왼쪽을 겨냥해야

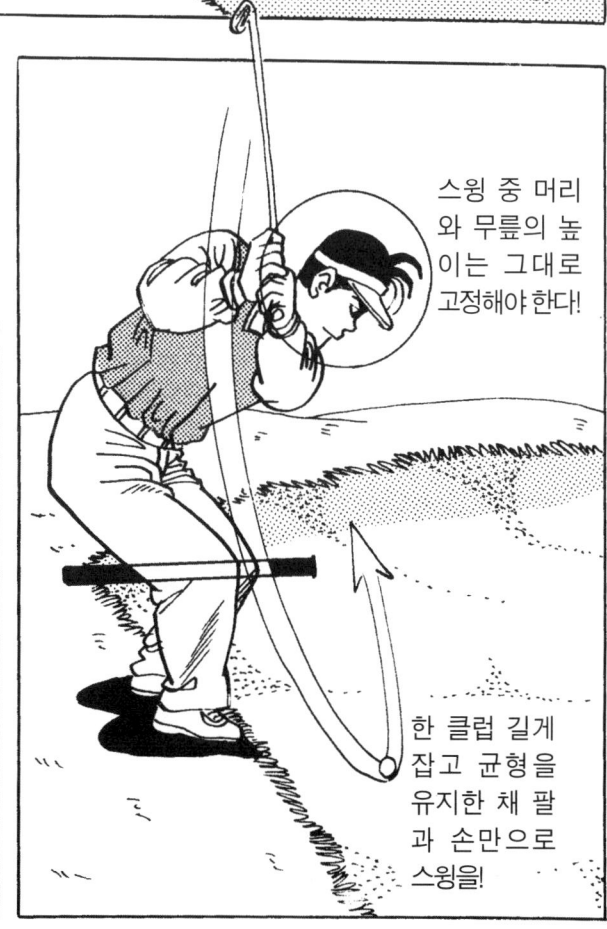

스윙 중 머리와 무릎의 높이는 그대로 고정해야 한다!

한 클럽 길게 잡고 균형을 유지한 채 팔과 손만으로 스윙을!

● ○ 코스 공략법 ○ ●

벙커 트러블 탈출법

아마 골퍼들은 볼이 모래에 푹 파묻혀 있거나 에그 프라이일 때 황당해한다.

벙커 샷을 시도할 때 지레 겁을 먹는 사람과, 부담을 갖지 않고 마음 편하게 치는 사람은 차이가 크다. 중요한 것은 상황을 더 나쁘게 만들지 않는 것이다.

일단은 어려운 상황에서 탈출하는 게 급선무다. 그러기 위해서는 반드시 위에서 아래로 스윙해야지 뒤에서 앞으로 하면 안 된다. 가능하면 바로 볼 뒤를 깊게 파 준다고 생각하자. 아마추어들이 대부분 실패하는 가장 큰 원인은 위에서 아래로 찍어 치지 않고 뒤에서 앞으로 치기 때문이다. 게다가 거리 조절에 신경을 쓰지 않는 것도 문제다. 그러나 이 상황에서는 백 스핀이 걸리지 않기 때문에 낮은 탄도로 멀리 굴러간다. 핀을 겨냥하기보다는 일단 퍼팅할 수 있는 목표로 하는 것이 현명하다. 불확실한 스윙으로 인해 벙커에 계속 볼이 남아 있기를 원하는 사람은 없을 것이다.

볼이 모래에 묻혀 있다면 셋업과 클럽 페이스를 약간 오픈하고 볼을 스탠스 가운데에 둔다. 왼발에 체중을 둔 어드레스를 취하고 핸드 퍼스트의 자세를 만든다. 클럽 헤드를 볼 위쪽 약 5cm에 정렬시키되, 이때 클럽 헤드가 모래에 닿지 않도록 한다. 그리고 백 스윙을 곧장 치켜든다. 다운 스윙과 임팩트에서 오른손의 강력한 주도적 역할이 매우 중요하다.

벙커 트러블 탈출법

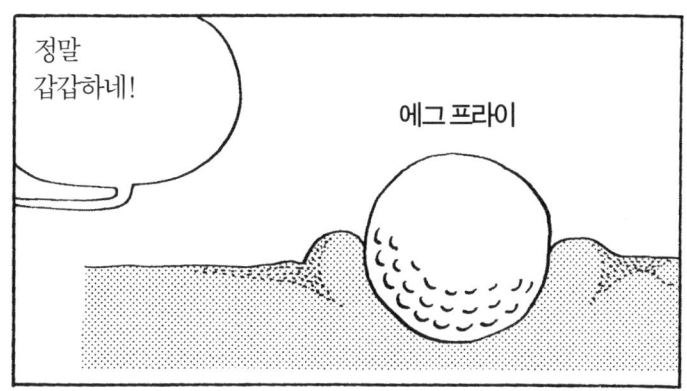

에그 프라이를 실패하는 가장 큰 이유는 뒤에서 앞으로 미는 샷을 하기 때문이다.

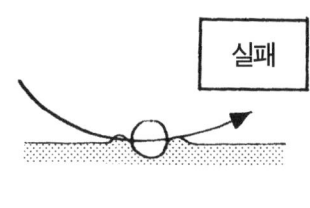

에그 프라이에서 탈출하려면 볼 뒤를 위에서 아래로 찍어 쳐야 한다.

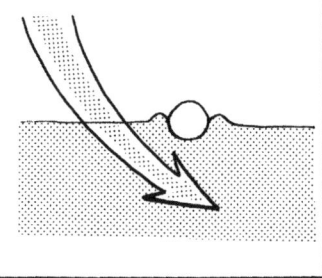

벙커 샷이 된 볼은 백 스핀이 걸리지 않아 낮은 탄도로 멀리 가므로 거리 조절에 신경 쓰지 않아도 된다.

클럽 헤드를 볼 뒤 5cm에 정렬시킨 뒤, 백 스윙 시 곧장 치켜든 다음 샷한다.

○● ○ 코스 공략법 ○ ●○

발자국이 있는 벙커에서의 탈출

발자국이 남아 있는 벙커에 볼이 들어가는 경우가 많다. 아무리 프로라고 해도 이런 상황은 쉽지 않다. 자갈이나 모래에서처럼 페이스를 닫고 탈출할 때도 있지만 페이스를 가볍게 오픈해서 때리는 경우도 있다. 이때는 벙커의 미묘한 라이를 잘 살핀 다음 페이스의 오픈과 클로즈를 결정하는 것이 좋다.

만약 깊지 않은 발자국이라면 페이스를 오픈한 방법을 선택하는 것이 좋다. 문제는 페이스를 오픈한 만큼 솔의 변수가 커지기 쉽다는 것이다. 볼이 약간 가라앉은 라이에서는 평상시보다 헤드를 깊이 박아 넣지 않으면 볼이 잘 나오지 않는다. 따라서 솔 부분부터 떨어지게 하지 말고 클럽의 넥 부분부터 헤드를 박아 넣어 모래 속으로 깊이 들어갈 수 있도록 해야 한다. 이와 같이 헤드를 집어넣는 방법만으로도 발자국 속에 있는 볼을 꺼낼 수 있다.

볼이 크고 깊은 발자국에 있을 경우에는 페이스를 열고 자세를 취하는 타격 방법을 선택한다. 그리고 한 가지 더 배워야 할 것은 볼 밑으로 확실하게 헤드를 집어넣기 위해서 임팩트 시 오른손을 쓰는 것이다. 볼의 20cm 앞쪽으로 헤드를 나오게 한다는 이미지로 낮은 오른손을 이용해 팔로 스루를 하면 좋은 결과를 얻을 수 있다.

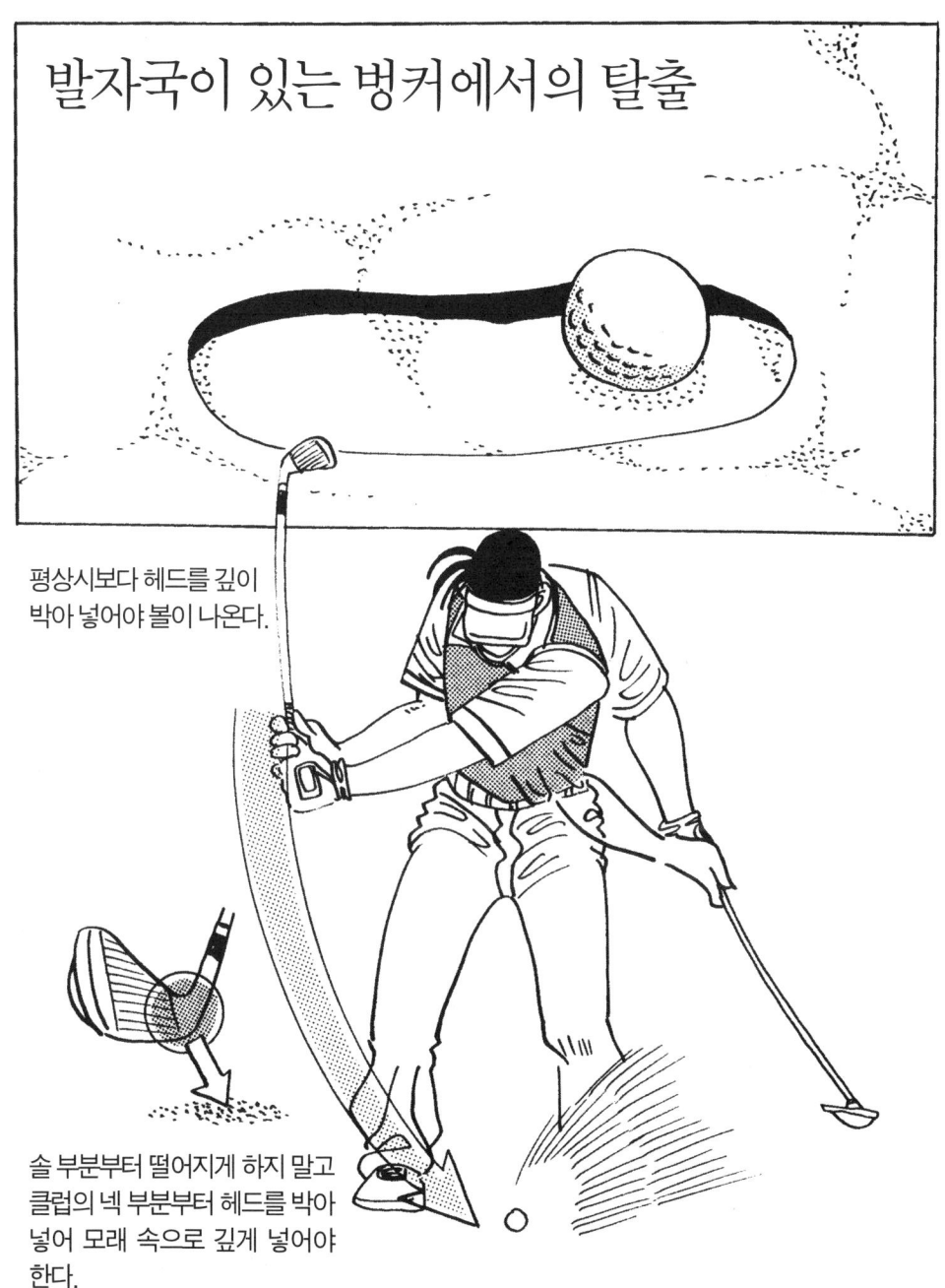

● ○ 코스 공략법 ○ ●

효과적인 벙커 샷 연습법

많은 벙커가 설계되어 있는 코스에서 플레이할 때는 모래에 대한 자신감이 필요하다. 이런 상황에서 핸디캡을 줄이기 위한 가장 좋은 방법은 바로 연습 벙커에 나가서 한 시간쯤 연습하는 것이다. 실습이야말로 벙커 샷의 거리를 컨트롤할 수 있는 가장 효율적인 방법이다.

여기에는 기본적으로 세 가지 방법이 있는데, 각각 연습을 해 본 뒤 자신에게 알맞은 방법을 선택하자.

첫째, 페어웨이에서 웨지 샷을 구사할 때처럼 샌드 샷에서도 스윙을 길고 짧게 조절함으로써 거리를 컨트롤할 수 있다.

둘째, 투어 프로들을 보면 종종 아주 부드럽게, 심지어는 굼뜨다 싶을 정도로 느리게 스윙하는 것을 볼 수 있는데, 이는 샷의 거리를 줄일 수 있는 또 하나의 방법이다.

셋째, 그린 주변에 있는 벙커에서 샷을 날릴 경우 볼을 치는 것이 아니라 볼의 뒤쪽 1~2인치 떨어진 지점을 때린다.

이렇게 볼과 웨지가 모래 속으로 파고 들어가는 지점까지의 거리를 조절하면 샷이 날아가는 높이를 컨트롤할 수 있다. 모래의 양이 많을수록 샷의 길이는 짧아진다. 이렇게 기술을 연마하면 샷의 탄도에 변화를 주는 동시에 웨지의 오픈 정도와 샌드 샷에 대해서도 많은 것을 배울 수 있다.

효과적인 벙커 샷 연습법

벙커 샷에 강해지는 비결이 있나요?

있죠! 바로 연습 벙커에 가서 실전처럼 벙커 샷을 하는 것이죠.

벙커 샷 연습 방법은 기본적으로 세 가지가 있습니다.

실제로 벙커 샷을 하면 몸으로 배우게 되어 자신감이 생깁니다.

첫째, 페이웨이에서 웨지 샷을 구사하듯 샌드 샷의 스윙을 길고 짧게 조절하여 거리를 컨트롤한다.

둘째, 굼뜨다 싶을 정도로 느리게 스윙해 샷의 거리를 줄인다.

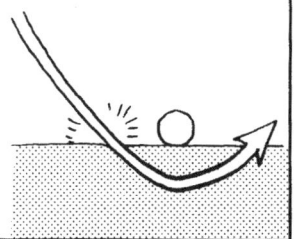

셋째, 그린 주변의 벙크는 볼의 뒤쪽 1~2인치 되는 지점을 때린다.

● ○ 그린에서의 공략법 ○ ●

퍼팅의 기본

단한 퍼터를 사용해 조그만 홀 컵에 볼을 넣는다는 것은 누구에게도 그리 쉬운 일이 아니다. 흔히 프로들은 당연히 퍼팅도 잘한다고 생각하고 넘어가기 쉽지만 사실은 예민한 스윙과 정확한 임팩트가 뒷받침되기 때문에 가능한 것이다.

멋진 퍼팅을 할 수 있는 골퍼가 되기 위해서는 자세나 퍼팅 스트로크 등의 '기술적 요소'가 중요하다. 그러나 무엇보다 잊지 말아야 할 것은 골퍼 스스로의 강한 의지다. 또 아무리 강한 의지를 갖고 있더라도 기초 체력이 받쳐주지 않으면 아무 소용이 없다.

퍼팅을 시작하기 전 정확한 어드레스를 만드는 것이 최우선이다. 그립은 몸 전체의 긴장을 풀고 가볍게 쥔다. 대개 전통적인 역 오버래핑 그립을 사용하는데, 이는 왼쪽 집게손가락이 오른손의 새끼손가락 위를 덮는 그립을 말한다.

항상 다리와 엉덩이, 어깨가 삼각형을 이루게 하며, 두 발을 어깨 넓이보다 약간 넓게 벌리고 좋은 시야를 확보할 수 있도록 무릎을 굽혀 볼이 흘러가는 모습을 관찰하는 데 방해가 되지 않도록 한다. 팔은 자연스럽게 몸에 매달려 있다는 기분을 가진다.

양어깨와 두 팔은 삼각형을 이루며, 이 삼각형이 하나가 되어 움직인다. 볼은 보통 왼발 뒤꿈치로부터 5cm 안쪽에 놓는다.

퍼팅의 기본

단단한 퍼터를 사용해 조그만 홀 컵 안에 볼을 넣는 것은 쉬운 일이 아니다.

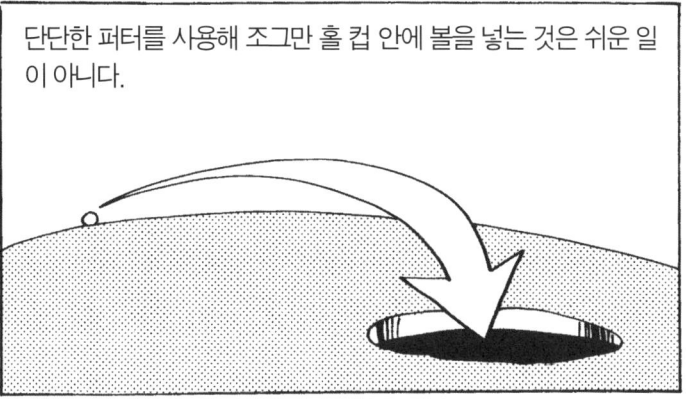

멋진 퍼팅을 위해서는 퍼팅 기술과

넣겠다는 의지

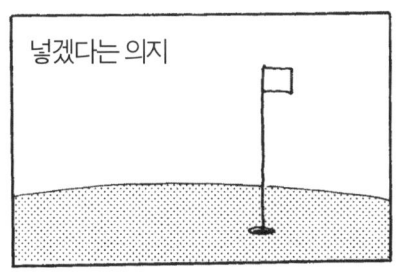

마지막으로 기초 체력이 필요합니다.

퍼팅을 잘하려면 정확한 어드레스를 해야 한다.

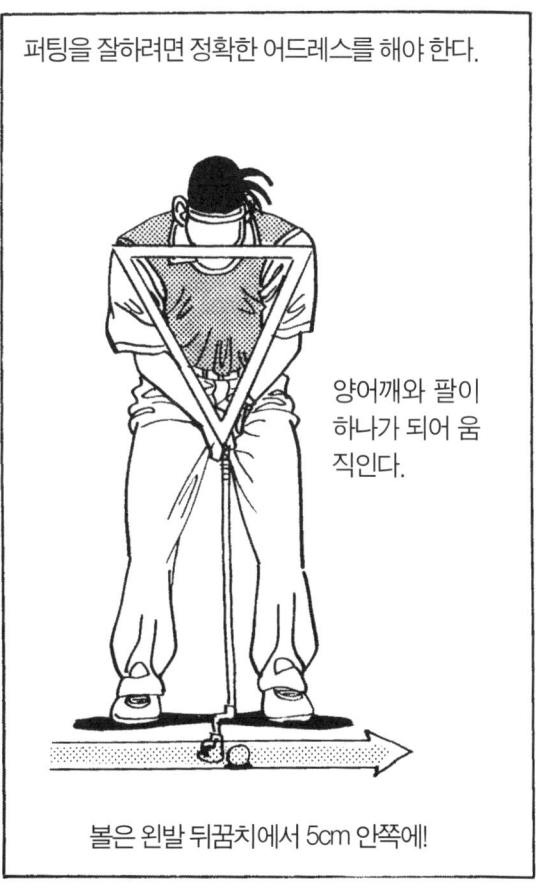

양어깨와 팔이 하나가 되어 움직인다.

볼은 왼발 뒤꿈치에서 5cm 안쪽에!

그린에서의 공략법 355

● ○ 그린에서의 공략법 ○ ●

감각을 개발해야 퍼팅의 명수가 된다

퍼팅 기량을 늘리기 위해서는 감각을 개발해야 한다. 퍼팅 스트로크는 최대한 자연스러워야 한다. 여러 가지 생각이나 기술적인 것에 구애받지 않고 단지 퍼팅 라인을 찾아 자신감을 가지고 스트로크하는 것이 중요하다. 주로 사용하는 손이 감각을 섬세하게 느끼므로 일반적으로 오른손을 사용하는 것이 좋다. 오른팔만을 이용한 퍼팅 연습은 감각과 리듬을 익히는 데 매우 좋은 방법이다.

주로 사용하는 손만을 이용해 리듬 있는 스트로크를 하도록 집중해 보자. 공을 치고 나서 퍼터 헤드가 릴리스되는 것을 느낄 수 있을 것이다. 백 스트로크를 할 때는 손목을 약간 꺾고, 팔로 스루를 할 때는 손목이 꺾이지 않게 퍼팅 선을 따라 릴리스한다.

퍼터는 백 스트로크 시 약간 안쪽으로 갔다가 임팩트 때 직각으로 되돌아오고, 팔로 스루할 때 약간 안쪽으로 들어올 것이다. 5m 미만 퍼팅에서만 앞뒤로 똑바로 움직여야 한다. 팔로 스루는 백 스트로크보다 길어도 된다. 그러나 그 반대가 되어서는 안 된다.

오른손바닥 생명선에 그립을 파지하고 스트로크 연습을 해 보면 퍼터의 감각과 리듬을 체득할 수 있다. 이때는 오른손가락의 핑거 그립을 잡으며, 이렇게 하면 퍼터 페이스의 변화가 심해 변칙 스트로크 타법이 된다. 리듬 있는 퍼팅 동작을 생각하며 실행해 본다.

감각을 개발해야 퍼팅의 명수가 된다

오른팔만으로 퍼팅 연습을 하면 감각과 리듬을 익히는 데 큰 도움이 된다.

공을 치고 나서 퍼터가 릴리스되는 것을 느낄 수 있다.

그린에서의 공략법

자신에게 맞는 퍼팅 자세란

이상적인 퍼팅 자세는 우선 겉으로 봤을 때 어색하지 않은 모양이어야 한다. 신체 어느 부분에도 무리가 가지 않는 가장 편안한 자세가 바로 자신에게 가장 알맞은 퍼팅 자세다. 머리는 숙이지 말고 거의 바로 위에서 볼을 보는 것이 좋다. 지나치게 고개를 많이 숙이면 목표 방향이 잘 보이지 않게 된다. 시야가 좁아져서 라인뿐만 아니라 거리감도 잡지 못하게 되므로 고개를 지나치게 많이 숙이지 않도록 유의한다.

그렇다고 상체를 펴면 볼 위치에서 머리가 너무 멀어져서 클럽 헤드를 안쪽으로 당기게 되어 볼이 오른쪽으로 휘어진다. 볼을 바로 위에서 보면 시선이 목표에 대해 똑바로 된다.

스탠스는 오른발이 앞으로 쏠리는 오픈형이 좋다. 그러나 지나치게 많이 열어서는 안 되고 20° 정도가 가장 알맞다. 이때 몸은 여는 식이 되더라도 타면은 정확하게 라인을 맞춘다. 왼발 뒤꿈치 연장선상 위에 볼을 놓고 치면 목표까지 도달하는 것이 수월해지는 동시에 헤드가 목표 방향으로 쭉 뻗게 된다.

몸 가운데나 오른쪽에 볼을 놓고 치면 타면이 열리게 되어 볼이 오른쪽으로 나가기 쉽고, 반대로 너무 왼쪽으로 당겨 놓으면 타면이 닫혀져 볼이 처음부터 왼쪽으로 나가게 된다.

이상적인 퍼팅 자세는 신체 어느 부분에도 무리가 가지 않는 가장 편안한 자세여야!

볼을 바로 위에서 보면 시선이 목표에 대해 똑바로 된다.

○ ○ 그린에서의 공략법 ○ ○

퍼터를 결정했다면 평생 애인처럼

퍼터는 다른 클럽과 달라서 그 종류가 많다. 그래서 선택할 때 페이스, 그립, 샤프트, 로프트, 헤드 무게 등을 꼼꼼히 살펴야 한다.

우선 페이스는 어드레스 자세에서 아래를 보았을 때 좋은 느낌을 받아야 한다. 그립이 너무 가늘거나 두꺼우면 필요 이상의 힘이 가해지기 때문에 좋지 않다. 선택에 앞서 몇 번씩 되풀이해 휘둘러 보고 자신에게 잘 맞는 것을 고르도록 한다.

샤프트가 너무 단단하면 방향의 뒤틀림이 적은 대신 터치가 나오지 않는다. 반면 너무 무르면 임팩트 시 페이스가 오픈될 염려가 있다는 점을 감안한다. 샤프트의 길이는 각자의 기호에 맞춰 결정할 문제다. 몇 번씩 되풀이해서 쳐 보고, 잘 맞는다고 생각되면 그것으로 충분하다. 단, 일반 퍼터로 퍼팅할 때 등이나 허리에 통증이 온다면 롱 퍼터를 추천한다.

퍼터의 로프트는 3°가 표준이다. 그 이상 커지면 볼이 너무 많이 굴러 그린 밖으로 떨어질 수도 있다. 반대로 너무 작으면 볼이 잘 굴러가지 않는다.

마지막으로 헤드의 무게에 관한 문제다. 일반적으로 클럽 헤드가 가벼운 퍼터는 거리를 컨트롤하기 쉬워 거친 그린에 적합하고, 헤드가 무거운 퍼터는 부드러운 그린에 적합하다고 보면 된다. 퍼터는 일단 한번 정했다면 자주 바꾸지 말고 애인처럼 평생 소중히 다루는 것이 바람직하다.

퍼터를 결정했다면 평생 애인처럼

퍼터는 한번 정하면 자주 바꾸지 말고

애인처럼 평생 소중히 다루어야 합니다.

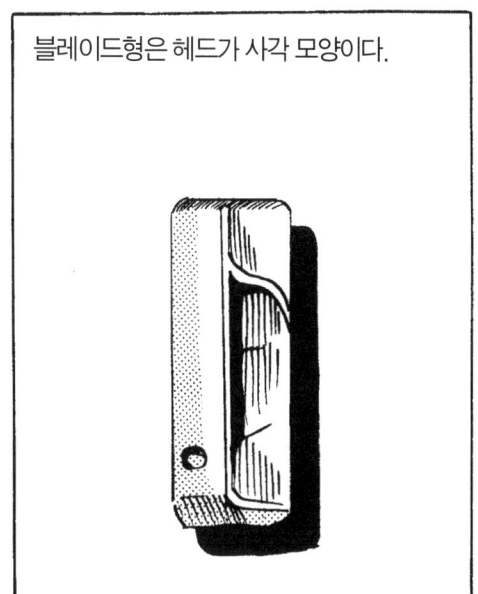

블레이드형은 헤드가 사각 모양이다.

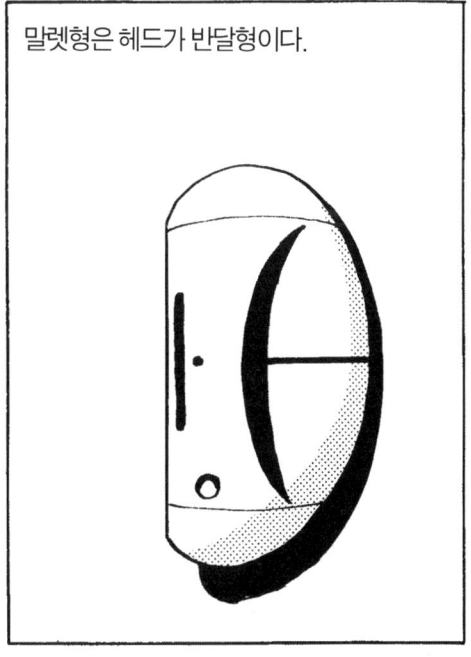

말렛형은 헤드가 반달형이다.

● ○ 그린에서의 공략법 ○ ●

잔디가 없는 곳에서

겨울철에 라운딩할 때는 잔디가 없는 곳(베어 그라운드)에서 샷을 하게 되는 경우가 많다. 주말 골퍼들은 이럴 때 예외 없이 뒤땅을 치고 만다. 더프에 신경을 쓰면 토핑이라는 미스로 연결되어 스코어에 결정적인 영향을 미친다.

잔디가 있으면 볼이 떠 있기 때문에 헤드가 약간 앞쪽으로 들어가도 칠 수 있지만 맨땅에서는 조금만 더프가 나도 엉망이 되어 버린다.

사실 맨땅이라고 해서 특별한 타법이 있는 것은 아니다. 보통의 아이언 샷을 잘 칠 수 있으면 그다지 어렵지도 않다. 다만 좀 더 정교한 샷으로 공략할 수 있는 방법은 있다.

결국 뒤땅이 가장 위험한 것이므로, 이것을 막을 수 있다면 효과적인 공략이 가능하다. 우선 체중을 왼발에 6, 오른발에 4 정도로 배분해 어드레스를 취하고, 볼은 보통 때보다 오른쪽, 즉 두 발의 중앙에 둔다. 이때 체중 이동은 하지 말아야 하며, 체중을 왼발에 많이 실은 채로 백 스윙하여 위에서 볼을 내려 잡는 타법을 구사하는 것이 좋다. 따라서 큰 스윙은 할 수가 없다. 굳이 팔로 스루를 잡을 필요도 없으며, 위에서 헤드를 부딪히면 끝난다는 생각으로 스윙하면 된다.

팔로 스루를 높게 잡으려고 하면 아무래도 쳐 올리는 모양이 되기 쉽다. 그러나 쳐 올리는 타법은 절대 안 된다. 디봇 자국에서도 비슷한 타법이다.

잔디가 없는 곳에서

겨울철 라운딩에서는 잔디 없는 베어 그라운드를 종종 만난다.

베어 그라운드에서는 뒤땅치기를 조심해야 한다.

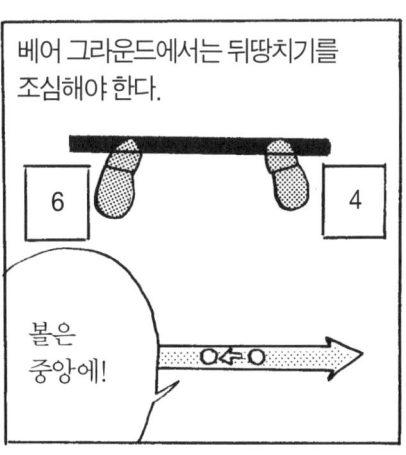

체중을 왼발에 많이 실은 채 체중 이동 없이 콤팩트한 스윙을 한다.

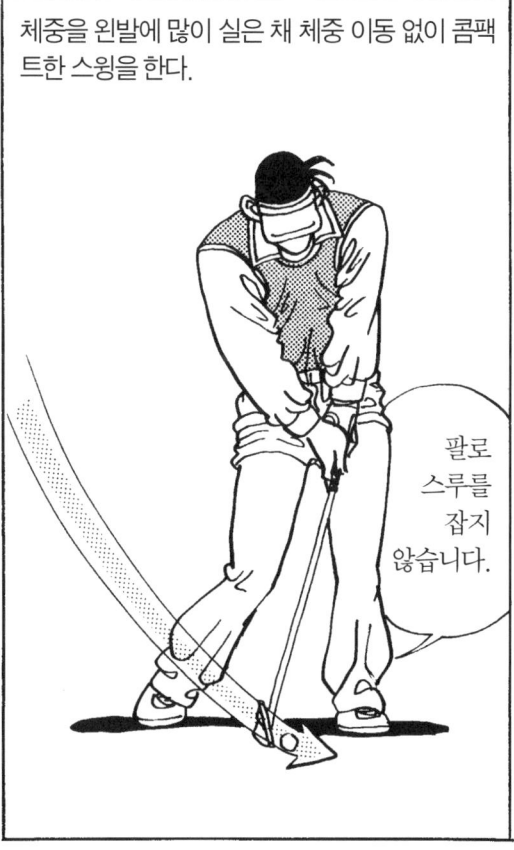

● ○ 그린에서의 공략법 ○ ●

그린의 기울기를 읽는 요령

퍼팅의 생명은 역시 스트로크다. 그러나 이에 못지 않게 중요한 것이 바로 그린을 읽는 요령이다. 즉 경사면, 잔디결, 날씨 등을 파악해 퍼팅에 적용하는 것이다. 그린을 읽는 몇 가지 중요한 방법을 소개한다.

그린 위에서 무엇보다 먼저 해야 할 일은 그린이 어디로 얼마만큼 기울어져 있는지, 즉 어느 쪽으로 오르막인가 내리막인가를 파악하는 것이다.

퍼팅 라인이 볼 뒤에서 정확히 파악된다면 별 문제가 없지만 그렇지 못하다면 본격 점검을 해야 한다. 홀 컵 뒤로 가서 양쪽에서 점검하거나 10~15걸음 정도 홀 컵 뒤나 볼 뒤로 멀리 떨어져서 경사를 확인하면 된다. 그밖에도 많은 방법이 있다. 흔히 프로 골퍼들이 한 손으로 퍼터를 들어 눈앞에 대고 한쪽 눈을 감은 채 무언가를 점검하는 모습을 보았을 것이다. 이것이 바로 기울기를 점검하는 것이다.

▲ 한쪽 눈을 감는다 ▲ 볼과 컵을 눈과 일직선이 되게 한다 ▲ 하체를 넓게 펴고 앉아 엄지와 검지로 퍼터를 가볍게 들고 샤프트의 가장 아랫부분이 볼을 가리도록 한 채 되도록 볼에 가까이 다가앉는다 ▲ 머리를 움직이지 않고 볼에서 컵 쪽으로 쳐다본다.

이렇게 했을 때 홀이 샤프트의 오른쪽에 나타나면 그린은 왼쪽에서 오른쪽으로 기울어진 것이고, 그 반대가 된다면 오른쪽에서 왼쪽으로 기운 것이다. 홀이 샤프트와 같은 선상에 있다면 완전히 평평한 상태다.

그린 기울기 읽는 요령

한쪽 눈을 감고 볼과 컵이 일직선이 되는 상태에서 샤프트의 가장 아랫부분이 볼을 가리도록 볼 가까이 클럽을 댄다.

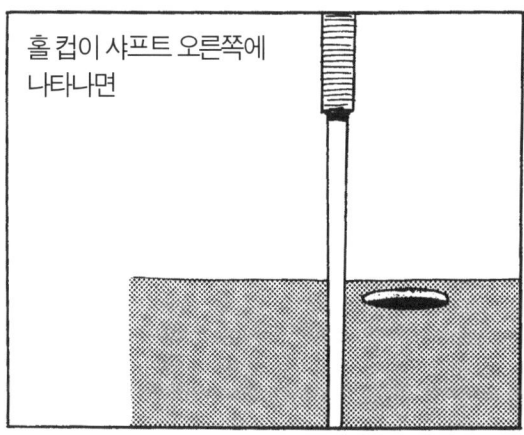

홀 컵이 샤프트 오른쪽에 나타나면

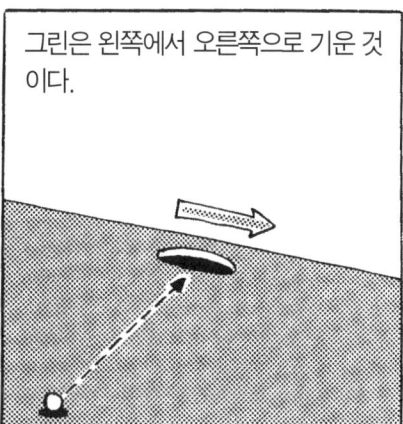

그린은 왼쪽에서 오른쪽으로 기운 것이다.

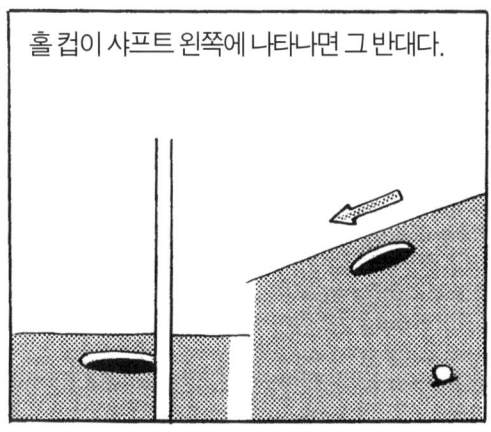

홀 컵이 샤프트 왼쪽에 나타나면 그 반대다.

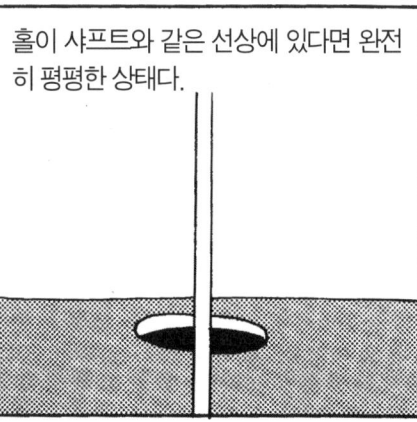

홀이 샤프트와 같은 선상에 있다면 완전히 평평한 상태다.

● ○ 그린에서의 공략법 ○ ●

그린에서부터 거꾸로 읽는 코스 공략

티잉 그라운드에 서면 어느 쪽으로 볼을 칠 것인지 타구 방향을 정하게 된다. 이때 기준이 되는 것은 자신이 날릴 수 있는 거리와 홀의 생김새다. 자신이 확실하게 날릴 수 있는 거리를 알아두는 것이 홀을 공략하는 첫 번째 조건이다.

때로는 자신이 날리는 거리를 과대평가하는 사람이 있는데 이것이야말로 실패의 가장 큰 요인이다. 도그 레그 홀에서 자신의 거리를 과대평가해 가로질러 치다가 낭패를 보는 경우를 흔히 본다.

드라이버 샷을 할 때는 볼을 그린에 되도록 가깝게 멀리 날려 보내려는 것이 비기너들의 공통된 생각이다. 그러나 멀리 날리는 것보다 코스를 냉철하게 살펴 공략 방법을 세우는 것이 중요하다. 즉 어떤 식으로 볼을 연결시켜 나가면서 그린을 정복하느냐 하는 것을 염두에 두고 티 샷을 날려야 한다.

홀 공략을 역으로 생각해서 그린에서부터 거꾸로 따져 보면 어렵지 않게 감이 잡힌다. 그린에서 몇 미터 정도가 그린에 올리기 가장 쉬운지, 그 지점에 장애 지대는 없는지, 있다면 어느 쪽이 안전한 지역인지, 그리고 그 안전한 지역으로 볼을 보내려면 티 샷을 얼마만큼 날려야 할 것인지 등을 확실한 거리를 토대로 잘 계산하면 제대로 된 공략법을 세울 수 있다.

그린에서부터 거꾸로 읽는 코스 공략

홀을 공략하는 첫 번째 조건은 자신이 확실하게 날릴 수 있는 거리를 아는 것!

도그 레그 홀의 경우 홀 공략을 역으로 하면 용이하다.

즉, 그린에서 몇 미터 정도가 그린에 올리기 가장 좋은 지를 살핀 뒤, 그곳에 티 샷을 날리는 것이다.

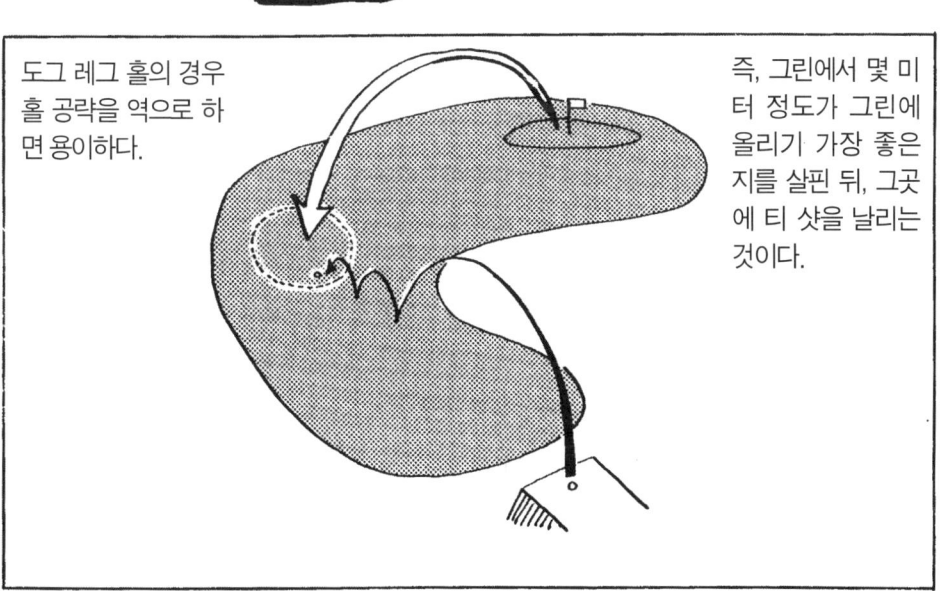

● ○ 그린에서의 공략법 ○ ●

퍼팅 그립 '크로스 핸드' 혁명

퍼팅의 목적은 그린 위의 볼을 적은 스트로크로 홀 컵에 굴려 넣는 것이다. 골퍼들의 푸념을 들어보면 열에 아홉은 넣을 수 있는 퍼팅을 아깝게 놓쳤다는 내용이다. 그렇다면 어떻게 해야 퍼팅 스트로크를 줄일 수 있을까. 이런 궁리의 연장에서 개발되어 정상급 프로들 사이에서 사용되고 있는 것이 바로 크로스 핸드 그립이다.

이 그립은 간단히 말해 왼손잡이의 그립으로 오른손잡이의 스트로크를 하는 것이다. 오른손 엄지는 그립 바로 위에 올려놓고 손바닥과 페이스 면이 같은 방향을 향하도록 잡은 뒤 왼손을 오른손보다 아래에 둔다. 왼손으로 오른손을 덮듯이 쥐면 된다. 엄지는 그립이 샤프트와 만나는 지점 바로 위에 위치하며, 왼손 새끼손가락을 오른손 검지와 중지 사이에 겹쳐 쥐든가 오른손 검지를 왼손의 새끼손가락 위에 겹쳐 잡으면 된다.

이 그립의 장점은 손목 사용을 억제해 주는 것으로, 특히 짧은 퍼팅에 유리하다는 것이다. 즉 임팩트 순간 손목이 움직이지 않고 대신 팔과 어깨를 시계추처럼 움직여 퍼터 헤드를 표적을 향해 밀어낼 수 있다. 안정감과 자신감 있는 퍼팅을 구사하는 데는 이보다 나은 그립이 없다는 평가다.

이 역그립의 핵심은 또 오른쪽 집게손가락을 그립에 쭉 뻗어 주는 데 있다. 이것에 의해 힘 조절이 용이하다. 클럽을 잡을 때 너무 세게 잡지 않는 것이 이 그립에서 가장 유의해야 할 점으로 지적된다.

크로스 핸드 그립은 왼손잡이 그립으로 오른손잡이의 스트로크를 하는 것이다.

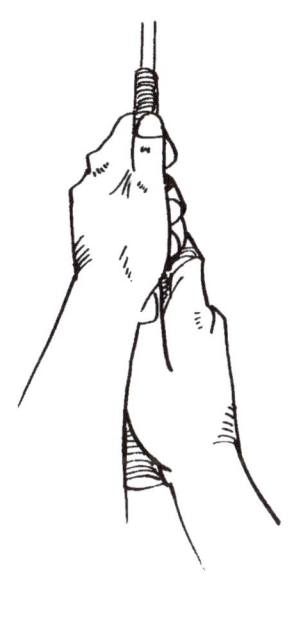

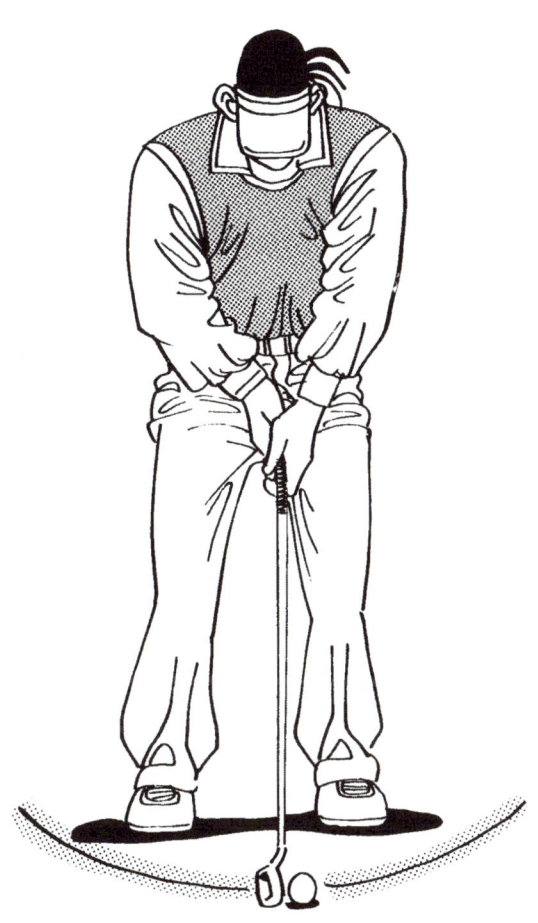

크로스 핸드 그립의 강점은 손목 사용을 억제해 주어 짧은 퍼팅에 유리하다는 것이다.

● ○ 그린에서의 공략법 ○ ●

스트로크식과 탭식 퍼팅

퍼팅에는 스트로크식과 탭식이 있다. 스트로크식은 정수리 부분을 기점으로 양쪽 어깨와 양팔꿈치, 양손, 퍼터 헤드를 함께 움직이게 하므로 숄더식이라고도 부른다. 한편 탭식은 그립 끝을 기점으로 한 타법이다. 어깨와 팔꿈치는 거의 움직이지 않고 양손목을 사용해 볼을 강하게 팅기듯이 친다.

어느 쪽이 좋다고는 한마디로 잘라 말할 수 없으나 스트로크식이 실수가 적다고 한다. 이는 볼을 선으로 포착하는 이미지로 치기 때문이다. 손목을 고정시켜 침으로써 방향성을 좋게 해 거리감을 맞추기가 쉽다. 한편 탭식은 테이크백의 크기에 비해 팔로 스루가 작고 임팩트의 감촉으로 볼을 때리기 때문에 임팩트에서 퍼터의 페이스 면이 변하기 쉽다는 단점이 있다. 볼을 점으로 포착하기 때문에 방향성과 거리감 모두 불안정하다. 그러나 손목을 활용해 치게 되어 볼을 확실하게 칠 수 있으므로 강한 볼이 된다는 장점이 있다. 즉 잔디나 경사의 영향을 덜 받을 수 있다는 것이다. 스트로크식은 볼을 홀컵에 흘려 넣는 타법이며, 탭식은 볼을 강하게 쳐서 넣는 느낌이다.

일반적으로 잔디가 강한 고려 그린에서는 탭식이 유리하며, 스트로크식은 잔디에 신경 쓰지 않아도 되는 벤트 그린에 적합하다.

양어깨·양팔꿈치·양손·퍼터 헤드를 함께 움직이는 스트로크식은 밴트 그린에 적합하다(초보자에게도 좋다).

탭식은 잔디가 강한 고려 그린에 적합하다.

● ○ 그린에서의 공략법 ○ ●

빛과 그림자가 판단을 방해한다

골프는 약간 흐린 날에 잘된다. 구름 한 점 없이 맑게 갠 날은 빛이 강하고 지나치게 밝아 눈이 피로하거나 그림자가 나타나 음영에 의한 착각을 일으키기 쉽다. 이는 책상에 앉아 독서 등을 할 때 조명이 지나치게 밝거나 어두우면 피로가 빨리 오는 것과 마찬가지다. 곧 비가 내릴 것처럼 흐려도 좋지 않고, 약간 흐린 정도여야 빛이 약하고 그림자도 옅어 그린 위의 결을 잘 살필 수 있다.

어떤 의미에서 골프는 자연 현상이 골퍼의 육체적·정신적 능력을 테스트하는 스포츠라고도 말할 수 있다. 코스의 배경에서 보더라도 그린 바로 뒤쪽에 높은 수목이 있는 경우에는 거리가 짧아 보이는 반면 뒤쪽에 아무것도 없는 빈 공간일 때는 멀어 보인다. 즉 눈의 착각을 불러일으킨다는 것이다. 배경조차도 그러한 영향을 미치는데 빛이나 그림자에는 더더욱 현혹되기 쉽다.

그렇다면 어떻게 하면 자연 현상으로 인한 착각을 해소할 수 있을까? 일단 가장 중요한 것은 자연을 잘 이해하는 것이다. 그러기 위해서는 오감(五感)의 통로를 민감하게 열어 놓고 스윙의 균형을 유지하는 것이 자연으로부터 좋은 스코어를 약속받을 수 있는 중요한 포인트다.

빛과 그림자가 판단을 방해한다

● ○ 그린에서의 공략법 ○ ●

퍼터를 90° 돌려 치는 경우

볼이 그린의 끝, 즉 그린과 그린 에지의 경계에 멈췄을 때 정상급 프로를 비롯해 상당수 투어 프로들이 이제까지 볼 수 없었던 새로운 타법을 쓰는 것을 볼 수 있다. 퍼터를 90°, 즉 퍼터 면이 자신을 향하도록 돌려놓고 퍼터 면이 아닌 퍼터의 앞쪽 끝 부분으로 볼을 치는 것이다.

이렇게 치는 것은 타면의 밑날 면적이 줄어들어 풀 때문에 받는 저항이 적어지기 때문이다. 퍼터의 앞쪽 끝 부분은 화살처럼 풀잎 사이를 미끄러져 나간다. 퍼터를 90° 돌려놓으면 뒤쪽이 앞쪽보다 높아 풀에 덜 걸린다. 웨지의 날로 볼의 중심을 맞히는 타법이다.

그러나 이와 같은 상황에서 정상적 형태로 퍼팅을 할 경우 경험이 없는 아마 골퍼들은 퍼터 페이스를 스퀘어로 놓고 테이크 백을 시도하다가 풀의 저항에 리듬을 잃기 쉽다. 또 토핑이 생겨 볼이 그린에서 토끼뜀을 뛰듯 통통 튀며 거리감을 잃고 만다.

퍼팅의 목적은 볼을 굴리는 데 있다. 왼손의 검지를 곧게 펴서 퍼터 그립 왼쪽 측면에 일직선이 되게 잡고, 오른손바닥 생명선에 그립을 일치시켜 퍼팅하면 감이 매우 좋아진다.

퍼터를 90° 돌려 치는 경우

볼이 그린과 그린 에지 사이의 경계에 있을 때는 퍼팅이 난감하다.

풀이 저항이 크다.

그럴 때는 퍼터를 90° 돌린다.

뒤가 높아 풀에 덜 걸린다.

퍼터의 앞쪽 끝 부분으로 풀잎 사이를 미끄러져 나가 웨지의 날로 볼의 중심을 맞히면 된다.

● ○ 그린에서의 공략법 ○ ●

잔디의 순결과 역결을 구분하는 법

퍼팅의 명수가 되기 위해서는 잔디결의 상태가 퍼팅 때 공의 회전에 미치는 영향을 알아야 한다. 흔히 '메'를 본다고 하는데, 이는 지목(芝目)의 일본식 줄인 발음으로, 잔디가 자라 있는 방향을 말한다.

일반 아마 골퍼들은 잔디가 위를 향해 자란다고 생각하는데, 사실은 그렇지 않다. 빛이나 바람의 방향에 따라서 잔디가 자라는 방향도 다르다. 태양을 향해서 자라고, 늘 같은 방향에서 불어오는 바람에 의해 일정한 방향으로 누워 있다. 이와 같은 잔디의 결은 퍼팅에 많은 영향을 끼친다. 벤트 그린은 덜하지만 잎이 단단한 한국 토종 잔디인 고려 그린은 그 영향이 더욱 심하다. 예를 들어 고려 그린이고 역결인 경우 제대로 거리를 계산해 쳤는데도 컵 바로 앞 1cm에서 딱 멈춰 버린다. 역결이 볼의 회전을 방해하기 때문이다.

또 직선 라인에서도 잔디가 오른쪽으로 향해 있으면 볼이 멈추는 순간에 오른쪽으로 굴러가게 된다. 잔디의 결이 볼의 코스를 바꿔 버리는 것이다. 그렇기 때문에 잔디의 결이 순결인지 역결인지를 알아둘 필요가 있다.

간단하게 말해 잔디의 색이 짙게 보이면 역결, 조금 옅게 보이면 순결이 된다. 색이 짙게 보이는 것은 잔디가 이쪽을 향하고 있어 빛을 흡수하기 때문이고, 조금 옅게 보이는 것은 빛이 잎에 반사되기 때문이다. 당연히 역결에서는 강하게 쳐야 하고, 순결에서는 볼이 잘 구르므로 그다지 세게 치지 않아도 된다.

잔디의 순결과 역결을 구분하는 법

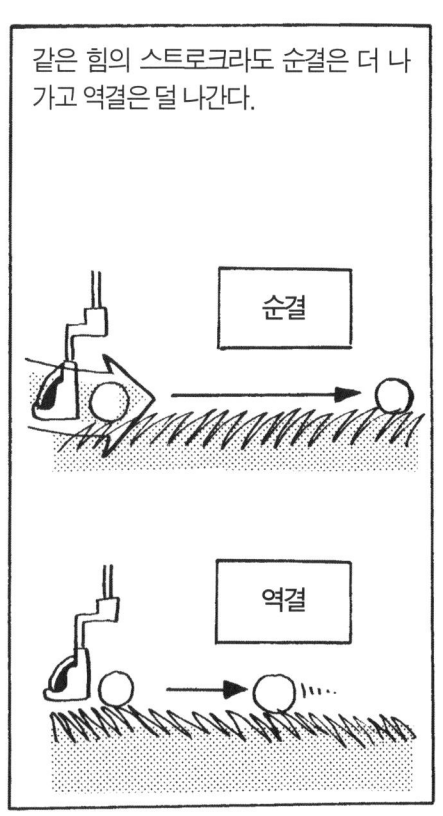

같은 힘의 스트로크라도 순결은 더 나가고 역결은 덜 나간다.

순결

역결

퍼팅의 명수가 되려면
잔디가 순결인지 역결인지를 구분해야 한다.

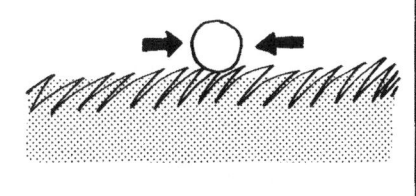

잔디의 색이 짙게 보이면 역결이고, 옅게 보이면 순결이다.

● ○ 그린에서의 공략법 ○ ●

반대결의 러프에서

러프도 누운 결이 있다. 보통 그린 뒤편의 잡초는 반대결로 되어 있는 경우가 많다. 풀이 핀 쪽으로 누워 있으면 순결, 볼 쪽으로 숙이고 있으면 역결, 즉 반대결이 된다.

똑같은 풀더미라도 반대결은 그만큼 공략하기가 어렵다. 볼이 풀더미에 잠겨 있더라도 바른결이면 헤드가 잘 빠져나가고 볼도 잘 쳐 날릴 수 있지만 반대결이면 풀잎의 결에 방해를 받아 헤드가 깊이 꽂히는 상태가 된다. 그래서 단단히 치지 않으면 헤드가 빠져나가지 못하고, 그나마 쳐 날린 볼도 거의 날지 못해 1m도 가지 못하는 경우가 발생한다.

이런 상황에서는 풀더미와 함께 치는 것 말고는 별 도리가 없다. 볼 뒤를 막고 있는 풀더미와 함께 클럽 헤드로 잘라 낸다는 생각으로 쳐내는 것이다. 또 풀잎의 저항은 생각보다 강하므로 헤드가 흔들리지 않도록 그립을 끝까지 단단히 잡아야 한다.

다만 볼 뒤에 강하게 때려 꽂으면 반대결의 풀더미에 헤드가 막혀서 멎는다. 그러나 이렇게 해서는 헤드가 빠져나가지 않고 볼도 떠올리지 못한다. 볼 앞까지 풀더미를 자른다는 생각으로 낮게 휘둘러 친다.

볼은 생각 외로 많이 날아가지 않으므로 볼이 지나쳐 갈까 염려할 필요는 없다. 샷을 할 때 왼쪽 겨드랑이를 밀착시키고, 보디 턴의 타법으로 공략하는 것을 명심해야 한다.

반대결의 러프에서

같은 풀이라도 역결이면 헤드가 잘 빠져나가지 못한다.

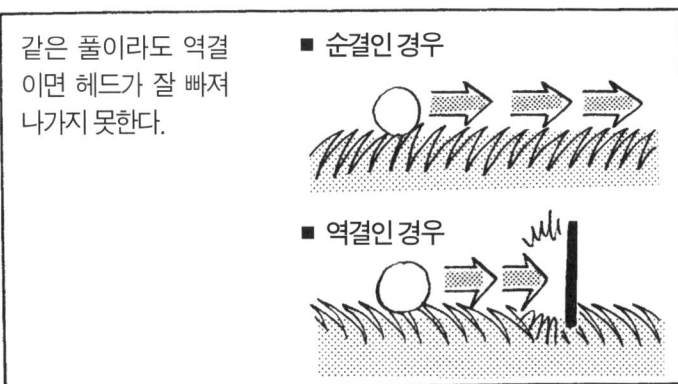

■ 순결인 경우

■ 역결인 경우

역결인 러프에서, 풀잎의 저항은 생각보다 강하다.

그러므로 헤드가 흔들리지 않도록 그립을 끝까지 단단히 잡는다.

샷을 할 때 왼쪽 겨드랑이를 밀착시키고 보디 턴의 타법으로 공략한다.

볼 앞까지 풀을 자른다는 생각으로 낮게 휘두릅니다.

● ○ 그린에서의 공략법 ○ ●

포대 그린 공략법

그린이 평면에 비해 약간 솟아올라 있으면서 그린이 작은 경우, 한번 착지한 뒤에 튕겨나가는 샷은 도움이 되지 않을 뿐만 아니라 골퍼를 당황하게 만들기도 한다. 이런 상황에서 필요한 것은 평상시보다 로프트를 약간 높여서 볼을 타격할 수 있는 능력이다.

우선 볼이 스탠스에서 정상적인 위치보다 약간 앞쪽에 놓이도록 어드레스를 한다. 평상시에 볼을 왼쪽 발꿈치 선에 맞춰서 공략했다면 여기서는 왼쪽 발끝 선에 맞추어 놓는다. 이런 자세는 클럽이 들어올려지기 시작할 때 볼을 타격할 수 있게 함으로써 클럽 페이스의 로프트 각도를 높여 준다. 그러나 만일 이렇게 조정해도 별다른 효과가 없다면 어드레스 시에 체중을 오른발에 싣고, 전체 스윙 동작을 통해 그대로 유지한다. 또한 임팩트 순간이 지나도록 몸을 볼 뒤쪽에 둔다는 마음을 갖는다.

이와 같은 자세는 임팩트 순간에 몸이 볼의 앞쪽으로 나가는 것을 막아 준다. 그렇게 되면 클럽 페이스의 로프트가 낮아지고 탄도도 낮아진다. 몸을 뒤에 두고 손이 힘차게 클럽을 휘두르게 한다. 그러면 로프트가 충분히 먹혀 들어갈 수 있다. 이것이 바로 포대 그린 공략의 중요한 포인트다.

포대 그린 공략법

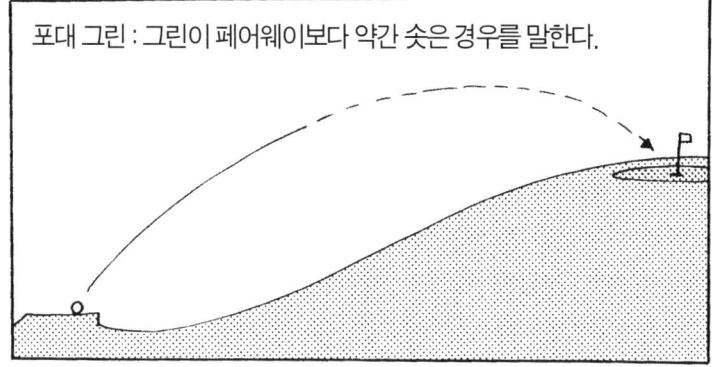

포대 그린 : 그린이 페어웨이보다 약간 솟은 경우를 말한다.

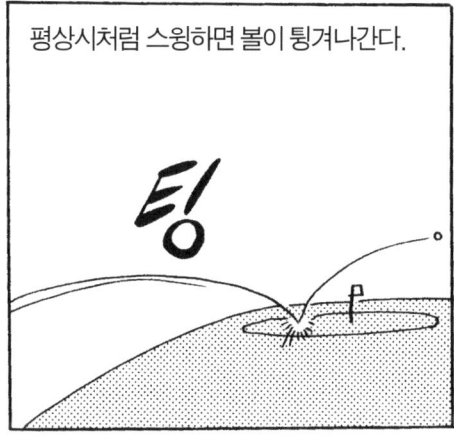

평상시처럼 스윙하면 볼이 튕겨나간다.

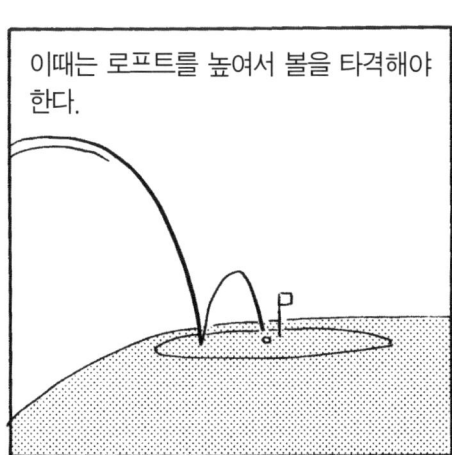

이때는 로프트를 높여서 볼을 타격해야 한다.

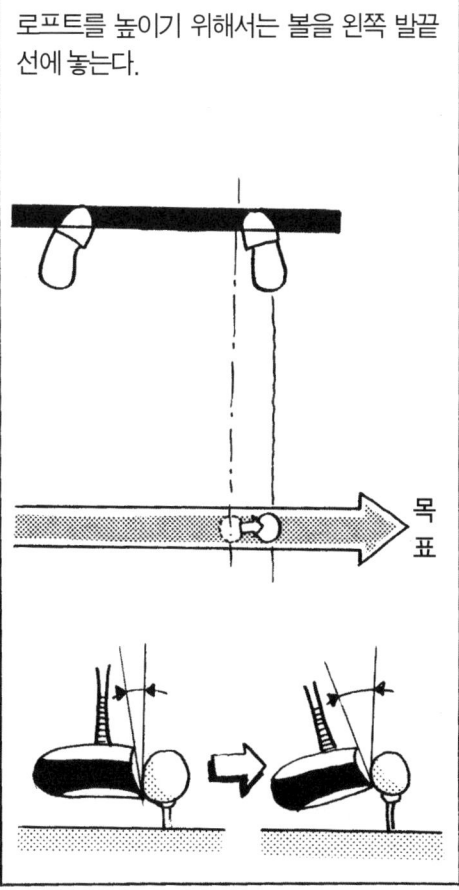

로프트를 높이기 위해서는 볼을 왼쪽 발끝 선에 놓는다.

● ○ 겨울철 코스 공략 ○ ●

겨울 골프, 3온 작전으로

겨울 골프는 또다른 묘미가 있다. 바람이 살을 에일 듯 파고들어도, 손이 곱아서 잘 펴지지 않아도, 골프의 매력은 결코 얼어붙지 않는다. 그 나름대로 그린에 올리는 재미가 있고, 땡그랑 소리를 듣는 기쁨에는 변함이 없다.

잔디가 누렇게 변한 채 누워 있는 겨울에는 여름철에 비해 볼이 땅에 더욱 가깝게 붙어 있다. 따라서 골퍼들은 '뒤땅을 때리면 어쩌나', '땅이 얼었을지도 모르는데 괜히 샷하다가 다치는 것은 아닐까' 하는 불안에 시달린다. 그러나 미스 샷을 내고, 골퍼들을 다치게 하는 것은 얼어붙은 땅이 아니라 바로 자신감의 결여, 즉 불안감이다.

이럴 때는 찍어 치는 아이언보다는 쓸어 치는 페어웨이 우드를 적절히 사용하는 것이 작전상 유리하다. 한마디로 욕심을 버리고 3온 작전을 세워 코스를 공략하는 것이다. 멋진 샷으로 승부하려 하지 말고 볼을 몰고 다닌다는 마음으로 머리를 써서 플레이해야 몸에 무리도 주지 않고 스코어도 낼 수 있다. 무리해서 2온을 고집할 필요는 없다. 3온 작전으로 나가도 파는 무난하기 때문이다. '도전하지 않는 골프는 골프가 아니다'는 주장과는 달리 처음부터 골프가 '자연을 극복하는 스포츠'임을 고려한다면 이런 생각은 무모한 고집이라는 판단이 설 것이다. 자연, 즉 겨울 골프를 극복하는 법은 바로 '3온 작전'에 있다.

겨울철에는 찍어 치는 아이언보다는
쓸어 치는 페어웨이 우드를 적절히
사용하는 것이 작전상 유리!

땅
악

욕심을 버리고 3온 하는
작전을 쓴다.

● ○ 겨울철 코스 공략 ○ ●

겨울 골프, 이렇게 극복한다

골프장의 푸른 잔디가 누렇게 변하면 골퍼들의 마음도 따라서 스산해진다. 푹신푹신하게 느껴졌던 페어웨이의 잔디는 시간이 갈수록 점점 누워 얇아지고, 차가운 날씨 때문에 스윙도 옹색해진다.

겨울철이 되면 공기가 차가워지면서 저항이 심해진다. 또 볼의 주요 구성 물체인 고무의 신축성도 찬 기운에 눌려 크게 떨어진다. 비거리가 줄어드는 것은 당연한 일이다. 가뜩이나 단타로 고민하는 골퍼들에게는 더욱 괴로운 조건인 것이다. 한겨울이 되어 땅이 꽁꽁 얼었을 때는 그나마 떨어져 굴러가는 거리라도 많지만 해가 제법 나는 한낮이나 날이 좀 풀렸다 싶으면 런도 별로 없다.

이럴 때는 주로 쓰던 클럽보다 한 클럽 정도 길게 잡는 것이 좋다. 예를 들어 150야드가 남았을 때 평소 5번 아이언을 쓰던 골퍼라면 4번 아이언을 잡는 식이다.

또 옷이 두꺼워지면 몸도 둔해져서 백 스윙을 할 때 어깨 회전이 덜 되어 아웃사이드 인의 궤도가 심해지면서 만성 고질병인 슬라이스가 도진다. 바로 감각이 떨어지기 때문이다. 또 스윙 템포가 빨라지면 열에 아홉은 미스 샷이 나게 마련이다. 그러므로 무조건 스윙 템포를 늦추는 데 신경을 써야 한다. 그렇다고 한없이 늦출 수만은 없으므로 숫자를 세가며 체크한다. 평소 '하나, 둘, 셋' 에 스윙을 마무리했다면 이때는 '하나, 둘, 셋, 넷' 까지 세는 것이 좋다.

● ○ 겨울철 코스 공략 ○ ●

볼에 따라 거리가 달라진다

골프 용품 가운데 계절에 가장 민감한 것이 볼이다. 우리나라처럼 사계절이 뚜렷한 조건에서는 여름과 겨울의 기온 차가 볼의 성질에 큰 영향을 미친다.

겨울철, 그중에서도 아침에 플레이하면 영하까지는 아니더라도 0도까지 기온이 내려가는 경우가 대부분이다. 이럴 때 몸이 잘 돌아가지 않고 볼도 잘 날아가지 않는다면 비거리는 줄어들 수밖에 없다.

겨울에는 투피스 볼이 좋다. 기온으로 인해 받는 비거리의 영향이 거의 없고, 고무실 볼에 비해 날아가는 탄도도 낮기 때문이다. 런이 많고, 또 런을 기대하기도 하는 겨울철에는 투피스 볼이 여러 모로 유리하다. 고무실 볼을 주로 쓰던 사람은 경도, 즉 콤프레션이 부드러운 볼을 써야 한다.

클럽의 경우는 퍼시몬보다는 메탈이 탄도로 볼 때 런이 강조되는 겨울에 적합하다. 그렇다고 클럽을 바꿀 필요는 없다. 스윙이 달라지고 볼의 탄도에 대한 이미지까지 어긋나기 때문이다. 굳이 신경 쓰려면 우드의 그립을 가죽으로 된 부드러운 것으로 바꾸는 것이 좋다.

또 다음 홀로 이동하는 잠깐 동안에라도 볼을 호주머니에 넣고 손으로 따뜻하게 감싸 주면 볼의 탄성에 반발력을 더하는 데 도움이 된다.

바람이 불고 매서운 추위가 기승을 부리는 겨울 날씨는 오히려 도전적 게임을 즐기는 묘미를 더해 주기도 한다.

겨울철에는 기온이 낮아도 비거리의 영향을 거의 받지 않는 투피스 볼이 좋다. 투피스 볼은 탄도도 낮아 런도 기대할 수 있다.

다음 홀로 이동하는 사이 볼을 호주머니에 넣고 따뜻하게 감싸 주면 볼의 탄성에 반발력을 더할 수 있다.

● ○ 겨울철 코스 공략 ○ ●

겨울철 잔디 상태가 나쁠 때

겨울이 되면 날씨가 굉장히 추워진다. 특히 겨울철 잔디는 복원력이 약하기 때문에 디봇 자국이 그대로 남아 있거나 맨땅인 경우도 많다. 이런 라이에서의 샷은 특히 주의해야 한다.

그린까지 아직 상당한 거리가 남아 있더라도 크게 휘둘러서는 안 된다. 우선 평소보다 한 클럽 이상 짧게 잡는다는 생각을 철저히 지켜야 한다. 그리고 핸드 퍼스트로 자세를 취한 뒤 손목을 별로 쓰지 않고 샷을 시도한다.

잔디가 얇은 곳에서 무리하게 위에서부터 때려 치거나 공을 퍼 올리려고 하면 뒤땅이나 토핑과 같은 미스가 나기 쉽다. 그럴수록 가능하면 공만 제대로 치는 타법이 안전하고 확실하다.

그러기 위해서는 어드레스 때 이룬 손목의 각도를 가능하면 바꾸지 말고 샷하는 것이 중요하다. 또 무리하게 피니시까지 휘두르려고 말고 콤팩트한 스윙을 하도록 하자. 그래야 오버 스윙을 방지할 수 있다. 공은 낮게 날아가고 어느 정도 런이 있으므로 그만큼 짧은 클럽으로 앞쪽을 노리는 것이 좋다.

또 겨울철에는 여름철과 달라 풀의 저항을 많이 받지 않으므로 그린 주변에서는 다소 거리가 있더라도 굴리는 어프로치가 가능하다. 여름철이라면 샌드 웨지로 띄워 어프로치할 상황이라도 겨울철에는 잔디가 얇아 더프나 토핑의 미스가 잘 난다. 그러므로 굴리는 어프로치가 더욱 유리하다.

겨울철 잔디 상태가 나쁠 때

겨울철에는 잔디의 복원력이 약해 디봇이나 맨땅을 만나기 쉽다.

맨땅이네!

겨울철 맨땅을 만났을 때는 한 클럽 짧게 잡고 콤팩트하게 스윙하는 것이 기본이다.
핸드 퍼스트 자세를 취한 뒤 손목을 거의 쓰지 않는 샷을 한다.

○ 겨울철 코스 공략 ○

바람이 불어도 스윙은 변함없다

겨울철에는 계절적으로 바람이 강한 날이 많다. 골프에서 바람은 골치 아픈 조건 가운데 하나다. 프로나 싱글 골퍼의 경우는 의식적으로 구질을 바꾸어 바람에 대항하거나 이용하지만 보통 수준의 골퍼는 그저 신경질을 내지 않는 것이 그나마 최선의 방법인 경우가 많다.

티잉 그라운드에 서서 맞바람이 불면 볼 1개 폭 정도 오른발 쪽으로 옮겨 티 업한다. 반대로 뒷바람이 불 때는 티 업을 5㎜ 정도 낮게 한다.

공을 오른발 쪽에 놓으면 어드레스했을 때 왼발에 체중이 걸리게 되고, 이렇게 하면 자연스레 낮은 공을 치는 스윙이 된다. 티 업이 높을수록 어드레스에서 오른발에 체중이 많이 걸리게 돼 높은 공을 치는 스윙이 된다.

무리하게 특수한 타법을 구사하려 하면 그렇지 않아도 몸이 잘 움직여 주지 않는 겨울철에 미스 샷을 범하기 쉽다. 공의 위치와 티의 높이 정도만 간단히 조정하고, 맞바람이든 뒷바람이든 스윙을 바꾸지 않는다고 생각하면 바람 속에서의 골프는 훨씬 간단해진다. 맞바람이면 평소보다 좀 더 큰 클럽을, 뒷바람이면 작은 클럽을 선택해 친다는 원칙을 충실히 지키고, 굿 샷보다는 미스를 내지 않는다고 마음먹으면 좋은 스코어를 낼 수 있다.

자연 속에서 있는 그대로의 상태로 플레이하는 것이 골프의 큰 원칙이다.

바람이 불어도 스윙은 변함없다

겨울철에 바람부는 날처럼 골퍼들을 괴롭히는 것도 없다.

맞바람이 불 때는 평소보다 볼1개 정도 오른발 쪽으로 옮겨 티 업한다.

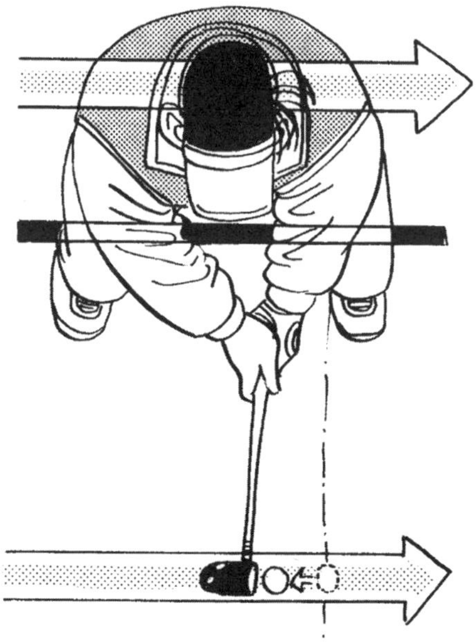

반대로 뒷바람이 불 때는 티 업을 5mm 정도 낮게 한다.

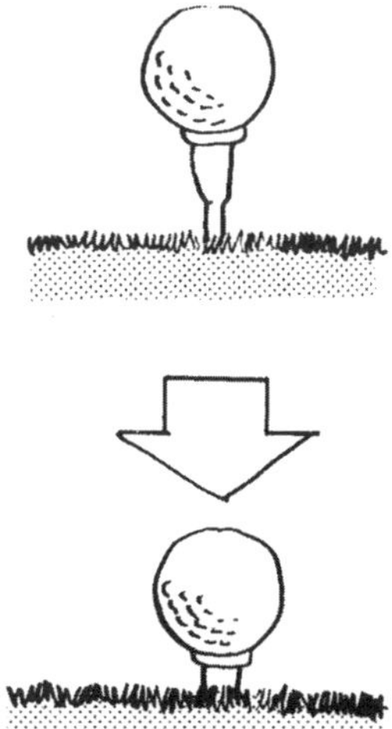

● ○ 겨울철 코스 공략 ○ ●

바람을 극복하는 타법

앞에서도 말했지만 겨울철 골프는 바람의 영향을 많이 받는다. 바람이 불 때는 의도적으로 슬라이스나 훅 볼을 칠 수 있으면 효과적인 공략이 가능하다. 바람을 이용해 치는 요령을 익히는 것은 자연과의 싸움이기도 한 골프에서 필수 조건이다.

그러나 한마디로 이런 것은 애버리지 골퍼에게는 무리다. 홀에 부는 바람의 방향에 따라 어드레스나 그립을 매번 바꾸게 되면 그때마다 스윙 궤도가 달라지고, 스윙 자체가 산만해진다. 그렇다면 어떻게 바람을 극복할 것인가?

테이크 백의 스타트 30cm를 볼 뒤로 똑바로 당기고 임팩트도 30cm 뒤에서 똑바로 오게 한다. 그리고 볼을 친 뒤에도 30cm를 똑바로 나가게 한다. 즉 볼이 나가는 라인에 대해 똑바로 당길 수 있는 만큼 당기라는 것이다. 그래야 손동작에 낭비가 없고, 어깨 회전이 충분히 되어 톱 스윙 정점에서 파워를 충분히 저장해 볼을 강하게 칠 수 있다.

그렇게 되면 낮으면서도 수평의 임팩트 범위가 만들어진다. 골프 스윙에서 어깨 회전은 매우 중요하다. 백 스윙에서 어깨를 충분히 회전하지 못하고 클럽을 바로 들어올리면 자칫 오버 스윙으로 이어져 더프 또는 토핑과 같은 미스 샷이 발생한다. 이것이야말로 바람에 대항하는 가장 손쉽고 효과적인 방법이다.

바람을 극복하는 타법

겨울철 바람이 세게 불 때 티 샷하는 방법을 알려드리죠.

테이크 백할 때 볼 뒤 30cm까지 똑바로 당긴 뒤 백 스윙한다.

임팩트하기 30cm 전부터 헤드가 똑바로 나가게 한다.

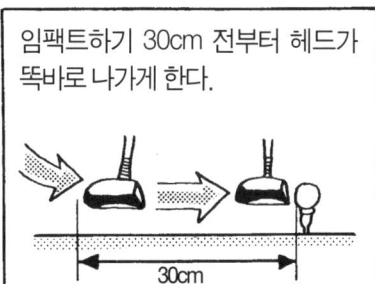

볼을 친 다음에도 30cm를 똑바로 나가는 팔로 스루를 한다.

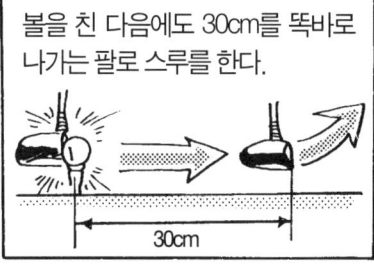

겨울철 바람이 불 때는 낮고 수평한 임팩트가 되는 스윙을 한다.

백 스윙 시 어깨를 충분히 회전시켜야!

● ○ 겨울철 코스 공략 ○ ●

바람을 이용한다

겨울 골프는 추위 속에서 몸을 움츠린 채 플레이해야 한다는 점 외에도 바람 때문에 지장을 많이 받는다. 프로들이 티잉 그라운드에서나 세컨드 샷에 앞서 풀을 뜯어 날리면서 바람의 강약을 가늠하는 모습을 흔히 보았을 것이다. 이런 동작은 결코 멋이 아니다. 측정된 바람에 따라 클럽 선택에서부터 겨냥 지점, 타법에 이르기까지 모든 것이 결정되는 하나의 절차다.

샷에 절대적 영향을 미치는 다양한 바람의 강도에 따라 바람을 잘 이용할 수 있는 구질을 선택해야 한다. 맞바람이나 뒷바람보다 더 까다로운 것은 바로 왼쪽에서 오른쪽 또는 그 반대로 옆에서 부는 바람이다.

훅 바람의 경우 볼의 구질 역시 훅이나 드로 볼일 때 바람을 잘 이용할 수 있다. 훅 바람의 상황에서 슬라이스나 페이드 또는 스트레이트 볼은 위력이 떨어진다. 훅 바람이 비교적 강하게 불 때는 목표점을 보다 오른쪽에 정하고 바람을 이용해 볼을 보낸다고 생각하면 보다 쉽게 코스를 공략할 수 있다. 반대로 바람을 거스르려고 무리하게 되면 생각보다 볼이 날아가지 않고, 또 미스 샷으로 이어질 가능성이 많다.

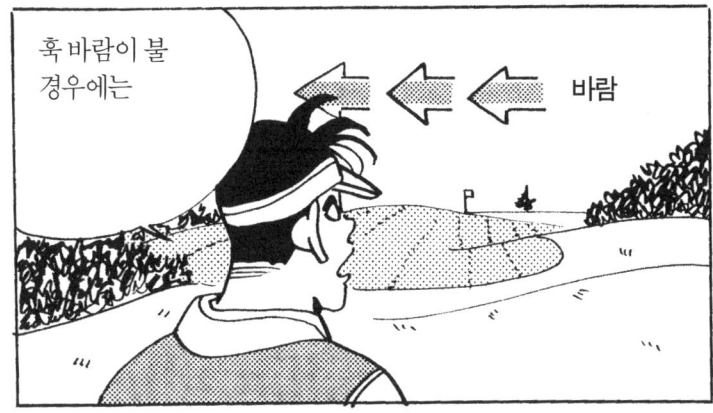

겨울철의 어프로치

겨울철 어프로치 샷은 굴리는 것을 기본으로 해야 한다. 그린이 얼어 있기 때문에 띄울 경우 바운드가 커져서 그린을 오버하기 십상이다. 그러므로 그린 밖에서부터 굴리는 것이 효과적이다.

정확한 거리를 굴리기 위해서는 클럽 선택에 신중을 기해야 한다. 보통 어프로치 샷이라고 하면 으레 피칭 웨지나 샌드 웨지를 꺼내 드는 아마 골퍼들이 대부분이다. 그러나 20~30야드를 굴릴 경우 8번이나 9번 아이언을 선택하는 것이 바람직하다. 피칭이나 샌드 웨지는 로프트가 크기 때문에 의도한 만큼 구르지 않고 멈춰서는 경우가 많다.

겨울철 어프로치 샷의 기본 원리는 일반적인 상황과 똑같다고 생각하면 된다. 다만 굴리기 때문에 페이스를 약간 닫아 주고 스윙하면 된다.

겨울 골프에 경험이 없는 초보자들은 잔디가 누렇게 변해 누워 있는 얇은 상태에서 종종 뒤땅치기나 토핑과 같은 미스 샷을 범한다. 이럴 때는 퍼터처럼 역오버래핑 그립으로 클럽을 잡으면 미스 샷을 방지하는 데 효과를 볼 수 있다.

짧은 거리의 어프로치 샷에서 생크가 자주 일어나는 골퍼는 왼손목을 단단히 고정하고 스윙을 시도해야 한다. 또 클럽 페이스를 열지 말고 약간 엎어 친다는 느낌으로 스윙한다. 아예 처음부터 퍼팅 스트로크를 하듯이 페이스를 약간 닫고 스윙해야 고질적인 생크를 예방할 수 있다.

● ○ 겨울철 코스 공략 ○ ●

겨울철 페어웨이 우드 공략법

겨울철의 페어웨이 우드는 리듬만 붕괴되지 않으면 비교적 쉬운 클럽이다. 소울이 두텁기 때문에 잔디 위를 쓸어 치기만 하면 볼을 때릴 수 있다. 그러면 아이언처럼 치명적인 더프는 나오지 않는다.

리듬이 파괴되는 이유는 뭐니뭐니해도 급하게 때리기 때문이다. 평소보다 급한 타이밍으로 휘두르는 것이 미스의 원인이다. 타이밍이 좋은 스윙을 위해서는 테이크 백에서의 움직임이 중요하다. 초기 움직임이 빠르면 전체적으로 속도가 빨라지기 때문이다. 빨라지는 것은 손만으로 들어올리려고 하기 때문이다.

손도 물론 중요하지만 몸은 회전하지 않고 손만 움직여서는 일체화된 스윙이 나오지 않는다. 어깨 회전과 팔의 휘두름이 하나가 되어 연속적으로 움직이는지 그렇지 않은지는 손목이 9시 방향을 가리킬 때 왼손등의 방향으로 체크한다. 손등이 위를 향하고 있으면 손으로 올라가고 있는 것이다. 올바른 것은 손등이 정면을 향하는 것이다. 척추를 축으로 해서 왼쪽 어깨를 회전하고 양팔과 어깨가 이룬 삼각형이 무너지지 않도록 테이크 백하면 손등은 바로 정면을 향하게 된다. 손만으로 끌어올리면 하늘을 가리키게 된다.

테이크 백 도중에 멈추어서 왼손등이 올바르게 정면을 향하고 있는지 아닌지를 체크해야 한다.

겨울철 페어웨이 우드 공략법

겨울철에는 페어웨이 우드를 적절히 사용하는 것이 유리하다.

솔이 두터우므로 잔디 위를 쓸어 치기만 하면 볼을 때릴 수 있다.

손목이 9시 방향을 가리킬 때 왼 손등이 정면을 향해야 올바른 스윙이 된다.

● ○ 겨울철 코스 공략 ○ ●

겨울철 페어웨이 벙커 공략법

겨울철 벙커는 여름과는 상황이 많이 다르다. 기온이 떨어짐에 따라 벙커가 얼어붙어 있는 경우가 흔하고, 또 모래 속은 얼지 않았더라도 표면은 약간 얼어 있는 경우도 많다. 이럴 때는 여름철 벙커 샷처럼 공략하기에는 무리가 따른다. 자칫 잘못하면 부상당할 위험도 있다.

겨울철 벙커 샷의 가장 큰 핵심 포인트는 볼을 직접 맞히는 것이다. 박아 치는 궤도가 아니라 올려 치는 스윙 궤도가 중요하다. 즉 볼의 중간 부분을 직접 타격하는 것이다. 어퍼 블로의 궤도에서 임팩트가 이루어져야 한다.

볼은 평소와 달리 왼쪽에 놓게 되는데, 이때 나타나는 아마 골퍼들의 대표적인 실수는 종종 체중을 미리 왼발에 두는 것이다. 그러나 드라이버 샷에서처럼 체중을 양쪽 발에 균등하게 배분하는 것이 중요하다. 또 겨울철 벙커일지라도 어드레스에서 양발을 확실하게 모래 속에 묻는 것도 잊어서는 안 된다.

스윙 크기는 풀 스윙보다 작게 하는 대신 클럽을 한 클럽 길게 선택해 거리를 조절하면 된다. 또 왼손이 풀리지 않도록 단단히 그립을 잡고 스윙해야 한다. 특히 다운 블로로 낮은 탄도의 벙커 샷을 시도할 때는 손목 부상에 더욱 주의해야 한다.

겨울철 페어웨이 벙커 공략법

겨울철에는 모래 표면이 얼어 있다.

겨울철 벙커 샷의 가장 큰 핵심은 볼을 직접 맞히는 것이다.

볼을 직접 맞히지만 박아 치는 궤도가 아닌 올려 치는 스윙 궤도가 되어야 한다.

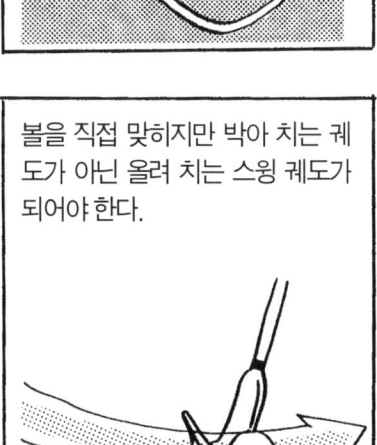

체중을 양발에 균등하게 분배하고 모래 속에 깊이 묻는 것은 여름철과 똑같다.

스윙 크기를 작게 하는 대신 한 클럽 길게 선택해 거리를 조절한다.

겨울철 코스 공략

겨울철 맞바람이 불 때의 공략법

겨울철에는 바람이 많이 분다. 골프에서는 자신감이 무엇보다 중요한데, 특히 바람이 강하게 부는 상황에서 플레이할 때는 더욱더 그렇다. 어떤 종류의 바람이 불든 간에 개의치 않고 정상적인 스윙을 구사할 줄 알아야 한다.

물론 맞바람이 강하게 부는 상황이라면 클럽 선택에서부터 타법에 이르기까지 상황에 맞는 기술적인 플레이가 필요하다. 맞바람이 불 때는 저탄도의 볼을 구사하는 것이 필수다.

바람의 영향을 비교적 덜 받는 저탄도의 볼을 구사하기 위해서는 우선 어드레스에서 볼의 위치를 조절해야 한다. 볼은 정상적인 위치보다 오른발 쪽에 오도록 한다. 티 업한 볼의 높이도 평소보다 낮게 한다.

또 스윙 크기도 보통보다 작게 한다. 하프 스윙을 한다는 감각으로 백 스윙을 작게 하고, 피니시를 낮고 짧게 가져가야 한다. 스윙 궤도상 임팩트는 다운 블로, 즉 클럽 헤드가 스윙 궤도의 최하점을 지나기 전에 임팩트가 이루어지도록 해야 한다.

펀치 샷이라고도 하는 다운 블로 타법은 짧은 백 스윙으로 임팩트 순간 스윙을 그친다는 마음으로 쳐야 한다. 그렇게 하면 하이 피니시가 되지 않고 낮고 짧게 끊어져 볼이 바람을 가르고 저탄도로 날아가게 된다. 이때 주의할 점은 클럽 페이스와 어깨가 열리지 않도록 해야 한다는 것이다.

겨울철 맞바람이 불 때의 공략법

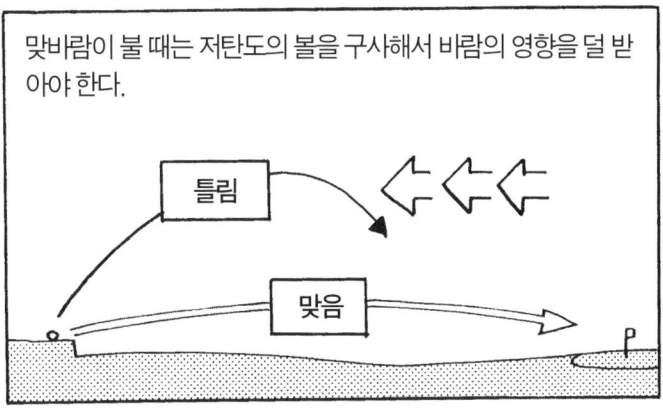

맞바람이 불 때는 저탄도의 볼을 구사해서 바람의 영향을 덜 받아야 한다.

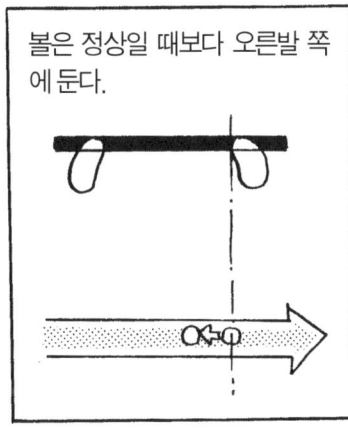

볼은 정상일 때보다 오른발 쪽에 둔다.

스윙 궤도 최하점 전에 임팩트가 와야 한다.

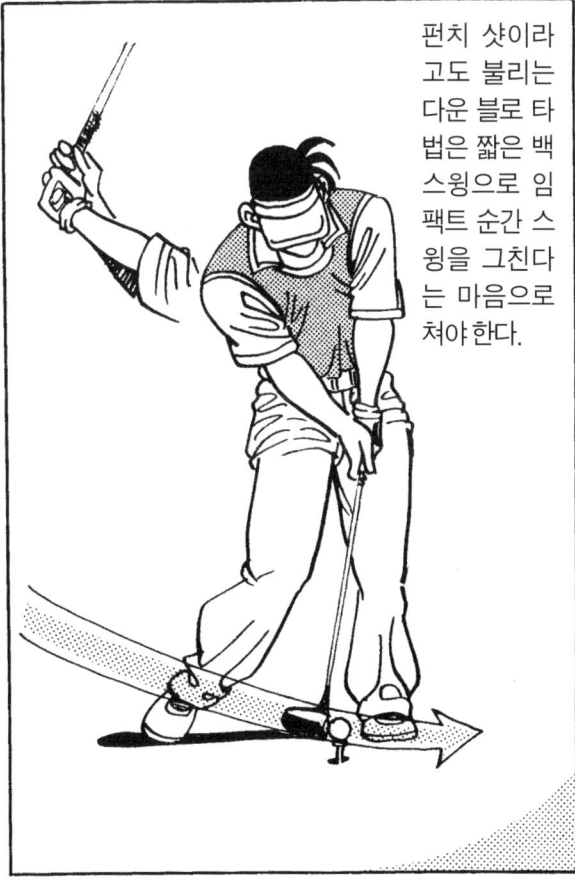

펀치 샷이라고도 불리는 다운 블로 타법은 짧은 백스윙으로 임팩트 순간 스윙을 그친다는 마음으로 쳐야 한다.

● ○ 겨울철 코스 공략 ○ ●

미스 샷 교정은 겨울이 기회

겨울 골프는 나름대로 충분히 매력이 있지만, 사실 겨울은 라운드의 계절이라기보다는 연습의 계절이다. 겨울 동안 연습장에서 손쉽게 해 볼 수 있는 미스 샷 극복법 가운데 먼저 슬라이스 교정법을 소개한다.

① 오른손이 많이 엎어지면, 즉 그립이 약하면 슬라이스가 발생하기 쉽다. 왼손을 약간 오른쪽으로 돌려 잡아 스트롱 그립을 취한다. 양손 엄지와 검지 사이의 V자 홀에 나무 티를 하나씩 넣어서 그립을 잡아 보면 그립의 상태를 알 수 있다.

② 오른발을 뒤로 5cm쯤 빼고 몸을 오른쪽으로 10°쯤 돌려서 스탠스를 취한다. 오른쪽을 보면 볼이 더 오른쪽으로 갈 것 같지만 왼쪽이 닫히므로, 즉 오른쪽 어깨가 볼 쪽으로 쏠리지 않기 때문에 슬라이스를 방지할 수 있다.

③ 가능하면 연습장 맨 앞 타석을 차지하고 왼쪽 코너를 향해 볼을 날리는 연습을 한다.

④ 클럽보다 몸통이 먼저 돌아서 슬라이스를 내는 골퍼들도 많다. 이런 경우에는 스윙 때 허리 회전을 의식적으로 줄인다. 대신 왼쪽 옆구리를 목표 방향으로 내민다는 느낌으로 허리를 그대로 밀어 준다.

⑤ 임팩트 직후 오른손등이 하늘을 향하도록 손목을 돌려 준다. 왼손에 시계를 차고 백 스윙 때는 시계 앞면이, 임팩트 직후에는 잠금 고리가 보이는지 곁눈질로 확인하면 도움이 된다.

미스 샷 교정은 겨울이 기회

겨울은 라운딩보다는 연습의 계절입니다.

겨울철에 연습장에서 슬라이스를 교정하는 법을 소개합니다.

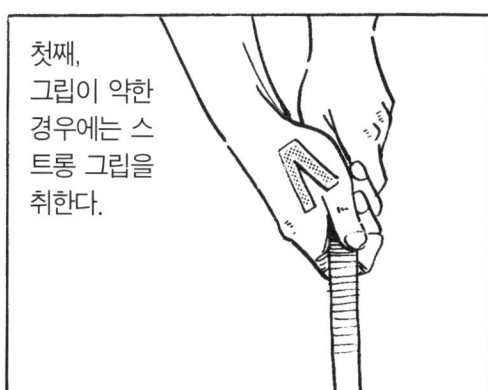

첫째, 그립이 약한 경우에는 스트롱 그립을 취한다.

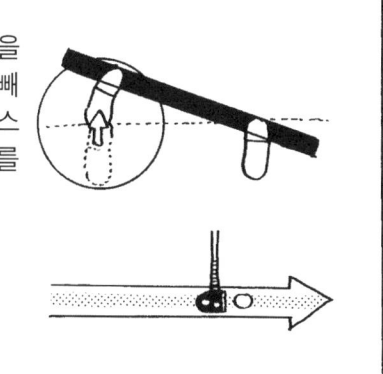

둘째, 오른발을 5cm쯤 빼서 크로스 스탠드를 취한다.

셋째, 임팩트 직후 오른손 등이 하늘을 향하게 한다.

● ○ 겨울철 코스 공략 ○ ●

겨울철 연습법

겨울철에는 실전에 임하기 전에 몸을 충분히 풀어 주어야 한다. 날씨가 추워지면서 허리와 척추 부상을 당하는 일이 종종 일어난다. 한국의 겨울 골프는 그야말로 악조건 투성이다. 영하의 기온과 언 땅으로 인해 완전 무장을 하고 필드로 향하는 골프 매니아들은 미리부터 봄시즌을 준비할 필요가 있다.

무엇보다 기본이 되는 것은 연습장에서는 라운드 때보다 훨씬 많은 볼을 짧은 시간에 해치우는 만큼 몸에 가해지는 부담도 크기 때문에 다음 사항을 참고해야 한다는 것이다.

첫째, 연습은 숏 아이언부터 시작한다. 숏 아이언으로 천천히 몸을 풀면서 긴 클럽으로 바꿔 간다.

둘째, 스윙의 결점은 한 가지씩 교정해 나간다.

셋째, 인내를 감수하면서 여기가 좋아지면 저기가 나빠지더라도 심각하게 받아들이지 말고 즐기듯이 연습에 임한다.

넷째, 볼을 공략하는 순서를 소홀히 하지 말고 셋업의 순서를 반복한다.

다섯째, 골프는 방향과 거리 게임이므로 목표를 정하고 연습한다. 골프는 척추와 허리를 급격히 회전시켜야 하는 운동이기 때문에 근육이 경직된 상태에서 장타용 긴 클럽을 휘두르면 허리와 척추 부상의 위험이 있다.

겨울철 연습법

연습장에서는 짧은 시간에 많은 볼을 처리하므로 반드시 워밍업 후에 샷을 하는 습관을 가져야 합니다.

장타를 내기 위한 첫째 조건은 근육의 경직이 풀린 유연성이죠.

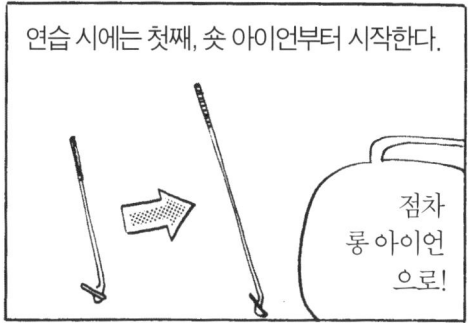

연습 시에는 첫째, 숏 아이언부터 시작한다.

점차 롱 아이언으로!

둘째, 스윙 결점을 하나씩 교정한다.

셋째, 볼을 공략하는 셋업의 순서를 반복한다.

넷째, 공이 날아갈 목표를 설정한다.

● ○ 겨울철 코스 공략 ○ ●

단타를 극복하는 연습법

겨울철이면 연습장마다 지난 시즌 부진했던 샷을 집중 연마해 내년 시즌에는 화려하게 필드를 누비겠다고 다짐하는 골퍼들로 붐빈다. 여기서는 단타를 극복하는 연습법을 소개한다. 미스 샷은 모두 그렇지만, 특히 거리가 나지 않는 단타는 골퍼들을 무척 속상하게 한다. 체격으로 보나 구력으로 보나 자신보다 나을 게 없는 친구에게 매번 10~20야드씩 뒤지고, 동반자가 6번이나 5번을 꺼내야 하는 기분은 아는 사람은 다 안다. '장타가 전부는 아니다' 라는 말에는 전적으로 동의하지만 비슷한 핸디캡의 골퍼에게 거리가 뒤지면 기분이 썩 좋지 못한 것이 당연하다. 거리가 나지 않는 것은 체중 이동이 충분히 이루어지지 않거나 중간에 스윙을 멈춰 버리는 경우에 발생한다. 이를 극복하기 위해서는 다음과 같은 연습 방법이 효과적이다.

① 볼을 고무 티 뒤쪽에 놓고 볼을 친 뒤 헤드를 고무 티까지 끌어 주는 식으로 연습해 본다. 이 방법은 임팩트 직후 클럽을 바로 들어올려 충분히 파워를 전달하지 못하는 골퍼들에게 효과적이다.

② 클럽을 거꾸로 돌려 호젤, 즉 헤드와 연결된 샤프트 끝을 잡고 스윙해 본다. 헤드 무게가 없어서 어색하지만 정상적으로 스윙하면서 소리를 들어 본다. '슉' 하는 소리가 가장 크게 날 때가 힘이 가장 많이 실리는 순간이다. 이렇게 하면 언제 어떻게 힘을 싣는지를 알 수 있다. 이 방법은 겨울철에 집에서도 손쉽게 할 수 있는 좋은 근육 기억법이다.

단타를 극복하는 연습법

단타가 발생하는 이유는 제대로 체중 이동이 되지 않거나 스윙 중간에 멈칫하기 때문입니다.

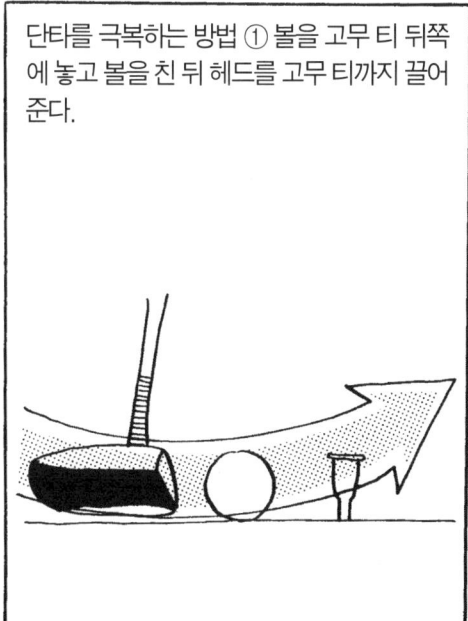

단타를 극복하는 방법 ① 볼을 고무 티 뒤쪽에 놓고 볼을 친 뒤 헤드를 고무 티까지 끌어준다.

② 클럽을 거꾸로 잡고 '슉' 하는 소리가 나도록 스윙한다.

힘이 언제 실리는지 알 수 있죠.

골프 용어

A

Ace 에이스 | 티 박스에서 단 한 번 스윙으로 홀에 집어넣는 것. '홀인원' 이라고도 알려져 있다. 만약 공이 깃대에 기대어져 있을 때는 깃대를 조심스레 움직여서 공이 구멍 안으로 들어갈 수 있게 치워 줄 수 있다.

Address 어드레스 | 공을 치는 자리에 서서 공을 치기에 앞서 클럽을 조정하는 것을 말한다.

Albatross 알바트로스 | 규정 타보다 3타 적은 수로 홀인하는 경우.

Apron 에이프론 | 짧게 깎은 풀로 이루어진 그린 둘레를 말함.

B

Back nine 백 나인 | 18홀 골프 코스에서 두 번째 코스를 말한다. 대부분의 골프 코스에서 첫 번째 9홀은 클럽 하우스로부터 곧바로 펼쳐져 있다. 그리고 나서 플레이어는 방향을 바꿔 다시 돌아 들어온다.

Back spin 백 스핀 | 볼의 역회전. 언더 스핀이라고도 한다. 로프트가 있는 클럽으로 올바르게 친 볼은 백 스핀으로 나간다.

Back swing 백 스윙 | 샷을 위해 클럽을 뒤로 스윙하는 모션.

Back stroke 백 스트로크 | 샷을 위해 클럽을 뒤로 스윙하는 모션.

Ball 볼 | 골프 공. 미국 사이즈는 직경 1.68인치보다 작지 않고 무게는 1.62온스보다 무겁지 않은 것. 영국 사이즈는 1.62인치보다 작지 않고 무게는 1.62온스보다 무겁지 않은 것. 그 2가지가 공식 볼로 인정되어 있다.

Baseball Grip 베이스 볼 그립 | 오버래핑 또는 인터로킹이 아닌 야구 배트를 쥐는 형태의 그립.

Birdie 버디 | 한 홀의 규정 타수보다 하나 적은 타수로 홀인하는 것.

Bisk 비스크 | 사전상으로는 약한 쪽에 주는 1점(1스트로크)의 핸디캡이라는 뜻으로 골프에서는 핸디캡 홀을 스스로 선택할 경우에 이것을 비스크(bisk)라고 한다.

Blade 블레이드 | 아이언 클럽의 칼날형으로 된 부분.

Blade putter 블레이드 퍼터 | 평평한 면의 금속으로 된 경타용 골프채.

Blast 블래스트 | 벙커에서 모래를 폭발시키듯 크게 치는 것으로 익스플로우젼 샷과 같다.

Blow 블로 | 강타. 힘을 넣어 치는 것.

Bogey 보기 | 파보다 하나 더 친 타수로 홀인하는 것을 말한다.

Bogey player 보기 플레이어 | 1홀 평균 스코어가 보기로서 오르는 골퍼를 말한다. 즉 1라운드 90전후의 사람으로 애버리지 골퍼와 같은 뜻이다.

British open 브리티시 오픈 | 1860년에 개설했으며, 세계에서 가장 오래된 역사를 자랑하는 오픈 선수권.

Bunker 벙커 | 웅덩이를 파서, 흙 또는 모래 등을 깔아 놓은 장애물. 경우에 따라서는 잡초가 깔려 있는 웅덩이도 이 범위에 속하며, 이를 그래스 벙커(Grass Bunker)라고 부른다.

Bunker rake 벙커 레이크 | 벙커를 고르게 하는 고무래.

Bunker shot 벙커 샷 | 벙커 안에 떨어진 공을 그린 또는 페어웨이로 쳐내는 타법을 말하며, 벙커에서 샷을 할 때는 클럽이 모래에 닿게(sole) 되면 벌타가 부과된다.

Buried lie 베리드 라이 | 볼이 부드러운 잔디나 모래에 떨어져 거의 시야에서 사라져 버렸을 때 일어나는 불운한 상황.

Caddie 캐디 | 플레이의 진행을 돕는 사람. 룰 상으로는 플레이어의 유일한 원조자가 되는 셈이며, 캐디의 조언을 받아도 무방하다.

Carpet 카펫 | 페어웨이 또는 푸팅 그린을 말함.

Carry 캐리 | 사전상으로는 볼이 날아간 거리, 사정 거리라는 뜻으로 골프에서는 볼이 공중을 나는 거리를 말한다.

Cart 카트 | 캐디 백을 실어 나르는 수레를 캐디 카트 또는 골프 카트라고 한다. 1백용, 2백용의 손으로 끌고 다니는 수레, 4백용의 전동 캐디 카트도 있고, 타고 다니는 캐디 카트도 있다.

Casual water 캐주얼 워터 | 사전상의 의미는 코스의 장애로, 일부러 만든 것이 아니고 비 따위로 괸 물이라는 뜻. 골프에서는 코스 내에 우연히 생긴 일시적인 습지로 워터 해저드와는 구별된다.

Center of gravity 센터 오브 그래비티 | 골프채의 헤드 무게를 배분한 중심점. 그 위치가 낮고 깊을수록 볼은 잘 떠오른다.

Center weight 센터 웨이트 | 뒤쪽과 앞쪽의 중심 이론과는 전혀 반대가 되는 입장을 주장하는 골프 이론으로 헤드의 중심을 센터에 집중시킨다. 중심으로 명중시켰다면 힘이 최대한으로 발휘되지만 명중이 안 되면 관성 모멘트가 작기 때문에 큰 미스 샷을 내게 된다.

Centrifugal Force 원심력, 遠心力 | 원 또는 곡선상에서 원 또는 원호를 따라가는 것이 아니라 계속 직선 방향으로 가려는 물체의 힘으로 커브 길을 주행하는 차가 직진하려는 관성적인 힘을 말한다. 원심력은 질량(무게)에 비례하고 속도의 제곱에 비례하며 곡률 반경에 반비례한다. 예를 들면 차가 커브 길을 돌 때 원만(곡률 반경이 大)할수록 원심력이 작고, 차속이 빨라질수록 원심력이 커지는 것을 알 수 있다.

Champion course 챔피언 코스 | 공식 선수권 경기를 할 수 있는 정규의 설비를 갖춘 코스로 홀 수는 18홀. 전장은 6,500야드 이상으로 규정되어 있다.

Chip and run 칩 앤드 런 | 4, 5번 아이언과 같은 짧은 로프트를 가진 클럽으로 치는 샷. 그린의 가장자리나 러프에서 주로 사용하며, 칩 샷으로 꺼낸 볼은 연이은 퍼팅으로 홀 컵에 집어넣는다. 대체로 그 비율은 1/3은 칩 샷에, 2/3는 퍼팅 즉, 런(run)에 할애된다.

Chip in 칩 인 | 칩 샷으로 볼이 홀에 들어가는 것.

Chip shot 칩 샷 | 사전상으로는 손목만 사용해 볼을 짧게 친다는 뜻. 어프로치 샷의 일종으로 단거리에서 핀을 치는 샷.

Choke 초크 | 맥을 못 추다. 압박에 약하다는 뜻. 클럽을 짧게 잡는 것도 초크한다고 함.

Closed face 클로즈드 페이스 | 어드레스했을 때 골프채의 타면 방향이 왼쪽일 때. 스윙 도중 톱 스윙에서 골프채의 타면이 거의 곧장 위로 향할 때. 우드 클럽으로 슬라이스를 막기 위해 헤드를 직각보다 왼쪽으로 향하게 할 때.

Closed stance 클로즈드 스탠스 | 기본이 되는 스탠스의 일종으로 볼의 비행선과 평행한 가정선에서 오른발을 약간 뒤쪽으로 끌어 딛고 서는 스탠스.

Club 클럽 | 골퍼가 볼을 치기 위해 사용하는 골프채의 머리 부분. 골프 용구일 경우 14개 이상의 클럽을 가지고 라운드하는 것은 허용되지 않는다.

Club face 클럽 페이스 | 클럽 헤드의 볼을 치는 면. 타구면.

Club head 클럽 헤드 | 클럽의 선단을 말함. 클럽 헤드의 볼을 치는 면. 타구면.

Cocking 코킹 | 손목의 꺾임.

Coil 코일 | 백 스윙 시 상체를 코일처럼

돌려 트는 것. 다운 스윙은 돌려 튼 코일을 단숨에 되푸는 것. 그 축적된 힘으로 볼을 친다.

Concede 컨시드 | 매치 플레이 시 상대방 볼이 원 퍼트로 넣을 수 있다고 생각되는 경우에 홀을 주는 것.

County club 컨트리클럽 | 원래는 전원클럽이란 뜻이지만 지금은 대부분의 멤버제 골프 클럽에 이 명칭이 붙어 있다.

Course 코스 | 골프 코스의 생략, 골프 플레이를 위해 만든 지역 전체를 말한다. 코스에는 퍼블릭 코스(Public course), 컨트리클럽 멤버십 코스(Country membership course), 리조트 코스(Resort course), 세미 퍼블릭 코스(Semi-public course) 등이 있다.

Course rate 코스 레이트 | 기준이 되는 플레이어의 플레이를 기준으로 해서 그 코스의 여러 가지 조건을 고려해서 정한 코스의 난이도.

Course record 코스 레코드 | 각 코스에서 공식으로 인정한 최저 스코어의 기록.

Cross bunker 크로스 벙커 | 페어웨이 옆으로 비스듬하게 끊어 만든 벙커.

Cross hand grip 크로스 핸드 그립 | 퍼팅의 그립 시 오른손을 위로, 왼손을 아래로 하고 클럽을 잡는 것.

Cut shot 커트 샷 | 4번부터 웨지(wedge)에 이르는 모든 아이언 클럽을 사용해 치는 샷.

D

Decending blow 디센딩 블로 | 클럽을 스윙해서 내리는 것. 다운 블로와 같다.

Die 다이 | 퍼팅한 볼이 구르지 않고 멈추는 것.

Dimple 딤플 | 볼 표면에 꾸민 움푹한 모양. 볼을 떠올리는 힘이나 방향을 잡아 날아가는 데 크게 작용한다. 딤플이 없으면 볼 뒤에서 공기의 소용돌이가 생겨 속도가 줄게 된다.

Divot 디봇 | 볼을 쳤을 때 잔디나 흙이 클럽 헤드에 닿아 패인 곳.

Dogleg 도그 렉 | 꺾인 페어웨이.

Double bogey 더블 보기 | 어떤 홀에서 파보다 2타 많은 타수.

Double eagle 더블 이글 | 파5홀을 2타로 넣을 때를 말하며, 알바트로스와 같다.

Down blow 다운 블로 | 톱 오브 스윙에서 내려친 클럽 헤드의 중심이 최저점에 이르기 전에 볼을 치는 것.

Down hill lie 다운 힐 라이 | 내려가는 사면에 볼이 정지해 있는 상태.

Down swing 다운 스윙 | 톱 스윙에서 임팩트까지 쳐 내리는 스윙.

Draw 드로 | 조를 짜다. 무승부가 되다. 샷이 떨어지는 순간에 왼쪽으로 볼이 흐르는 것.

Dribble putt 드리블 퍼트 | 퍼팅 때 숏 퍼트를 계속하는 것.

Driver 드라이버 | 최장 거리를 치기 위해 클럽에서도 가장 길고 수직에 가까운 로프트의 페이스를 갖고 있는 우드 1번 클럽.

Driving range 드라이빙 레인지 | 드라이버에 의한 타구 범위 또는 200야드 이상이 넘는 연습장.

Drop 드롭 | 경기 중 볼을 잃어버렸거나 장애 지역 또는 도저히 경기가 불가능한 위치에 볼이 놓여 있을 때, 경기가 가능한 위치에 볼을 옮겨 놓거나 새로운 볼을 다시 놓는 것.

Duff 더프 | 실패한 타격. 타구 시 볼 뒤의 지면을 때리는 것.

― E ―

Eagle 이글 | 파(기준 타수)보다 2개 적은 타수로 홀인하는 것.

Edge 에지 | 홀, 그린, 벙커 등의 가장자리 또는 끝. 아이언의 가장자리.

Even 이븐 | 스트로크 수가 같을 때 또는 승패가 서로 우열을 가리기 어려울 때를 말한다. 이븐 파라고 하면 파와 동수인 것이다.

Explosion shot 익스플로젼 샷 | 볼이 벙커에 떨어졌을 때 모래와 함께 강타해서 그 압력으로 볼을 모래와 함께 벙커에서 탈출시키는 샷.

Eye off 아이 오프 | 볼을 맞힐 때 눈이 볼에서 떨어지는 것. 머리를 들게 되면 눈이 볼에 멀어지기 때문에 옳지 못한 샷의 원인이 된다. 시선을 든다는 룩 업(look up)도 같은 의미다.

― ―

Face 페이스 | 골프채의 타면.

Fade 페이드 | 볼이 떨어지기 직전에 속도가 둔해지면서 오른쪽으로 커브하는 것.

Fairway 페어웨이 | 티 그라운드와 그린까지의 잘 손질된 잔디 지대.

Fat 펫 | 볼 대신 볼 앞의 그라운드를 치는 것.

Finish 피니시 | 타구 완료의 자세 또는 경기 최후의 홀을 끝내는 것.

Flag 플랙 | 깃대 상단에 붙어 있는 깃발 또는 홀에 꽂혀 있는 핀.

Flip Shot 플립 샷 | 로프트가 큰 클럽으로 높게 올려 쳐 그린에 부드럽게 떨어지는 샷.

Follow through 팔로 스루 | 타구 때 클럽 헤드의 움직임이 정지되지 않고 비구선을 따라서 스윙되는 것.

Fore 포어 | 앞쪽의 플레이어나 코스의 인

부 등에게 지금부터 볼을 친다고 하는 것을 알리기 위해 지르는 구호.

Foreteen club rule 포틴 클럽 룰 | 골프 경기에서 14개 이내의 클럽만을 갖고 쓸 수 있게 된 현행의 규칙.

Four somes 포섬 | 4명이 2명씩 조를 짜서 각 조가 1개의 볼을 교대로 쳐 나가는 게임 방식.

Foward pressing 포워드 프레싱 | 백 스윙을 행하기 직전에 탄력을 갖도록 하는 예비 동작.

Fried egg 프라이드 에그 | 벙커에 빠진 볼이 모래 속으로 파고 들어서 눈알 같은 상태가 된 것.

Fringe 프린지 | 그린에 인접해 있는 외곽 지역의 짧은 잔디.

Front nine 프론트 나인 | 코스 전반의 9홀. 아웃 코스라고도 한다.

Full set 풀 세트 | 클럽을 14개 갖추는 것. 보통 우드 3개, 아이언 1개, 퍼터 1개다.

Gallery 갤러리 | 골프 시합을 관전하러 온 관중.

Give 기브 | 쌍방의 볼이 홀 가까이 비슷한 지점에 놓여 있을 때 상대방에게 컨시드를 요구하는 소리로, 주로 숏 퍼팅에 약한 골퍼들이 자주 쓰는 말이다.

Give me 또는 gimme 기브 미 | 퍼팅 때 OK라는 뜻. 홀 컵까지 더 말할 여지없이 1퍼트로 성공시키는 거리일 때 상대가 허용하는 상황.

Golf 골프 | 15세기 중에 스코틀랜드의 동쪽 해안가에서 하던 게임에서 유래됨. "Guys Only, Ladies Forbidden"의 약어임.

Golf course 골프 코스 | 골프 경기를 하기 위해 만들어진 그라운드로, 보통 20~30만 평의 넓이를 차지한다.

Grain 그레인 | 그린 위에서 자라는 잔디의 방향 또는 잔디결. 이것은 퍼팅에 있어서 홀 컵에 접근시키는 데 막대한 영향을 미친다.

Grand slam 그랜드 슬램 | 원래는 압승 또는 대승을 뜻하는 말로, 골프에서는 특별히 한 해 동안 US오픈, 브리티시 오픈, 마스터즈, 미국 PGA 선수권 등 4개 주요 경기의 챔피언을 모두 따내는 압승을 말한다.

Graphite fiber 그래파이트 파이버 | 카본의 샤프트가 되는 소재의 섬유.

Grass bunker 그래스 벙커 | 벙커의 모양을 한 구덩이로, 모래는 없고 길게 자란 풀이 덮여 있다. 룰에서는 모래가 깔린 벙커가 아니기 때문에 해저드가 안 된다. 따라서 어드레스 때 클럽의 바닥을 땅이나 풀에 대도 위반이 아니다.

Green 그린 | 보통은 퍼팅을 하는 장소. 경기 규정에서는 플레이하는 홀에서 해저드를 제외하고 20야드 이내의 퍼팅을 하기 위해 정비되어 있는 구역을 말한다.

Green jacket 그린 재킷 | 마스터즈 우승자에게 주어지는 윗옷. 마스터즈 경기는 이색적으로 우승자에게 우승컵 대신 재킷을 수여하고 있다.

Greenie 그리니 | 그린 위에 먼저 볼을 올려놓은 자가 이기게 되는 내기 경기. 기준 타수가 3인 홀에서는 티 샷을 한 이후 홀컵에 가장 가까이 볼을 날린 자가 이기게 된다.

Grip 그립 | 샤프트의 윗부분으로 가죽이나 고무로 감겨져 있어 양손으로 쥐게 되는 부분 또한 샤프트를 쥐는 동작.

Groove 그루브 | 스윙의 옳은 궤도 또는 골프채의 타면에 새겨진 홈.

Handicap 핸디캡 | 실력이 다른 두 플레이어가 동등한 조건에서 경기를 할 수 있도록 배려하는 허용 타수. 이것은 각자의 기량과 코스의 기준 타수와의 평균치로 정해지며, 보통 1개월 사이에 있는 3~5회의 경기 성적을 핸디캡 위원에게 제출하면 위원회에서 이것을 기초로 핸디캡을 산출한다. 핸디캡에는 공인과 비공인 2가지가 있다.

Hazard 해저드 | 벙커나 바다, 못, 내, 연못, 개울 등의 워터 해저드를 포함한 장애물. 래터럴 워터 해저드란 플레이선에 병행해 있는 워터 해저드다. 벙커의 주변 벙커 안의 풀이 자란 곳 등은 해저드가 아니다.

Hole 홀 | 그린에 만들어진 볼을 넣는 구멍.

Hole in one 홀인원 | 티 그라운드에서 1타로 볼이 홀에 들어가는 것. 에이스라고도 한다.

Hole out 홀 아웃 | 볼이 홀 속에 명중하고 그 홀의 경기를 끝내는 것.

Home course 홈 코스 | 자기가 소속한 클럽의 골프 코스.

Home hole 홈 홀 | 18번 홀을 말하는 것. 마지막 홀이라는 뜻. 18번 홀의 그린을 홈 그린이라고도 한다.

Honor 오너 | 티 그라운드에서 제일 먼저 볼을 칠 권리를 오너 또는 타격 우선권이라고 한다. 이것은 이전 홀에서 가장 좋은 점수를 기록한 자에게 주어지게 된다.

Hook 훅 | 시계 반대 방향으로 도는 볼의 회전으로 오른쪽에서 왼쪽으로 휘어지는 좌곡구를 말한다. 오른손잡이인 경우 타구가 볼의 비행선보다 왼쪽으로 커브하는 것을 말한다.

Hook spin 훅 스핀 | 좌회전. 볼이 오른

쪽에서 왼쪽으로 되는 옆회전이 걸리는 것. 볼의 궤도는 왼쪽으로 꺾여 나가는 혹 볼이 된다.

Horse shoes 호스 슈즈 | 두 플레이어가 각기 두 개의 볼을 사용해 각기 두 번의 퍼팅으로 승부를 겨루는 퍼팅 게임. 홀인원은 3점, 가장 가까이 홀 컵에 근접한 볼에 1점씩을 각기 부과해 종합 21점을 먼저 따내는 사람이 승리하게 된다.

Hosel 호젤 | 아이언 클럽 헤드를 샤프트에 고정할 때 가운데 공간 부분.

In bound 인 바운드 | 플레이가 가능한 구역, 즉 경기가 가능한 지역을 IB라 한다. 반면 그라운드에 표시는 흰색 표식을 경계로 외곽을 플레이 금지 구역, 즉 OB라고 한다.

In course 인 코스 | 18홀 중 후반의 9홀을 가리키는 말. '인' 이라고도 함.

Inside out 인사이드 아웃 | 볼과 목표 지점을 연결하는 볼의 비행선 안쪽(즉, 목표를 바라보았을 때 비행선 왼쪽)으로부터 볼에 닿도록 바깥쪽(비행선 오른쪽)으로 스윙하는 스윙 경로를 말함.

Insurance for hole 인슈어런스 포 홀 | 골프 보험의 일종. 가입자가 홀인원을 하면 계약금 내에서 축하의 비용을 준비해주는 보험.

Interlocking grip 인터로킹 그립 | 그립을 잡는 한 방법으로 손이 적은 사람이나 비교적 힘이 약한 사람이 사용한다.

Iron club 아이언 클럽 | 헤드의 부분이 금속으로 되어 있는 클럽.

Ladies tee 레이디스 티 | 여성 전용 티 그라운드. 일반적으로 티 마크로 표시한다.

Late hit 레이트 히트 | 다운 스윙 때 클럽 헤드의 되돌아오는 동작을 늦춰서 순발력을 폭발시키는 타법.

Lateral water hazard 래터럴 워터 해저드 | 홀이 병행해 있는 물웅덩이 등 장애 지역.

Launch angle 런치 앵글 | 볼이 클럽 헤드에 접촉한 뒤 클럽 헤드를 떠날 때의 각도.

Lay off 레이 오프 | 플레이어가 백 스윙의 톱 동작에서 실수로 손목 관절을 다쳤을 때 손목이 나올 때까지 '출입하는 골프장에서 일시 해고당했다' 라고 표현한다.

Lay out 레이 아웃 | 코스의 설계.

Lay up 레이 업 | 라이가 좋지 않거나 해저드에 있을 때 거리를 짧게 쳐서 빠져나오는 것.

Leader board 리더 보드 | 스코어 보드와는 별도로 파를 기준으로 각 경기 선수

그룹 선수들의 성적을 표시하는 게시판.

Leading edge 리딩 에지 | 골프채 헤드의 타면과 밑바닥의 경계선 즉 날. 골프채 타면의 맨 끝의 가장자리.

Lie 라이 | 낙하된 볼의 상태나 위치.

Lie angle 라이 앵글 | 골프채를 땅에다 어드레스했을 때, 샤프트와 선과 지면과의 사이에서 생기는 뒤쪽의 각도.

Links 링크스 | 골프 링크스의 생략으로 보통은 골프 코스를 의미한다.

Local rule 로컬 룰 | 각 코스의 특수 조건에 맞게 각 코스별로 설정하는 특수 규칙.

Loft 로프트 | 클럽 페이스의 각도 또는 경사.

Lonesome 론섬 | 혼자서 코스를 플레이하는 골퍼.

Long iron 롱 아이언 | 보통 1, 2, 3번 아이언.

Loose impediment 루스 임페디먼트 | 코스 내에 있는 자연적인 장애물, 홀에 부착해 있지 않은 것으로 땅속에 박혀 있지 않은 돌, 나뭇잎, 나뭇가지를 말한다. 이것은 플레이할 때 제거해도 좋은 것으로 되어 있다.

Lost ball 로스트 볼 | 분실구. 경기 중 잃어버린 볼.

Low handicap 로우 핸디캡 | 핸디캡이 적은 상급 플레이어.

line 라인 또는 선 | 방향을 정하기 위해 볼과 목표물을 연결하는 가상선을 말한다. 예) 퍼팅 라인, 슬라이스 라인, 훅 라인 등.

Marker 마커 | 스트로크 플레이에서 플레이어의 스코어를 기록하기 위해 위원으로 선임된 자. 마커는 심판이 아니다. 흔히 캐디나 동반 플레이어가 채점자가 되는 경우가 많다. 볼을 집어들 때 볼의 위치를 표시하기 위해서 놓게 되는 동전이나 동전과 유사한 표식을 말하기도 한다.

Master eye 주로 쓰는 눈 | 경기를 할 때 주로 많이 쓰는 쪽의 눈을 말한다.

Masters 마스터즈 | 1934년 어거스타 내셔널 토너먼트 초청 경기로 시작한 최초·최장수 토너먼트 경기. 로버트 존스의 제안으로 골프의 명수(masters)가 되자는 뜻에서 마스터즈라고 불리게 되었다. 1934년 제1회 대회는 호튼 스미스가 우승을, 크제이그 우드가 준우승을, 2회 대회에서는 진 사라센이, 3회는 다시 호튼 스미스, 4회에는 바이론 넬슨 등이 차지하면서 그야말로 세계 골프의 금자탑으로서 골프 역사를 장식해 오고 있다. 이 대회 최다 우승은 잭 니클라우스가 기록한 5회(63, 65, 66, 72, 75년)이며, 미국인이 아닌 외국인 우승자로

는 게리 플레이어(61, 74, 78년), 시베리아도 발레스테로스(80년), 그리고 85년도 우승자인 버나드 랭거가 있다. 특히 이 대회는 우승컵 대신 그린 재킷을 주어 '그린 마스터즈'라고도 불린다.

Match play 매치 플레이 | 경기의 일종으로 홀 매치라고도 한다. 2인 또는 2조로 나뉘어 각 홀별 타수로 승패를 정한다.

Medalist 메달리스트 | 매치 플레이의 예선 경기는 스트로크 플레이에서 상위 16명으로 제한하는데 그 수위에 있는 사람을 메달리스트라고 한다.

Medium iron 미디엄 아이언 | 4·5·6번 아이언. 러프나 숲속, 또는 맨땅에서 탈출할 때 또는 페어웨이의 패인 홈에 있는 볼을 칠 때도 미들 아이언을 사용한다. 안전하고 거리를 어느 정도 잘 낼 수 있는 편리한 골프채다.

Mental hazard 멘탈 해저드 | 아무리 해도 빠져나가기 힘든 심리적인 장애물을 말한다. 대부분 어려운 벙커나 수면 장애물에 오면 샷이 잘 되지 않는 지역.

Moment of inertia 모멘트 오브 이널티어 | 골프채의 경우에는 스윙을 했을 때 샤프트, 그립, 클럽의 헤드 3가지에서 관성 모멘트가 생긴다. 중요한 것은 헤드의 무게가 중심으로 작용하는 관성 모멘트인데, 헤드가 길죽하고 둥글수록 관성 모멘트가 커져서 잘 날리게 된다.

Mulligan 멀리건 | 최초의 샷이 잘못되어 벌타 없이 주어지는 세컨드 샷.

Natural grip 내추럴 그립 | 야구 배트를 쥐듯이 쥐는 그립의 한 방법으로. 열 손가락으로 그립하는 것으로, 일명 '베이스 볼 그립'이라고도 한다.

Neck 넥 | 클럽 헤드가 샤프트와 연결되는 부분.

Net score 네트 스코어 | 1라운드 타수의 총계에서 자기 핸디캡을 뺀 스트로크 수.

Never up never in 네버 업 네버 인 | 홀에 오지 않은 볼은 홀에 결코 들어가지 않는다는 뜻으로 퍼트는 홀에 가고도 남도록 볼을 쳐야 한다는 말이다.

Nineteenth 19th hole 나인틴스 홀 | 골프장의 식당. 18홀을 끝낸 다음 한잔하는 장소를 말함.

Nose 노즈 | 골프채 헤드의 맨 앞.

OB 오비 | Out of bounds(아웃 오브 바운즈)의 약자. 코스 밖 또는 안에서 플레이하는 것을 금지하고 있는 지역. 룰에서는 아웃

바운드로 표현한다. 볼이 OB로 날아가 빠졌을 때는 1벌타이고 전의 위치에서 다시 치게 된다. 다시 치는 타수는 제3타가 된다. OB 말뚝은 보통 흰 것으로 표시한다.

On green 온 그린 | 볼이 그린에 이르는 것.

One on 원 온 | 1타로 볼을 그린에 올려 놓는 것.

One piece swing 원 피스 스윙 | 전체 기능이 일체화된 백 스윙.

One putt 원 퍼트 | 그린에 한 번 쳐서 퍼팅을 명중시키고 끝내는 것.

One round 원 라운드 | 코스를 한 바퀴 도는 것. 18홀을 플레이하는 것.

Open championship 오픈 챔피언십 | 각기 남녀별로 나뉘어 프로, 아마추어 구별 없이 누구든 일정한 출전 자격이 있으면 참가할 수 있는 선수권 경기.

Open face 오픈 페이스 | 클럽 페이스를 수직보다 조금 벌어진 기분으로 놓아두는 것.

Open game 오픈 게임 | 아마추어와 프로가 라운드를 해서 기술을 겨루게 되는 경기.

Open stance 오픈 스탠스 | 기본적으로 3가지 스탠스 중 하나로 오른발을 왼발보다 조금 볼 쪽으로 내놓고 목표를 향해 취하는 발 자세.

Open tournament 오픈 토너먼트 | 지역적으로 열리는 오픈 경기.

Outside in 아웃사이드 인 | 타구 시 클럽 헤드가 볼이 날아가는 선의 바깥쪽으로부터 안쪽으로 비스듬하게 들어가는 것.

Over 넘어가다 | 볼이 목표한 그린 또는 홀을 넘어서 멀리 떨어지는 것을 말한다. 또는 타수가 기준 타수보다 많을 때도 사용한다. 후자일 경우에는 몇 오버 파라고 한다.

Over clubbing 오버 클러빙 | 목표 거리에다 날려 보낼 때 필요한 골프채보다도 약간 높은 번호의 골프채를 선택하는 것.

Over spin 오버 스핀 | 볼에 역회전을 주어 볼이 날아가는 방향으로 회전하게 하는 것. 볼의 중심부보다 조금 위를 치면 오버 스핀이 된다. 반대는 백 스핀.

Over swing 오버 스윙 | 스윙의 톱 동작에서 지나치게 클럽을 휘둘러 필요 이상 치켜드는 것.

Overlapping grip 오버래핑 그립 | 가장 흔히 사용하는 그립 방법으로 오른손의 새끼손가락을 왼손의 집게손가락 위에 갈퀴와 같이 걸어잡는 방법을 말한다. 해리 바든(Harry Vardon)이 고안해 보급했다고 해서 '바든 그립(Bardon Grip)'이라고도 한다.

P

PGA 피지에이 | 프로골프협회(Pro Golf Association)의 약자.

Palm grip 팜 그립 | 샤프트를 손바닥으로 쥐는 것과 같이 양손의 손바닥으로 쥐게 되는 그립. 내추럴 그립이라고도 한다.

Par 파 또는 기준 타수 | 티를 출발해 홀을 마치기까지의 정해진 기준 타수를 말한다. 이때 그린 위에서의 퍼팅은 2번으로 기준했다. 보통 3, 4, 5타를 기준 타수로 정하고 있으며, 여성 골퍼의 경우 6타의 홀까지 있다. 홀당 남녀별 정확한 거리 및 기준 타수를 보면 다음과 같다. 파3 : (남)~250야드 (여)~210야드, 파4 : (남) 251~471야드 (여)211~400야드, 파5 : (남)471야드 이상, (여)401~575야드, 파6 : (여)576야드 이상

Par break 파 브레이크 | 버디 이상의 스코어를 내는 것.

Partner 파트너 또는 짝 | 포섬 경기에서 한편이 되는 경기자. 현재는 동반 경기자라는 의미로도 쓰이고 있다.

Penalty 페널티 | 벌타 또는 벌칙. 규칙에 의해 부과된다.

Penalty stroke 페널티 스트로크 | 규칙 위반에 대해 타수로 벌을 주는 것.

Pin 핀 | 홀을 표시하기 위해 꽂혀지는 깃대 또는 핀.

Pitch 피치 | 그린 근처에서 또는 그린으로부터 얼마 떨어져 있지 않은 지점으로부터 볼을 공중에 띄워 그린으로 쳐 보내는 것으로 어프로치 샷의 일종.

Pitch and run 피치 앤 런 | 볼이 낙하 후에 구르도록 치는 타법으로 어프로치 샷의 일종.

Pitch shot 피치 샷 | 타면의 각도가 큰 숏 아이언으로 볼을 높이 날려서 그린이나 핀을 겨냥하는 것. 연못 넘기기, 벙커 넘기기에 잘 이용되는 샷이다.

Pitching wedge 피칭 웨지 | 피치 샷용으로 만들어진 웨지로 로프트가 많고 무게도 가장 무겁다.

Pivot 피봇 | 허리의 회전 및 허리를 비트는 허리 틀기.

Plateau green 플레튜 그린 | 포대 그린. 포대 그린을 겨냥할 때는 부드러운 피치 샷으로 볼을 떠 올리든가 런닝으로 튀어 오르게 하는 방법이 있다. 어떤 방법으로 할 것인지는 그린 주변의 상황에 따른다.

Practice tee 프랙티스 티 | 골퍼들이 백에 있는 모든 클럽을 가지고 샷 연습을 할 수 있는 연습 그라운드.

Pronation 프로네이션 | 임팩트 후 왼손이 제쳐지는 것. 잘못된 왼손의 내전은 왼쪽으로 꺾어 나가는 샷이나 더 심한 훅 볼이 난다.

Provisional ball 프로비저널 볼 | 볼이 분실되었거나 OB, 워터 해저드에 들어갔다고 생각될 때 플레이어가 그 위치에서 대신 치는 볼.

Public course 퍼블릭 코스 | 컨트리클럽이나 골프 코스처럼 회원제가 아니고 일반 대중에게도 개방된 코스. 골프 대중화에 있어서 가장 필연적으로 따라야 할 시설이기도 하다.

Pull 풀 | 바깥쪽에서 안쪽으로 스윙을 해 그 결과 볼이 왼쪽으로 날아가는 샷.

Punch shot 펀치 샷 | 주먹으로 치다, 힘을 말함. 손목을 잘 써서 치는 것을 펀치 샷이라고 한다. 약간 오른쪽으로 보낸 볼을 누르듯이 위로부터 골프채로 쳐 내리고 팔로 스루를 없애는 샷. 쳐 날린 볼은 낮게 튀어 나가고 땅에 떨어진 다음에 바로 멎는다. 아이언의 컨트롤 샷 때 잘 이용된다.

Push shot 푸시 샷 | 다운 블로로 볼을 낮게 뜨게 치는 방법. 아이언에 의한 타법의 일종으로 역풍에 효과가 있다.

Putt 퍼트 | 그린 위에서 볼을 홀로 향해서 굴려 치는 플레이.

Putter 퍼터 | 퍼트용의 아이언 클럽 그린 위에서 직접 핀을 쏘는 클럽으로 T.D.L형의 3종이 있다. L형 퍼트는 클럽 헤드의 모양이 L형인 것이고, D형은 주먹형, T형은 페이스의 방향을 정하기 쉽게 만든 것.

Putting 퍼팅 | 그린 위에서 볼을 홀에 넣기 위해 퍼터로 스트로크를 하는 것.

Putting line 퍼팅 라인 | 그린 위의 볼과 홀을 직선으로 이은 선으로 퍼팅 시 공격선을 말함.

Qualify 퀄리파이 | 예선을 통과하는 것. 미국에서 말하는 커트 라인(cut line)과 같은 뜻이다.

Quarter swing 쿼터 스윙 | 백 스윙을 풀 스윙의 1/4 정도로 하는 것.

R & A 알앤에이 | 영국 골프협회(Royal and Ancient golf club)의 약자.

Range 레인지 | 타석을 가지런히 해 놓고 치는 드라이빙 연습장.

Recovery shot 리커버리 샷 | 실책을 한 뒤 그것을 만회하기 위한 샷.

Referee 레프리 | 심판원. 골프에서는 원칙적으로 플레이어 자신이 심판원이다.

Roll over 롤 오버 | 볼을 친 뒤 클럽을 쥔 양손을 앞으로 돌리는 것.

Rough 러프 | 그린 및 해저드를 제외한 코스 내의 페어웨이 이외의 부분. 풀이나

나무 등이 그대로 있는 지대.

Round 라운드 | 골프 코스는 클럽 하우스에서 시작해서 circular pattern으로 클럽 하우스로 돌아오는 형태로 되어 있기 때문에 골프 게임을 골프 라운드라고 하기도 한다.

Run 런 | 볼이 굴러가는 것. 투 피스 볼은 고무 실로 말아서 만든 볼보다 땅에 떨어진 뒤에 굴러가는 거리가 멀다.

Running approach 러닝 어프로치 | 어프로치 샷의 한 방법으로, 비교적 로프트가 적은 아이언으로 볼을 멀리 구르게 해서 홀에 접근시키는 것.

Sand 샌드 | 샌드 그린, 샌드 트랩(벙커). 샌드 웨지 등 모래에 연유되는 말이 많다.

Sand box 샌드 박스 | 티잉 그라운드 옆에 흔적을 메우는 용도의 흙으로 모래 통이 준비되어 있다.

Sand trap 샌드 트랩 | 흔히 벙커라고 하는 샌드 해저드를 말한다.

Sand wedge 샌드 웨지 | 벙커 샷용으로 특별히 고안된 클럽. 로프트를 크게 가지기 위해 낮은 각도의 클럽 페이스와 볼 아래에 있는 모래와 함께 클럽이 미끄러지도록 클럽 바닥에 플랜지를 가진 클럽.

Save 세이브 | 볼이 그린을 벗어나 벙커나 그린 옆의 러프 지역에 떨어졌기 때문에 파 플레이가 의심스러운 경기.

Scoop 스쿠프 | 아이언 클럽으로 볼을 높이 떠내듯이 쳐 올리는 것. 벙커에서 높은 그린으로 쳐 올리는 것.

Scramble 스크램블 | 스코틀랜드식 포섬 경기. 멤버 4명 전원이 티 샷을 하고 이 가운데 세컨드 샷이 가장 유리한 티 샷을 선택해 그 볼을 그 위치에서 다시 4명 전원이 세컨드 샷을 하고, 다시 서드 샷에 유리한 볼을 택해 다시 공격하는 방식.

Scratch 스크래치 | 상대편에게 핸디캡을 붙이지 않는 것 또는 핸디캡이 0인 것.

Set up 셋 업 | 어드레스와 같은 뜻. 볼을 치기 위해 자세를 잡는 것.

Shaft 샤프트 | 골프 클럽의 자루. 현재는 거의 스틸이나 합금의 샤프트이며 경도도 몇 개의 단계가 있다.

Shank 생크 | 샷할 때 볼이 클럽 샤프트의 목 부분에 맞는 것으로 실패 타의 하나.

Short game 숏 게임 | 어프로치에 속한 단거리 플레이 방법. 6번 이하의 아이언 클럽 사용.

Short hole 숏 홀 | 거리가 짧은 250야드 이하, 즉 파3홀을 말함.

Short iron 숏 아이언 | 7, 8, 9번의 짧은 아이언 클럽의 총칭. Shot(샷) 클럽으로 볼을 치는 것.

Shot approach 숏 어프로치 | 가까운 거리의 어프로치. 웨지나 샌드의 최대 비거리 이내의 거리로 힘 조절에 의한 테크닉이 필요한 경우.

Side blow 사이드 블로 | 볼 옆을 쳐서 튕겨 보내듯이 치는 것.

Side bunker 사이드 벙커 | 페어웨이 옆에 있는 벙커.

Side spin 사이드 스핀 | 볼이 옆으로 회전하는 것.

Single 싱글 | 경기에서 2인이 라운드하는 것 또는 핸디캡이 9이하 1까지의 골퍼를 의미함.

Skinsgame 스킨스 게임 | 3~4명의 골퍼들이 경기를 해 가장 낮은 스코어를 기록한 플레이어가 이기게 되는 내기 경기.

Slice 슬라이스 | 오른손잡이 골퍼의 경우 볼이 오른쪽으로 스핀해서 전체적으로 비구선보다 오른쪽으로 휘는 볼.

Slope 슬로프 | 비탈진 곳.

Snap 스냅 | 볼을 친 순간에 손목에 힘을 세게 주어 탄력을 갖게 한다.

Sole 솔 | 클럽 헤드에서 지면에 닿는 부분.

Spin 스핀 | 볼을 날린 결과 볼에서 생기는 회전.

Spoon 스푼 | 3번 우드 클럽.

Spot 스폿 | 볼 뒤에 동전 등의 마크를 놓아 그린 위 볼의 위치를 표시하는 것.

Spot putting 스폿 퍼팅 | 퍼팅 그린의 불완전한 상태나 바탕색과 다른 빛깔을 식별해 퍼팅선을 가늠한 다음 그 일정 지점을 퍼팅 공략에 이용하는 퍼팅.

Square face 스퀘어 페이스 | 어드레스 했을 때 채의 타면이 비구선에 대해 직각이 되게 치는 페이스.

Square stance 스퀘어 스탠스 | 스탠스(자세)의 기본이 되는 3가지 가운데 하나로 양쪽의 발끝이 비구선과 평행이 되도록 발의 위치를 정하는 것.

Stance 스탠스 | 볼을 향해서 위치를 정하고 타구 자세를 취하는 것, 즉 발을 놓는 위치, 스퀘어, 클로즈드, 오픈의 3가지 기본 스탠스가 있다.

Strong grip 스트롱 그립 | 왼손을 깊이 쥐고, 오른손은 얕게 샤프트 밑으로부터 쥐는 그립.

Sudden death 서든 데스 | 메달 토너먼트나 2인 이상의 동점자가 나와 토너먼트를 치러야 할 때 채택하는 연장전의 한 방식.

Sway 스웨이 | 스윙할 때 몸 중심선을 좌우 또는 상하로 이동시키는 것.

Sweep off 스위프 오프 | 클럽 헤드의 원심력을 써서 쓸어 내듯이 볼을 치는 것.

Sweet spot 스윗 스폿 | 클럽 페이스에서 볼을 쳐야 하는 중심점.

Swing balance 스윙 밸런스 | 클럽이 좋고 나쁜 것은 이 밸런스의 좋고 나쁨에 관계가 있다. 밸런스의 좋고 나쁨은 클럽의 좋고 나쁨을 결정하는 요인이다.

Swing plane 스윙 플레인 | 스윙 시 클럽과 손과 팔 그리고 엉덩이 등이 그리게 되는 궤적을 말하며, 이는 스윙 포물선과 함께 스윙을 좌우하는 중요한 열쇠가 된다.

Swing through 스윙 스루 | 클럽을 중도에 멈추지 않고 완전히 흔들어 치는 것.

Swing weight 스윙 웨이트 | 스윙할 때 느끼는 클럽 무게.

square grip 스퀘어 그립 | 왼쪽 손등, 오른쪽 손바닥이 비구선에 대해 거의 직각이 되게 쥐는 방법.

Take away 테이크 어웨이 | 백 스윙의 시작 부분.

Take back 테이크 백 | 클럽을 치켜드는 것. 백 스윙과 같다.

Tap in 탭 인 | 홀에서 불과 몇 인치밖에 떨어져 있지 않아 툭 건드려서 홀에 집어넣는 매우 짧은 거리의 퍼팅.

Target line 타깃 라인 | 목표로 향한 방향 또는 골프채의 타면 방향.

Tee 티 | 티잉 그라운드의 줄임말. 각 홀에서 1타를 치는 장소 또는 볼을 놓는 자리.

Tee ground 티 그라운드 | 각 홀의 제 1구를 치기 위해 설치된 지역.

Tee mark 티 마크 | 볼의 타격 지점을 표시하는 표식.

Tee off 티 오프 | 티에서 볼을 쳐 플레이하는 것.

Tee shot 티 샷 | 티에서 볼을 치는 것.

Tee up 티 업 | 볼을 치기 위해 티 위에 볼을 올려놓는 것.

Tempo 템포 | 스윙의 빠르기, 페이스. 일반 아마추어는 백 스윙과 다운 스윙 모두 천천히 페이스하는 것이 좋다.

Texas wedge 텍사스 웨지 | 그린 밖에서 퍼터를 써서 어프로치하는 것.

Three quarter shot 쓰리 쿼터 샷 | 최대한의 샷이 채 안 되는 크기로 치는 것. 최대한의 샷은 그 스윙의 정상이 오른쪽 어깨보다 약간 위가 될 때를 말함.

Threesomes 쓰리섬 | 1인 대 2인의 매치 플레이로, 2명씩 짝을 지은 쪽은 9개의 볼을 번갈아 가며 친다. 대부분 상급자와 초보자가 한 조가 되고 중급자가 이에 대항해서 플레이한다.

Tie 타이 | 동점. 경기에서는 최소 타수의 사람이 2인 이상일 때.

Toe 토우 | 발끝. 클럽 헤드의 끝부분.

Top 톱 | 볼의 윗부분을 치는 것. 백 스윙

의 정상, 헤드 업을 한 것.

Top of swing 톱 오브 스윙 | 백 스윙의 최정점이자 다운 스윙의 시발점이 되는 일련의 동작.

Torque 토크, 회전력 | 회전력, 비틀림 모멘트라고도 한다. 어떠한 길이의 막대기 끝에 회전시키려고 하는 방향으로 힘을 가했을 때 막대기에 걸리는 회전력을 말한다. 반지름 r인 원형 단면을 가지는 회전체가 축으로 받쳐져 있는 경우 원주의 접선 방향으로 힘 F가 작용하고 있다면 회전체는 r×F의 모멘트로 회전 운동을 한다. 이때 회전축의 모멘트가 토크다. 즉, 토크는 힘의 크기와 힘이 걸리는 점에서 회전 중심점까지의 길이의 곱으로 나타낸다.

Trap 트랩 | 벙커.

Trouble shot 트러블 샷 | 곤란한 타구. 치기 나쁜 러프에서 치는 것.

Turn over 턴 오버 | 클럽을 쥔 양손을 왼쪽에서 오른쪽으로 돌릴 때.

U.S. Open 전미 오픈 골프 선수권 | 전미 오픈 골프 선수권 경기.

U.S.G.A 미국 골프 협회 | 미국 골프 협회(United State Golf Asso-ciation)의 약자.

Uncock 언 콕크 | 스윙 시 굽게 한 손목을 펴서 원 상태로 돌아가게 하는 것.

Uncoil 언 코일 | 스윙에서 틀어 돌린 상체를 다시 원 상태로 푸는 것.

Under clubbing 언더 클럽잉 | 필요로 하는 클럽보다 하위 클럽(짧은 클럽)을 사용하는 것.

Under par 언더 파 | 파보다 적은 타수.

Undulation 언듀레이션 | 코스의 높고 낮은 기복 상태를 말하는데, 변화가 업 앤 다운(up and down)보다 미묘하고 울퉁불퉁한 정도뿐일 때만 쓰인다.

Up hill lie 업 힐 라이 | 비구선에 대해 오르막 언덕 비탈에서 볼이 멎는 것.

Up right hill 업 라이트 힐 | 올라가는 비탈이 급경사인 곳.

Up right swing 업 라이트 스윙 | 스윙이 활 모양으로 직립되어 있는 스윙.

Upper blow 어퍼 블로 | 드라이버로 치는 한 방법. 헤드가 스윙의 맨 밑 지점을 통과한 다음 타면의 각도가 위로 향하는 순간에서 볼을 맞히는 타법.

Upright 업라이트 | 스윙에서는 수직적인 타법이고, 클럽의 경우는 샤프트의 축이 수직에 가까운 것을 말함.

Vardon grip 바든 그립 | 해리 바든에 의

해 창안된 그립으로 오버래핑 그립을 말함. V형 그립.

Waggle 왜글 | 클럽에 탄력을 붙이는 동작. 백 스윙을 시작하기 전에 손목만으로 가볍게 클럽을 흔들어 굳어 있는 부분을 부드럽게 하는 것.

Water hazard 워터 해저드 | 코스 내에 있는 호수, 연못, 습지, 강 따위의 물에 관계 있는 장애물을 말함.

Wedge 웨지 | 바닥이 넓고 평탄하게 되어 있는 아이언 클럽. 피칭 웨지, 샌드 웨지 등이 있다.

Week grip 위크 그립 | 왼손으로 쥐는 모양이 얕고 오른손이 반대로 너무 깊어지게 쥐는 모양. 슬라이스 그립이라고도 함.

Weight shift 웨이트 쉬프트 | 스윙 동작에 있어 체중의 이동 상태를 말함.

Whiff 위프 | 클럽으로 볼을 가격하기 못하고 헛손질에 그치는 동작.

Wind up 와인드 업 | 백 스윙과 함께 몸을 비트는 것.

Yardage post 야디지 포스트 | 홀 번호. 홀까지의 거리. 1홀의 파 등을 써서 티잉 그라운드에 세워 놓은 표시판.

Yardage rating 야디지 레이팅 | 각 홀의 난이도. 흔히 코스 레이팅이라고 함.

싱글로 가는 골프 교실

초판1쇄 발행 2005년 3월 25일
개정판 3쇄 발행 2023년 1월 20일

지은이 장영일
그린이 이용훈
펴낸이 양동현
펴낸곳 골프아카데미
  출판등록 제307-2012-7호
  주소 02832, 서울 성북구 동소문로13가길 27
  전화 02) 927-2345 팩스 02) 927-3199

ISBN 978-89-968266-9-9 / 13690

* 이 책은 신저작권법에 의해 보호 받는 저작물입니다.
* 잘못 만들어진 책은 구입한 곳에서 바꾸어 드립니다.

www.iacademybook.com